O
RAMAYANA

O RAMAYANA

O CLÁSSICO POEMA ÉPICO INDIANO RECONTADO
EM PROSA POR WILLIAM BUCK

Tradução
Octavio Mendes Cajado

Editora
Cultrix
SÃO PAULO

Edição integral
Título da versão em inglês: *Ramayana*
Copyright © da versão em inglês: 1976 The Regens of the University of California.

2ª edição 2011.
3ª reimpressão 2024.

Preparação de originais: Rafael Varela
Revisão: Iraci Miyuky Kishi
Diagramação: Macquete Produções Gráficas

Dados Internacionais de Catalogação na Publicação (CIP)
(Câmara Brasileira do Livro, SP, Brasil)

Buck, William
　　O Ramayana / o clássico poema épico indiano recontado em prosa por William Buck ; tradução Octavio Mendes Cajado. -- São Paulo : Cultrix, 2011.

　　Título original: Ramayana.
　　ISBN 978-85-316-1124-7

　　1. Hinduísmo 2. Mitologia hindu 3. Poesia épica
4. Ramayana I. Título.

11-04036　　　　　　　　　　　　　　　　　　CDD-294.5922

Índices para catálogo sistemático:
1. Ramayana : Poema épico recontado em prosa : Hinduísmo　　294.5922

Direitos de tradução para a língua portuguesa
adquiridos com exclusividade pela
EDITORA PENSAMENTO-CULTRIX LTDA.
Rua Dr. Mário Vicente, 368 — 04270-000 — São Paulo, SP
Fone: 2066-9000
E-mail: atendimento@editoracultrix.com.br
http://www.editoracultrix.com.br
que se reserva a propriedade literária desta tradução.
Foi feito o depósito legal.

Para Paul, meu filho.

Sumário

Prefácio da edição inglesa 9
Prefácio da edição brasileira 13
Introdução 17

Primeira parte
O príncipe de Ayodhya 29

Nascido como homem 33
O espinho no lado do mundo 51
Prova desta água 84
Os dois desejos 98
Senhor das árvores selvagens 127
Bharata regressa 156
As sandálias 170

Segunda parte
O salvamento de Sita 187

A floresta Dandaka 191
O veado de ouro 218
Hanuman! 234
A busca 262
O salto de Hanuman 284
Aqui estou 309
A lua nova 328
A construção da ponte 351
O cerco de Lanka 369
O guerreiro invisível 386
Ravana e o Tempo 406

Terceira parte
A roda do Dharma 441

Aqui está o amor! 445
O maravilhoso regresso 465
Em que sonho? 483
Adeus novamente, minha senhora e meu rei 501
Lista das personagens 534

Prefácio da edição inglesa

Em 1955, William Buck descobriu uma primorosa edição do século XIX de *O cântico sagrado do Senhor, o Bhagavad-Gita do Senhor Krishna*, numa biblioteca estadual de Carson City, Nevada. Entusiasmado com a descoberta, mergulhou no estudo da literatura indiana, que resultou nesta tradução de *Ramayana*, numa nova narrativa do *Mahabharata*, e num manuscrito não concluído do *Harivamsa* – não concluído em virtude de sua morte, ocorrida em 1970, aos 37 anos de idade.

O descobrimento do *Bhagavad-Gita* induziu William Buck a ler o *Mahabharata*, e ele concluiu que só se sentiria satisfeito com uma tradução completa. Uma coleção em onze volumes estava sendo reimpressa, nessa ocasião, na Índia; em sua determinação, William Buck subsidiou a reimpressão quando se tornou manifesto que o editor não dispunha de fundos suficientes para concluir a tarefa.

No meio da leitura, Buck chegou à conclusão de que o *Ramayana* e o *Mahabharata* deveriam ser reescritos para um público moderno de língua inglesa. Conforme suas próprias palavras: "O *Mahabharata* tinha cerca de cinco mil páginas, e o *Ramayana* era muito mais curto. Quando li as traduções, achei que seria ótimo poder contar a história de maneira que não fosse tão difícil lê-la. Refiro-me a todas as repetições e digressões dos originais, mas, à medida que lemos aquela prosa infinita e impossível, percebe-se que um caráter muito bem definido é atribuído a cada personagem da história, e as terras e os tempos são mostrados mais claramente. Eu queria transferir essa história para um livro que se pudesse ler".

Com essa finalidade, William Buck dedicou anos de leitura e releitura às traduções, estudando sânscrito, planejando e escrevendo. Uma de suas abordagens consistiu em decifrar e fazer uma lista de todos os rebuscados epítetos de nomes dos heróis, deuses, reis e princesas no texto original, usados frequentemente em lugar dos nomes. Em seguida, usou as qualidades desses epítetos para descrever as personagens, segundo sua própria interpretação, e, desse modo, preservar-lhes a disposição de ânimo e o significado. Leu todas as versões disponíveis em inglês das duas grandes epopeias, mas disse delas: "Nunca vi nenhuma versão para o inglês de qualquer uma das duas histórias que não fosse mero esboço, ou tradução incompleta, excetuando-se as duas traduções literais". Nunca se esqueceu de que as epopeias eram, originalmente, cantadas, e a leitura em voz alta, não só das traduções originais mas também do trabalho de Buck, passou a fazer parte da vida de sua família.

William Buck encarava sua tarefa de maneira firme, e tinha uma noção ponderada de cada epopeia claramente na cabeça enquanto trabalhava. Repetindo-lhe as palavras: "É sempre fácil discriminar o fio da história das interpelações ulteriores. Ela está cheia de prédicas, tratados de interesses especiais, doutrinas de sistemas de castas, longos trechos de dogmas teológicos, mas estes estão em pedaços e apenas atrasam a história". Sua meta era narrar as crônicas de tal maneira que o leitor moderno não se sentisse desencorajado a conhecê-las e amá-las como ele as amava. Queria transmitir o espírito, a verdade das epopeias.

Respondendo a um crítico dos seus manuscritos, disse: "Realizei muitas mudanças e combinações em ambos os livros, mas desejo que sejam considerados como histórias, que é o que são, e não exemplos de erudição tecnicamente exata, o que eu já disse que não são. Uma coisa, entretanto, é verdadeira. Leiam as histórias e apreenderão o verdadeiro espírito do original quando terminarem, e só peço que elas sejam interessantes". E em outra carta: "O *Ramayana* é uma das histórias mais populares do mundo e faz parte de sua própria tradição ser recontado em diferentes épocas e lugares, tal como eu fiz".

Esse era o seu propósito – possibilitar aos leitores contemporâneos conhecer o *Ramayana* em termos significativos, não só em virtude dos tempos modernos mas também das suas origens. Terminados os manuscritos, ele escreveu:

"O método que usei para escrever tanto o *Mahabharata* quanto o *Ramayana* foi começar com uma tradução literal, da qual pudesse extrair a narrativa, e depois contá-la de forma interessante, mas preservando, ao mesmo tempo, o espírito e o sabor do original. O meu intuito, por conseguinte, é o do contador de histórias. Não estou tentando provar coisa alguma e realizei minhas próprias mudanças para narrá-las melhor. Aqui estão duas grandes epopeias à espera de que as pessoas as leiam. Baseado nas palavras de antigas canções, escrevi livros. Tentei tornar-lhes a leitura agradável. Não creio que se encontrem muitos outros livros como estes".

Prefácio da edição brasileira

Das epopeias, lendas e narrativas antigas que cabem na designação leiga e geral de "velhas histórias tradicionais", ou que a ciência estuda sob o nome de mitologia, já se disse que têm conteúdos semelhantes aos dos sonhos e às formas de expressão artística mais espontâneas do homem. Quanto mais rudimentar e preservado for o *plot*, mais vínculos ele terá com o imenso depósito de experiências e de vida que o século XX designou, de modo impreciso, como inconsciente. Carl Jung concilia as linguagens técnica e experimental quando diz que "o mito ajuda o *ego* humano a estabelecer de frente seu conflito com a *sombra*, na luta para alcançar a consciência". De fato, a figura do herói é o meio simbólico por meio do qual o *ego* emergente vence o peso do inconsciente, liberando o ser humano amadurecido do desejo típico de uma volta ao estado de bem-aventurança, que de um modo secreto ele identifica com a figura materna.

O sentido predominante dos mitos passa à mente comum, condicionada pela cultura, uma informação fundamental sobre o universo: o Bem é um nada que a consciência não pode apreender, e o Mal é o desconhecimento da realidade pura. Entender o roteiro básico das epopeias, lendas e narrativas é conhecer-se a si mesmo, pedra de toque da própria existência humana. O grande obstáculo é fácil adivinhar qual seja: a hermenêutica, a interpretação dos sinais e mensagens que nos chegam nos sonhos, na arte espontânea, nas contradições humanas e na mitologia. É o intérprete que não merece confiança, na medida em que é dominado pela própria vontade e desconhece seus limites. As "velhas histórias tradicionais" são um material neutro sobre o qual o espírito pode exercer sua habilidade de discernir, de separar o joio do trigo. Essa é, provavelmente, a arte das artes, porque todas as demais dependem dela.

As peças mais conhecidas dos *puranas* indianos são as duas grandes epopeias, o *Ramayana* e o *Mahabharata*, além dos cinco principais tantras. A primeira, atribuída ao poeta lendário Valmiki, tem como herói o príncipe Rama, do reino de Ayodhya. A narrativa tem duas passagens cruciais, e em torno delas circulam correntes de energia que dizem respeito à realidade em que vive o homem de todos os tempos. Não há o que falar na atualidade de um texto que se reporta exatamente ao que há de perene no humano. A matéria-prima do *Ramayana* é o cotidiano vivo do leitor contemporâneo, não importa em que século ele esteja situado. Vistas de fora, como parte de um roteiro, as passagens fundamentais da epopeia são a experiência de Rama na floresta, durante treze anos, e as batalhas finais contra Ravana, símbolo da mundanidade, para libertar Sita, metáfora do que Jung chamou de *anima*. A história é simples, mas rica de desafios ao leitor *disponível*, capaz da mesma devoção e entrega de Sita, "mulher arquetípica".

A história recontada por William Buck revela sua perenidade, passando a prova do coloquialismo e da conversação moderna. A cada leitura, Rama é o leitor do *Ramayana*, com todo o seu potencial humano e a energia extraordinária que o homem comum raramente descobre em si mesmo. Quando o príncipe renuncia a seu reino e parte para o eremitério, um santo andarilho canta as suas virtudes: "*Ó Rama livre da ilusão, nesse mundo / Ninguém poderá jamais ser comparado a você / No modo como seu espírito responde aos desafios da vida / Em conhecimento, precisão, engenho e tato / Na ação sem pensamento, na destreza que a liberdade cria*". A ajuda dos macacos que Rama aceita para enfrentar Ravana foi interpretada como uma restrição racial a povos primitivos, embora leais ao príncipe, mas essa visão é rejeitada como superficial se nos ocorre a força simbólica do *Ramayana*, que trata mais das forças interiores do homem do que de eventos históricos, políticos ou militares. A cooperação dos macacos e ursos estaria antes ligada aos instintos e impulsos que atuam em harmonia com a intuição do que a qualquer outra coisa.

Rama é o filho de Deus, encarnado para destruir a mente-desejo, a ilusão e o orgulho. Nessa linha, é por seu intermédio que o homem vai a Deus. Como na visão teológica do mestre Eckhart, da escola renana medieval, todo homem que tem em si a divindade – aqui e agora, não no tempo cronológico – não é mais ele mesmo, mas o Filho de Deus. O *Ramayana* é o itinerário dessa aventura que a existência oferece ao homem, na floresta da vida, na batalha do mundo. Ali, Rama está longe de ser o modelo inalcançável de outras sagas religiosas, porque de fato representa o homem comum com suas melhores potencialidades em latência. O filho de Deus, afinal, é todo ser humano que se dispõe a morrer para o mundo da mente-desejo, da cultura e da informação pela informação – conforme o século e os rostos que Ravana assume, com toda a sua energia ilusória. Por outro lado, as forças da *sombra* (no sentido empregado por Valmiki ou por Jung) são necessárias para que o processo cósmico se estabeleça, de modo que não há como rejeitá-las, mas somente viver com elas até o ponto de transcendê-las. Esse é o "caminho de Rama", no conjunto poético e colorido do *Ramayana*.

Na floresta do mundo onde está exilado – porque o convívio com a mente-desejo é o exílio para quem já experimentou a transcendência –, o príncipe encontra o ceticismo no poeta Jambali, que faz no *Ramayana* a mente arguta que rejeita a superstição, mas não se entrega ao reconhecimento da própria ignorância. A pura racionalidade é apontada por Rama como mentira, assim como a crendice: "*Mais necessário que alimento dos mortais / É a Verdade que nutre e sustenta a Criação. / As oferendas, os sacrifícios, as penitências / São sem valor, tal como os santos, sem a Verdade que os sustenta*". E a centelha imortal está na floresta, no palácio, na solidão, na convivência – quando milagrosamente está em algum lugar. A procura de Sita (a *anima* que comporta a intuição, a sensibilidade, a aceitação do mundo sem a submissão a ele, e todas as demais virtudes atribuídas pela tradição à mulher) é indispensável na integração de Rama. Capturada pela mente-desejo (Ravana), ela precisa ser reincorporada pelo Filho do Homem, o que acontece depois das batalhas cruentas do autoconhecimento.

Tudo mais, no *Ramayana*, são secularizações necessárias ao encaminhamento do *plot* milenar, à perpetuação da história, que é apenas o veículo que vai levar sua essência a milhões de criaturas que já passaram pela vida, a outras tantas viventes, e a muitas que certamente ainda virão. As dúvidas que no fim da epopeia pairam sobre a fidelidade de Sita são adendos aos textos primitivos do *Ramayana*, refrações momentâneas da cultura. O modelo de homem ético, cavalheiresco e liberto que é Rama não se dissocia mais de sua *anima*, mas os leitores de sua história são em sua maioria homens do mundo, ameaçados e dominados por Ravana, saudosos de sua Sita e temerosos dos mistérios da floresta em que vivem. Para eles, para todos nós, filhos de Deus em latência, Rama é mais do que um herói épico, porque é um atalho e uma promessa pessoal nos caminhos do mundo.

Luiz Carlos Lisboa

Introdução

B. A. van Nooten

Poucos autores da literatura mundial poderão gabar-se de haver inspirado tantos poetas e dramaturgos e transmitido valores morais e éticos a um público tão vasto e receptivo, em nações situadas a milhares de quilômetros de distância e de línguas e culturas radicalmente diferentes, quanto o obscuro e quase lendário compositor do *Ramayana* sanscrítico, poeta que conhecemos pelo nome de Valmiki.

Valmiki viveu, provavelmente, em algum lugar do nordeste da Índia, onde se desenrola grande parte da ação da história. As lendas fazem dele um salteador reformado, convertido a uma existência virtuosa por um santo, mas da única obra literária que conhecemos dele podemos inferir que se tratava de um gênio poético, homem de requintado senso estético e instinto puro no tocante à vida moral. O *Ramayana* (ao pé da letra, "O caminho de Rama") é uma das duas grandes epopeias da Índia; a outra é o *Mahabharata*. Longo poema épico, que compreende cerca de 25 mil versos, conta a história de intrigas cortesãs, renúncias heroicas, batalhas ferozes e do triunfo do bem sobre o mal. O herói é o príncipe Rama de Ayodhya. Nascido de nobre família de soberanos, as traiçoeiras maquinações da madrasta obrigaram-no a abdicar da sua pretensão ao trono de Ayodhya em favor do meio-irmão, Bharata. Rama refugia-se na floresta, onde vive treze anos, acompanhado da fiel esposa, Sita, e do devotado meio-irmão, Lakshmana. Na floresta, eles se veem num mundo estranho, em parte mítico, em parte espiritual, povoado de sábios gentis, que buscam a Deus, mas também de ogros ferozes e demônios depravados, que tentam perturbar a vida tranquila de Rama e baldar-lhe as nobres intenções. Nesse mundo, desenvolve-se um conflito que coloca, de um lado, o justo Rama, descendente da ilustre e antiga dinastia solar, e, de outro, as legiões dos perversos, os rakshasas ou demônios de formas horrendas, ameaçadoras, repulsivas, que vagueiam com passos furtivos pela floresta à cata de maldades para praticar. Graças à bravura de Rama, ele, Sita e Lakshmana sobrepujam as forças demoníacas até que uma grande calamidade se abate sobre eles: a fiel Sita é sequestrada pelo monstruoso rei-demônio Ravana, que foge com ela para Lanka, sua capital. Sita, porém, nunca se entrega a ele, lembrando-lhe com firmeza os votos feitos a Rama, seu único senhor.

 Entrementes, Rama e Lakshmana procuram, freneticamente, sinais de vida de Sita, indo de uma testemunha a outra, perguntando por seu paradeiro. Finalmente, aliam-se a um exército de macacos e ursos falantes, comandados pelo poderoso macaco Hanuman. Os animais descobrem o lugar em que Sita é mantida prisioneira, uma ilha não longe da Índia, provavelmente a próspera Lanka, hoje conhecida pelo nome de Ceilão, ou Sri Lanka. Com um tremendo salto, Hanuman transpõe o braço de mar que separa a Índia de Lanka e visita Sita. Depois de atear fogo à cidade, regressa aonde está Rama, que decide salvar a esposa à força. Milhares e milhares de macacos ajudam a construir um caminho elevado sobre o mar até a ilha, cujos restos ainda são visíveis – pelo menos é o que afirma a tradição. Segue-se uma batalha pavorosa. Multidões de macacos e demônios são chacinados, pois os heróis usam não somente armas convencionais mas também armas inspiradas pela divindade e truques mágicos. Os demônios, capazes de mudar de forma à vontade, em virtude da sua *maya*, ou poder mágico, muitas vezes conseguem enganar os heróis. Rama e seus aliados realizam feitos de incrível fortaleza, erguendo rochas imensas e até montanhas e sofrendo ferimentos além da compreensão. No fim, como era de esperar, os bons saem vitoriosos e, nesse ponto, Rama descobre seus antecedentes divinos. Ele é uma encarnação do grande deus Vishnu, que desceu à Terra para salvar o gênero humano da opressão exercida pelas forças demoníacas.

Rama e Sita voltam à capital do seu país, Ayodhya, onde Rama é coroado rei. Por muitos anos o seu governo é glorioso, mas, em dado momento, as más línguas principiam a espalhar rumores acerca do rapto de Sita pelo rei-demônio Ravana, muito tempo atrás. Seria ela, realmente, tão pura quanto dizia ser? O belo Ravana, com efeito, nunca a tocara? Profundamente contristado, Rama pede a Sita que se vá para a floresta e nunca mais volte. Nenhum soberano justo pode viver sob uma nuvem de conduta imoral, ainda que se trate tão só de um suposto deslize. Sita vai para a floresta e dá à luz os dois filhos de Rama: Kusa e Lava. O grande sábio-poeta Valmiki encarrega-se deles e, a seu tempo, conta-lhes a grande história das proezas de Rama, o *Ramayana*.

Com referência à data em que foi composto o *Ramayana*, pouca coisa se pode dizer com certeza. É uma obra de grande importância na tradição hindu, mas essa tradição se interessava muito pouco pela exatidão da cronologia histórica. Aproximadamente, e sobretudo em virtude de provas externas e linguísticas, aceitamos um período de uns poucos séculos entre o ano 200 a.C. e o ano 200 d.C. como data provável da sua composição. Ele, provavelmente, foi crescendo aos poucos, e o princípio e o fim da história foram acrescentados no fim desse período. Destarte, a história da segunda rejeição de Sita pelo marido, Rama, bem como o incidente em que ela foi engolida pela terra, são adições subsequentes. O que se pode dizer com segurança é que Valmiki (se foi ele, efetivamente, o compositor) escorou-se em certo número de contos populares a respeito de Rama na composição da sua epopeia, juntando uns aos outros para formar o grande arcabouço da história, a par de inúmeros incidentes exóticos e fabulosos. Também se encontram aí as técnicas convencionais da narrativa sânscrita: o emprego de narradores em diversas fases, as descrições da natureza para sugerir a atmosfera da ação, intervenções divinas ocasionais, e assim por diante. É, portanto, um trabalho literário indiano tradicional, mas o seu impacto sobre o povo da Índia foi nada menos do que fenomenal. Inspirou os temas de centenas de peças e trabalhos literários menores e maiores. Durante dois mil anos, até hoje, as proezas de Rama têm sido celebradas em festivais religiosos, cerimônias em templos, feriados públicos e cerimônias particulares. Lugares que Rama pisou são agora famosos como sítios de peregrinação, aonde concorrem milhares de hindus, todos os anos. Nas aldeias, os pais contam aos filhos a história de Rama, como nós contamos aos nossos histórias de fadas. Nas cidades, as pessoas assistem a adaptações cinematográficas de episódios de Rama e leem formas abreviadas de sua narrativa em edições de bolso. Rama transformou-se em objeto de devoção, e o seu culto é ainda poderosa força religiosa. As últimas palavras do famoso estadista Mohandas Gandhi foram "Ram-ram", antes de cair morto, atingido pela bala de um assassino.

A que se pode atribuir essa popularidade? Entre outros fatores, o mais importante talvez seja a caracterização do *Ramayana*. É uma obra de exemplos, de modelos de bom comportamento, que as pessoas assoberbadas pelo infortúnio e pela frustração, salteadas de dúvidas, podem seguir e imitar com resultados benéficos. Temos Rama, o nobre e virtuoso príncipe, cujo heroísmo supremo reside não tanto no fato de vencer os inimigos, mas no de suportar, estoica e desapaixonadamente, as maiores provações, incluindo a rejeição e a calúnia por parte da família mais próxima. Sita é também uma não heroína: vítima constante do destino, durante todas as tribulações permanece fiel ao marido e faz o que ele quer. Transformou-se num modelo que as mulheres hindus piedosas tentam imitar ainda hoje. Nos dias que correm, de emancipação feminina, essas ideias são impopulares no Ocidente, mas existe uma perspectiva de vida em que tal modelo de comportamento é um modo tão certo de libertação quanto a rebelião mais desassombrada – e muitos hindus têm essa perspectiva.

Para inúmeros indianos, sobretudo para os que adoram Vishnu, o *Ramayana* é principalmente um poema religioso que descreve o avatar (encarnação) de Deus na Terra, suas lutas com as forças do mal e sua vitória. A encarnação, muitas vezes, não se dá conta do seu papel divino, mas suas ações são sempre nobres, o olhar que dirige aos semelhantes é sempre afável e bondoso, a paciência e indulgência com que sofre as desfeitas de outras pessoas são sempre exemplares – até que se lhe depara a personificação da verdadeira maldade, o diabo encarnado. Nesse momento, desperta a sua ira virtuosa, e sua determinação de erradicar e matar as forças do mal não pode ser detida. Para muitos, entre o público que assiste a *O caminho de Rama*, isso constitui o essencial da história. Mas até os que não estão especificamente orientados para a religião apreciam o *Ramayana* como narrativa fascinante de aventuras, heroísmo, tramas emocionantes e monstros pavorosos, que se presta a retratos bombásticos na arte e na escultura. A cena, por exemplo, de milhares e milhares de macacos frenéticos entrechocando-se em combate com as hordas de demônios de sinistro semblante foi retratada nos relevos das paredes do templo cambojano de Angkor Wat e na dança *ketjak*, em Bali. Há também cenas românticas e enternecedoras, como a partida patética de Rama para a floresta, em companhia de Sita e do irmão. A tristeza de Rama quando a fiel Sita lhe é furtada dificilmente se esquece. A cena dos sofrimentos de Sita no palácio de Ravana, em Lanka, no meio das esposas rancorosas e arrogantes, que a pressionavam de contínuo para entregar-se ao seu senhor, constitui um exemplo tocante de sua fé conjugal inabalável.

O que se pode discutir é se a grande batalha narrada no *Ramayana* representa um acontecimento histórico. Não é fácil responder a isso. Podemos apenas especular, como o fizeram outros, se o poema se baseia ou não numa batalha de grande antiguidade. Os primeiros arianos, antepassados do povo nórdico que hoje habita a Índia, desceram do platô iraniano para a Índia, no meio do segundo milênio antes de Cristo. Encontraram-se com pessoas que falavam línguas dravídicas e hoje vivem principalmente no sul. Esse encontro acabou redundando numa fusão das culturas dravídica e ariana no norte, onde, atualmente, a população é assaz homogênea. A influência ariana, todavia, fez-se sentir no sul em data muito posterior, talvez por volta da época em que surgiram as histórias de Rama. De sorte que, a crermos na especulação, o *Ramayana* representa um relato glorificado da excursão dos arianos ao sul da Índia, onde Rama é o herói cultural ariano, e os rakshasas de Lanka, bem como os macacos e os ursos, são as raças menos desenvolvidas encontradas pelos arianos.

A teoria é altamente especulativa e provavelmente falsa. À proporção que se desvelam novas provas arqueológicas, descobrimos que floresceram civilizações brilhantes no sul da Índia por quase tanto tempo quanto no norte. Não é correto, portanto, acreditar que o *Ramayana* seja um relato poetizado das incursões arianas no sul da Índia. É igualmente incorreto pensar nas figuras de ursos e macacos como designações desdenhosas de membros de tribos não civilizadas. São, pelo contrário, criaturas respeitadas e até veneradas, que englobam qualidades de força, persistência e entusiasmo, e com uma confiança característica nos chefes humanos que é, não raro, comovente observar. Sem ressentimentos e com fé cega, atiram-se à batalha e à morte quase certa porque acreditam que as criaturas humanas superiores sabem o que estão fazendo. Ver neles retratos de seres humanos é uma questão de interpretação, não de fato. São macacos e ursos capazes de se comunicarem com as pessoas; não são caricaturas de seres humanos.

Como já ficou dito, o *Ramayana* tem sido muito divulgado nos países do sudeste da Ásia que orlam os oceanos Índico e Pacífico. A Birmânia, o Camboja, a Tailândia, a Indonésia e até as Filipinas, para nomear apenas alguns, são lugares em que se introduziu a história de Rama e onde ela foi aceita pelo povo e incorporada à sua própria cultura. No transcorrer da assimilação operaram-se mudanças, algumas deliberadas, outras, inconscientes. Às vezes, o poeta da corte de um rajá local celebrava a grandeza do seu amo pintando-o como Rama, o herói, o conquistador do mundo. Criava umas poucas cenas, omitia outras e, assim, compunha uma nova história de Rama. Os nomes geográficos eram amiúde trocados, a fim de se harmonizar com as características do lugar, mas o inverso também aconteceu. Na Indonésia, por exemplo, montanhas como Brama, Sumeru, e rios como o Serayu ainda atestam a vetusta influência do poema épico hindu. Mas as obras literárias, além disso, tinham amiúde uma versão popular, que foi transmitida verbalmente por contadores de histórias profissionais ou simplesmente por mercadores e viajantes. Nessas versões populares, a influência dos costumes locais, não raro, é muito mais evidente, e às vezes é até difícil discernir o entrecho original Rama-Sita de eventuais histórias locais. Tal é o caso, por exemplo, da recém-descoberta história filipina de Rama.

É contra o quadro de fundo dessa adaptação cultural do *Ramayana* que devemos examinar a tradução de William Buck. Na realidade, é menos um traduzir do que um reescrever do *Ramayana*, que utiliza, como fonte material, as traduções inglesas publicadas, pois existem traduções do *Ramayana* para o inglês, mas nenhuma, até agora, muito satisfatória, nem do ponto de vista da erudição, nem do ponto de vista literário. A adaptação de William Buck é um feito extraordinário. Ele não era nem um erudito nem um autor muito conhecido e, conquanto reconte a história de Rama com muitas variações de pormenores, logrou captar as características mais importantes do *Ramayana*: o singelo tom religioso que impregna o original indiano. Encontramos nesta interpretação da obra o mesmo temor respeitoso da criação divina, o mesmo assombro e a mesma fé incontroversa na relação recíproca dos eventos naturais e sobrenaturais, que fascinou os milhões de pessoas que, nos últimos dois mil anos, ouviram a recitação e assistiram às representações da história de Rama. Para muita gente que ouve o *Ramayana* está sendo apresentado um mistério e, lenta e erraticamente, partes dele se desdobram. Se tivermos sorte, obteremos vislumbres ocasionais de uma realidade mais alta e mais pura, que oferece uma esperança aos enredados no triste estado da existência mundana. Essa revelação nos leva muitas vezes a ler a epopeia e repensar nela, a fim de reexperimentar a alegria da descoberta. A luta entre o bem e o mal trava-se por nós, e Rama é o nosso herói.

É desnecessário enumerar todos os trechos em que o *Ramayana* de Buck difere do original, mas algumas diferenças mais importantes merecem ser mencionadas. Uma das mais notáveis diz respeito à reunião de Sita e Rama no fim da batalha, quando ela é trazida à presença dele no exato momento do triunfo, depois do pesadelo da guerra. Espera-se que Rama a receba bondosa e ternamente em sua habitação real, e assim, com efeito, procede ele na história recontada por Buck. Mas no *Ramayana* indiano, o episódio feliz não existe. Aqui, Rama repele Sita com arrogância quando ela aparece diante dele, conduzida por Lakshmana, pois acredita que a honra da esposa tenha ficado comprometida em Lanka e que ela não mereça tornar-se rainha. Desesperada, Sita ameaça imolar-se numa fogueira que Lakshmana acendeu a pedido dela, mas, como por um passe de mágica, o Deus do Fogo se ergue da pira e recusa-se a queimá-la. Censura Rama, e os dois esposos se reúnem. Buck omitiu o episódio polêmico e, em vez disso, fez que o Deus do Fogo levasse Sita a Rama. Além do mais, na mesma ocasião, Buck apresenta uma carta póstuma de Ravana para Rama, talhada numa pedra, em que o primeiro anuncia a sua reconciliação. O *Ramayana* sanscrítico não faz menção do incidente.

O *Ramayana* sintetiza o espírito da antiga Índia, com seus vagos mas grandiosos conceitos de retidão moral e as consequências para o destino da pessoa. Tanto Rama quanto Sita são retratados seguindo o seu *dharma*, termo que significa "dever pessoal" e "lei, eterna lei", e é personificado como o Deus da Justiça. A adesão ao *dharma* assegura à pessoa uma posição mais agradável na outra vida que há de levar. Os conceitos de reencarnação e carma, a lei inexorável da retaliação pelos atos maus e da recompensa pela conduta desinteressada, dominam a vida das pessoas e das criaturas semidivinas que vagueiam pela Terra. Como no *Mahabharata*, outro poema épico indiano, os deuses, às vezes, interagem com seres humanos. São poderosos, imortais, mas não onipotentes. Vishnu, habitualmente representado em esculturas com um disco, uma maça, uma concha e um lótus nas quatro mãos, deus poderoso que exerce grande poder sobre o destino do gênero humano, é, apesar disso, obrigado, pela energia mágica de um sábio como Narada, a entregar seus emblemas de divindade. De maneira semelhante, o grande deus Indra foi derrotado pelo demoníaco Ravana e seu filho. Pela execução de práticas ascéticas (em sânscrito, *tapas*, que também quer dizer "calor"), um ser humano pode aquecer o trono de Indra, forçando-o, assim, a satisfazer a um desejo. Dessa forma, homens e mulheres fazem valer sua vontade sobre os deuses.

O *caminho de Rama* pressupõe que estamos a par de algumas convenções da mitologia e da literatura sânscritas. O mundo, tal como o vemos, é o produto de um longo ciclo evolutivo, subdividido em quatro idades (*yugas*) mundiais. Na primeira, a humanidade é perfeita, e o *dharma*, o "procedimento correto", impera. Na segunda *yuga*, ela perde um quarto do seu poder e a humanidade torna-se menos perfeita. Na terceira, outro quarto se perde e, na atual e quarta *yuga*, ou *kali-yuga*, o infortúnio, a calamidade e a degradação moral campeiam soltas. Os nomes das idades do mundo derivam dos quatro lances reconhecidos no jogo de dados indiano: Krita, Dvapara, Treta, Kali. O *Ramayana* ocorre na *treta-yuga*. Em cada *yuga* os brâmanes constituem a casta superior das quatro classes da sociedade. As três castas superiores são consideradas como os "duplamente nascidos" na sociedade em que vivem, de uma feita naturalmente e, de outra, quando recebem o fio sagrado. O fio sagrado é dado por um sacerdote ao menino da família numa cerimônia solene, que se realiza antes da puberdade. É usado sobre a pele, acima do ombro direito. As meninas não recebem o fio sagrado.

Em outras passagens desta obra encontramos clichês e convenções literárias. Os ascetas, por exemplo, costumam usar os cabelos lisos sem enfeites, em contraste com as pessoas da cidade e da realeza, que adornam e estilizam os cabelos. Antes de entrar na floresta, Rama também adota as tranças do mendigo errante, mas, quando conduz o exército a Lanka, renuncia à vida de vagamundo e deixa os cabelos flutuarem soltos novamente. Outra convenção é que as montanhas costumavam voar livremente até que Indra lhes cortou as asas. Daí o dizer-se que o monte Mainaka possuiu asas. Mencionam-se também, às vezes, certas práticas que não têm correspondência em nossa literatura. O ato de cheirar os cabelos de alguém, por exemplo, constitui manifestação comum de afeição.

De onde em onde, Buck insere alguns termos sânscritos a modo de mantras, "fórmulas mágicas" dotadas de poder sobrenatural. Na realidade, não são expressões significativas, de sorte que se lhes omitiu a tradução. Assim, por exemplo, os termos *rakshama* e *yakshama* (em sânscrito, *rakshyaamah*, "protegeremos", e *yakshyaamah*, "sacrificaremos", página 53) são etimologias simplificadas das palavras *raksasa-* e *yaksa*, seres semidivinos. A palavra *yaman* significa qualquer coisa como "possa eu restringir, controlar" e é uma etimologia conveniente para o nome do Deus da Morte, Yama.

A principal sequência dos acontecimentos no original indiano e na tradução de Buck é a mesma, com a diferença de que na versão de Buck a história começa dez mil anos depois da guerra, quando os filhos de Rama, Kusa e Lava, desconhecidos do pai, aprenderam de Valmiki a história da sua batalha e a estão recitando na floresta Naimisha. O *Ramayana* original começa na cidade de Ayodhya com os acontecimentos que levam ao nascimento de Rama. Valmiki era chamado Adikavi, ou Primeiro Poeta da literatura sanscrítica, e alguns dos seus notáveis talentos fulguram nesta tradução inglesa. O leitor encontrará prazer em lê-la em voz alta para si ou para os outros. Dessa maneira poderá experimentar o fascínio que o poema épico exerceu sobre tanta gente durante tanto tempo.

Oh! Homem, sou o demônio guerreiro Indrajit, difícil de se ver. Luto invisivelmente, escondido da tua vista por encantamento. Ataco por trás dos ventos selvagens do mau pensamento; apago muitas luzes desguardadas. Eu te conheço, e as boas obras realizadas em tua vida serão o teu único escudo quando precisares morrer e passar sozinho por mim a caminho do outro mundo. Podes esconder-te, à noite, do Sol, mas nunca do teu próprio coração onde vive o Senhor Narayana. Todos os mundos observam tuas ações e, portanto, o perdão é Dharma.

Valmiki, o Poeta, baixou os olhos para a água em suas mãos unidas a modo de taça e conheceu o passado. Antes de olhar, cuidou que o mundo fosse um doce veneno. Os homens pareciam estar vivendo em mentiras, sem saber para onde se dirigiam os seus caminhos. Os dias se diriam feitos de ignorância e dúvida, lançados pelo engano e pela ilusão. Mas na água viu – um sonho, uma oportunidade e uma grande aventura. Valmiki confiou na Verdade e esqueceu o resto; encontrou o universo inteiro como joia coruscante engastada no perdão e segura pelo amor.

Dilata o coração. Renuncia à cólera. Acredita-me, teus poucos dias estão contados; faze agora mesmo uma escolha rápida e não penses em outra!

Vem, aclara o coração e, prestes, caminha comigo para o seio de Brama, enquanto ainda é tempo.

PRIMEIRA PARTE

•

O PRÍNCIPE DE AYODHYA

OM!

Inclino-me diante do Senhor Narayana,

Da Senhora Lakshmi da Boa Sorte,

De Hanuman, o melhor dos macacos,

E de Saraswati,

A Deusa das Palavras e das Histórias:

JAYA!

Vitória!

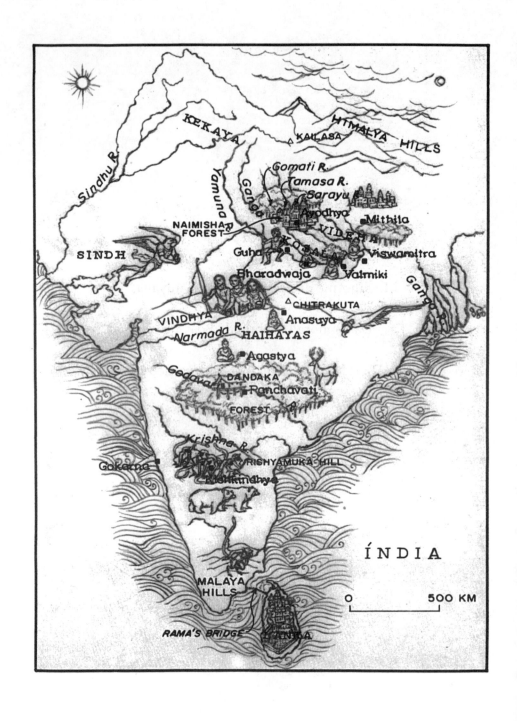

Nascido como homem

Sauti, o contador de histórias, contou este conto ao seu amigo Saunaka na floresta Naimisha. Inclinando-se com humildade, terminou o maravilhoso *Mahabharata* à noite e, na manhã seguinte, Saunaka perguntou:

"Sauti dos olhos de lótus, quem era aquele macaco Hanuman que se encontrou com Bhima nas Montanhas e ficou com a bandeira de guerra de Arjuna enquanto combatia? Que história é aquela de Rama, que mantém Hanuman vivo por tanto tempo, segundo contam os homens na Terra?"

"A história é *Ramayana*", respondeu Sauti, "uma história de romance, de amor e de loucas aventuras, a joia mais fulgurante da poesia e uma lenda dos tempos e dos mundos de antanho. Arjuna, o Pandava, se foi, e o Fogo arrebatou-lhe o arco, mas algures o Tempo aguarda a ocasião de rearmá-lo. Assim o Tempo está além do Fogo, mas *Ramayana* está além do Tempo. Os dias de Rama se foram há muito; não acredito que tenham

Então, num dia nublado de inverno...

existido antes ou que venham a existir depois dias como esses no mundo que conhecemos..."

"Conta-me de novo uma velha história", pediu Saunaka.

"Rama governou a Terra por onze mil anos. Deu uma festa, que durou um ano, na sua floresta Naimisha. Toda esta terra pertencia, então, ao seu reino; uma idade do mundo atrás; há muito, muito tempo; muito antes de agora e muito longe no passado. Rama era rei desde o centro do mundo até as quatro praias dos Oceanos."

"Nunca me canso de ouvir", disse Saunaka, "nunca me dou por satisfeito. Se conheces mais histórias, conta-as para mim."

"Sim", respondeu Sauti. "Se queres ouvi-la, presta atenção ao *Ramayana* tal como aconteceu."

Ouve, meu amigo...

Amo este *Ramayana*. Vivemos agora na terceira idade do Tempo, e Rama viveu na segunda. Faz muito tempo que *Ramayana* se coloca acima de outras histórias; precisas erguer os olhos para encontrá-lo. Valmiki, o Poeta, cantou os feitos de Rama em versos musicais, e vestiu-os com o som dos cantares. Antes de *Ramayana* não havia poesia na Terra.

Quando jovem, Valmiki esquadrinhou o mundo inteiro em busca da amizade franca, da felicidade e da esperança e, não tendo encontrado nenhuma delas, entrou sozinho na floresta vazia, onde não vivia homem algum, até chegar a um lugar perto de onde o rio Tamasa deságua no Ganga. Ali se quedou anos sentado, sem se mover, tão imóvel que térmites construíram um cupim sobre ele. Valmiki ficou sentado ali dentro milhares de anos, e apenas seus olhos apareciam, procurando encontrar a Verdade, com as mãos dobradas e a mente perdida em contemplação.

Então, num dia nublado de inverno, ao meio-dia, o sábio celestial Narada, inventor da música, nascido da mente de Brama, voou do céu até Valmiki e lhe disse:

"Sai daí! Ajuda-me!"

"Está muito frio", respondeu Valmiki. "Quero distância dos mundos, onde um pequenino prazer custa um grande sofrimento. Não me perturbes."

"E eu, acaso, o faria? Veja como a Vida passa, e como cada criatura age de acordo com a sua natureza", Narada ajoelhou-se e fitou os olhos de Valmiki. "Mestre, o que posso dizer-te?"

"Dize-me apenas o nome de um homem honesto, que sairei daqui."

"Rama!", volveu Narada. "Sai daí!"

"Quem é Rama?

"Rama é rei de Ayodhya. Nascido na raça solar, descende do Sol, e é valente, gentil e firme na luta. Por ordem de Rama, sua adorável rainha Sita está sendo trazida para esta floresta num carro e, conquanto não suspeite de nada, aqui será abandonada. E a menos que tu a confortes, ela se afogará no Ganga e matará também os filhos que tem de Rama, e que ainda não nasceram."

"Que mal fez ela?", indagou Valmiki.

"Nenhum", replicou Narada. "É inocente e sem culpa. Viveu como rainha de Rama por quase dez mil anos; antes disso, Rama salvou-a de um grande perigo por meio de feitos maravilhosos e incríveis. E agora, vê o que é um dos terrores da realeza. Rama é obrigado a deixá-la ir porque o povo está falando mal dela. Levanta-te, salva a vida dela e deixa-a viver contigo e com teus companheiros; faze, com palavras medidas, a canção de Rama, e ensina-a aos dois filhos dele."

"Não tenho companheiros aqui", disse Valmiki.

"Pois agora os tens. Ao vir para cá, cantei uma canção de ajuntar amigos. Valmiki, tenho visto outros céus além deste, outros mundos e outros amigos. As pessoas contam contigo... e já estou ouvindo o carro de Ayodhya que se aproxima, através do Ganga."

"Não tenho habilidade em nenhum ofício, nem mesmo no das palavras", disse Valmiki.

"Ali se deteve o carro! Neste instante... lá vêm eles atravessando o Ganga num barco, ou tu também irás embora e abandonarás Sita, porque tens medo dos outros? *Vê!* Ela descobriu que está perdida e que o barco voltou, sem ela. Avia-te... o sol já está aparecendo por trás das nuvens escuras... e Ganga, a Deusa do Rio, começa, invisível, a sussurrar feitiços em torno de Sita e a fazer que suas águas rápidas pareçam um lar quente e seguro. *Faze alguma coisa agora, Valmiki; chama-a e o resto terá de seguir-te.*"

Valmiki ergueu-se e livrou-se daquele duro cupim. De repente, viu, em toda a sua volta, muitas casas de eremitas e suas famílias, jovens árvores cuidadosamente regadas, um retiro aberto na floresta. Quatro meninos correram para ele, vindos do rio e, a uma voz, gritaram-lhe:

"A esposa de algum grande guerreiro está chorando à beira do Ganga. É linda como uma deusa caída do céu, toda assustada, inteiramente só, desconhecida, esperando filho, e com presentinhos da cidade amarrados num pano de seda ao seu lado. Vai até lá, dá-lhe as boas-vindas, protege-a..."

Valmiki correu para Sita, à margem do rio.

"Sita", disse ele, "fica aqui no meu eremitério, acabas de encontrar a casa de teu pai numa terra estranha, nós cuidaremos de ti como se fosses nossa filha."

E ao ver Sita, pensou: "Que formosa mulher, como é bela!"

Rápidas, as esposas dos eremitas cercaram Sita e levaram-na para suas casas. Narada se fora. Valmiki foi sozinho para a clara margem do Ganga e banhou-se. Limpou a poeira do cupim que lhe aderira à pele, arrancou a casca cinzenta de uma árvore e com ela fez roupas novas e frescas.

Depois, sentou-se no chão, com as costas apoiadas numa pedra. Ficou observando duas pequenas aves aquáticas numa árvore próxima. O macho cantava para a companheira, quando, diante dos olhos de Valmiki, uma flecha o atingiu e ele caiu do galho. Agitou-se no chão por um instante e, logo, caiu morto; gotas de sangue lhe mancharam as asas.

Inconsolável, a companheira do pássaro morto gritou:
"*Tuas longas penas! Teus cantos maviosos!*"

Um caçador de passarinhos saiu da floresta segurando um arco. O coração de Valmiki batia, descompassado, e ele amaldiçoou o matador:

"*Não encontrarás descanso nos longos anos da Eternidade,
Porque mataste um pássaro apaixonado e insuspeitoso*".

O caçador olhou para Valmiki e saiu correndo com medo de perder a vida, mas a febre já lhe ardia no sangue; morreu naquele dia. Valmiki voltou para o eremitério pensando: "Este é realmente o modo como me lembro dos usos do mundo". Em seguida, pensou: "As palavras com que o amaldiçoei fazem um verso, e esse verso poderia ser posto em música".

Durante vários dias as palavras ficaram martelando na cabeça de Valmiki. Fosse o que fosse que parecesse estar fazendo, estava, na realidade, pensando no verso. No quarto dia após o salvamento de Sita, o Senhor Brama, Criador dos Mundos, apareceu no novo retiro de Valmiki. Dava a impressão de ser um velho de pele vermelha e cabelos brancos, quatro braços, quatro rostos em torno de uma cabeça, segurando nas mãos um colherão, um rosário, um pote de água e um livro sagrado.

"Senta-te perto de mim", saudou Valmiki.

E, tirando água de um cântaro, lavou os pés de Brama e deu-lhe de outra água para beber. Depois disso, porém, mesmo estando sentado ali em companhia do Pai de todo o Universo, que o observava, Valmiki só se lembrava das duas aves aquáticas e pensou: "Que crime! Não havia sequer um bocadinho de carne naquele passarinho! De que serve um mundo que anda todo errado, sem um grão de misericórdia dentro de si?"

Aqueles pensamentos eram tão claros para Brama quanto se Valmiki os estivesse gritando aos seus ouvidos. Brama disse:

"Com que, então, ao pé de um rio, o primeiro verso do mundo nasceu da piedade, e o amor e a compaixão por uma minúscula avezinha fi-

zeram de ti um poeta. Usa o teu descobrimento para contar a história de Rama, e teus versos derrotarão o Tempo. Enquanto estiveres compondo o teu poema, a vida de Rama te será revelada, e nenhuma palavra tua será inverídica".

O Senhor Brama voltou ao seu céu, muito acima dos céus mutáveis de Indra e dos deuses, no carro tirado por cisnes brancos e gansos cor de neve. Valmiki sentava-se, todos os dias, voltado para o leste, numa esteira de capim. Segurava um pouco de água nas mãos unidas em concha e, olhando para dentro dela, via claramente Rama e Sita. Via-os moverem-se, ouvia-os falarem e rirem. Viu toda a vida de Rama acontecer dentro da água; segurava o mundo passado no oco da mão; e, de parte em parte, fez *Ramayana* deleitoso ao ouvido, agradável à mente e uma verdadeira felicidade para o coração.

Não muitos meses depois que Valmiki iniciou a sua poesia, nasceram os filhos gêmeos de Sita. Valmiki chamou-os de Kusa e Lava. Eles cresceram tão parecidos com o pai, Rama, quanto o reflexo da Lua se parece com a própria Lua. Kusa e Lava eram tão formosos quanto Kama, o Deus do Amor, desarmado pelo prazer. Todas as mulheres dos eremitas os amavam e cuidavam dos dois meninos em lugar de adorar os deuses.

À medida que Valmiki compunha o *Ramayana*, e à medida que Kusa e Lava cresciam o suficiente para aprender, ele os ensinou para que o soubessem de cor. Quando completaram doze anos de idade, Valmiki já escrevera a sua história até quase o tempo presente. Kusa e Lava sabiam-lhe todos os versos, e cantavam o *Ramayana* fazendo-se acompanhar de um alaúde e de um tambor, à semelhança dos gandharvas, os músicos celestes.

Naquele ano, o rei Rama fez realizar uma comemoração, que duraria um ano, na floresta Naimisha, ao longo do rio Gomati. Em casa, Kusa e Lava ensaiavam o canto. Os veados ouviam-nos da floresta, e os pássaros, das árvores. Ensaiaram por muito tempo, e inúmeros homens da floresta foram ouvi-los. Ao fim de cada dia, traziam presentes a Kusa e Lava – um jarro de água, uma camisa de pano de casca de árvore, uma pele de veado, fios, um cinto de capim, um pano vermelho, um machado, uma corda para atar achas de lenha, um pote para cozinhar e alimento selvagem que haviam colhido.

Depois foram todos para a festa de Rama. As pessoas haviam chegado lá vindas de todo o mundo. Valmiki manteve Sita escondida, mas mandou Kusa e Lava cantar o *Ramayana* numa clareira. Quando eles começaram a cantar, todas as outras atividades do festival cessaram. Os ouvintes deixaram-se ficar imóveis. Durante um ano cantaram uma parte do *Ramayana* a cada manhã, e nunca disseram seus nomes. Toda a gente se juntava à roda deles. Todos os dias o rei Rama vinha ouvi-los. Olhava longamente para os dois filhos, que nunca vira, e punha-se a imaginar quem seriam, e a seu lado havia sempre uma estátua de ouro de Sita, pois Rama a amava, embora a tivesse mandado embora.

"Cantamos uma canção de augusta fama... Prestai atenção...", principiavam Kusa e Lava.

Rama, libertai a mente da maldade e da má vontade: esta é a canção de Valmiki.

Às margens do rio Sarayu ergue-se a Bela Ayodhya, capital de Kosala. Uma cidade fabulosa, famosa entre os homens, com doze léguas de comprimento e dez de largura, árvores Sala, cheias de grãos e ouro. O Céu é belo, mas Ayodhya é mais bela. O Céu é fresco no verão, mas as montanhas de Kosala são melhores.

Majestade, quando vosso pai, Dasaratha, era vivo, reinou desde o alto e alvo palácio de Ayodhya, edificado no topo de uma montanha; era Senhor da Terra e Senhor dos Homens; rei solar, tão refulgente quanto o Sol do meio-dia. Naqueles dias brilhantes, que ora se foram para sempre, os deuses do ar viam que Kosala era tão clara quanto um espelho, sem que o menor toque de mal criasse nenhuma sombra negra sobre a terra. Os kosalas eram bem-nutridos e saudáveis, o Sarayu estava apinhado de barcos, os chifres das vacas se cobriam de anéis de prata e fitas de ouro. Todo homem podia conservar em paz o que possuía e ganhar o que mais lhe apetecesse.

Os jovens envergavam trajes elegantes, e a vida era alegre entre os jardins e nos parques do prazer. Mansões de três e sete andares cercavam as ruas amplas e retas. Os kosalas não tinham inimigos, e Ayodhya era inexpugnável. Flores cresciam em toda parte. Elefantes de longas presas caminhavam pelas ruas, ostentando campainhas no pescoço. Havia fieiras de lojas de portas abertas, palácios de um branco pálido e árvores senhoris; carros barulhentos passavam e havia música; caravanas estrangeiras chegavam trazendo mercadores e ricos tributos de reis menores.

A Bela Ayodhya estava cheia de guerreiros, como a caverna de uma montanha está cheia de leões; seus guerreiros eram impacientes e mortais para os inimigos. Cada um deles era capaz de derrotar, sozinho, dez mil carros, mas nenhum se aventurava a acometê-los. Mantinham a cidade segura e tentavam desagravar todo e qualquer agravo que se lhes deparasse. Os ministros de Dasaratha, cautos, leais e sábios, aptos a descobrir motivos ocultos e a pelejar com palavras, nunca se deixavam associar a mentiras, mantinham a palavra dada e mandavam espias para o estrangeiro, a fim de que lhes relatassem o que estava ocorrendo em todo o mundo.

A Bela Ayodhya era uma cidade brilhante e sem jaça, com muita comida, muita madeira e muita água. Mas se bem que Dasaratha fosse um homem velho, de sessenta mil anos de idade, não tinha um filho que lhe herdasse o reino. Chamou o seu sacerdote Vasishtha e disse:

"Brâmane, estou sempre ansiando por um filho. Não encontro felicidade sem ele. Portanto, oferece um sacrifício com fogo, para agradar aos deuses".

"Excelente", respondeu Vasishtha. "Bem-feito. Terás filhos conforme os anseios do teu coração."

"Arranja tudo para isso", ordenou Dasaratha ao seu cocheiro Sumantra. E, dirigindo-se às três rainhas, anunciou: "Teremos filhos".

Ouvindo essas doces palavras, o rosto de cada uma delas brilhou como uma flor de lótus que se abrisse depois do fim de longo e frígido inverno.

Sumantra empilhou provisões ao pé do Sarayu, e Vasishtha escolheu um dia cujas estrelas regentes fossem propícias. Um dia, depois do banho matutino, o rei Dasaratha quedou-se a observar Vasishtha, que acendia os fogos sagrados junto ao rio. Vasishtha pôs-se, então, a entoar mantras enfeitiçadores, estendeu a mão para pegar um colherão chato de madeira, enfiou-o na manteiga líquida e clara e começou a despejar a oferenda no fogo sacrifical:

"*Indra, Rei do Céu, vem.*"

No céu, lá em cima, Indra se agitava, suspirava e silvava como cobra irritada. Tinha as belas vestes queimadas e rasgadas, o rosto e o peito cobertos de sangue seco. Estava colérico; ouviu o chamado de Vasishtha e ficou mais bravo ainda.

Indra circunvagou os olhos pelo céu. Era uma ruína irremediável. O outrora formoso jardim celestial Nandana fora arrancado, esmagado e enterrado debaixo de fuligem e cinzas. A longa rua de ouro do céu estava juncada de gandharvas assassinados, apsarasas, bailarinas do céu, mortas no chão, e cadáveres dos demônios rakshasas. Os altos e majestosos palácios do prazer, arrasados, tinham sido reduzidos a pedras e telhas quebradas. A corrente celeste do Ganga fluía, rubra de sangue. Trovões exaustos e relâmpagos partidos jaziam espezinhados, espadas rakshasas fora da bainha já pegavam de enferrujar no rio, fogos lentos e enfumaçados abriam buracos nos altos muros do céu, o Portal dos Deuses, carbonizado, caíra, por terra, lascado e arrancado aos pesados batentes.

Indra acabava de travar a Batalha do Céu. Enfrentara orgulhosamente o rei-demônio Ravana. Somente ele não se sujeita, com o seu povo, aos rakshasas. Lutara com denodo e perdera, fora capturado e solto e agora estava de novo no céu.

Os olhos de Indra encheram-se de lágrimas. Rilhou os dentes e apertou os punhos; em seguida, estendendo a mão para o chão, agarrou um pedaço de diamante quebrado e voou com ele para o alto céu de Brama, imune à mudança. Postou-se bem diante do palácio de Brama e, com força tremenda, arremessou a pedra por entre as traves de ouro e jade da janela maior. Os guardas saíram correndo com lanças e espadas, mas, quando deram com Indra, inclinaram a cabeça, enfiados, e fizeram-lhe sinal para que entrasse.

Brama estava sentado num trono em forma de lótus, feito de sândalo, numa sala ao termo de comprido corredor e depois de uma porta colocada três passos além do fim do Universo.

Indra entrou.

"O culpado sois vós! A culpa é vossa, toda a culpa!"

"Ai de mim", disse Brama, "o prejuízo é todo *meu* por haver-vos criado."

"Ravana, o rei rakshasa de dez cabeças, trucidou injustificadamente o meu povo!", exclamou Indra. "Seu filho Indrajit capturou-me lutando invisivelmente e, logo depois, me libertou, por uma razão qualquer."

"Fui eu que arranjei isso."

Indra franziu o cenho.

"E arranjastes também que ninguém no céu pudesse matar Ravana! Vós o mandastes contra todos nós. Ele pediu e vós concordastes... *vede o que fizestes, velho...*" Mas a última palavra não pôde sair da garganta de Indra. Nenhuma palavra que lhe acudia à mente era suficientemente forte para descrever-lhe os sentimentos, de modo que não pôde falar.

"Velho louco!", disse, afinal. "Por quê? Por quê? Dizei-me, *por que* concedeis privilégios a demônios?"

"Ó Indra, foi apenas um impulso ardiloso."

"Desta vez criastes um monstro invulnerável. Ravana é a vergonha de toda a Criação e uma desgraça para os mundos. Como poderemos resistir-lhe quando nem os deuses conseguem matá-lo? Teremos de viver sob o mal?"

"Onde estão os outros deuses?", perguntou Brama, embora já o soubesse.

"Agni, o Deus do Fogo, aquece os fogões das cozinhas de Ravana; as chuvas lavam-lhe as roupas; Vayu, o Vento, varre os pátios de Lanka; Varuna, Senhor das Águas, fornece os vinhos para a corte de Ravana; o Sol alumia as salas de Ravana, e a Lua, os seus jardins... tão grande é a força do medo!"

"Oh, Indra, olhai de novo."

Indra olhou para a Terra e para Lanka.

"Ora essa! Aquelas formas são falsas! Os outros escaparam..."

Brama ofereceu uma taça de prata de soma e Indra emborcou-a rapidamente. Depois tornou a suspirar, mas agora já sorria. Brama bebeu também e olhou com cuidado para Indra.

"Deus da Chuva", disse Brama, "deixai passar o sofrimento. Onde está Viswakarman, o Arquiteto do Céu?"

"Está sempre sozinho por aí", retrucou Indra.

"Fazei-o voltar ao trabalho. Mandai-o reconstruir o céu."

Indra apertou os próprios braços.

"Além de tudo o mais, Ravana se regala pessoalmente com a comida que os homens nos sacrificam e se aquece na nossa fumaça. Destruídos estão os jardins do céu que, outrora, tornavam felizes os meus olhos e faziam meu coração cantar. Agora não se ouve canção alguma, e tenho medo até de ir assistir ao sacrifício de Dasaratha, rei de Ayodhya."

"Lembrai-vos de como falar a velha linguagem comigo... Ravana é descuidado... Faz muito tempo que é descuidado. *Cessai o vosso sofrer e erguei a cabeça*. Dasaratha realizará o desejo dele. Terá quatro filhos. Aceitai as oferendas do rei de Kosala e ninguém vos deterá. Afastai-vos da vista de Ravana e pacientai. Se não lutardes com ele outra vez, como podereis ser derrotado? Pensai antes e não depois de agir."

"Como a pobre Terra, meus próprios céus revelaram-se agora imperfeitos e fugazes, prontos para morrer golpeados por demônios diabólicos", disse Indra, refeito do cansaço. "Tende cuidado com o meu mundo! Sou o Senhor dos Deuses. Não sou fraco como um simples homem, sou Indra dos Cem Sacrifícios, Destruidor de Cidades, Indra da Mão de Trovão, Senhor do Paraíso, Senhor dos Relâmpagos! E uma besta demoníaca me venceu, a *mim*..."

"Envergonhai-vos, Indra! Calai-vos!" Brama tornou a encher as taças de soma. "Que posso fazer? Nunca me é dado mentir, e não conheço todas as respostas."

"Quem as conhece, então?"

"Procurai Narayana", disse Brama. "Só Narayana as conhece, ou talvez nem ele. Mas, quanto a mim, onde posso encontrar o fim, o começo e o meio de tudo isso? Pergunta a Narayana: 'Por que Ravana foi descuidado?', depois obedece aos mantras de Vasishtha."

Indra foi ter com Narayana, o Senhor Vishnu, a Alma do Universo. Narayana quedou-se a observar-lhe a aproximação. Indra juntou as mãos, tocou a testa e inclinou a cabeça até os pés de Narayana.

"Senhor dos Corações, inclino-me diante de vós, *namas*. Ainda tenho fé na Boa Lei do Dharma."

Indra ergueu os olhos acima do vasto peito escuro de Narayana cruzado por um colar de safiras, e fixou-os nos alegres olhos pretos do grande deus, amplos como pétalas de lótus.

Com suas vestes açafroadas de verão, Narayana sorriu para Indra:

"Sim, foi uma boa luta", disse ele. "Não temais, Senhor dos Deuses."

"Como derrubaremos Ravana?", perguntou Indra. "Por causa do privilégio concedido por Brama, o rei-demônio está forte, e por nenhuma outra causa própria. Ajudai-me, vós sois meu único refúgio, não há outro para mim. *Juntarei de novo minhas tempestades e atacarei Lanka, dai-me permissão para combater Ravana mais uma vez!*"

"Nunca!", disse Narayana. "Não compreendeis que as palavras de Brama são sempre verdadeiras? Não falsifiqueis as três esperas da vida. Em primeiro lugar, eu não vos teria deixado lutar, embora tenhais acertado em resistir e Ravana estivesse errado. Ravana pediu a Brama: 'Deixai que eu seja imortal para todas as criaturas do Céu e dos infernos'. E Brama lhe prometeu: 'Assim seja'. Esse privilégio é inquebrantável, mas eu causarei a morte de Ravana. Essa é a verdade. Pedi-me apenas..."

"Ah", redarguiu Indra, "por desdém Ravana não mencionou homens nem animais, e não se acautelou contra eles. Ele come homens; eles são o seu alimento; assim, por que haveria de temê-los? Senhor, a vida na Terra se parece de novo com o Inferno. Precisamos de vós outra vez. Olhai para nós, contemplai-nos e abençoai-nos. Pelo bem de todos os mundos, Senhor Narayana, aceitai nascer como homem."

"Já o aceitei."

Ondas de felicidade inundaram Indra.

"Narayana azul-escuro, vestido de amarelo, fazei-vos quatro. Ponde de lado a trombeta de conchas, o chacra afiado como navalha, o lótus e o cetro que segurais com as quatro mãos. Esvaziai vossas mãos escuras; descei ao usurpado e fantasioso mundo dos homens, desesperado e rútilo. Tornai-vos os quatro filhos de Dasaratha nascidos do sangue e da semente. Levai convosco a vossa deusa Lakshmi e deixai que ela seja a vossa esposa mortal."

"Nós desceremos", prometeu Narayana.

"Senhor, matai-o, matai Ravana para sempre. Odeio aquele arrogante e amimalhado rakshasa. Favorecei-me e amaldiçoai-o; dai à Morte os seus rostos arrasados; enxugai nossos temores como o Sol enxuga o orvalho da manhã."

"Eu o farei", disse Narayana. "Ouça, Vasishtha está começando a chamá-lo para a Terra com canções, para Ayodhya ao pé do sonolento Sarayu."

A manteiga derretida do colherão de Vasishtha caiu no meio das chamas. Vasishtha cantou: "Indra, sede minha ponte de cima para baixo, cumpri minhas ordens, obedecei-me..."

As línguas de fogo dançaram, e Indra veio invisível do céu, novamente livre e deleitando-se com a fumaça. Vasishtha cantou: "Narayana, rogamos a vossa proteção. Deixai o vosso lar por um momento, aproximai-vos, vinde a nós..."

Vasishtha atirou flores no fogo e recuou, célere, para ficar ao lado do rei Dasaratha. Eles ouviram um ruído alto e retumbante, um violento clangor de metal; mas não viram nada.

"Que foi isso?", perguntou o velho rei.

"O disco afiado caiu."

Ouviram um estrondo como o de uma árvore que tombasse, e Vasishtha acrescentou:

"A imensa maça caiu".

Ouviu-se um som oco ressonante.

"A concha caiu."

E eles captaram o súbito perfume do lótus.

Depois um homem preto gigantesco ergueu-se das chamas numa torrente de fumaça e num ardente chuveiro de faíscas. Saiu do fogo, severizou o rosto e dardejou um olhar ameaçador ao rei, mas Dasaratha enfrentou-o sem se mexer. O gigante vestia roupas rubras, tinha o corpo todo coberto de pelos escuros de leão, o cinto feito de uma corda de arco, as palmas das mãos marcadas com sinais de relâmpagos e as solas dos pés com rodas. Estadeava uma barba intensa e lustrosa e longos cabelos pretos na cabeça. Os olhos amarelos eram os de um tigre, e ele estendia uma tigela fumegante de ouro, como o Sol, com uma tampa de prata.

Dasaratha tomou a tigela nas mãos. E o gigante negro lhe disse: "Alimente com isso suas esposas, pois assim terá filhos".

O fogo crepitou e o homem preto sumiu.

Dentro da tigela havia arroz cozido com leite e adoçado com açúcar. Vasishtha fez por três vezes a volta da fogueira, em círculos orientados para a direita. Dasaratha sentia-se como um pobre homem que tivesse encontrado um tesouro com o qual não sonhava, como um homem rico de felicidade, como o viajante perdido que dá com o caminho de casa.

Dasaratha encaminhou-se para as salas interiores do palácio. Todos os criados de suas três rainhas sorriam; o rosto delas iluminava as salas como o firmamento inundado pelos lindos raios da Lua de outono.

Dasaratha deu a tigela cintilante à primeira esposa, Kausalya, e disse: "Coma a metade do que está aí".

Quando Kausalya comeu a metade do arroz, ele deu à segunda esposa, Sumitra, a metade do que restara. A seguir, deu à esposa mais jovem, Kaikeyi, a metade do que Sumitra deixara. Refletiu por um momento, e deu todo o resto a Sumitra também.

Um ano depois, no nono dia da primavera, primeiro nasceu Rama, de Kausalya. Mais tarde, no mesmo dia, Bharata nasceu de Kaikeyi; e mais tarde ainda, Sumitra pariu dois filhos, Lakshmana e Satrughna. O pai acendeu os fogos do nascimento em jarros de terra; deu-lhes nomes no décimo primeiro dia de suas vidas, e os kosalas dançaram nas ruas e tocaram todos os sinos do templo.

Rama cresceu e tornou-se o filho predileto do pai. Não era alto nem baixo. Possuía mais energia do que o Sol e uma voz profunda. Os olhos eram verdes; a pele, de um verde frio e suave, era tão lisa que nem a poeira aderia a ela; tinha os cabelos ondulados verde-escuros e caminhava como um leão; nas solas chatas dos pés viam-se as marcas das rodas do Dharma real. Não havia nenhuma parte côncava entre as omoplatas, nas costas; os braços, compridos, chegavam aos joelhos; possuía quarenta dentes brancos idênticos, todos com o formato de sementes de romã; os polegares traziam as quatro linhas do conhecimento na junção com as mãos. Tinha ombros altos como o leão, testa graciosa, peito largo, três dobras no pescoço na base da garganta, como as espirais de uma concha; clavículas fundas, língua comprida, nariz afilado, mandíbulas pesadas e cílios de touro. O seu hálito recendia a lótus. Dentre todos os homens, somente Rama nasceu conhecendo o próprio coração.

Lakshmana era o segundo eu de Rama, a sua própria vida, que lhe caminhava ao lado. Sempre lhe fazia companhia, e servia-o em tudo, antes de si mesmo. Lakshmana tinha a pele dourada e uma força descomunal, olhos azuis como flores silvestres e cabelos lisos de um castanho-dourado. Lakshmana recusava-se a dormir se não tivesse Rama do seu lado e só comia se Rama concordasse em compartilhar da sua comida. Quando Rama saía a cavalo, saía também, atrás dele, segurando um arco.

O príncipe Bharata nasceu com a pele vermelha, olhos cor-de-rosa, lábios escarlate e cabelos vermelhos como a chama. Seu irmão Satrughna tinha a pele azul-escura, olhos negros e cabelos também negros. E assim como o seu gêmeo Lakshmana era atraído por Rama, assim Satrughna acompanhava Bharata aonde quer que fosse, querendo-lhe mais do que à própria vida.

Quando os quatro príncipes completaram dezesseis anos de idade, o recluso Viswamitra dirigiu-se a Kosala na primavera. Os guardas da fronteira mandaram aviso a Ayodhya, e o rei Dasaratha foi recebê-lo, a pé, fora da cidade. O rei segurava flores e água, relva e arroz, e disse:

"Bem-vindo sejas, brâmane. Espero que a tua jornada até aqui tenha transcorrido bem".

"Espero que a tua terra esteja em paz e o teu reino, rico", respondeu Viswamitra. "Todos os teus amigos vão bem? Os teus guerreiros te são obedientes e desafiadores para os teus inimigos? Espero que os teus inimigos estejam mortos e que cumpras bem os deveres de rei."

Entraram juntos em Ayodhya. O sacerdote Vasishtha encontrou-se com eles e disse:

"Viswamitra, chegas como a chuva de verão, como a recuperação de algo perdido, como a aurora brilhante depois da noite. Graças à nossa boa sorte ganhamos a tua companhia. Hoje nosso nascimento deu fruto e nossa vida atingiu sua meta".

Quando todos se sentaram no palácio, Dasaratha disse a Viswamitra:

"Por que vieste? Dar-te-ei alegremente o que quer que desejes".

"Promete-me", disse Viswamitra.

"Prometo."

"Essa promessa só Vossa Majestade pode fazê-la", continuou Viswamitra. "Ninguém mais a faria. A impérvia floresta em que vivo transformou-se num pátio do mal e ali já não existe segurança alguma contra os rakshasas do monstruoso rei-demônio Ravana."

O espinho no lado do mundo

Onde estive não há luz
De nenhum Sol; não temos Lua nem Estrelas,
Nem relâmpagos como estes, muito menos um Fogo como este.

Ali preciso acender tudo à minha volta.
Minha vista tudo ilumina.

Aqui nasci de novo para matar o Mal,
E como uma pantera que anda comigo na minha sombra
A Vitória nunca deixa o meu lado:
Um; um só e sem segundo!

"Rei, por anos tenho tentado completar um sacrifício na minha floresta solitária", disse Viswamitra. "Não pratico mal nenhum e não omito nada. Nunca devaneio, e meu trabalho é absolutamente sem lapsos e sem intervalos. O mais douto rakshasa não poderia, sem dúvida, encontrar uma entrada e, no entanto, quando pronuncio uma bênção, ouço o passo pesado de um sem-número de pés correndo no ar, acima de mim, e não vejo ninguém. Justamente quando vou fazer a oferenda para encerrar os ritos, carne e sangue me caem sobre o altar. Meus jarros de água se quebram sem que ninguém os toque, meus colherões de figueira se retorcem e gemem e meus fogos se apagam."

"Como foi que os rakshasas sobrepujaram o poder de Brama? Onde estão os deuses que deveriam proteger-te?", perguntou Dasaratha.

"Majestade, estamos vivendo na segunda idade do mundo, e a quarta parte da Virtude morreu entre os homens", replicou Viswamitra. "Estes são dias desbotados e o Dharma declina. Na primeira idade, a comida vinha pelo simples fato de alguém desejá-la e nascia da terra sem que ninguém a plantasse. Ninguém chorava, nem era cruel, nem feria quem quer que fosse; e não havia, então, muitos deuses entre homens diferentes, apenas um.

"Esta idade começou com a primeira matança e o sacrifício de um animal inocente para algum deus inferior; os homens começaram a fazer coisas para ganhar objetos e recompensas; já não davam presentes de graça, pelo simples prazer de dar, senão raramente, e cada vez mais raramente, à medida que os anos foram passando. Esta é uma época de mudança de cena e maquinação; os homens já não vivem por tanto tempo; existem em toda parte, à nossa volta, argumentos, objeções, emboscadas, astúcia trapaceira, bruxaria cavilosa, malícia, fraude, perfídia, impostura, mentiras e muitos ardis. Rei, contra os rakshasas de Ravana não há ajuda na floresta e não há ajuda dos deuses."

"Tenho pena dos que viverão depois de nós", disse Dasaratha. "Quem é Ravana?"

"É o rei de Lanka", explicou Viswamitra, "um grão de areia no olho do mundo para fazê-lo chorar. Ravana venceu o Céu e o Inferno. Os seus sequazes brutais têm fome de mim. Voam depressa e mudam de forma à vontade; adoram devorar eremitas; nutrem-se de homens indefesos e consomem criaturas como a própria Morte."

Ouvi, Majestade...

À luz de uma história muito antiga, sabereis como os três mundos caíram presa da raça desumana dos Nômades da Noite. Sabereis o que fez o odioso demônio Ravana.

No derradeiro renascer do Tempo, como acontece em todos os renasceres, Brama, o Criador dos Mundos, renasceu de um lótus. Essa flor saiu do umbigo do Senhor Narayana quando este dormia à deriva nas águas, deitado sobre as espirais da intérmina serpente Sesha. Vendo água em toda parte, Brama ficou com medo de que fosse roubada. Por isso, da água fez quatro guardas; dois casais acasalados de machos e fêmeas.

"Estamos com fome e com sede", disseram as quatro pessoas.

"Vigiem esta água", recomendou-lhes Brama, "e não deixem que se perca uma gota sequer."

"*Rakshama*, nós a protegeremos", respondeu um casal.

"*Yakshama*, nós a adoraremos", disse o outro par. Esses casais foram os primeiros rakshasas e os primeiros yakshas. Então, com todo o cuidado, Narayana libertou a Terra que estava debaixo d'água. De certo modo, Brama criou os cinco elementos; modelou os mundos e fez a comida e outras raças.

O casal rakshasa vivia na Terra. Aquela rakshasi estava grávida; carregava o filho como uma nuvem de chuva carrega água. Majestade, as rakshasis concebem e dão à luz no mesmo dia. Ela se dirigiu, sozinha, à encosta de uma montanha deserta, pariu um filho e deixou lá o demoniozinho abandonado. Esqueceu-o e voltou correndo para o marido. O filho recém-nascido enfiou o punho na boca e começou a chorar lentamente.

Naquele mesmo instante, acima da montanha, no céu, o Senhor Shiva montava com Devi o dorso de Nandin, o touro branco zebu. Devi ouviu os gritos débeis; olhou para baixo, viu o infante indefeso e mandou o grande deus Shiva à montanha.

O terrível Senhor Shiva inclinou-se para a criança, pegou-a e segurou-a delicadamente. Shiva, Senhor da Destruição que precede a criação, vestia uma pele de tigre, cujo sangue ainda gotejava, e trazia ao ombro, à guisa de corrente sagrada, uma serpente mosqueada; tinha nos cabelos a lua crescente; sua aparência era a de um pálido homem branco com cinzas alvas nos cabelos, garganta azul e, na testa, o mortal terceiro olho, fechado. Deu à criança a idade da mãe e, para agradar a Devi, deu-lhe o poder de voar; esses dons permaneceram com a raça rakshasa, e as crianças atingem a idade da mãe no dia em que nascem.

Aquele rakshasa era Sukesa. Encantador e polido, em toda parte o acolhiam com agrado. Casou com a filha de um gandharva, cuja companhia o fez feliz. Teve três filhos e chamou-lhes Mali, Sumali e Malyavan.

Os três jovens rakshasas queriam um lugar melhor para viver. Queriam que suas casas terrenas fossem bonitas. Voaram para o céu à procura de Viswakarman, o Arquiteto do Céu. Encontraram-no forjando um machado de ferro com um martelo de aço, batendo pesadamente, ao mesmo tempo que as centelhas que voavam abriam buracos em suas vestes de couro.

Viswakarman estava cercado de altos jarros de barro, cheios de água e óleos para temperar lâminas. Suas bigornas, fogos, foles e sujas bolsas de carvão enchiam o aposento; acima dele, as longas correias de couro, as rodas girantes e as engrenagens lamuriosas de madeira não paravam de mover-se, ruidosas, em confusão; dos caibros pendiam raios para ser afiados, eixos sobressalentes e correntes de carro; debaixo dele, viam-se aparas de metal, retalhos pontiagudos e raspas onduladas; a luz era má; fumaça ácida e poeira de carvão enchiam o ar quente; e o barulho e a gritaria nunca cessavam na oficina.

Malyavan aproximou-se e disse em voz alta:

"Querido Senhor das Artes..."

Viswakarman parou de martelar, mas as fornalhas continuavam a rugir e as engrenagens continuavam a girar. Ele respondeu com um berro:

"*É feita de metal?*"

"Uma casa... beleza... para nós... em algum lugar sossegado...", gritou Malyavan.

Viswakarman passou a mão encardida pela testa suada e tirou algumas limalhas dos cabelos. Em seguida, fez um gesto, indicando uma porta traseira:

"*Vinde, segui-me*".

Conduziu os três irmãos rakshasas, pela porta, a uma sala tranquila, clara e limpa, ideal para um artista. As deusas e esposas do céu vieram receber Viswakarman com sorrisos alegres e bebidas frescas. E Viswakarman já não se parecia com um ferreiro. Ao passar pela porta, transformara-se num belo e sensível trabalhador, que envergava trajes leves e não tinha cuidados.

Malyavan pôde, então, falar.

"Príncipe dos Artistas, fizeste carros volantes dos deuses; puseste rapidez nas pernas dos cavalos; deste aos fortes a tua força; fizeste o marido e a mulher um para o outro, antes mesmo de nascerem, e os que amam os deuses houveram de ti esse amor. Quando tua filha desposou o Sol e o achou demasiado brilhante, tu o puseste no torno e o raspaste um pouco. O que não podes criar nem modelar?"

As deusas deram a Viswakarman grinaldas e ternos olhares, e ele perguntou a Malyavan:

"Que construirei para vós?"

"Constrói-nos uma casa grandiosa como as Salas de Shiva, com tetos altos e pintados, ricos em ornamentos e jardins floridos."

Viswakarman sorriu.

"Ouvi dizer que Shiva mora numa choupana cheia de correntes de vento, que ameaça, a cada momento, desabar sobre ele."

Malyavan caiu-lhe aos pés.

"Somos realmente ignorantes e pobres", implorou. "Faze para nós uma bela cidade, uma fortaleza em que possamos viver."

Viswakarman respondeu:

"Na Terra, a ilha de Lanka, no mar do sul, está vazia. Ali construirei para vós a cidade de Lanka, no cimo da montanha Trikuta, que se ergue até as nuvens, em algum lugar não muito longe do mais alto dos seus três picos".

Diante dos olhos deles, Viswakarman tornou a transformar-se. Passou a ser onividente, tendo, de cada lado, olhos, rostos e braços. Das costas lhe vinham as duas grandes asas, com as quais afeiçoa todas as formas, abanando o ar e soprando nelas para lhes dar vida.

Viswakarman pegou num cajado, saiu para o ar livre e bateu com força no chão do céu. Dele surgiu uma cidade de ouro; lá estava a Bela Lanka de muros de ouro.

"Podereis viver ali?", inquiriu Viswakarman.

"Ali viveremos como os deuses no céu", respondeu Malyavan. "Quanta habilidade! Que artista admirável és tu!"

A cidade sumiu. Viswakarman disse:

"Se gostastes do plano dela, eu a tornarei real. Mas primeiro preciso cortar as árvores, extrair o ouro e talhar as pedras".

"Não tens ajudantes para isso?"

Viswakarman virou-se para ele.

"É claro que não, estás louco? Quando o mestre carpinteiro já não vai à floresta escolher sua própria árvore, quando ele mesmo já não a corta e não serra as próprias tábuas, ser-lhe-á melhor dizer adeus às artes!"

Assim, a Bela Lanka foi construída. A raça dos rakshasas floresceu sob o governo dos três filhos de Sukesa. O próprio Sukesa viveu com a esposa numa casa de gandharva, nas vertentes do Himalaia, até o dia de sua morte, tendo sido sempre um nobre demônio, bondoso para todos.

À medida, porém, que os rakshasas cresciam em número, deixou de haver espaço para todos em Lanka. Alguns desertaram dos demais e passaram a vaguear a esmo pelas florestas, do outro lado do mar, na direção do norte, e ali principiaram a comer a carne crua de homens, como o fazem agora, atacando de noite. Assassinavam os pacíficos mestres em seus retiros e evitavam as tribos bem-amadas de caçadores, como se apanhassem apenas os frutos fáceis e maduros de uma árvore.

Naqueles dias, o sábio celestial Narada, sentado no céu, tentava tocar uma canção em seu alaúde feito de carapaça de tartaruga e madeira amarela. Quando estava de bom humor, ele se mostrava desarrazoado, irritável, rabugento e assombrosamente desagradável. As interrupções o enfureciam. Não conseguia sequer afinar as cordas do alaúde, pois gritos horríveis, que subiam das florestas da Terra, enchiam-lhe os ouvidos. Narada pôs de parte o alaúde e desceu à Terra. Na floresta Dandaka postou-se, irado, diante do primeiro demônio que encontrou e advertiu-o:

"Fica quieto, ou então..."

"Oh, homem, és agora o meu jantar", revidou o rakshasa.

"Não sou homem, vivo no céu e..."

O rakshasa o engoliu inteiro. Narada, porém, era quente como um barril de brasas. O demônio cuspiu-o fora e mesmo assim o estômago continuou a arder-lhe.

Narada olhou furioso para ele.

"Os teus dias de paz se acabaram! *Cantarei uma canção que...*"

Narada voou de volta ao alaúde.

"Pois tocarei malgrado teu,
E desagravarei os agravos.
Pois farei o que me agrada..."

Afinou perfeitamente o alaúde com mãos trêmulas e, sentando-se dentro de uma nuvem, bem acima da floresta Dandaka, pôs-se a cantar:

"Narayana azul-escuro e rakshasas negros!"

A medonha sombra negra da gigantesca trombeta de conchas, Panchajanya, caiu sobre Lanka; o Rei das Conchas, nascido das águas, rugiu.

Narayana veio montado no pássaro Garuda, numa armadura brilhante como um milhar de sóis!

Sentinelas correram para Malyavan, e os bravos Nômades da Noite ergueram-se no céu. Seus carros e elefantes chegaram correndo pelo ar; os graciosos cavalos de guerra, que voavam, céleres, vermelhos, brancos e azul-pálidos, moviam-se lentamente em círculos e escarvavam o firmamento. Garuda voou para o ataque. Narayana ficou escondido pelos enxames de setas dos demônios, que batiam duro, voavam de verdade e estavam com sede.

"Ele desapareceu; ouvi, está perdido.
Ele está perdido; mas estarei ouvindo
Uma corda de arco que chora? Estarei ouvindo
Medo para os demônios?"

Os cavalos dos demônios tropicaram. O barulho do arco de Narayana petrificou-lhes os elefantes, que caíram do céu e se quebraram. Os pendões de guerra agitavam-se loucamente, o sangue inundava os rios. Lanka foi medida pelo comprimento dos cadáveres. Narayana decapitou Mali. Sumali e Malyavan fugiram, feridos e ardendo de dor, para a segurança dos mundos inferiores, debaixo do mar, por uma porta debaixo do Oceano.

Garuda guinchou, gritou e girou no ar qual furacão. As setas de Narayana voaram, revoadas incandescentes de setas, que silvavam, furando a floresta Dandaka, chovendo sobre Lanka. O orgulho dos rakshasas desabara: seus heróis tinham morrido; o mar do sul estava manchado; a floresta tingira-se de vermelho com o sangue rakshasa. Os demônios fugiram como as nuvens da perdição, tangidas pelo vento negro do Fim dos Mundos. Seus colares e pingentes carregados de joias caíram sobre a ilha de Lanka, seus corpos escuros cobriram as ondas.

Narada depôs o alaúde. Na Terra já não havia um único rakshasa vivo. A cidade de Lanka estava vazia.

Assim, Majestade, os demônios foram postos em fuga, de uma feita, muito tempo atrás, mas eles entesouraram suas propriedades e suas esperanças bem fundo, debaixo da terra, nos reinos nagas, e ficaram à espera de alguma oportunidade para voltar.

Pulastya era um dos filhos nascidos da Mente de Brama, um dos inspirados antepassados da vida. Vivia num monte solitário dos Himalaias, a sós, imerso na contemplação das terras baixas; não sentia necessidade de atarefar-se; assistia à passagem do mundo; estava apaixonado pelo silêncio das altas montanhas, pelos pinheiros e cedros nativos e pelo Himalaia, que se erguia para o céu.

Essa montanha era o local de folguedos favorito das moças apsarasas e nagas, que corriam de um lado para outro cantando e rindo-se, em companhia das filhas dos eremitas do lugar. Quando elas o perturbaram pela centésima oitava vez, Pulastya lhes disse:

"Se eu tornar a ver uma moça brincando por aqui, ela ficará prenhe!"

Receosas da ameaça, elas se mantiveram afastadas. Mas a filha do eremita Trinavindu não ouvira a maldição. Logo no dia seguinte, apareceu nas imediações da casa de Pulastya à procura das amigas. Ele a avistou enquanto estava cantando, e apenas olhou para ela; mas a moça empalideceu e correu para junto do pai.

"Por que já não és donzela?", perguntou-lhe Trinavindu.

Ela torceu as mãos.

"Não aconteceu nada, eu estava andando sozinha."

Trinavindu concentrou-se e, num instante, conheceu a resposta. Levou-a de volta a Pulastya e disse a ele:

"Toma esta moça como uma esmola de minha parte, para a tua felicidade".

Pulastya aceitou-a. O filho deles foi Vishrava, que casou com a filha de um brâmane e, quando lhe nasceu o filho, chamou-lhe Vaishravana.

Vaishravana era uma criança feliz, de boa índole e amistosa, que ficava na encosta da montanha do avô, sorrindo, saudando os dias como

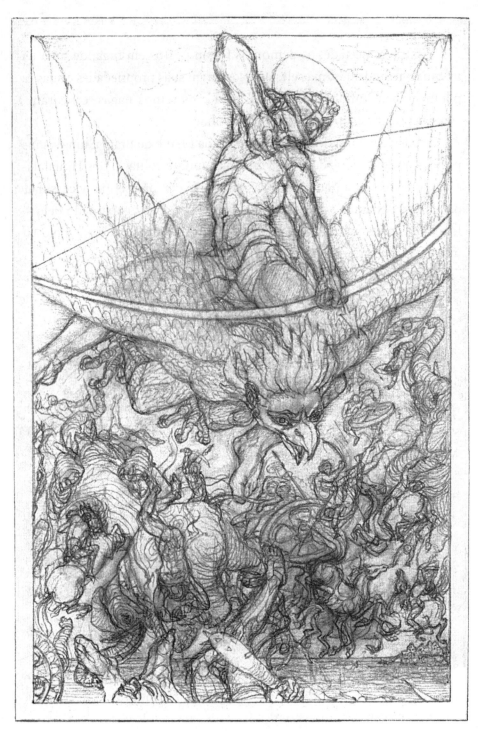

Garuda guinchou e gritou...

novos amigos. Tão feliz vivia que se esqueceu de beber ou comer e durante mil anos se esqueceu até de respirar.

Quando ele fez isso, o trono de mármore de Indra no céu se aqueceu. O Senhor Brama precisou descer à Terra e perguntar a Vaishravana o que gostaria de ter ou ser.

"Quero ser sempre generoso", retrucou Vaishravana, e Brama fê-lo Senhor dos Tesouros e Bens e Riquezas. O Senhor do Tesouro nomeou os yakshas dos lagos da montanha, que amavam a água, guardas do tesouro e fez amizade com o seu rei Manibhadra. E de Brama recebeu também o imenso carro aéreo, movido pelo pensamento, feito por Viswakarman no céu, capaz de voar com cavalos ou sem eles, do tamanho de uma cidadezinha e todo coberto de flores. E mais ainda, Vaishravana logrou a imortalidade, toda a riqueza dos três mundos e o domínio sobre os reis.

Brama, contudo, não lhe deu lugar para viver. Vaishravana perguntou ao pai o que havia de fazer, e Vishrava mandou-o para a ilha deserta de Lanka. Os yakshas carregaram os tesouros dos mundos através do mar do sul ou passaram por cima das águas no carro Pushpaka. Vaishravana fez da Bela Lanka o seu lar e, de tempos em tempos, voltava ao Himalaia para visitar os pais, flutuando, sozinho, sobre raios de luz.

Nos mundos subterrâneos dos nagas, Malyavan e Sumali ainda estavam vivos. Olhando para cima, através da água do mar do sul, por uma frincha aberta no chão do oceano, viram Vaishravana levando suas riquezas para Lanka. Malyavan não se incomodou com isso, mas quando Sumali viu a riqueza de Vaishravana coruscando e lançando luzes brilhantes até o fundo do mar, foi mordido pela inveja. Sob o peso da infelicidade, pôs-se a fazer perguntas e ficou sabendo de tudo a respeito do nascimento do Rei do Tesouro.

"Vai ter com Vishrava e arranja filhos como esse!", ordenou Sumali a sua filha Kaikasi.

Ela baixou os olhos, mas, temendo desobedecer ao pai, seguiu o caminho das Montanhas.

Postou-se diante de Vishrava, escarvando o chão com o dedão do pé. Ele ergueu a vista para ela, que lhe disse:

"Sou Kaikasi, lê o resto sozinho".

Vishrava tomou-a por segunda esposa e, no momento azado, ela pariu quatro rakshasas, três filhos e uma filha. O primogênito foi Ravana, que tinha dez horrendas cabeças e vinte braços; era mais preto que um monte de fuligem e estava apto a horrorizar o Universo; possuía dois colmilhos recurvos em cada boca, lábios cuprinos e vinte olhos vermelhos. Quando nasceu, todos os cães do mundo uivaram o mais alto que puderam e passaram a caçar o próprio rabo, feito loucos, girando para a esquerda, em círculos.

Em seguida nasceu o gigante Kumbhakarna, cujas orelhas tinham a forma dos grandes jarros de água, feitos de barro, que se erguem acima da cintura de um homem, e ele cresceu tanto num dia só que ficou mais alto que uma casa. Depois nasceu a horrorosa Surpanakha e, por fim, Vibhishana, o bom demônio.

Não muito tempo após o seu nascimento, Ravana e Vibhishana viram o Senhor do Tesouro voltar para casa numa das suas visitas. Ravana ficou triste por não ter, ele próprio, o mesmo brilho. Depois Ravana fez o colossal Kumbhakarna ficar em casa e não mais vagabundear pela Terra comendo santos, e na imensa floresta da montanha os três irmãos se quedaram a contemplar a absoluta imensidade da Vida. Na contemplação, entraram na Eternidade.

Ao fim de cada milênio, Ravana cortava uma das cabeças e atirava-a ao fogo como sacrifício, até que nove cabeças se foram e só lhe restou um dia para cortar a última. O dia estava passando. Dez mil anos e a vida de Ravana se achavam prestes a terminar ao mesmo tempo.

Ravana levou a faca à garganta, quando Brama apareceu e ordenou-lhe:

"Para! Pede-me um privilégio, imediatamente!"

"Folgo em saber que vos agrado", disse Ravana.

"Agradar-me!", volveu Brama. "Tua vontade é terrível, tão forte que não pode ser esquecida; preciso tratá-la como uma doença ruim. As tuas dores me ferem. Pede!"

Que eu nunca possa ser morto nem derrotado pelos deuses ou por quem quer que seja de qualquer céu, pelos diabos do Inferno, por asuras, por espíritos demoníacos, por serpentes subterrâneas, nem por yakshas ou rakshasas."

"Concedido!", anuiu Brama rapidamente. Devolveu a Ravana as cabeças queimadas, com melhor aspecto do que antes. Elas se ergueram, vivas, das cinzas e instalaram-se nos pescoços de Ravana, que sorriu, alisando os bigodes negros.

"Pede!", ordenou Brama a Vibhishana.

"Que eu jamais esqueça o Dharma no perigo ou no prazer, no conforto ou na perturbação."

"Sim, e serás imortal na Terra e isento da morte ou do esquecimento; e minha verdade não conhece volta."

O Senhor Brama voltou-se para Kumbhakarna, mas o Vento chegou-se invisivelmente a ele e sussurrou-lhe:

"Avô, não lhe deis nada. Ele já comeu sete apsarasas, dez gandharvas e muitos santos; vive dizendo bobagens a respeito de arruinar a paz e a felicidade. Ora, se ele fez tudo isso sem privilégios, que não fará com eles? Comerá toda a gente, sem a menor sombra de dúvida."

Brama pensou: "Saraswati, alva Deusa da Fala, captura, por um momento, as palavras de Kumbhakarna".

Ela entrou na garganta do gigante, e Brama disse, em voz alta:

"Kumbhakarna, pede depressa que depressa te será dado".

"O que realmente desejo", respondeu Kumbhakarna, "é dormir meio ano depois de cada dia que tenho de passar acordado neste mundo estúpido."

Mal acabou de falar e caiu num sono profundo.

Então Sumali veio das profundas da Terra. Abraçou Ravana e disse-lhe:

"Agora, por que temer? Nenhum deus, nem mesmo Narayana, poderá ferir-nos. Conduze-nos de volta a Lanka, como antes!"

Ravana mandou Sumali para Lanka, e o velho rakshasa disse a Vaishravana:

"Vai, esta é a nossa cidade".

Mais uma vez o Senhor do Tesouro perguntou ao pai o que devia fazer. Vishrava disse:

"Não lutes com teu próprio irmão. Deixa Lanka como a encontraste. Leva embora o teu tesouro, vai viver na montanha Kailasa, ao norte dos Himalaias, vai viver na montanha de Prata".

Assim, Vaishravana se tornou o Deus Guardião do Norte, um dos quatro Guardiões das quatro direções do mundo.

Ravana mudou-se para Lanka, e os milhões de rakshasas, que se haviam multiplicado no exílio debaixo da Terra, foram para lá com suas famílias e animais. O velho Malyavan deixou-se ficar piscando e sorrindo na praia ensolarada de Lanka, feliz e orgulhoso de Ravana. Os rakshasas voltaram às suas terras, escuros como nuvens borrascosas, com pingentes de lucilantes cintilações de ouro.

Um dia, caminhando a sós pelas florestas da vertente da montanha Trikuta, ao pé da sua cidade, Ravana se encontrou com o asura Maya, de pé debaixo das árvores, de mãos dadas com uma bela jovem de pele clara. Os asuras são os deuses de antanho; pertencem ao antes.

"Quem és tu e de quem é esta jovem de olhos de corça nova?", perguntou Ravana.

Maya sorriu.

"Sou Maya, um pobre artista que luta para sobreviver. Ela é minha filha, Mandodari; Hema, a apsarasa, é sua mãe. Vivi feliz, apaixonado por Hema, durante mil anos. Mas, logo após o nascimento de Mandodari, a mãe dela nos deixou, encarregada de algum negócio pelos deuses. Agora, na tristeza da separação, vivemos desgostosos em nosso humilde lar;

vagamos, pesarosos, pelo nosso palácio de ouro; com olhos lacrimosos contemplamos as estrelas à noite; languescemos longamente nas escadas de diamante; suspiramos ao pé de cortinas de prata e fontes de néctar; e em nossas dez mil salas vazias ouvimos, das árvores lá fora, o gemer das nossas harpas de vento cantantes, afinadas com vidro, e ali choramos."

"Sou Ravana, um criado vosso", disse o rei-demônio.

"Deves ser um guerreiro." A voz de Maya soava mais alegre. "Na verdade, meu rapaz, o pai de uma moça vê-se obrigado a escolher entre a miséria e a desonra. Passo todo o meu tempo vigiando-a. Ela precisa ser dada a alguém. Tenho de livrar-me dela. Comprido é o caminho, pois alguém há de casar com Mandodari, mas ninguém vem pedi-la. Sua mocidade está passando. Ela é ingênua e inocente, mas quem sabe *quem* poderá pedi-la? Solteira, deixa todos os nossos antepassados na incerteza. Ravana, és um bonito mancebo, teus rostos são impressionantes, teus braços, muito originais, teus defeitos, com certeza, não merecem reparo... saímos para caminhar, mas sempre tenho de levá-la de regresso a casa, como se carregasse minha própria ilusão de volta comigo..."

"O próprio Brama é meu bisavô, e eu sou rei de Lanka", disse Ravana.

"Fascinante!", volveu Maya. "Encantador. Toma-a, meu Senhor, toma a filha de Maya, o Mestre de todas as Artes e Habilidades."

Dessarte, Ravana matrimoniou-se com a Filha da Ilusão, de pele de ouro. Acendeu um fogo e desposou-a. E, dias depois, erguia-se diante dele, inteiramente desenvolvido, seu filho Meghanada, como o fogo saído do seu esconderijo no combustível, liberado para queimar. A voz de Meghanada parecia uma nuvem cheia de trovões. Ele mudava de forma e de aparência a seu talante; se tinha uma forma verdadeira, só a mãe sabia qual era.

Depois, da vertente do Himalaia, Ravana e Vibhishana carregaram Kumbhakarna até Lanka enquanto dormia. Ravana edificara sobre ele imensa mansão de uma sala só, como um galpão. Escolheu para seu general o demônio Prahasta, que reuniu os soldados num exército. Em seguida, o rei-demônio atirou dez braços em torno do filho e os outros dez em torno do general, e eles saíram voando com uma porção de soldados, a fim de saquear os mundos por vários dias de cada vez.

Faziam inúmeras incursões nas montanhas do Himalaia e, ali, como se fossem o Vento, quebravam árvores e arrancavam os pomares e pavilhões erguidos ao longo dos caminhos do céu. Gandharvas e apsarasas, em visita à Terra, eram capturados e comidos, homens, devorados. Ravana roubava formosas donzelas de todas as raças para os seus guerreiros em Lanka; e os refugiados correram para Vaishravana na montanha Kailasa.

Vaishravana enviou um yaksha a Lanka para falar com Ravana.

"O nobre Rei do Tesouro", disse o yaksha, "teve notícia dos teus ataques bestiais aos inocentes e pede-te que te lembres do que é certo e do que não é certo e que não desonres tua família. Ele manda dizer-te: 'Para, irmão, pois moro perto do céu e ouço os deuses desejarem a tua destruição e buscarem modos de matar-te'."

Ravana sorriu.

"Meu irmão de barriga encastoada de joias!"

Sacou da espada e matou o yaksha. Mandou-o para a cozinha, a fim de ser assado e servido, e os ossos aproveitados na sopa.

E depois de haver comido, Ravana e Prahasta subiram ao céu. Dispararam para o norte, por sobre o mar, e voaram acima de cidades e rios e planícies, correndo na direção da argêntea Kailasa.

Manibhadra, o rei yaksha, viu-os chegar e foi postar-se diante da porta do Palácio do Tesouro. Ravana berrou para ele:

"Rende-te ou morre!"

"Onde está o nosso mensageiro?", perguntou Manibhadra.

"Está morto. Na sopa!", gritou o general Prahasta. Vaishravana ouviu o diálogo do interior do palácio e gritou de uma janela:

"Isso basta! Matai meu irmão!"

Yakshas saíram aos borbotões pelas janelas do palácio. Manibhadra voava sobre os muros como um falcão, seguido de turbilhonantes yakshas com penachos de chamas, girando no ar, cheios da energia que tinham roubado dos descuidados amantes de tesouros nas grandes cidades dos homens, e entoando seus gritos de guerra: "Sim. Não. Não quero. Dá-me. Mais!"

Prahasta matou um milhar deles, e Ravana deu cabo do resto. Manibhadra, porém, permaneceu debaixo do arco de ouro da porta. Seus olhos verdes coruscavam; os cabelos azuis estavam atados com fios de flores brancas; a pele de lavanda fumegava. Ele era muito forte; carregou o cenho e bateu os pés no chão; agitou os braços poderosos e olhou pelo canto dos olhos. Arrancou dos gonzos a porta do palácio e com ela achatou Prahasta. Riu-se por dentro e, cruzando os ares na direção de Ravana, golpeou-o com o punho, de cima para baixo, com tanta força, que sacudiu a montanha. Manibhadra atirou Ravana ao chão como se fosse um poste, virou-se, viu Prahasta tentando soltar-se e, com um mágico ondular da mão, pôs o medo de perder e a esperança de ganhar no coração de Prahasta, em partes exatamente iguais, e, assim, paralisou-o.

Mas onde está a luta leal e correta dos yakshas e onde estão os truques de ilusão empregados pelos rakshasas? Ravana cegou Manibhadra com a escuridão e atingiu a cabeça do rei yaksha com uma maça de aço, com tanta força que, a partir de então, o crânio de Manibhadra ficou para sempre amolgado de um lado.

Manibhadra perdeu os sentidos. Os nove tesouros invisíveis mandaram seus espíritos carregá-lo para um lugar seguro. Vaishravana saiu tristemente do palácio e disse a Ravana:

"Nós nos rendemos. Venceste o nosso mundo e destruíste a nossa amizade. Toma o que quiseres, pois nada mais agora te será dado livremente. Já não lutarei contra ti... podes considerar-me covarde, receoso de errar".

Ravana espiou Prahasta debaixo da folha da porta e tirou do irmão o gigantesco carro aéreo Pushpaka. Inteiramente sozinho, o carro ergueu-se no céu; junto com Prahasta, Ravana nele partiu para Lanka, julgando-se senhor de tudo e de todos.

Indra desceu do céu e disse a Vaishravana:

"Os teus yakshas mortos estão voando pelo meu céu. Ravana é teu irmão, mas agora desvio dele o meu rosto e o maldigo para sempre".

Vaishravana sacudiu a cabeça, assombrado.

"Ele não se deterá!"

"Se não se detiver, *será* detido", disse Indra. "Será *esmagado!*"

Vaishravana suspirou.

"Na ignorância, ele bebe veneno, na confusão, recusa o antídoto. Planeja com minúcias a própria ruína e gasta toda a sua força. As pessoas que falam com sinceridade não podem sequer falar com alguém tão violento e tão traiçoeiro. Nem pude falar com ele aqui..."

Enquanto voavam para o sul no carro Pushpaka, Ravana e Prahasta viram uma floresta dourada de bambus, presa numa rede de luz solar, na encosta de uma montanha, um vasto bambuzal. Encantados com a visão, viraram o carro para ver melhor, quando, de repente, Pushpaka deu uma freada guinchante e ali ficou, imóvel, no céu.

"Este negócio não funciona", resmungou Prahasta. "Há sempre alguma coisa errada em tudo."

Mas, então, viram Nandin, o touro branco de Shiva, pastando debaixo deles. Nandin olhou para cima e alterou sua forma. Tornou-se um anão castanho-amarelado e ergueu-se para pairar no ar, perto deles, com a feia cabeça raspada, os membros curtos demais para o corpo, o peito parecido com um barril. Primeiro, apenas olhou. Depois fungou, em seguida resmoneou qualquer coisa a meia voz e, finalmente, disse em tom imperioso:

"Dá meia-volta e vai-te, dá meia-volta e vai-te, Ravana. Shiva está aqui brincando com Devi, ninguém pode acercar-se da Mata de Bambus, ninguém pode passar por mim".

Quando Ravana viu aquele pigmeu malvestido olhando para ele com ar desdenhoso, berrou:

"*Quem é esse Shiva?*"

Ravana saltou ao chão, no sopé da montanha, mas ali, diante dele, viu o mesmo Nandinzinho. Desta vez, apoiado num bastão, exibia a cara vermelha de um macaco.

Ravana não pôde deixar de rir. Atirou para trás as suas cabeças e riu-se mais alto do que todos os trovões trovejando juntos no céu. Mas Nandin disse, pachorrento:

"Rei-demônio, podes galhofar e zombar do meu rosto, mas os animais parecidos comigo te destruirão. Eu poderia dar cabo de ti neste mesmíssimo instante, tão facilmente quanto estou falando, mas teus próprios atos te matarão, não eu".

Ravana ria-se a bandeiras despregadas.

"Vaquinha", disse ele, "extirparei essa bossa de sujeira! Como Shiva se atreve a brincar aqui, como algum rei especial, sem medo de mim?"

Ravana agarrou a montanha e sacudiu-a como se ela fosse um tapete. Todos os trasgos retorcidos, todos os diabretes sarapintados e todos os minúsculos gnomos e fantasmas rolaram, aos trambolhões, de cima da montanha. No topo, Parvati, filha do Himalaia, tremeu e agarrou-se ao seu Senhor Shiva.

Shiva premiu delicadamente o solo com o dedão do pé, e a montanha enfiou suas raízes de pedra na terra, em torno de Ravana, e barras de pedra mantiveram prisioneiro o rei-demônio. Ravana empurrou-as e forcejou por livrar-se, mas a força dos seus vinte braços era nada.

Ravana começou, então, a cantar de sua prisão, debaixo do sopé da montanha, enquanto, no cimo, Shiva ouvia de longe, com Devi no colo. O grande Senhor Shiva sorriu; aqueles cânticos eram bons. Shiva sentou-se num banco, com uma perna dobrada debaixo do corpo e a outra tocando a Terra, enquanto segurava Devi e agarrava um tridente, vestindo farrapos e cobras, tomando vinho e comendo ganja, com os cabelos adornados com o risco da Lua. Ravana continuou cantando, e anos se passaram como se fossem simples momentos.

Por causa da beleza dos seus cânticos, Shiva libertou Ravana. A essa altura, Prahasta se havia recuperado um pouco, e eles regressaram a Lanka no imenso carro roubado. Mas Ravana não podia ficar parado. Logo que descansou um pouquinho, tornou a sair com Prahasta em Pushpaka, desta feita para derrubar os reinos dos homens.

De pé sobre o carro, com o seu general debaixo de um régio guarda-sol branco de uma centena de varetas de ouro, Ravana ia de cidade em cidade, procurando guerra. Mas todos os reis, que tinham ouvido falar nele, julgavam-no invencível. E diziam:

"*Estamos vencidos*".

Até que, voando sempre para o norte, Ravana chegou à capital do povo haihaya.

Aquela era a cidade do rei Arjuna dos Mil Braços. O rei Arjuna ali reinara durante trinta e dois mil anos quando Ravana pousou junto aos muros da capital e emitiu a mensagem:

"*Rende-te ou morre!*"

Quatro deuses estavam na cidade. Ao saberem que Ravana chegara, disfarçaram-se em animais. Indra fez-se pavão, Yama, o Senhor da Morte, virou corvo, Vaishravana transformou-se em lagarto, e Varuna, o Rei Sob as Ondas, escolheu um cisne.

O rei Arjuna se achava ausente, mas o seu velho ministro da Guerra veio à porta da cidade. Cuspiu um suco vermelho de bétel, inclinou-se para trás sobre os calcanhares, ergueu a vista para Ravana e disse:

"Ah! como é bom governar o mundo apenas dizendo que governa! Grande Herói, piscamos os olhos em lisonja e adoração; louvamos-te por haveres derrotado teu próprio irmão. Mas não sabemos o que fazer. Nunca ouvimos palavras de desafio como as tuas, a não ser quando as dizemos a outros nas guerras de conquista. O nosso rei não está aqui, está se banhando no rio Narmada com suas esposas".

Ravana saiu no encalço do rei Arjuna. Os deuses dentro da cidade desfizeram-se dos disfarces, mas os quatro animais vivos continuavam ali.

"Pavão", disse Indra, "nunca precisarás ter medo de cobras. Tua cauda já não será somente azul, mas terá uma centena de olhos iridescentes, e, quando a chuva cair, dançarás com alegria, lembrando da nossa amizade."

"Corvo", disse Yama, "nunca morrerás, a não ser que te matem. Quando vier a fome, comerás antes dos homens famintos. A única pessoa de quem te deves acautelar é aquela que, andando sozinha pela estrada, passe pela tua árvore, incline-se para o chão e pegue uma pedra para arremessar."

Naqueles dias, os cisnes tinham a ponta das asas azul e o peito verde como a relva tenra. Varuna disse:

"Cisne, torna-te a mais feliz das aves, cruza, branco e em paz, a água perto de mim".

"Lagarto, estou satisfeito contigo, serás aurifulgente, tua cabeça brilhará como o ouro", disse Vaishravana, o Senhor do Tesouro.

Nas montanhas Vindhya, Ravana fez descer o carro à Terra, à margem do rio Narmada, que corria alegremente para o mar ocidental. Decidiu adorar Shiva antes de combater, e trouxe ramos floridos das árvores de flores brancas e douradas e colocou-os, com todo o cuidado, à beira da água. Em seguida, banhou-se e chapinhou no rio como um elefante, depois vestiu um limpo manto branco e preparou-se para cantar. Mantinha as vinte mãos apertadas umas nas outras, de duas em duas. As dez cabeças se espalharam como leques, os pesados pingentes oscilaram, ele esforçou-se por controlar o peso e ficou de pé, numa perna só, na areia.

Mais além, a jusante, o rei Arjuna exibia-se para suas esposas. Com os mil braços represava as águas do Narmada, que se erguiam em ondas e fluíam para trás; chegaram até o joelho de Ravana e levaram embora todas as suas flores.

"Aquele deve ser Arjuna", disse Ravana. "Cuidarei dele sozinho."

Caminhou rio abaixo e viu o rei haihaya, um homem que era um morro imóvel, com os braços estendidos, os olhos vermelhos por causa do vinho que bebera, os compridos cabelos flutuando na água. Dois soldados se achegaram e saudaram Ravana.

"Sua Majestade, o nosso rei, está bêbado e brinca com suas mulheres. Sê nosso hóspede bem-vindo até amanhã e, então, lutarás com ele."

Prahasta, porém, veio correndo, por entre as árvores, para levar a Ravana a sua maça de guerra, feita de aço, e o rei Arjuna aguçou os ouvidos. O rei Arjuna saiu do rio e as águas se encapelaram. Não perdeu tempo. Apanhou um bastão de ouro, de quinhentas mãos de comprimento, e golpeou Ravana. O bastão quebrou-se de encontro ao seu peito, lascas de ouro ardente voaram pelos ares; Ravana chorou, recuou quatro passos e sentou-se.

Arjuna depôs o bastão e agarrou Ravana. Segurou o rei-demônio, que se contorcia, num amplexo de cinquenta braços, e rugiu como um tigre ao abater um veado com as garras, tão alto que o avô de Ravana, Pulastya, o ouviu nas montanhas Himalaia.

Pulastya foi salvar Ravana. O rei Arjuna recebeu-o com alegria.

"Agora o meu pobre rio está melhor do que o céu, pois é aqui, e não ali, que te encontro."

"Majestade", disse Pulastya, "Ravana é tão difícil de sujeitar quanto o Vento, e vós o fizestes. Agora as glórias dele são vossas. Satisfazei-vos com isso e libertai-o para mim."

O rei Arjuna não disse uma palavra, mas libertou Ravana incontinenti. Ravana tornou, vexado, ao seu carro e partiu dali, sem rumo, coberto de vergonha.

Quando ele e Prahasta passavam sobre uma floresta deserta, algures, acertaram de ver o sábio celestial Narada, que passava por ali numa nuvem. Narada abeirou-se deles e disse, em pleno ar:

"Ravana, os deuses não podem matar-te, e os homens são mortais; já estão mortos, portanto peleja com um inimigo digno de ti".

"Quem?"

"Os homens são feitos de palha", voltou Narada. "Imprestáveis, frágeis e desprezíveis, suas vidas breves são empréstimos que logo precisam ser pagos. São súditos da Morte. Yama, Senhor da Morte, os governa; por conseguinte, vence Yama."

Os rostos de Ravana se iluminaram. Esqueceu a derrota e tornou a sentir-se tão bem como sempre. Narada perguntou:

"Mas como poderás tu, enquanto ainda vivo, chegar à Terra da Morte?"

"Considera-o feito!", disse Ravana.

Apontou Pushpaka para o sul. O carro florido foi adquirindo velocidade, cruzou, como um raio, o horizonte meridional e mergulhou fundo no reino de Yama, como uma chuva de joias.

Lá estava o rio Vaitarani correndo cheio de sangue; mais abaixo, havia morros negros, alcantilados e áridos, o vento da morte que gemia, areias quentes e gritos saídos da treva. Prahasta fugiu, apavorado, e Ravana ficou só. E à luz do Inferno, que brilhava lividamente, Ravana viu um cadáver, envolto num sudário castanho, sentado no chão devastado, que olhava para ele e lhe sorria como uma caveira, com a pele amarela raiada com as cinzas da cremação e a poeira do cemitério, pele que lembrava um couro bem esticado e mostrava todos os ossos. Havia lumes vermelhos nos olhos secos e fundos, e quando ele respirava, dir-se-ia o estertor dos moribundos.

A pessoa olhou para Ravana e disse-lhe:

"Não entres aqui como um cão, rei rakshasa!"

As árvores enfolhadas de espadas do Inferno retiniram ao vento. Ravana apertou os olhos e indagou:

"Onde está Yama, o Rei da Morte?"

"Que lhe queres?"

"Tomei-o por meu permanente inimigo e tomo-te pelo mesmo, sejas tu quem fores."

"Rei-demônio, procura a Morte entre os vivos e não aqui", replicou o aparente cadáver. "Estes morros pretos são a fronteira do Inferno, o Inferno que arde com o fogo dos malfeitos. Com o fogo dos atos, Ravana, o Céu cintila e o Inferno está em chamas. Acreditas no Inferno, ou queres bancar o bobo em minha presença, até que seja tarde demais, até que comeces a aprender, mas já seja tarde demais... transido de medo e choramingas, porém tarde demais..."

"Mas, afinal, quem és?"

O cadáver espirrou uma risada poenta. Apontou com a mão enrugada e óssea.

"Yama é daquele lado. Oh! Ravana, vai-te. Sou Kala... Sou o Tempo... Sou o Tempo..."

E ali mesmo se modificou, e tornou-se um formoso rapaz, que usava flores frescas e sorria com toda a vida à sua frente; e as vistas e os sons do Inferno transmudaram-se de um parque dos amores no belo território da Terra.

Enquanto Ravana dialogava com o Tempo, Narada voou ao encontro de Yama, que estava sentado em sua casa. O Rei da Morte virou a cabeça para vê-lo com os olhos imóveis e disse:

"Narada, por que te vejo aqui? És muito amigo de lutas e confusões".

"Ouve", disse Narada. "Ravana está vindo para cá a fim de vencer-te."

"Está?"

Súbito, defronte de Yama postou-se a Morte, a Morte que usa muitos rostos, a Morte que converte em nada todo este mundo, com muitos cetros e maças nos braços. Narada estremeceu, e a Morte observou-o.

"É triste", disse Yama delicadamente, "ter um inimigo como esta Morte. Por conseguinte, procura fazer dela uma amiga; já vos encontrastes antes, e ela terá de procurar-te, pelo menos mais uma vez. Em parte a escondi. Porta-te direito, Narada, afina teus alaúdes e não tornes a imiscuir-te no maravilhoso universo."

A Morte dirigiu-se a Yama.

"Deixai-me ir. Grandes guerreiros vestidos de robustas armaduras falham e caem diante de mim como pontes de areia. Posso dissolver tudo; nem preciso usar força para isso."

"Fica quieta, ó Morte", acudiu Yama, sereno. "O próprio Sol, meu pai, não se vangloria da sua força; na verdade, ele até consegue ser silencioso."

"Meu querido amo, soltai-me..."

"Esconde-os, minha amiga, esconde esses cetros e bastões."

"Meu paciente senhor..."

"Ainda não. Caminho para os encontros devagar e a pé, não corro."

"Deixai-me apenas tocá-lo..."

"*Yamam!* Eu te proíbo!"

Yama ergueu a mão verde, e a Morte desapareceu. Chegou, então, Ravana e inclinou-se perante Yama.

"Senhor da Morte, rendei-vos a mim."

"Rendo-me a ti", replicou Yama bondosamente, "até que me chames algum dia."

Yama também desapareceu. Ravana virou-se para Narada.

"Estás vendo? Domino o Senhor da Morte. Quem se atreverá a negar que sou o Imperador de todos os Mundos?"

"Quem se atreverá a negá-lo?", disse Narada. "Se tens tempo, senta-te, que eu te direi os seus nomes."

"Para quê?", Ravana sorriu. "Visitarei sozinho os meus devotados súditos."

Ravana encontrou o general Prahasta escondido em algum lugar, e os dois voltaram a Lanka. Dessa feita, Ravana reuniu ali um pequeno exército rakshasa de três milhões de demônios, colocou todos eles no carro Pushpaka e, com o filho Meghanada ao lado, guiou para os mundos nagas de serpentes subterrâneas, as luxuriosas regiões que ficam debaixo da terra e que são muito mais deliciosas para todos os sentidos do que o céu. Detiveram-se ao pé de um palácio de colunas e pilares alumiados por gemas brilhantes, mais brilhantes do que se estivessem expostas à luz do Sol.

Aquela era a casa de Vasuki, o Rei das Tribos da Serpente. À entrada, viam-se, pendurados, um arado para aprofundar a terra e um pilão para triturar minérios. Vasuki saiu para ver quem estava lá, em forma de homem da cintura para cima e de cobra da cintura para baixo, vestido de púrpura, usando um colar de conchas brancas e uma coroa alta, que se afilava gradativamente, de flores brancas de cera. Detestava ver estranhos em sua casa; carranqueou e olhou ao redor, como se tivesse entrado, por engano, na caverna de outrem.

Oh, Dasaratha, as serpentes coifadas das regiões subterrâneas são difíceis de assustar; não fazem ameaças com muita facilidade, pois nunca sabem quando devem ter medo. Vasuki adiantou-se até a distância de um golpe, juntou as mãos e disse:

"Ora, Ravana, não trouxeste contigo demônios em quantidade suficiente; vai buscar mais, que apenas podes perturbar-me o sono com esses diabos de brinquedo!"

"Rende-te a mim", intimou-o Ravana.

"Governo os nagas, mas somos todos o povo do Rei da Água, Varuna, o nosso Senhor Submarino", respondeu Vasuki. "Vai vê-lo. Espero que estas sejam más notícias para ti!"

"Vermezinho, onde é que ele está?"

Em seguida, Vasuki metamorfoseou-se inteiramente numa cobra peçonhenta. Achatou a coifa e pôs-se a oscilar, lentamente, de um lado para outro.

"Fraquezasss para ti, Ravana, poupa-nosss osss teusss escárniosss..."

A cabeça chata e escorregadia de Vasuki balançava-se de trás para diante, de diante para trás: os olhos, redondos e vítreos, fixavam Ravana, primeiro um olho e depois o outro, e nunca piscavam, com as íris amareladas e as pupilas redondas e negras, círculos redondos e negros, olhos que resistiam...

"Nós te queimaremos como o fogo", prometeu Vasuki, "nós te queimaremos até os ossos. A tua vida aqui não vale nada para nós... nosso Senhor Varuna deixou o seu palácio branco correndo com torrentes. Está no céu mais alto de Brama, ouvindo cânticos."

"Dize-lhe que desista, que não lhe farei mal."

"Oh! sim, direi isso a Varuna!"

Vasuki endireitou-se e voou dali qual uma flecha. Ao voltar, em companhia de Brama, vinha calmamente enrolado no canto do carro puxado por cisnes, de Brama, já serenado.

"Varuna, que abraça a Terra com seus mares e oceanos", disse Brama, "entregar-te-á todos os reinos debaixo das terras e sob as ondas. Ravana, como perdeste toda a boa vontade, todo o amor e toda a bondade, que são o alívio do coração?"

Ravana inclinou as dez cabeças e suspirou. Brama se fora; Vasuki se fora; todos estavam morrendo; nenhum feito merecia ser feito; a velhice era murcha e efêmera.

Atrás de si, Ravana ouviu uma tosse seca. Voltou-se. Lá estava o Tempo, de pé, deixando sua sombra engelhada cair sobre o rei-demônio.

Ravana guiou Pushpaka de volta à luz do dia e, tendo ainda o seu exército, elevou-se no céu como à casa do Sol. Embora o carro voasse celeremente, a viagem era longa. Crepusculejava quando Ravana chegou. Ele pôde ver os raios de Surya, o Sol, brilhando através das fendas entre as pedras do seu palácio. Sentiu o cheiro de calor, de ferro quente e de pedra assada; viu o carro de ouro, de uma roda só, que acabava de voltar, os sete cavalos brancos ainda arreados de serpentes; viu uma estrada celeste sem suporte, uma longa estrada sem volta, um ir para a frente sem ajuda.

Quando Ravana parou o carro, fez-se um grande silêncio. Apareceu, então, um porteiro do palácio, cruzou os campos de ar com os cabelos ardendo e os dedos cobertos de luvas quentes de cobre, e disse:

"Como quiseres, Ravana, como quiseres".

Ravana tomou a frase por uma rendição. E iniciou nova excursão para as lindas e brilhantes mansões da Lua, oitenta mil léguas acima da

Terra, no espaço exterior. Fazia ali realmente frio, frio como a Lua de inverno na noite clara e gelada sobre as montanhas. Frias névoas giravam lentamente sobre lagos escuros, à distância; árvores hirtas e negras irrompiam, desfolhadas, da aridez do chão. Geleiras glaciais se moviam, furtivas, cada vez mais próximas. Ravana viu apenas desolação fria, gelo frio, estrelas frias, e sentiu uma fragilidade como de vidro no ar.

Surgiu o espírito de uma estrela, que projetava para trás uma sombra tênue da glória brilhante de seu rosto radioso.

"Senhor de Lanka, que loucura é essa? Não oprimais meu Senhor Chandra, a Lua, o argênteo Rei das Estrelas, que só deseja o bem de todos. Fazei de conta que estais em vossa casa... ficai aqui conosco para sempre..."

Ravana viu o general Prahasta olhando por cima do ombro à procura do caminho de casa, e apressou-se a dizer:

"Aceito a tua rendição".

O carro Pushpaka desceu de regresso à Terra, e o ar se tornou mais quente. Ravana sorriu para seu filho Meghanada.

"Isso não tem importância."

Tornaram a virar, ergueram-se numa direção diferente e chegaram às portas do céu de Indra. Ravana contemplou a imortal cidade celestial de Amaravati, construída ao longo do celestial rio Ganga.

"Não me demoro", disse, "e apeou do carro."

Um gandharva de cinco cristas, algum músico do céu, estava apoiado ao Portal dos Deuses. Ravana subiu até ele e ordenou-lhe:

"Intima o teu amo Indra a admitir sua derrota".

"Quem?"

"Teu amo Indra."

"Fazer o *quê*?" O gandharva sorriu.

"Ravana puxou da espada curva."

"Quem cuidas que és?"

"Sou Chitraratha, o rei gandharva, Senhor da Música, e não levo recados de aranhas negras e sujas."

Ravana brandiu a espada contra ele, mas errou o golpe. Subitamente apareceu na mão de Chitraratha uma comprida vara gandharva, que brilhava e se agitava. Ravana tinha uma espada terrível; mas a vara de Chitraratha era forte, flexível e elástica como um chicote de montar, alegre e colorida, cortada da borda de um arco-íris, tão fina que vinte mãos não conseguiam imobilizá-la, e cantava e assobiava toda vez que zimbrava o ar.

"Sai do nosso céu!"

Chitraratha atingiu Ravana no estômago e entre os dedos com tanta força que ele deixou a espada cair. Chitraratha fugiu, e as maciças Portas do Céu se fecharam com estrondo atrás dele. A chave girou na fechadura, a tranca ocupou o seu lugar, o ferrolho correu e o cadeado se fechou. Ravana ouviu Chitraratha cantando uma canção guerreira, trovões resmungando, as rodas de ferro dos carros de guerra rodando e os cavalos celestes vestindo suas armaduras. De trás dos muros pálidos e impenetráveis do céu, Ravana divisava os clarões dos raios e as faúlhas voejantes de fogo atiradas aos ventos. O chão estremecia quando as pesadas pedras trovejantes rolavam para os seus lugares e tremia debaixo das patas dos elefantes. Tormentas se juntavam no ar.

"Mergulharei meus braços nesses deuses de lavagem!", berrou Ravana.

No interior dos muros Chitraratha correu para Indra e disse-lhe:

"Espero que saibas o que estás fazendo".

"Não temas em momento algum!"

Indra puxou da espada de prata, e o dia se tornou mais brilhante. Tomou um pouco do seu soma.

"Escurecerei o próprio sol com chuva! Procura um abrigo para as dançarinas e os espíritos tranquilos."

"Eles não te deixarão", respondeu Chitraratha. "Dá-me um pouco desse suco." E esvaziou, de um trago, a tigela de soma de Indra. "As formosas apsarasas, a nata das mulheres, armadas de arcos e facas de bronze, recusam-se a ir. Os escritores silenciosos não querem fugir e esconder-se agora; estão se preparando para contar suas histórias com o sangue de alguém, para variar."

"Bem-feito!", disse Indra. "Pouco me importa o que *alguém*, seja lá quem for, possa dizer, mas nunca receberei ordens desse monstro arrogante, Ravana, esse impostor maligno... Cuidado!"

O velho rakshasa Sumali precipitava-se contra eles, por cima do muro, de ponta-cabeça, atirando maças e setas como mastros de bandeiras, retalhando os gandharvas à sua passagem e correndo diretamente sobre Indra, que pegou um trovão de diamante de seis pontas, como dois tridentes colocados em cada extremidade de um bastão curto, agarrou-o pelo meio, fez pontaria e arremessou-o. Nenhuma pessoa, a não ser Indra, pode suportar o toque de um raio assim arrojado. O raio atingiu Sumali e não deixou dele um traço sequer: Sumali explodiu, transfeito em luz resplandecente.

Assim começou, Dasaratha, a Batalha do Céu, um ano antes de nascerem teus filhos. Armas fatais de todas as virtudes entrechocavam-se no ar; os guerreiros do céu retrocederam, afundando-se, abraçados uns aos outros, caindo como o rochedo de um rio cortado por baixo.

Ravana conheceu que já vencera, e ergueu a bandeira de Lanka, de pano de puro ouro. Cedo demais, porém. Os deuses da tempestade arrancaram-na dele. Golpearam os demônios com força, como uma onda de maré, como as chuvas de verão batendo na terra, como relâmpagos saídos em torrentes das nuvens, como manadas de elefantes debandando morro abaixo. Golpearam os demônios duramente, como a morte de um amigo. Os rakshasas eram uma montanha de minério azul-escuro que se esboroava, e os ventos selvagens cantavam por entre as suas lanças.

Nisso, Meghanada trouxe a treva negra por meio da ilusão e cegou deuses e demônios, todos, menos ele. Naquele atordoamento, o velho chefe asura, Puloma, veio salvar a filha, Indrani, a Rainha do Céu. Puloma chegou sombriamente vestido, sombriamente adornado, olhando sombriamente. Mergulhou, sem ser tocado, entre os demônios e levou Indrani para a sua casa debaixo do mar, levando também o bravo Chitraratha consigo a fim de que ele, cantando, a consolasse.

Ainda assim os deuses da tempestade procuravam Ravana às cegas. Airavata, o elefante branco de Indra, balançou a tromba, agitou as orelhas, esticou a cauda e investiu a uma velocidade terrível, trombeteando e sacudindo a cabeça, guiado pelo olfato. Colidiu com Ravana e, com seus quatro colmilhos, jogou-o no chão, de costas. Ravana lá se deixou ficar com a armadura rota, encharcado de chuva, machucado pelos trovões e queimado pelos relâmpagos repentinos, sacudido pelos furacões repletos de fragmentos da guerra; de um lado a outro do seu peito quatro feridas fundas sangravam, e Airavata, sobre ele, bramava, colérico, e desafiava todo o Inferno à Guerra.

Meghanada pensou: "Meu pai está morto!" Amarrou Indra em ilusão e, a seguir, aproximando-se, invisível, de Ravana, gritou:

"Estás vivo? Aprisionei Indra!"

Essas palavras acabaram com o sofrimento de Ravana. Toda a força e todo o poder deixaram as tempestades. E, acompanhado do pai e de todos os demônios ainda vivos, Meghanada carregou Indra, ainda amarrado, a Lanka, atirou-o, prisioneiro, numa masmorra, fechou-o ali e guardou a chave.

Brama foi a Lanka. E disse ao filho de Ravana:

"Usa agora o nome de Indrajit, o Vencedor de Indra. Liberta-o e toma de mim alguma coisa em troca".

"A imortalidade", respondeu Indrajit.

"Príncipe, não posso dar-te esse dom, ainda que o tenhas pedido."

"Avô dos Mundos, quando Ravana estiver em perigo possa eu chamar, com oferendas do altar do fogo, um carro de guerra tirado por quatro tigres, que se mova à vontade; enquanto viajar nele, tenha eu poderes para vencer qualquer batalha contra qualquer criatura; e que ninguém possa ver-me, exceto outros rakshasas, quando eu desejar lutar invisível."

"Dou-te tudo isso", anuiu Brama.

Amarrou Indra em ilusão...

Indrajit estendeu a chave da masmorra, mas o Senhor Brama jamais tocará numa arma. Por meio do pensamento, Brama, primeiro, extirpou da mente de Indra todo o desespero e medo. Enviou a ideia "Estou livre" e, assim, derrubou os muros da prisão.

☙ ☙ ☙

"Agora, em todas as florestas, os rakshasas nos atormentam cruelmente como homens no Inferno", continuou Viswamitra. "Já ouviste dizer que o mal desceu à Terra e a todos os mundos. À noite, os demônios gritam uns para os outros: 'Eu sou Narayana! Eu sou a Lua! Eu sou tudo!' Estas são as suas jactâncias mais humildes e mais modestas; que posso dizer, portanto, dos seus elogios sérios e de suas lisonjas sinceras e avinhadas? Os Nômades da Noite pavoneiam-se, bravateiam e arrasam com o Dharma. Lá fora, Dasaratha, além dos muros de Ayodhya, demônios vagueiam pelos mundos como os ventos. Dois deles, principalmente, cruzam comigo. Por isso vim à Bela Ayodhya. Preciso de um guerreiro. Preciso de Rama para matá-los."

"Meu filho!", disse o rei.

"Não farei uso de nenhum dos méritos, que alcancei com tanto esforço, maldizendo demônios", disse Viswamitra. "Vim à procura de Rama. É preciso que seja Rama. Cobri-lo-ei de bênçãos e fama, conquanto ele ainda use os longos cabelos encaracolados de menino, conquanto tenha apenas dezesseis anos."

"Depois de viver sessenta mil longos anos, em minha velhice", disse Dasaratha, "ganhei finalmente um filho. Como podes pegar uma tenra criança, meu filho primogênito, e conduzi-la à Morte?"

"Muito bem", acudiu Viswamitra, "quebra a tua promessa. E se estiveres fazendo o que é certo, que possas ser feliz!"

"Não te exaltes, brâmane", interveio Vasishtha, "mantém tua palavra, rei. Observa os defeitos deste mundo e não os acresças."

Prova desta água

A Mãe Terra riu-se...

Estremeço: as Cidades dos Homens caem por terra.
E, no entanto, esses Reis, esses bonecos mortais,
Estão dispostos a admitir que me possuem!

"Majestade", disse Viswamitra, "quando estou cansado, à noite, o Desejo e a Cólera, que os deuses não podem domar, acercam-se de mim, cheios de mesuras, e alegremente me esfregam os pés. Quando peço alguma coisa, a ordem é valiosa. Quem quer que encontre a oportunidade de obedecer-me fica sendo meu credor."

"Levai Rama e seu irmão Lakshmana", disse Dasaratha. Chamou Rama e Lakshmana. "Armai-vos e servi a este brâmane."

"Não temais por vossos filhos", tornou Viswamitra. "Não tenho fugido de demônios por medo; mas o retiro de um homem forte é como o silencioso retroceder de um punho para desferir o golpe!"

O velho rei segurou os dois filhos. Abraçou-os e cheirou-lhes os cabelos na coroa da cabeça de cada um. Eram ainda crianças de rosto redondo e tão jovens! Mas Rama e Lakshmana apanharam, peritamente, seus arcos e aljavas e ajustaram suas espadas e luvas de arqueiros como homens; o rei, então, sorriu e já não sentiu tristeza pela partida dos filhos.

Viswamitra levou os dois meninos para fora da cidade. Logo ao pé dos muros brancos da Bela Ayodhya, detiveram-se à margem do rio Sarayu. Ali Viswamitra sentou-se à beira da água e disse:

"Príncipes de Ayodhya, porque Ravana não deu importância aos homens, tenho coisas para ensinar-vos; tenho lugares aonde guiar-vos; tornai-vos, portanto, meus discípulos."

Rama e Lakshmana deixaram cair as armas, e cada um deles juntou e trouxe para Viswamitra um feixe de gravetos, como fazem os discípulos na primeira vez em que se encontram com o preceptor. Em seguida, numa taça de eremita, feita da casca de um coco, Viswamitra despejou um pouco d'água e disse a Rama:

"Toma esta taça e bebe-a. Bebe-a de uma só vez, pois, do contrário, nunca terminarás de bebê-la e ela não prestará para nada".

Rama bebeu-a. Viswamitra ensinou-lhe dois mantras, um para lhe dar força e outro para lhe dar mais força. Tornou a encher a taça e fez o mesmo com Lakshmana. Ensinou os dois a escolherem o momento oportuno para falar e a pronunciarem corretamente as palavras.

"Estes são dois conjuros de Poder; são filhos de Brama", explicou Viswamitra. "Dizei-os e ganhareis sabedoria e boa sorte; mesmo que estejais dormindo ou distraídos, nenhum inimigo poderá surpreender-vos; nem o cansaço, nem a sede, nem a doença, nem a fome chegarão até vós; encontrareis a resposta a qualquer incerteza, resolvereis qualquer segredo, poreis fim a qualquer discussão, chegareis à Verdade. Estas são grandes palavras, são do próprio Brama."

Prosseguiram; à noite, os três dormiram sobre folhas e relva. De manhã, Viswamitra cantou para o Sol e banhou-se; seguiram o Sarayu abaixo e, naquela tarde, abeiraram-se do profundo rugir e trovejar das águas do Sarayu ao encontrar-se com as do Ganga, na floresta Angadesha, onde cada uma das árvores tinha milhares de anos.

Nessa noite, Viswamitra mostrou armas celestiais a Rama, começando com a terrível arma de Brama e seu manejo. Sentaram-se no escuro. Rama pronunciou os mantras controladores e, uma a uma, as armas foram aparecendo diante dele. Tocou cada uma e disse:

"Voltai quando eu me lembrar de vós".

Algumas tinham formas celestiais, algumas se diriam carvões, outras eram fumaça e outras ainda pareciam grandes sóis e luas. Elas continuaram girando ao redor de Rama e desvaneceram-se.

Na manhã seguinte, alguns eremitas levaram Rama, Lakshmana e Viswamitra para a outra margem do sagrado rio Ganga numa jangada e, antes do meio-dia, os três alcançaram o retiro de Viswamitra, uma choupana solitária de caniços e galhos de árvores. O brâmane desembrulhou o seu fogo de viagem e colocou uma tigela de chamas tiradas dele no altar inclinado.

"Agora começarei", disse Viswamitra. "Ficai aqui. Protegei-me por seis dias e seis noites; depois, no sétimo dia, ficai mais atentos, sobretudo à noite, à medida que o sacrifício se aproximar do fim, pois, após haver começado, não tornarei a falar."

Calou-se. Mentalmente, chamou Agni, Senhor do Fogo; mentalmente ofereceu-lhe um lugar para sentar-se, perguntou acerca de sua jornada, mentalmente ofereceu-lhe água, na qual flutuavam flores.

Na sétima noite, Viswamitra pôs um punhado de joias e grãos coloridos de arroz, depois de misturá-los, sobre o altar, além de algumas flores. Acendeu um pouco de incenso e colocou-lhe ao lado hastes de relva verde e branca e uma tigela de manteiga líquida.

Eis senão quando, vindos de lugar nenhum, como duas nuvens pretas, os rakshasas Maricha e Subahu despencaram do alto das árvores e, no altar de Viswamitra, o fogo estremeceu de terror. Rama recuou três passos, para ficar à distância de uma vara de Maricha e visar melhor, e arrojou três setas contra ele. Chegando juntas, as três setas atingiram o coração de Maricha como se fossem uma só. Mas não o mataram; a força com que foram disparadas carregou-o através do ar por centenas de léguas e mergulhou-o, inconsciente, no longínquo mar ocidental.

Lakshmana matou Subahu com um só golpe. No mais escuro da noite, o sacrifício terminou. Viswamitra disse:

"O mato está livre de demônios, era esse o meu desejo." Olhou para Rama. "Príncipe, eles estavam desprevenidos. Esta vez foi leve e fácil para ti, mas muitas coisas difíceis começam de modo fácil... Se algum dia tornares a encontrar rakshasas, não desvies a pontaria, não voltes a poupá-los por bondade."

"Não gosto de terras baixas", disse Viswamitra. "Eu só estava aqui para realizar este rito. Vinde agora comigo e desandemos parte do caminho percorrido para chegarmos à minha casa nas Montanhas, onde minha irmã é um rio. Pois no reino de Videha do rei Janaka, o Marido da Terra, há um arco que ninguém consegue vergar. Dizem que é o arco de Shiva. Está pendurado no interior de uma caixa, envolto em fumaça de agáloco, ornado de flores. Rama, precisas ver esse arco."

Quando chegaram à terra de Videha, caminhando por etapas mansas, os tigres e serpentes de Angadesha, que haviam escoltado Viswamitra, voltaram para a floresta, qual exército que se dispersa depois que o rei entra no palácio, ao termo de uma jornada, sabedores de que o amigo se achava em segurança no país de Janaka. As montanhas estavam subindo, e os rios fluíam, rápidos e frios. Não longe de Mithila, capital de Videha, Viswamitra parou um pouco fora da estrada e ali, num bosquete de árvores, Rama viu um antigo muro de pedra, em ruínas, coberto de videiras. O muro tremeu quando a poeira dos pés de Rama o tocou, e parecia quase vivo.

"Onde estamos?", indagou Rama.

"Este é o retiro vazio de Gautama", respondeu Viswamitra, "e há muito jaz debaixo da sua irada maldição."

Ouve, meu príncipe...

Usando a mente, Brama criou algumas criaturas chamadas Homens, todos iguais na cor e na fala, todos absolutamente idênticos. Em seguida, criou o mesmo número de fêmeas para eles, mas, desta feita, deu toda a beleza a uma mulher apenas, e chamou-lhe Ahalya.

Indra a viu, mas, antes que pudesse falar-lhe, o eremita Gautama a desposou e viveu com ela aqui, enquanto Indra vigiava e esperava a sua oportunidade. Finalmente, um dia, assumiu a forma de Gautama quando este se achava fora de casa, banhando-se, e fez amor com Ahalya. O disfarce dele não a enganou, mas ela consentiu por curiosidade.

Depois, Indra apressou-se em partir. Já estava quase fora do alcance da vista, quando Gautama apareceu com roupas molhadas e o viu.

"Para o homem e para a mulher,
A indulgência é um ornamento apropriado;
Muito difícil de exercer...
Mas o mais difícil de tudo é perdoar um deus."

Indra perdeu o seu sexo masculino; e desde essa maldição de Gautama o poder de nenhum Indra é seguro, o papel de Indra é impermanente. Indra fugiu para junto de Agni. Escondeu-se dentro de uma cratera, que estava dentro de uma forja, que estava dentro de uma fornalha. Em presença do Fogo, disse:

"Arranquei de Gautama o poder que ameaçava o céu, o seu mérito se foi quando despertei nele a cólera para maldizer. Tudo pelo trabalho dos deuses, por *vossa* causa fui amaldiçoado!"

"Mal escapaste vivo, e o mal já se muda em bem na tua história!", replicou Agni. "Restaurarei teu sexo masculino." Dirigiu-se aos Pais mortos: "Sou o Fogo; só o Fogo pode comer qualquer coisa, pura ou impura; sou o Fogo que arde".

"Toma a impureza", replicaram as almas umbrosas. "Queima as partes carnosas dos carneiros sacrificiais. Ficaremos com o resto; ficaremos com as puras oferendas aquosas, limpas como a vida nova, tranquilas como o lago profundo e frio."

E assim, hoje, as partes masculinas dos carneiros são elevadas em fumaça preta por Agni até o céu, quando oferecemos comida queimada aos nossos Pais. Indra delas se alimenta e elas o restauram.

"A beleza, por si só, foi a causa disto", disse Gautama à esposa naquele local. "Já não serás a única mulher bela do universo."

Tirou-lhe a beleza e distribuiu-a às outras; tirou tanta beleza de Ahalya que ela se tornou invisível, e seu espírito vive escondido por galhos e folhas de árvores em algum lugar ao pé do muro de pedras.

"Não temos vizinho", disse Ahalya. "Ele se parecia exatamente contigo."

Gautama não podia retirar suas palavras, mas podia limitá-las. Concedeu um fim à sua maldição no futuro:

"Quando Rama vier a este bosquete, estarás livre".

☯ ☯ ☯

"Sua maldição expira no momento em que falo", prosseguiu Viswamitra, "por isso entra ali naquele arruinado eremitério e salva a divinamente bela Ahalya."

Rama entrou. Caiu do firmamento azul uma chuva de cravos-de-defunto, e eles ouviram música gandharva. Ahalya foi reaparecendo, aos poucos, à beira do velho muro, tão bela quanto sempre fora, como o Sol nascente refletido na água encrespada; mas, como sucedia com o Sol, ninguém podia olhar para ela muito de perto nem por muito tempo. Rama viu Viswamitra acenando: "Vem para cá"; ao mesmo tempo Ahalya, a Bela, estendia o braço graciosamente para um lado: "Senta-te aqui como meu convidado".

Rama sentou-se ao lado dela por um instante. Ahalya colocou a mão direita sobre o coração dele, premiu-a e sorriu: "Desde o Mundo Antigo". Em seguida, Rama levantou-se e foi juntar-se a Viswamitra e Lakshmana. Todos deram três voltas ao redor de Ahalya, conservando-a à sua direita, e ali a deixaram, sentada entre flores de ouro. Depois de se afastarem bastante, olharam para trás e viram um bonito halo de todas as cores, que brilhava e resplandecia através das árvores, e viram Gautama, num carro voador, voltando para ela.

Pouco depois avistaram Mithila, cidade de castelos e torres, e o rei Janaka, que se aproximava para recebê-los. Trazia água fresca para Viswamitra.

"Benditos somos, brâmane. Obrigados e favorecidos ficamos com a tua visita. Mas por que trouxeste jovens guerreiros por este atalho à minha cidade?"

"Estes são os príncipes de Ayodhya, Rama e Lakshmana", replicou Viswamitra. "Estão ansiosos por verem o vosso arco."

"Faz muito tempo que Shiva me deu esse arco celeste", disse o rei. "Vergar o Arco de Shiva é o dote de minha filha Sita, cuja mãe é Prithivi, a deusa Terra."

"Como pode ser isso, Majestade?", perguntou Rama.

"Rama, esta terra, este reino, todo este vasto mundo debaixo do curvo céu azul pertence à Mãe Terra e a mais ninguém. Somente num rasgo de imaginação, somente num sonho, toda esta terra pode ser chamada de reino. Catorze anos atrás, eu estava arando uma clareira, além da cidade, quando, ao voltar, a encontrei deitada num sulco que eu acabara de fazer; encontrei Sita. Como um bebê de pele dourada, ela se ergueu de sua Mãe Terra e sentou-se, atirando punhados de poeira nos pés. Considero-a um tesouro bem-achado, bem-revelado. É uma delícia para meus campos e morros. E Sita é bela, uma jovem mais encantadora do que qualquer jardim, semidivina e solteira."

"Estamos curiosos por ver a força do vosso arco", disse Rama.

O rei Janaka deu uma ordem, e cinco homens fortes trouxeram, com grande dificuldade, de sua própria casa em Mithila, o Arco de Shiva, arrastando-o numa carroça de oito rodas, que trazia o arco protegido dentro de comprida caixa de ferro, coberto de flores.

... ele se partiu em dois pedaços acima da pega...

"Deves compreender", disse Janaka, "que pertence a Sita o consentimento final. Outros vieram; nenhum conseguiu sequer erguer o arco. Não os levei em conta, pois tenho usado esta joia de arco como jangada para cruzar o mar de catorze anos. Agora vieste tu. É triste para mim, mas é chegada a hora de Sita se casar, e sou um pobre homem em via de gastar a sua derradeira moeda."

O ministro de Janaka aproximou-se e disse:

"Ei-lo, Majestade, mostrai-o se achardes que vale a pena mostrá-lo".

"Rama, abre a caixa", disse Janaka.

Rama ergueu a tampa. Poeira de sândalo e cinzas de incenso caíram dela, formando uma nuvem pulverulenta. Rama olhou e pensou: "Este arco está acima dos homens. Mas, por brincadeira, quero primeiro tocá-lo". Tocou-o. "Eu talvez possa tentar segurá-lo..."

Todos os homens de Videha tinham saído da cidade e estavam olhando. Rama pegou o arco e levantou-o. Retesou-o. Depois o vergou com tanta força que ele se partiu em dois pedaços acima da pega, com um ruído tão forte que todas as pessoas que estavam olhando caíram no chão, exceto Rama, Lakshmana, Viswamitra e o rei Janaka.

Janaka sacudiu a cabeça.

"Quem teria acreditado?" Ajudou o ministro a levantar-se. "Pergunta a Sita."

O ministro esfregou as orelhas.

"Ela o viu da sua alta janela, tocou-o com os olhos e já se apaixonou por ele."

Janaka mandou um arauto que cavalgava ligeiro convidar o rei Dasaratha para o casamento. O arauto chegou à Bela Ayodhya e disse:

"Permiti que o rei de Videha cumpra a sua promessa. A força é o dote de Sita, portanto permiti que Rama a despose; vinde comigo a Mithila, e trazei o vosso sacerdote Vasishtha".

"O rei Janaka é justo", replicou Dasaratha. "O presente de um superior deve ser aceito."

"O irmão de Janaka também tem três filhas. Se estais de acordo, deixai Lakshmana casar, levai Satrughna e Bharata e deixai-os casar também."

"Excelente, toma ouro, toma prata", disse Dasaratha.

O auriga Sumantra dispôs o exército em ordem de batalha e carregou de presentes nédios elefantes de carga. O rei Dasaratha levou os quatro fogos de nascimento dos filhos para o carro e, sete dias depois de Rama haver quebrado o Arco de Shiva, chegou a Mithila. Um campo real arado atravessava a estrada. O rei e os soldados detiveram-se, e Vasishtha seguiu na frente, sozinho, pisando com cuidado a terra recém-lavrada.

Vasishtha encontrou Janaka e disse-lhe:

"O rei de Ayodhya chegou, estamos esperando as tuas ordens".

"Quem é o guarda ali que os obriga a esperar?", respondeu Janaka. "Quem respeita regras quando entra em sua própria casa?"

"A própria Terra nos barra o caminho", disse Vasishtha.

"Assim começa tudo. Nós os casaremos ao ar livre, naquele campo. Boa sorte para ti."

Viswamitra juntou-se a Vasishtha. Os dois brâmanes construíram, com pás, um amplo altar de terra. Sobre ele esticaram, entre varas, um toldo de grama. Fizeram um fogo de paus untados de manteiga numa tigela de barro, acenderam-no e colocaram-no sobre o altar; espalharam flores e colheres de ouro, jarras de água pintadas, bandejas cheias de grãos maduros, conchas e queimadores de incenso, taças e vasos, pires cheios de trigo tostado colorido e um jarro de ordenha, feito de bronze de sinos, cheio de leite e mel para os deuses, e estenderam tapetes no chão para pisar.

Rama e Lakshmana saíram de Mithila. Dasaratha e seus quatro filhos postaram-se ao pé do altar. Depois veio Janaka, cruzando com passos largos e majestosos o seu campo, sorrindo, conduzindo quatro donzelas como chamas de fogo. Três eram lindas. Mas a mais linda de todas era Sita, Sita, a Estrela de Beleza Nascida da Terra.

Sita era lindíssima. Tinha olhos escuros como os de uma corça, lábios carnudos, longos cabelos escuros que lhe caíam nas costas até os tornozelos, fragrantes por terem sido perfumados com fumaça de incenso. Trazia um sinal vermelho na testa e linhas de pasta vermelha e branca, de sândalo, nos braços; as solas dos pés tinham sido pintadas de vermelho com laca; ela envergava túnicas rubras e véus de prata, leves como o ar, cintos bordados e finas correntes que oscilavam quando ela andava, diademas cravejados de joias e tornozeleiras de sininhos, brotos de cevada atrás da orelha, grinaldas nupciais de jasmim e sete fieiras de pérolas à volta do pescoço, que lhe caíam sobre os seios, cheios e redondos. Mas quem descreverá Sita? Tudo isso era esquecido quando ela nos fitava. E quando sorria, que mais existia?

Como presente de casamento, o rei Janaka prendeu nos cabelos de Sita, sobre a testa, uma pérola redonda engastada em folha de ouro. Tendo trazido o fogo de nascimento dela, despejou-o numa tigela de terra, juntamente com o de Rama. Conduziu Rama e Sita até o altar, debaixo do toldo, e deixou-os perto do fogo misturado.

Não havia brâmanes pretensiosos em Videha. Fazia muito tempo que Janaka se livrara deles. Primeiro tinham dito que ele os necessitava para fazer oferendas aos pequenos deuses, de modo que Janaka quebrou todas as estátuas dos deuses menores. Depois os sacerdotes disseram que o que quer que o homem fizesse, por si só, na tentativa de encontrar a Verdade, era errado e inútil e que só eles conheciam todas as respostas. Janaka não discutiu. Lançou-lhes uma vigorosa maldição, a cabeça deles caiu e os seus frágeis ossos foram roubados por ladrões.

Assim sendo, o próprio rei Janaka consorciou Rama a Sita. Disse ele:

"Ramachandra, Rama como a Lua, toma Sita por tua companheira em todo o viver da tua vida. Olha para ela, nunca te fartes de vê-la, acarinha-a com os olhos do amor. Sita, ama-o sempre, caminha com ele como sua esposa, e segue-o como sua própria sombra para sempre. Eu vos caso".

Janaka juntou uma à outra a mão de Rama e a mão verde e ouro de Sita. Derramou água sobre eles: "Assim transborda minha felicidade". Depois Rama, homem recém-casado, levou Sita embora.

Sita sabia que ela e Rama estavam destinados um ao outro desde o princípio dos tempos passados e assim estariam para todo o futuro. Alegrou-se por tornar a encontrá-lo depois da longa separação. Viu Rama de perto pela primeira vez e pensou: "Ele é, por certo, Kama, o Deus do Amor... entretanto, Kama não tem corpo... não pode ser visto, mas Rama pode..."

Tendo o Fogo por testemunha, os três irmãos de Rama também foram casados, tomando a mão de suas noivas. Em derredor do campo, os videhas sopraram conchas, tocaram sinos com seus sonoros e duros macetes, rufaram tambores e cantaram.

No dia seguinte, Dasaratha disse:

"Janaka, tu, que és o melhor dos homens, deixa as esposas de meus filhos voltar com eles para Ayodhya".

"Adeus", despediu-o o rei de Videha. Viswamitra também estava partindo. Disse a Janaka:

"Prosseguirei montanha acima".

"Continua a subir cada vez mais alto", acudiu Janaka. "Tens escudo?"

"Não sou soldado", respondeu Viswamitra.

"Não importa", tornou Janaka. "Leva o Dharma por escudo, brâmane. Tens espada?"

"Que espada?"

"Leva a Verdade."

A cada um dos quatro noivos Janaka deu dois grandes cães-lobo de Videha, um elefante, dezesseis cavalos, uma cesta de contas de ouro, quatro peles de veado, dois bonitos cobertores amarelos de lã e um carro inteiro de turquesas das Montanhas. Janaka disse a Sita:

"O pai protege a donzela, mas, depois de casada, ela deve aceitar a proteção do seu senhor. Tu me deixas agora, mas nunca deixarás tua Mãe Terra".

Abraçou a filha única; segurou-a delicadamente com as mãos duras e fortes, que tinham ficado ásperas mercê de uma longa vida de arar, plantar e colher. Depois Sita montou no elefante com Rama e eles se foram no rumo de Kosala. Janaka os seguiu a pé por curto espaço e, em seguida, regressou a Mithila.

Os kosalas receberam Dasaratha e seus filhos à distância de um dia de jornada de Ayodhya. Ao longo das ruas da cidade o povo esperava, ansioso por ver as noivas. E no alto e alvo palácio real, sobranceiro à Bela Ayodhya, as três rainhas receberam as noivas com toda a sorte de objetos agradáveis; a mais feliz de todas por vê-las era a rainha mais moça, a alegre Kaikeyi, de cintura fina. As quatro princesas, primeiro, depuseram flores no santuário de Ayodhya, depois se inclinaram diante dos que o mereciam, e afinal se foram, sozinhas, com os maridos.

Rama e Sita viviam no Palácio da Lua, o palácio de pedras negras de Rama, e doze anos se passaram assim em Ayodhya. Pouco a pouco, Dasaratha foi passando o trato dos negócios do reino para as mãos de Rama.

A natureza de Rama era tranquila e livre. Ele não dava bons conselhos, não dizia aos outros o que julgava ser melhor, nem lhes apontava os erros. Sabia quando devia poupar e quando devia gastar. Sabia julgar com muita justeza os homens, mas conservava o juízo para si. Sabia ler os corações. Conhecia suas falhas melhor do que as dos outros. Sabia falar bem e argumentar numa cadeia de palavras eloquentes. Meio benefício valia mais para ele do que cem ferimentos. Acidentes maus nunca sucediam perto dele. Falava todas as línguas e era arqueiro perito, que disparava setas de ouro; também não acreditava que o que preferia para si fosse sempre o melhor para os outros.

Bondoso e cortês, Rama nunca ficava doente. Não censurava quem lhe falasse com desabrimento. Afetuoso e generoso, mostrava-se amigo verdadeiro de todos. Tentava viver corretamente, e descobriu que isso era mais fácil do que imaginara. Coletava os impostos do rei de tal maneira que mais da metade das pessoas não se incomodava de pagá-los. Príncipe notável, todos os kosalas o amavam, se excetuarmos uns cinco ou seis bobos. Era hospitaleiro e o primeiro a dirigir a cada convidado palavras de boas-vindas. Sossegado e forte, com as mãos dobrava o ferro, mas também consertava a asa quebrada de um pássaro. Não se dava ares de palmatória do mundo e também não exigia demais do universo, de tal sorte que o seu prazer e a sua cólera nunca deixavam de ter sentido.

Rama não trabalhava por muito tempo sem um feriado; não saía a caminhar até muito longe sem parar para cumprimentar um amigo, nem falava por muito tempo sem sorrir. Os seus entretenimentos e danças eram os melhores do mundo. Amava Sita; vivia a vida porque a esposa fazia parte dela. Descobria, frequentemente, um novo presente para os amigos. Não tinha medo de passar um dia inteiro sem trabalho. O que quer que fizesse, enobrecia-o pela maneira como o fazia. Os hábitos de Rama eram nobres.

Aqui termina o livro
da infância de Rama.
Sua mocidade passou.
Começa agora o livro de Ayodhya.

Os dois desejos

Salvaste minha vida;
Eu te amo;
Pede-me duas vezes o que quiseres!

Vastos olhos cinzentos de montanha salpicados de ouro,
Revestidos de negro e de inocência...
E agora lágrimas!
Ó Rei, tem cuidado!

    Rama e Sita já estavam casados havia doze anos quando, na primavera, Yudhajit, irmão da rainha Kaikeyi, tio de Bharata, chegou a cavalo à Bela Ayodhya, procedente do reino montanhoso de Kakaya, e disse ao príncipe Bharata:

    "Teu avô, o rei Aswapati, Senhor dos Cavalos, quer ver-te, pois é agora um velho e nunca viu o neto".

Dasaratha deu permissão, e Bharata e seu irmão Satrughna saíram num carro em demanda das Montanhas, em companhia de Yudhajit. Enquanto estavam fora, Dasaratha sentiu de pronto que se fartara do reino e, mais do que qualquer outra coisa, queria ver Rama reinar. Pensou: "Por que morrer primeiro? Quero vê-lo no trono daqui da Terra, e não olhando lá do céu".

Convocou o Conselho de Kosala – os reis menores e os governadores, nobres provinciais e os bravos heróis, sábios e eruditos, e os juízes de Kosala, cuja vista, justa e certa, era a razão. Eles se reuniram e sentaram-se num semicírculo, de onde olhavam para Dasaratha no trono.

"Envelheci muito, alcancei idade provecta", disse Dasaratha. "A única coisa que me resta fazer na Terra, nesta vida, é entronizar meu filho Rama, se o aprovardes. Dou-vos presentes, dou-vos boas-vindas. Dizei-me o que pensais de meu filho Rama. As opiniões de homens desinteressados diferem das crenças de um pai, e a Verdade pode surgir, às vezes, como o Fogo, do atrito entre as duas."

Alegrou-se a assembleia; entoou a plenos pulmões o rugido do leão de Kosala e o palácio estremeceu. Disseram os seus membros:

"Realizai as cerimônias da coroação! De todos os príncipes entre os homens, Rama é o melhor! Fazei dele o nosso rei amanhã de manhã!"

"Silêncio!", recalcitrou Dasaratha, colérico. "Concordais que Rama seja rei assim que ouvis o meu desejo. Enquanto ainda governo por que quereis outro rei?"

Por brevíssimo instante os chefes e guerreiros conversaram uns com os outros, até que Sumantra, o Auriga, ergueu-se para falar em nome de todos.

"Eis aqui o que dizemos, Majestade: deixai vosso filho Rama montar o imenso elefante branco; deixai-nos ver-lhe o semblante debaixo do alvo guarda-sol. Alguns homens governam-se a si mesmos; nós, kosalas, somos governados por reis excelentes. Dasaratha, segui o caminho do Dharma palmilhado por vossos antepassados e, sem pensar na vossa própria felicidade, vós nos protegeis. Nós vos conhecemos, e vos vimos ensinar a Rama todas as habilidades reais, queremos que vejais vosso filho feito rei. Abri mão dos vossos deveres e descansai sem fardos, agora que a velhice se abateu sobre o vosso corpo mortal e o Tempo se acerca de vós. Se merecemos felicidade, dai-nos Rama com a coroa de muitos bons talentos. Gostamos de vê-lo. Quando ele olha para nós, nossas dúvidas se dissipam, nossas dívidas se pagam. Tenho visto Rama cavalgando pelos campos e, como pai que indaga dos filhos bem-amados, pergunta aos professores: 'Teus alunos te obedecem?' E pergunta aos preceptores de armas: 'Teus alunos nunca caminham sem as suas armas?'"

"Não deixeis que a afeição de um pai iluda um reino inteiro", disse Dasaratha.

"Não deixaremos!", exclamou Sumantra. "Segui os sentimentos verdadeiros do vosso coração, Majestade. Esses sentimentos verdadeiros estão de acordo com o Dharma certo. Ninguém que já tenha nascido poderá governar Kosala melhor do que Rama, nem cuidar melhor da Bela Ayodhya ou de olhar por ela. Nossas mulheres, jovens e velhas, rezam a seus deuses, de manhã e à noite, pela felicidade de Rama. Que mais se há de pedir? Enquanto Rama viver aqui, nada poderá desandar. Ele conhece todos os nossos nomes. Dar-nos-ia todo o seu tempo, alegremente, se quiséssemos tomá-lo. Pergunta pelas nossas lojas, deseja o bem de nossos filhos, de nossos lares, de nossas esposas e mais. Eu, Sumantra, o Auriga, tenho-o visto chorar nossas mágoas; *eu* o vi rir-se conosco em nossos festivais."

"São estas as vossas razões?", perguntou Dasaratha.

"A única razão", replicou Sumantra, "é que, se Rama me diz alguma coisa, posso acreditar nela."

Sumantra sentou-se. Todos os homens daquela audiência da corte ergueram as mãos e, com a palma, tocaram a cabeça, e o rei Dasaratha olhou para as mãos juntas como se estivesse olhando para uma lagoa coberta de botões de lótus ainda não abertos.

"Majestade", disse então Vasishtha, levantando-se, "embora Bharata e Satrughna ainda estejam em Kekaya, começa esta noite um raro e afortunado encontro da Lua com as estrelas, que dura apenas um dia. Deixai-me entronizar Rama como nosso rei amanhã, para a felicidade de todo o mundo."

Dasaratha estava sentado em seu trono, muito velho, com os cabelos brancos e barba branca, as vestes brancas, à semelhança de algum deus-pai cuja vida estivesse por um fio. Pestanejou, e lágrimas lhe escorreram pelo rosto.

"Meu povo, estou muito feliz. Meu prestígio entre vós é muito grande."

Dasaratha dispensou a assembleia e disse a Sumantra:

"Dá a esse duplamente nascido Vasishtha tudo de que ele precisa e traze Rama à minha presença nos meus aposentos particulares".

Da janela, Dasaratha viu Rama subindo, célere, os degraus do palácio; Rama, seu filho, como sua própria imagem num espelho vista com os ornamentos da juventude. Rama entrou, ajoelhou-se e inclinou-se profundamente diante do pai.

"Sou Rama, Majestade."

Dasaratha estendeu a mão, segurou as de Rama e ergueu-o.

"Oh, Rama, não te inclines mais diante de mim. És agora o meu rei. Presta atenção... há muitas noites tenho sonhado com estrelas que caem no chão, à luz do dia, com terror e estrondo. A região que circunda a minha estrela da vida foi invadida por planetas fatais, e minha Morte, presumo-o, corre prestes para mim. Por isso meus pensamentos se alteraram e deixaram este mundo, pois a mente do homem é sempre mutável. Para mim, Rama, ver-te sentado no trono de Ayodhya será chuva fresca depois do calor assassino do verão. Amanhã, enquanto nossos bosquetes florescerem, toma Kosala por tua herança. Durante toda a minha vida fiz aos deuses centenas de oferendas e sacrifícios e, dessarte, paguei minha dívida para com eles; estudei e transmiti o que aprendi e que não era secreto e, assim, satisfiz aos meus mestres; engendrei filhos e, assim, saldei minhas contas com os meus antepassados; tenho dado presentes a brâmanes e a outros homens e tenho-os feito felizes, e eles não têm nada para reclamar de mim; e, levando uma boa vida, tenho agradado e pago minhas dívidas a mim mesmo. Todos estão pagos, não tornarei a governar."

"Mas, senhor, soldados não aceitam presentes; continuai a governar, Majestade."

Dasaratha sorriu.

"Meu filho, ordeno-te: jejua esta noite e fica de vigília, em silêncio, até o despontar do dia, e que os teus amigos te guardem bem... muitas coisas podem sair erradas na noite escura que precede a sagração de um rei."

O velho rei suspirou e esfregou os olhos com a mão. "Rama, tenho tido... visões, muitas visões estranhas... Não sei, não posso ter certeza, mas além de Ayodhya há pessoas esperando por ti; elas te oferecerão coisas que, na realidade, já são tuas. Essas coisas... toma-as, não receies quebrar o Dharma para ti!"

Rama foi ter com sua mãe Kausalya. Diante do seu altar, vestindo uma nova seda branca e braceletes brilhantes, ela oferecia água aos deuses. As outras rainhas estavam com ela. Kausalya disse:

"Rama, Rama, estou tão feliz! Eu sempre quis ver este dia".

"Serás o melhor dos reis", disse Sumitra.

Kaikeyi beijou-o. "Teu pai, agora, não precisará trabalhar tanto; terá mais tempo para apenas viver e encontrar alegria comigo e com todas nós." Ela sorriu. "Eu gostaria de ver o rei tão livre quanto qualquer um do seu povo, podendo deitar-se nos parques quando bem entendesse, livre para ir e vir e para deixar que o mundo atarefado passasse por ele."

Chegou, então, Vasishtha à procura de Rama. As três mães o abençoaram, e Vasishtha levou-o para o seu próprio palácio. Depois que Rama e Sita se banharam naquela noite e disseram suas orações do crepúsculo, Vasishtha lançou fortes mantras sobre eles, e deixou-os sentados na relva, no chão, após jurarem permanecer em vigília, não falar e não comer. Daí a pouco, Vasishtha saiu do palácio negro de Rama, passou pelos guerreiros, passou pelos velhos que cantavam suavemente conjuros para as estrelas, passou pela guarda dos homens das tribos e saiu para as ruas apinhadas e barulhentas de Ayodhya.

Assim sucedeu que a Bela Ayodhya, vista do alto dos telhados, se tornou um enflorar-se de cores que se desdobravam, um correr de luzes que nadavam, um lago de estrelas em movimento. O Festeiro-Mor sorriu, amanhou-se com suas vestes, medalhas, chave e corrente, cobriu-se com o chapéu de pele, abriu as portas dos vinhos do palácio e distribuiu bebidas de afável e nobre animação. As ruas tinham sido borrifadas de flores e água. As tabernas estavam cheias. As belas cortesãs escancaravam as portas de suas grandes casas para todos. Grandes oficiais revestidos de armaduras e elmos de aço e calçando sapatos de prata, trajando sedas vivamente coloridas, usando luvas de punho largo, cintos de couro e longas espadas, no palácio real e nos pátios do rei, ajudavam Sumantra a preparar tudo. Não se podia atravessar a praça do mercado de Ayodhya. Músicas e ruídos alegres saíam de todas as casas para as ruas. O coxo quebrou as muletas e pôs-se a dançar; enfermos levantaram-se da cama; avarentos distribuíam o seu ouro; a cozinha do rei serviu comida de graça, manteiga, assados e arroz fumegante; e as moças saíram andando pelas barracas de flores entrajadas com suas melhores roupas, armadas de setas de Amor disparadas pelos seus olhos e impacientes pela chegada da próxima noite, quando se iniciaria, de fato, a comemoração.

Quando a noite chegou, e as lamparinas colocadas nos ramos das árvores de cristal alumiaram as ruas e encruzilhadas de Ayodhya, Manthara, a corcunda, velha criada de Kaikeyi, subiu, claudicando, as escadas exteriores do palácio real, branco como outra Lua e alto como o Himalaia. A própria Manthara vinha de Kekaya; era a velha ama da família da rainha Kaikeyi, megera à cata de pecados, azeda, maldosa e cruel, inclinada e retorcida de coração.

Como velha e furtiva tartaruga, ela piscou e olhou com atenção, através dos jardins suspensos, para a cidade festiva. Entrou no palácio e viu uma jovem criada que passava usando um bracelete novo. Manthara agarrou-a, socou-a e gritou:

"Onde roubaste esses diamantes?".

A rapariga encostou-se na parede.

"Kaikeyi nos deu de presente, querida Manthara."

"Como? Quê? Nunca!"

"Oh, feliz Manthara, amanhã Rama será nosso rei!"

O rosto de Manthara encarquilhou-se e desmoronou como uma montanha de pobres pedras sem valor derrubada por um terremoto.

Ela correu para Kaikeyi e berrou:

"Levanta-te! Levanta-te! Aí vem a preamar da desgraça!"

Kaikeyi estava deitada de costas, comendo mangas. Seus olhos tinham cantos externos escuros que quase lhe chegavam às orelhas. Riu-se como uma menina e atirou um saco de rubis em Manthara.

"Não estragues a nossa noite com tristezas."

Manthara pegou os rubis e jogou-os no chão.

"Oh, rainha", lamuriou-se ela, "quanto mais brilhante é a luz, tanto mais negra é a sombra! Aí vem a destruição para sempre! Perigo, mal, perda e sofrimento... Rama será rei!"

"Eu sei." Kaikeyi atirou-lhe um punhado maior de gemas. "Toma-as como recompensa por me trazeres boas novas, e, se não puderes ficar feliz, fica quieta."

Manthara carranqueou, e sua testa pareceu um rochedo de pedras dobradas.

"Dize a teu filho Bharata que nunca mais volte. Pensa nele agora como num órfão que terá de viver escondido."

Kaikeyi apoiou-se no cotovelo.

"Ainda estás zangada. Depois de vinte anos não podes perdoar ao meigo Rama o haver, um dia, disparado uma seta de brinquedo na tua giba."

"Não sabes que os teus dias preguiçosos se acabaram?", tornou Manthara. "A mãe de Rama será aqui todo-poderosa. Que achas dos seus verdadeiros sentimentos a teu respeito?"

"Que posso fazer, ainda que o quisesse?"

"Tudo o que sei é que gosto muito dela", respondeu Kaikeyi. "Mas que queres dizer, afinal?"

"Kausalya logo te terá como escrava. Tudo se voltará contra ti. E com a tua queda cairei também, porque te sou muito leal."

"Rama me é tão caro quanto meu próprio filho Bharata", disse Kaikeyi. "Desde que Rama era criança tentaste atribuir a ele teus próprios vícios, os quais, para falar a verdade, são suficientemente grandes para mais de duas pessoas."

"Toma a medida dos teus inimigos e destrói-os enquanto podes", continuou Manthara. "Podes ser a Senhora do Mundo. Ou uma escrava. Escolhe o que te parecer melhor."

"Que posso fazer, ainda que o quisesse?"

"Faze Dasaratha sagrar Bharata rei. Usa os teus dois desejos. Ou já não te lembras de que, certa vez, quando moço, Dasaratha entrou, como aliado dos deuses, na guerra deles contra os asuras da seca?"

"Isso foi quando dirigi o seu carro celeste e salvei-lhe a vida", disse Kaikeyi.

"Foste tu quem me contou tudo o que sei a esse respeito", continuou Manthara, "e pela amizade que te consagro não me esqueci de nada. Ele te prometeu dois desejos e tu lhe respondeste: 'Minha alegria é suficientemente grande por ainda estardes vivo. Que mais quero além do vosso amor, meu Senhor? Conservai os dois desejos até que eu os venha reclamar'."

Kaikeyi olhou para uma velha e branca cicatriz que lhe atravessava a palma da mão direita, o sinal de um corte fundo, que por pouco não lhe atingira o próprio pulso.

"Ele estava muito ferido, Manthara, a roda quase se soltou do carro a caminho do céu, e ele sangrava muitíssimo... Eu estava toda coberta do sangue dele..."

Kaikeyi suspirou. Com os olhos perdidos na distância, revia o passado. E assentiu, volvido algum tempo:

"Está bem, eu lhe pedirei que dê Ayodhya a Bharata."

"Precisas mandar Rama para a floresta com o segundo desejo", disse Manthara. "Manda-o embora por catorze anos, porque depois desse tempo ele já não será o favorito do povo; do contrário, matará Bharata para reaver o trono."

"Meu filho, oh!, meu Bharata!"

Kaikeyi prorrompeu em lágrimas ao imaginar o cadáver de Bharata, sua pele descorada pelo veneno, em seu rosto um sorriso gelado e morto; o filho traiçoeiramente morto.

Oh!, rei Rama, nosso mestre Valmiki, olhando para o mundo passado, que tinha na mão, olhando para a água, viu o Tempo lançar sua sombra sobre o coração de Kaikeyi, visão difícil de suportar. Os pés dançarinos de Ayodhya pararam de estalo.

Kaikeyi, a mais jovem rainha de Ayodhya! Sua respiração acelerou-se e as palmas das mãos transpiravam; a alma estava toda escura; o coração, disparado, batia com força e a Cólera apertou a máscara sobre o seu belo rosto. Ela se apressou a tomar o incerto pelo certo, e enveredou pelo caminho errado, como a corça que corre para a armadilha onde o companheiro está amarrado.

"Eu não havia compreendido, Manthara, a conspiração contra mim. És torta mas bela, curvada como a flor que se inclina ao vento. Adereça-te, que tua beleza desafiará a beleza da Lua."

Kaikeyi correu para o quarto da ira do palácio, bateu a porta e trancou-a. Rebentou as fieiras de pérolas. Ficou deitada no escuro, estorcegando os braços sobre o chão de pedra, rasgando as vestes e gritando:

"*Quero morrer!*"

Era pouco antes do abrir da manhã. Criados despertaram Dasaratha. O rei cruzou, à pressa, os salões, entrou nos aposentos das mulheres e chegou à porta do quarto da ira, que só tinha uma porta de ferro reforçada de bronze, nenhuma janela, pouco ar e cuja única luz era a que alguém trouxesse de fora. E dentro do quarto jazia Kaikeyi entre suas pérolas, flores e joias rebentadas, alimentando o seu mal, ofegando e chorando, com os olhos inchados, torcendo para baixo os cantos da boca, qual apsarasa caída do céu por amor e entregue ao desespero pelo amante, na vertente do Himalaia.

Dasaratha era velho, mas despedaçou a porta com um murro. Olhou à sua volta procurando o inimigo, com o rosto flamante de cólera, o hálito quente como o de uma naga. Pegando uma lanterna, entrou no quarto, viu Kaikeyi deitada, como uma ilusão esparramada para captar outra, com o rosto retorcido pela dor; as joias partidas no chão luciavam como estrelas no céu.

"Quem te feriu? Quem chorará?", perguntou Dasaratha. "Levanta-te, sou o rei dos reis deste mundo, toda a terra coberta pela luz do Sol é minha."

"Não, isso está além de vós", soluçou Kaikeyi.

"Posso fazer qualquer coisa. Tenho médicos bem pagos para esperar por tempos como estes; deixa que te vejam. Digo-te que sou o rei! Posso agradar ou desagradar a quem quer que seja. Posso desgraçar meus amigos, recompensar os indignos, punir os inocentes ou promover loucos a uma elevada condição. Posso tornar rico um homem pobre ou levar à pobreza um homem rico. Posso pegar o tesouro, distribuí-lo aos indigentes e pagar sacerdotes para rezarem por mim!"

"Mas este é um preço demasiado alto para pedir-vos, Majestade", tornou Kaikeyi. "Errei ao fazê-lo, perdoai-me e não penseis mais nisso. Acho que estou envergonhada por ter vindo aqui."

Dasaratha ficou muito orgulhoso.

"Minha senhora, o que é? O que queres?"

"Quero os meus dois desejos."

"Toma-os, queiram eles o que quiserem."

"Fazei Bharata rei, e não Rama. Mandai Rama para a floresta por catorze anos."

"Muda de ideia, Kaikeyi."

"Fazei as duas coisas por mim agora. Concedei-me os meus dois desejos."

"Dou-te o que pedes", disse Dasaratha. E olhou para Kaikeyi como se ela fosse uma estranha para ele. "Honrarei os teus desejos. Por que estás inquieta como se tivesses feito alguma coisa errada ao reclamar o que é teu? Tu me pediste para cumprir as promessas de um rei solar, não serás enganada por mim, pois as promessas precisam ser verdadeiras. Entretanto, tu me deixaste, e a toda a Terra, de mau humor. Sou um veado enfrentando uma tigresa, uma cobra encerrada no interior de um círculo encantado."

"Queres dizer que o farás?", perguntou Kaikeyi.

"Meu único pensamento", disse o rei, "é apenas ver Rama mais uma vez antes que ele se vá, porque a sua partida me matará. Kaikeyi, se, de uma forma ou de outra, casasses com a própria Morte, logo acabarias ficando viúva, pois creio que matarias qualquer um!"

Chegou, então, o auriga Sumantra e acercou-se do quarto da ira.

"Majestade, a Noite fugiu ao aproximar-se da luz, e a Terra, que desperta cheia de vida, espera por ti!"

Dasaratha virou-se, enfurecido, para Sumantra.

"Auriga, este cão do inferno, esta cadela está me traindo!"

Sumantra recuou, temeroso de perder a vida.

"Sumantra, de felicidade só dormi ligeiramente, até ser chamado para cá. Mas esta Kaikeyi muda o seu amor tão amiúde quanto o raio muda o seu trajeto, ela decepa afeições como uma faca afiada e, no fazer o mal, é mais veloz que uma flecha. *Eu a amaldiçoo!* Deixa danar-se esta rainha lasciva; ela que passe o resto da vida com terror do outro mundo!"

"O quê?"

A princípio, Dasaratha não pôde falar mais, sufocado que estava pela névoa de dor na garganta, pelas fumaças da ira. Depois disse:

"Traze Rama aqui imediatamente".

Rama veio com Lakshmana, quedou-se à porta da ira e saudou:

"Vitória a ti, Pai!"

"Oh, Rama!", disse Dasaratha, com a voz fraca. Rama ficou esperando, mas o rei não disse mais nada.

Quem falou foi Kaikeyi.

"Meigo Rama, deixa que Bharata seja nosso rei e, em vez de ascender ao trono de Ayodhya, procura levar uma existência de eremita nas vastas florestas, durante catorze anos."

"Bharata ou eu", respondeu Rama, "somos quase a mesma coisa. Mas sem uma ordem do rei não posso dar um só passo para ir ou para voltar."

"Mas estas são minhas duas promessas!", disse Kaikeyi.

"O assunto se refere aos dois", disse Rama. "Não tinhas necessidade de usá-las, eu teria partido a um simples desejo teu. Mas por que Dasaratha respira tão devagar, e permanece em silêncio, chorando, com os olhos pregados no chão?"

"Rama, procedi direito?", perguntou Kaikeyi.

"Se dizes que sim, procedeste; acreditarei em ti. Mas, Mãe, não posso deixar o rei nessa tristeza."

"Ele não tardará em recobrar-se. Apressa-te e vai."

Rama inclinou-se diante do pai.

"Senhor, sou Rama."

"Filho", murmurou Dasaratha, "estou louco; portanto, manda-me prender e faze-te rei."

"Eu nunca vos faria perder a fé e a honestidade", volveu Rama. "Sairei hoje de Ayodhya e ausentar-me-ei por catorze anos. Voltarei para dizer adeus antes de partir."

Rama ergueu-se e disse a Kaikeyi:

"Dasaratha nunca volta atrás, nunca deixa de executar o que prometeu fazer. Mãe, sou como meu pai, confia em mim, não tenhas medo."

Rama afastou-se. Parecia o mesmo de sempre, mas Lakshmana, assombrado, seguiu-o como num atordoamento. Atravessaram o palácio, e Rama cumprimentou os amigos como sempre, não olhou para o trono como se o cobiçasse, nem desviou dele os olhos. A Lua clara é formosa, e, deslizando para trás de uma nuvem, ou minguando, a sua visão continua sendo bela.

Rama dirigiu-se aos aposentos da mãe. Kausalya estava banhada em lágrimas, e, ao vê-lo, disse:

"Se nunca tivesses nascido, eu teria tido apenas a tristeza da esterilidade. Faze o que quiseres, não precisas obedecer a ele. Fica comigo, esconde-te aqui no meu quarto durante catorze anos."

"Até o rei espera que Rama se recuse!", interveio Lakshmana. "Mas uma injustiça feita a Rama parece não despertar nele cólera alguma: é como a semente atirada numa pedra."

Kausalya sentou-se num divã de ouro e disse:

"Senta-te ao meu lado, Rama."

Rama apenas tocou a estrutura de ouro e continuou de pé.

"Preciso de um assento de relva, pois sou agora um eremita da floresta, não quero saber de molícias."

"Pequei muito na outra vida", disse Kausalya. "Com toda a certeza roubei crianças de suas mães. Meu filho, meu coração é de ferro, pois não se parte; não há lugar para mim na Terra da Morte, pois Yama não quer tirar-me da vida, embora eu deseje sair."

Lakshmana circunvagou os olhos pelo quarto e disse:

"Rainha, o rei é um velho peixe viscoso que devora a própria prole. Por que permitir a ele que nos ponha a todos sob o poder de outrem? Esperai, irei de pronto matar meu pai, não suportarei uma coisa dessas". Lakshmana agitou os braços dourados.

Rama olhou para ele.

"Oh, Lakshmana!"

"Irmão", continuou Lakshmana, "deixa tudo comigo. Prossegue com o teu negócio, depois que eu desencadear minha força, nem toda a população dos três mundos vingará deter-te." Fez menção de encaminhar-se para a porta. "Minhas mãos querem matar, como foi que ele governou por tanto tempo?"

Rama segurou-o e fê-lo virar-se de novo.

"Não te movas, ou ainda poderás ver sementes brotarem das pedras, Lakshmana!"

"Sou também teu pai", acudiu Kausalya. "Rama, ordeno-te que fiques. Se não ficares, morrerei, pois me és muito querido, e o rei me faz guerra também. Faze o que quiseres, Rama!"

"Irei, Mãe."

"Pois vai", disse ela, "e Kosala se arruinará, eu morrerei, a vida e a fama de teu pai se dissiparão, e de todos nós somente Kaikeyi e Bharata serão felizes. Irás para o Inferno por haveres matado tua mãe!"

"Viste, acaso, o rosto da Morte", volveu Rama, "viste, acaso, o Inferno para falares deles tão levianamente e para usá-los em tuas recriminações? Kaikeyi sempre foi despreocupada; esse ato em nada se parece com ela, e, com efeito, não é próprio dela entristecer o rei. Espero com paciência que abrais vossos olhos e vejais. Nenhum homem é sempre o mesmo. As preocupações e cuidados nos salteiam a todos. Reis governam mal um dia e trazem justiça a todos no dia seguinte. Cantores caem no poço da miséria impotente sem nenhuma causa e, depois, entoam seus cânticos mais felizes. Homens podem encolerizar-se contra tudo no mundo e, mercê da sua cólera, praticar grande bondade e modelar maravilhas de beleza. Pessoas que cuidam não se preocupar com nada já salvaram mais vidas do que imaginam e, não obstante, julgam-se sós e desamadas."

"Preciso ir contigo", disse Lakshmana.

"Lakshmana", disse Rama, "jura-me, com um juramento do cruel Dharma Xátria, que irás comigo e me protegerás."

"Juro."

"Rainha Kausalya, jura-me com um juramento do Dharma do Amor que ficarás ao lado de teu marido, como a esposa de um guerreiro, entre os vossos inimigos."

"Juro", disse a rainha. "Abençoo-vos por vossa jornada, aos dois, e a quem for convosco e a quem vos ajudar e acolher de bom grado."

"Espera pelo meu regresso", disse Rama. "Espera por mim, que tudo dará certo."

Rama foi procurar Sita sozinho e disse-lhe:
"O tempo passará depressa, logo me verás voltar".

"É muito estranho, meu Senhor", respondeu suavemente Sita, "que somente vós entre todos os homens do mundo não tenhais ouvido que uma esposa e seu marido são um só."

"Não há felicidade na floresta", prosseguiu Rama. "Há perigo. Leões rugem e mantêm impiedosa vigilância desde as bocas de suas cavernas nas montanhas, cachoeiras caem ruidosamente ferindo os ouvidos e, desse modo, as matas estão cheias de sofrimento."

"A vossa fortuna, sem dúvida, é a minha também", retrucou Sita.

"Elefantes enraivecidos, em sua fúria, espezinham os homens e matam-nos."

"Nas cidades, os reis executam seus amigos fiéis a qualquer hora do dia ou da noite."

"Há pouca coisa para comer, a não ser frutas que o vento derruba das árvores e raízes brancas."

"Comerei depois que tiveres comido vossa parte."

"Não há água, os dosséis de verdura escondem o Sol e, à noite, só há camas duras de folhas."

"Apanharei flores."

"Serpentes rastejantes atravessam os caminhos e nadam tortuosamente nos rios, enquanto aguardam a presa."

"O caminhante verá bandos de pássaros coloridos voarem e desaparecerem nas árvores umbrosas."

"Há sempre fome, escuridão e muito medo", tornou Rama. "Escorpiões picam e envenenam o sangue; há febre no ar, os incêndios lavram descontrolados; não há amigos queridos nas vizinhanças, de modo que o mato está cheio de sofrimento."

"Ayodhya é que seria o ermo para mim sem vós", disse Sita. "Vosso arco não é decoração, vossa faca não foi feita para cortar madeira, vossas setas não são brinquedos, mas poupai-me os vossos argumentos. Ficaremos juntos. A água será néctar, os cardos, seda, as peles sem curtir, cobertores multicoloridos. Não serei um fardo, Rama, pois confio em vós. Não posso ser atirada fora como a água que sobrou na taça. Querido Rama, sou a humilde poeira a vossos pés, perfeitamente feliz. Como me evitareis?"

"Então vem", assentiu Rama, sorrindo. "Tu me amas e eu te amo, que mais existe? Desfaze-te sem demora de todas as propriedades que não levaremos conosco e prepara-te para partir."

Sumantra, o Auriga, topou com o sacerdote Vasishtha na rua silenciosa e disse:

"Brâmane, o mundo já não tem sustentação, foi para o Inferno. O velho Dharma Xátria desapareceu para sempre. A tristeza matará o rei, acorrentado pela concupiscência a uma vil prostituta que se faz passar por nossa rainha".

"Pois a mim, na verdade, o mundo parece exatamente igual ao de sempre."

"Ouve Ayodhya, envolta no silêncio da censura!"

"Deixa ir a cólera, abandona a violência", disse Vasishtha. "Não sabes nada? Rama é o Sol do Sol, a fama da fama. Ele vai com Sita, vai com Lakshmi, vai com a vitória."

"Ah, não", volveu Sumantra. "Oradores espertos fingem piedade para enganar e falam aos outros do Dharma em tons ricos, mas houve um tempo..."

"Aproveitadores espertos também simulam guerras estrangeiras para ludibriar os simples, e nem todos os mentirosos pagos são sacerdotes", contestou Vasishtha. "Traidores dão um espetáculo de hombridade e, segurando facas nas costas, advogam a paz. Mas o meu ofício é acalmar, evitar, suavizar, olhar antes de andar e pensar antes de falar. Os homens precisam ter leis, às vezes difíceis de cumprir, porém mais difíceis de achar depois de perdidas. Dasaratha morrerá, portanto deixa-o morrer em paz, pois a tua vida também acabará um dia. Renuncia aos desejos de guerra. Lança fora o medo das coisas temíveis. Não se pode evitar uma hora de separação. Deixa o rei morrer sozinho, num quarto, como o elefante malferido por um leão vai morrer em paz."

"Os deuses são cegos, brâmane. Como viverá Rama, que nunca conheceu o infortúnio, com roupas feitas de cascas de árvores e como comerá comida ruim?"

"Sita o tratará com carinho. Ele comerá bem e viverá bem. Deixa de julgar os homens pelas exterioridades. Guarda os suprimentos do coração para Bharata, como os recolheste para Rama. Só o Tempo ocasiona mudança. Kaikeyi amava Rama. Nunca se preocupou com o governo, mas apenas com Dasaratha. Com ela, ele se relaxava; ela nunca o forçava a fazer coisa alguma, mas dava-lhe amor e deixava-o esquecer-se de que era diferente de qualquer outro homem. O Tempo fá-la instar implacavelmente o exílio de Rama com palavras ásperas. Ela era condescendente. E por que, até agora, nunca fez uso desses desejos? O que está além do entendimento... é o Destino."

"O Destino?", repetiu Sumantra. "Eis aí uma coisa muito frágil, em que tudo está perdido porque uma boa hora passa e as estrelas, que pouco se incomodam conosco, não estão nos lugares certos. Quem é o Tempo para virar-nos as costas, a *nós*? Não somos *homens*? Mas agora a Terra não demorará a ficar viúva, pois o rei morrerá."

"O Tempo está escondido de ti, auriga. Só podes ver-lhe o trabalho, não a ele."

"Não acredito nisso, brâmane. Quando topo com alguma coisa que bloqueia a estrada, quebro-a!"

"O Destino é impensável, como podes lastimá-lo?", perguntou Vasishtha.

Os kosalas vieram avançando outra vez pelas ruas, apinhando-as no caminho para o palácio de Rama: "Joga fora tuas invenções e teus arados, vai ver Sita, que está distribuindo riquezas. Acaba com o teu trabalho penoso para alimentar teus filhinhos!"

Vasishtha e Sumantra seguiram a multidão, mas, quando chegaram, todas as roupas, joias, cavalos, elefantes e carros já tinham sido dados. Sita dera o próprio palácio aos criados, para que vivessem nele, recebendo salário integral, até a sua volta.

Rama estava lá, e Vasishtha perguntou-lhe:

"E o que eu ganho? Sou vagabundo, mas gosto das coisas boas; essa é a marca do meu alto nascimento".

Rama apontou para extenso pasto cheio de vacas que nasciam, e que se estendia desde a parte lateral da casa até o rio.

"Sita esvaziou todos os cômodos", disse ele. E deu a Vasishtha um bastão curto e grosso, dizendo: "Essas vacas são tudo o que tenho, e elas serão tuas até onde puderes atirar este bastão".

Vasishtha pegou o pedaço de pau, foi até o pátio, apertou prestamente a túnica em torno da cintura e arrojou-o. O bordão voou por cima de todas as vacas e foi cair na outra margem do Sarayu.

Em seguida, sorrindo, Vasishtha ergueu a palma das mãos para o alto e deixou que os braços lhe caíssem, em círculos, dos lados do corpo. Todos emudeceram. Rama, Sita e Lakshmana se aproximaram. Vasishtha ajoelhou-se à luz do sol, enquanto os outros se ajoelhavam ao seu redor.

"*A vida é curta*", disse. E prosseguiu: "Efetivamente é! Rama, agora ninguém mais entoa os teus louvores para despertar-te, nenhum carro abrirá caminho à tua frente, nenhum criado correrá adiante de ti para arrumar um lugar de repouso, mas também ninguém mais conspirará contra ti.

"Rama, Sita, Lakshmana. Para a vossa segurança dou aos deuses flores, fumaça e louvores. Coloco-vos, como viajantes, sob a guarda das sagradas montanhas e das árvores sagradas, grandes e pequenas, sob a guarda dos pássaros, do Sol e da Lua, do ar, do dia e da noite, dos lagos e das ilhas; e que todos vos emprestem a sua força. Atiro sementes aos lumes para os guardiães das direções do mundo e rogo-lhes que suspendam a respiração de quantos vos forem hostis. Jogo flores para o ar e faço minhas bênçãos caírem... *Sem medo, sem dor, e segui-me.*

"Separai-vos de nós envoltos e protegidos pelos céus e pelo firmamento, e servidos por criaturas móveis e imóveis, pelos planetas, pelas estrelas e pela Mãe Terra. Voltai quando as árvores florirem de novo pela décima quarta vez. Tanto quanto posso, arredo de vós todo e qualquer ferimento e dano provocados por animais chifrudos e todo e qualquer mal causado por animais carnívoros... Que cada oração pronunciada na floresta pelos homens santos coroe de boa sorte o vosso caminho.

"Rama, Sita, Lakshmana!" Vasishtha deixou cair grãos de arroz coloridos sobre a cabeça deles. *"A tristeza fuja de vós."*

Vasishtha colocou-se diante deles.

"Ide aonde quiserdes. Ver-vos-ei regressar. E nesse dia, quando Rama envergar as vestes régias, olharei para ele, e meu rosto brilhará de alegria!"

Em seguida, Rama endereçou-se ao palácio do rei para dizer adeus a seu pai, e Sumantra caminhou ao lado dele. Atravessaram as salas do palácio. Ali o choroso Festeiro-Mor despiu suas belas roupas. Fechou as portas da adega, aferrolhou-as e trancou-as; sentou-se, vestido com roupas da floresta, como um velho eremita. Lançou de si a chave e não viu mais alegria; estava sentado, não num palácio, mas numa antecâmara da morte; era um peregrino que viera morrer em algum lugar sagrado, num dos quartinhos feitos de pedra.

Sumantra suspirou e balançou a cabeça.

"Vede revelada a pobreza da meiguice, que não pode ajudar-vos, a vós que sempre a usais. Rama, sede clemente em tempo de paz, mas, se as pessoas investirem contra vós, só vencereis pela força. A razão tem de apelar, afinal, para a força, e a compaixão é fraca, treme."

Rama se deteve.

"Queres dizer que me querias muito por teu rei?"

"Sabeis que tenho razão!", disse Sumantra.

"Não, só sei que estás com raiva", disse Rama.

"Matarei Kaikeyi limpamente, à maneira de um guerreiro, pois ela assassinou o meu rei!"

"Pensei que fosses um verdadeiro lutador", disse Rama, "e não apenas um velho irascível, que mata mulheres e se gaba antecipadamente dos pecados futuros."

"Terá aquele burro e tagarela Vasishtha roubado a vossa masculinidade?", perguntou Sumantra. "Por que atentar no seu pretenso discurso sobre o Tempo e o Destino? Que homem de verdade se inclina docilmente diante do Destino?"

"Rama se inclina."

"Tendes, então, forma de homem e atos de mulher! Gastastes toda a vossa coragem. Príncipe, não deis atenção ao Destino, não acrediteis no bem e no mal!"

"A ferrugem come as coisas brilhantes", disse Rama, "o fogo queima nossos lares, a praga consome nossos cereais, e todas essas coisas são enviadas pelo Destino."

Sumantra encostou Rama na parede.

"Pequeno e verde Rama, como vos atreveis a adorar o Tempo enquanto vosso rei ainda está vivo? Irei procurar Dasaratha agora, vós esperareis, não me fareis mais nenhum discurso!"

Nisso, de repente, soltou Rama e caiu-lhe aos pés.

"Tomo-vos por meu rei, Rama."

"Precisas vê-lo? Levanta-te, meu auriga. Precisas queimá-lo com novos insultos, ainda que eu to proíba?"

"Não posso aceitar ordens erradas de ninguém", disse Sumantra. "Majestade, prestai atenção. Tendes pouca cólera agora, mas, se algum dia a tiverdes realmente, não a escondais no coração; deixai-a cair sobre os vossos inimigos para que o vosso coração não estoure! Não ferirei aquela meretriz. Prefiro a vossa companhia por um momento à riqueza de toda a criação. Mas em minha cabeça arde um relâmpago de dor, incendiado pelas rajadas de vento quente da vossa partida, alimentado pelas minhas lágrimas inflamáveis, aceso pela minha recordação e despedindo fumaça negra."

"Nunca compitas em força comigo", disse Rama.

"Não precisas atropelar teus amigos e injuriá-los. Vai em frente, eu te dou permissão."

Rama desviou o olhar, e Sumantra dirigiu-se ao quarto da ira, onde Dasaratha cruzava de um lado para outro, e onde Kaikeyi, enregelada, estava sentada num canto.

"O desejo morde duro, Dasaratha!", disse Sumantra. "Rompei vossos vergonhosos grilhões, não deixeis nunca que esta hora passe, nunca deixeis que Rama se vá. Não obedeçais a esta mulher, que não tem sequer um pouquinho de decência."

"Aquelas foram promessas minhas, Sumantra", redarguiu Dasaratha.

"Estais muito desviado do caminho certo; o que me magoa é que chamais a isto o Dharma que seguis. Eu vos conheci a vida toda... e *agora* preciso lamentá-lo, pois os meus caminhos são honestos e eu sou vosso."

"Estou quase no fim da vida", disse Dasaratha. "Não queres continuar como meu amigo apenas mais uns dias? Fora melhor que eu tivesse morrido ontem, pois preciso expulsar Lakshmi, a Deusa da Boa Sorte, de minha cidade. Não tires de mim a mais estreita amizade que já tive até agora, nem a melhor consideração em que fui tido alguma vez. Mereço de ti um fim de vida melhor do que este."

"Não os tirarei", disse Sumantra. "Isso nunca farei. Dai-me a vossa permissão para que eu leve Rama até a floresta, se ele tiver mesmo de ir. Fiquei com muita raiva de vós, mas já passou."

"Podes levá-lo", disse Dasaratha. "És Sumantra, o melhor auriga, o melhor cocheiro já nascido em todo este mundo, este mundo em que só há uma estrada direita, cujas direções e caminhos são difíceis de ver, difíceis de encontrar, difíceis de lembrar."

Sumantra saiu para aprontar o carro, e Rama entrou para ver o pai. Dasaratha não fazia outra coisa senão apertar as mãos uma na outra, suspirar e balançar a cabeça, consternado.

"Filho", disse Dasaratha, "Sumantra é realmente um homem de boa paz, sóbrio, que se sentia feliz por sentar-se comigo para recordar nossas guerras passadas e nossas antigas batalhas pelos deuses. Ele tem razão, estou degradado. Por causa de uma mofina promessa, quebrei uma lei maior num acesso de loucura. Desprezei o combate leal e optei pelo assassinato lento. Não sou, acaso, um covarde assassino, Rama?"

"Para mim, não", disse Rama, "para mim, nunca. Posso distinguir o inimigo na forma do amigo... És meu pai e não meu inimigo. Devo desobedecer-te e julgar tuas ordens porque o teu motivo pode ser o desejo? Como se fosse uma roda, tudo o que vemos de felicidade e tristeza gira em torno do Destino. Medo e bravura, liberdade e servidão, nascimento e morte, amor e raiva, tudo gira em volta do cubo da roda do Tempo. Os sábios podem desistir, num instante, de um longo e duro adestramento, coisas bem iniciadas podem ser atalhadas por acidentes em que ninguém pensava, tudo vindo do Tempo. O Pai é o Mestre. Tu me deste a vida. Portanto, acaba com o alarma de Kaikeyi e encontra paz. Afasta os maus sentimentos do mesmo modo que me banes, pois quero ver-te livre da dívida quando voltar. Devemos cumprir as promessas ou deixar de fazê-las."

"Creio que isso já não é verdade", disse Dasaratha.

"Se eu te desobedecer", continuou Rama, "nenhuma outra boa ação, nenhuma riqueza, nenhuma força restaurará meu bom nome. Cumpre a tua palavra e preserva os três mundos, mantém-nos seguros. A cada promessa rompida quebra-se um pouco do Dharma, e cada ruptura do Dharma torna mais próximo o dia em que os mundos também terão de ruir. Quando o Dharma se tiver partido de todo, os três mundos acabarão; serão destruídos mais uma vez. Se o homem faltar à sua palavra, por que haverão as estrelas, lá em cima, de cumprir suas promessas de não cair? Por que o Fogo não nos queimará a todos ou o Oceano não saltará sobre as praias e nos afogará?"

"Tudo isso é verdade", assentiu Dasaratha. "Oh, Rama, se duvidares de alguma coisa, toma cuidado, pois depois que tiveres falado estarás preso! Nunca ameaces fazer mal a um inimigo; mas golpeia-o com força!"

"Quero pedir-te uma coisa", disse Rama.

"Pede o que quiseres."

"Senhor da Terra, és apenas um ser nobre e bom. Procede direito, enquanto puderes. Muda a tua maldição sobre Kaikeyi."

"Deixa, então, que ela passe somente o tempo de um piscar de olhos no Inferno, pois não posso retirar completamente minhas palavras. Se pudesse, Rama, eu faria qualquer coisa por ti."

"Nunca mais a maldigas."

"Por ora, por todo o futuro, não lhe direi nada de mau."

"Ama Bharata."

"Eu o amo."

"Deixa Sita ir comigo."

"Depois de te ter sido dada por esposa, ela é tua mesmo após a morte. A sombra dos teus pés é melhor para ela do que o teto de um palácio sem ti ou uma casa no céu. És o Senhor para ela, não pecarei ainda mais impedindo-a de ir."

"Deixa que Lakshmana nos proteja."

"Eu deixo."

"Adeus, meu pai."

"Mas não vás hoje; fica comigo esta noite e parte amanhã."

"Eu disse que iria hoje. Segurarei teus pés daqui a catorze anos. Adeus, pai."

"Adeus, Rama."

Lakshmana entrou.

"Grande rei, marajá, governa por mil anos, e adeus."

"Adeus, Lakshmana."

Sita entrou.

"Minha casa agora é a floresta. Adeus, meu pai."

"Adeus, Sita. *Tudo está perdido! Tudo está perdido!*"

Rama, Lakshmana e Sita encontraram Vasishtha numa pequena porta dos fundos do palácio. Rama e Lakshmana vestiram, primeiro, a armadura impenetrável, toda de ouro, e Lakshmana pôs sobre ela um cinto preto, de pele, com uma faca de punho de ouro. A seguir, sobre isso, os dois colocaram as duas peças de um tecido macio e tingido de casca de árvore, usado pelos ascetas, amarradas com cintos de relva, e calçaram sandálias da floresta. E Vasishtha recomendou:

"Rama, nunca te esqueças das armas que aprendeste com Viswamitra".

Sita, que estava segurando algumas roupas de casca de árvore, baixou os olhos e perguntou a Vasishtha:

"Brâmane, como é que os eremitas se vestem com estas coisas?"

"Com um nó à cintura", respondeu Vasishtha, "mas joga ao chão essas roupas. Usa tuas sedas e teus ornamentos, pois Kaikeyi não tinha os olhos postos em ti, e os desejos não dizem nada a esse respeito."

Nisso, Sumantra apareceu com o carro real, um carro de guerra tirado por quatro cavalos, que se movia espalhafatosamente. E disse:

"Príncipe Rama, sinto-me melhor agora. Eu vos levarei para fora da cidade, mas as ruas estão quase intransitáveis. Os ornamentos se entrechocam com ruído quando as mulheres batem nos seios e os homens gritam: 'Quem já exilou o próprio filho?' Rama, eles consideram vazia a vida de quem não te vir partir, de quem não tiver recebido um olhar teu ao partires. Consideram agora o banimento a recompensa da virtude para todos os homens; não darão valor algum aos confortos do mundo e às mais altas alegrias do céu se não puderem ver-te. Os kosalas não podem deixar de pensar em ti, precipitar-se-ão atrás de ti como viajantes sedentos que avistam água no deserto. Todos os guias da floresta preparam-se para seguir à tua frente; todos os teus companheiros de lutas, todos os teus amigos, todos os mercadores e suas mulheres, todas as crianças pequenas e os temíveis guerreiros de Ayodhya... agora todos nós te seguiremos!"

"Mas por quê?", perguntou Rama. "De que me serve um séquito? Estou deixando Ayodhya, como poderei levar-lhe o povo? Quem se mantém preso à corda de um elefante depois que o animal está livre?"

Sumantra sorriu.

"Mas esta será, sem dúvida, uma grande partida, maior do que se esperava! Eles se dizem o teu povo. Abandonam os jardins e os campos, tiram tudo de suas casas, e agora estão desenterrando os seus tesouros, e com eles carregam as carroças, e saem pelas portas da cidade e enfileiram-se nas estradas."

"Agora, não", pediu Rama. "Não podes dizer-lhes? Auriga, pode ser que surja um dia em que todos poderão seguir-me... pede-lhes que aguardem."

"Mas vais embora!"

"Não, agora não, mais tarde eu talvez vá realmente embora."

"Eles dizem que precisa ser hoje. A partir deste dia, Ayodhya ficará vazia, os pátios empoeirados não serão varridos, o gado se dispersará, as bandeiras serão rasgadas, os poços secarão, os fogos morrerão. Coisas quebradas, abandonadas, juncarão as ruas, e essas amplas vias serão os caminhos por onde gatos selvagens e corujas errarão. Ratos formigarão e cobras ladinas deslizarão de um buraco para outro. Nunca mais se farão daqui oferendas para o céu; os templos da Bela Ayodhya estarão sem grinaldas, sem imagens, desamparados pelos deuses, e ominosos. Assim falam eles, Rama, assim falam eles."

"Que posso fazer? Dou-os todos a Bharata, que não lhes fará mal."

"Nenhum rei jamais deu os homens livres de Kosala a quem quer que fosse", disse Sumantra.

"Como pensam eles viver?"

"Todos os nossos suprimentos de comida foram carregados em carroças. Na floresta, os kosalas matarão veados e elefantes; tomarão mel silvestre, verão muitos rios e trarão os leões de volta para cá, para as ruínas de Ayodhya. Esquecerão esta cidade, tornarão a esquecê-la e, por fim, nunca mais falarão dela e nunca mais sonharão com ela. Os kosalas farão novos campos, cortarão a relva e plantarão os grãos. Deixarão para trás as moedas de ouro e as barras de prata do tesouro, Bharata que fique com elas; temos coisa melhor; temos todas as nossas esperanças... Não pode haver reino onde não sejas rei... Verás a floresta florescer em uma cidade, ou vaguearemos, nômades, contigo!"

Rama olhou para Vasishtha.

"Brâmane, ajuda-me! A Bela Ayodhya é a minha cidade, não deixes que eu venha a saber na floresta que ela morreu de vergonha. Precisas impedi-los, seja lá como for."

"Deixa que eles façam hoje o que quiserem, que amanhã estarão cansados", respondeu Vasishtha. "Os protestos do povo, Rama, não duram mais de sete dias. Se eu, algum dia, te disse alguma coisa errada à conta da familiaridade, ou se te ofendi à conta da ignorância, perdoa-me. Rama, eu te saúdo, eu te abençoo."

Vasishtha voltou-se para Sita e disse:

"Não abandonas teu marido no infortúnio, eu te saúdo, eu te abençoo!"

E ele disse a Lakshmana:

"Príncipe, a tua intenção de servir a Rama já é uma grande bênção para ti, uma grande boa sorte, o teu alto e amplo caminho para o céu. Tu o segues, eu te saúdo, eu te abençoo."

Isso feito, o brâmane Vasishtha abraçou Sumantra, o Auriga.

"Com que, então, ainda existe um bom coração no reino de Kosala! Vejo honra, vejo de novo o Dharma de orgulhosos guerreiros, o Dharma da bondade e da bravura, e que alegremente se desfaz do corpo no campo de batalha. Vejo lealdade, habilidade e coragem mais uma vez! Este é o Dharma Xátria de que me lembro. É bom de ver, velho, é bom de ver!"

Lakshmana colocou o fogo de Rama numa tigela, num canto do carro. Sumantra pôs arcos e flechas a bordo e, debaixo do assento do cocheiro, na frente, uma enxada e uma cesta para colher raízes, amarrada com pele de cabra. Vasishtha ajudou Sita a subir no carro; os dois príncipes subiram depois; Sumantra ocupou o seu lugar, e o exílio começou.

Sumantra segurava as rédeas. Os quatro cavalos ergueram a cabeça, o carro tremeu, dir-se-ia que vivia.

"Vai", disse Sumantra.

Os cavalos vermelhos dispararam. Saíram do pátio dos fundos do palácio, cruzaram os portões do alcáçar e correram como loucos pela rua, na direção da porta meridional de Ayodhya. Então, Dasaratha gritou de um balcão do palácio, atrás deles:

"*Parai! Ficai!*"

"Vai mais depressa", ordenou Rama. "Dirás mais tarde que não o ouviste."

Tarde demais se precipitou Dasaratha para fora do palácio. Tarde demais se arrependeu. Cobriu o rosto com as mãos; não podia suportar a visão do carro que fugia.

"*Detende-os!*"

Sumantra ordenou aos cavalos, em voz não alta:

"Continuai, correi, continuai."

Os guardas da porta ouviram o rei. Sumantra se aproximava deles depressa demais; não havia tempo de fechar a porta, mas eles, rapidamente, formaram fileiras para deter o carro.

Sumantra inclinou-se e pegou num chicote de guerra, um chicote para zurzir homens, não cavalos.

"Segura-te, Sita!"

Os seus cabelos brancos ondeavam para trás, ao vento da fuga. Mais uma vez Sumantra conduziu o carro com o seu guerreiro atrás dele, sozinho contra um exército hostil, pronto para lutar com qualquer um. Sumantra nunca fora fácil de deter. Os cavalos vermelhos não diminuíam a velocidade, não mudavam o trote. Lá estava a porta, cada vez mais próxima, os cascos e as rodas trovejaram, a entrada da porta retiniu com um barulho de dados.

Sumantra brandiu o chicote de um lado e de outro. Golpeou os kosalas na rua e, logo, com pancadas e vergastadas, retendo, irado, a respiração, derrubou quarenta fileiras de guardas e, em terrível confusão, transpôs a porta. O carro disparou, alongando-se da Bela Ayodhya pela estreita estrada, rumo ao sul, à noite.

Nuvens negras, tangidas pelo vento, varriam a abóbada do céu como vagas no oceano e cobriam o firmamento. Ao longo da estrada, as árvores altas gemiam fustigadas pelo vento e, nas árvores, os pássaros imóveis não voavam em busca de comida, mas cantavam, plangentes, pedindo ajuda contra o desastre.

Súbito, o rápido e furioso rio Tamasa atirou suas ondas escuras por cima da estrada, para atalhar Sumantra. À margem do rio, o auriga desatrelou os cavalos cansados e, depois que eles rolaram na poeira, lavou-os e fê-los beber. Alimentou-os com capim, enquanto Lakshmana fazia uma fogueira, a despeito do vento forte, enquanto as muitas pessoas que os seguiam desde Ayodhya se aproximavam à noite.

Senhor das árvores selvagens

Não é estranho para mim nem maravilhoso que Indra mande um aguaceiro, ou que o Sol, de mil raios, expulse a escuridão do céu, ou que a Lua banhe a clara Noite com seus raios, ou que um bom amigo como tu me traga deleite, ou que tudo o que é gracioso esteja encerrado dentro de ti.

Na noite tempestuosa, os homens velhos de Ayodhya chegaram primeiro aonde estava Rama e disseram:

"Nós comandamos o escuro rio Tamasa e ele nos obedeceu. Como ele, nós nos atiramos a teus pés. Amigo Rama, suplicamos-te que voltes. Encostamos na poeira nossas cabeças trêmulas, nossos cabelos alvos como a garça."

"Sois velhos em anos e honrados em sabedoria", replicou Rama, "e são grandes os méritos de vossas boas ações. Mas deveis tirar toda essa água do meu caminho. Eu confirmo a palavra do rei, e não podeis usar as correntes da Terra contra o próprio Senhor da Terra."

"Oh, Rama, dissemos aos cavalos ligeiros que não prosseguissem. Eles têm ouvidos e conhecem nossa prece." Os velhos estenderam a mão, tocaram Rama e olharam fixamente para ele à luz da fogueira, bebendo-o com a vista. "Com toda a justiça, deves ser carregado de volta a Ayodhya e não para longe dela."

"Que motivo de tristeza tendes aqui?", perguntou Rama. "Bharata será um rei forte e gentil. Vós me fareis um grande bem se voltardes e alegrardes meu pai."

"Oh, Rama", disseram os homens velhos, "olha para trás, vê os fogos que te acompanham, caminhando sobre os ombros de leais homens de Kosala, vê pelo seu fulgor os guarda-chuvas ainda abertos, sacudidos pelo vento, que te darão sombra quando voltar o dia."

Rama suspirou e não lhes falou mais. Dirigiu-se a Lakshmana e disse:

"Contigo ao meu lado, perto de mim, não duvido da proteção de Sita. Meu irmão, esta noite jejuarei e só beberei água. De agora em diante, não deixes que a tua mente se demore por muito tempo na lembrança da felicidade passada."

Lakshmana fez uma cama de galhos e folhas, e nela dormiram Rama e Sita naquela noite. Lakshmana e Sumantra sentaram-se à margem do Tamasa, entre as árvores que cresciam junto à água, falando baixinho a respeito de Rama até pouco antes de surgirem os primeiros albores da manhã.

Então Rama, adormecido, sentiu alterar-se o ar, sentiu a Noite partir e despertou. Viu os kosalas, que o haviam seguido, ainda adormecidos à sua volta. Despertou Sita em silêncio e disse a Sumantra:

"Preciso livrar esses homens da sua própria desgraça. Se conseguirmos escapar, eles terão de voltar para casa, onde se recobrarão. Não posso arrastá-los comigo ao exílio."

Sumantra foi até o carro e, sem fazer o mínimo som, puxou-o com a mão para longe dos homens adormecidos. Com um leve ruído, quase imperceptível, chamou os quatro cavalos e atrelou-os. Levou os três passageiros rio abaixo, pelo meio do rio, e, passado algum tempo, fê-los chegarem à outra margem para esperar perto de uma trilha da floresta, e encheu o carro de pedras. Em seguida, voltando pela água até o acampamento do Tamasa, tornou à praia bem perto do sítio em que entrara no rio e regressou a Ayodhya. E, finalmente, enquanto seguia, jogou fora as pedras, uma por uma, e o carro, aliviado da carga, foi deixando, aos poucos, de fazer sinais na terra dura.

"Correi", disse depois aos cavalos.

Não havia um único galho quebrado nos lugares por onde ele passara; aqueles cavalos vermelhos, anos antes, haviam puxado um carro voador pelo ar, de modo que não lhes era difícil não deixar marcas no chão. Não buliram em nenhuma folha caída e tampouco fizeram o menor ruído, e, rapidamente, Sumantra deu uma volta em sentido contrário pelo interior da floresta, volveu a cruzar o Tamasa e foi encontrar-se com Rama antes que algum kosala houvesse despertado.

Por um momento, Sumantra colocou o carro voltado para o norte, para invocar a boa fortuna e uma próspera jornada. Rama se quedou olhando para Ayodhya e, unindo as mãos, disse:

"Oh, tu, que és a melhor das cidades, ver-te-ei de novo, e que os deuses te guardem bem!"

"Entrai depressa", recomendou Sumantra.

Afastaram-se da Bela Ayodhya rumo às terras do sudoeste. A trilha da floresta pouco depois se lançava na estrada do sul. A região rural de Kosala estendia-se, perdendo-se na distância; até onde os olhos alcançavam, as árvores redondas se erguiam das planícies chatas. Durante todo o dia viajaram pelo reino de Kosala, parando apenas para fazer as preces do meio-dia. As aldeias e os campos foram escasseando, ao mesmo tempo em que aumentava, gradativamente, a distância entre eles. No fim da tarde já não havia povoações. Não viram mais gado branco, nem casas, nem lagoas – apenas a floresta que se fechava sobre eles. A estrada principiou a se estreitar. Logo se converteu em trilha e, pouco depois, sumiu.

Eles estavam atravessando as divisas meridionais de Kosala. Ao lusco-fusco, Sumantra deteve o carro ao pé do rio Ganga, que fluía desde o céu, através dos cabelos de Shiva: Rama apeou com os outros, e todos caminharam um pouco e viram-se debaixo de imensa e antiga nogueira, de galhos esparramados.

Aquela árvore assinalava o Reino da Floresta Distante e o domínio de Guha, o Rei Caçador. Rama e Sita, Lakshmana e Sumantra, todos se banharam no formoso Ganges, onde, banhando-se, um homem lava todos os pecados do coração, ao mesmo tempo que tira a sujeira da pele, e ambos saem limpos do rio.

Depois, enquanto ficavam com as roupas molhadas debaixo das árvores da Floresta Sagrada, ouviram assobios vindos do mato e olharam na sua direção. Não viram nada e, quando tornaram a olhar, avistaram Guha, que viera dar-lhes as boas-vindas.

Guha era um homenzinho baixo, magro, abaçanado, de meigos olhos castanhos, barba rala, de poucos fios, e um sorriso puro e branco. Pintado e tatuado com linhas vermelhas e azuis, tinha por único indumento uma saia curta, de pele de urso preto. Exibia um colar de dentes de tigre e um cinto de cascos de veado amarrados numa correia, tornozeleiras musicais de garras e peças de marfim e madeira preta atadas umas às outras, brincos de osso, braçadeiras de relva trançada e brilhantes feijões pintalgados e contas de pedra lapidados nas extremidades. Nos cabelos crespos havia penas vermelhas, amarelas, verdes, brancas e pretas. Do cinto lhe pendia um guizo mágico de anéis de osso e conchas, um chifre de mel, um laço de passarinho feito de trepadeira e uma caixa usada de bambu, que continha minúsculos dardos envenenados de madeira. Ele era amigo de Rama.

Guha correu para Rama, que o abraçou num amplexo tão forte que poderia ter esmagado um urso; o rei selvagem batia nas costas de Rama com golpes amistosamente atordoantes e ria como criança.

"Oh, Rama, Rama! Agora és um proscrito como eu!"

"Tu! Pareces mais esquisito do que nunca!", disse Rama, rindo.

Guha assobiou, e caçadores saíram de entre as árvores trazendo bandejas de madeira cheias de comida fumegante.

"Comei!", gritou Guha.

Ele atirou-se a Lakshmana e golpeou Sumantra. Sorriu para Sita e estendeu no chão um cobertor para ela, onde seus homens depuseram a comida e a bebida.

"Princesa", disse ele, "conheço bem vossa mãe e conheci Rama desde que ele era menino."

"Como me alegro por encontrar um amigo, afinal", exclamou Sita. "Nós te encontramos aqui!"

"Esse sorriso é toda a minha paga", disse Guha. "Majestade, prova da comida. Dizei-me o que posso dar-vos. Ouvi... os demônios me temem, os homens me temem, os amigos queridos não se atrevem a chegar perto de mim quando estou mal-humorado, e aqui, em minha própria terra, em minha própria floresta, derroto qualquer exército que já tenha sido criado."

"Oh, Guha", disse Sita, "temos tido momentos tão difíceis!"

"Comei! Comei! O hoje se acabou. Em Ayodhya, os homens ficam loucos furiosos com o excesso de leis e regras. Para mim, só quero a liberdade! Sou homem de ação, fiquei sabendo o que aconteceu. Não vos preocupeis com nada."

"Como encontraste Rama antes de hoje?"

"Uma caçada levou-me, de uma feita, a Ayodhya, e ali conheci Rama e Lakshmana, e, embora fossem meninos da cidade, interessei-me pela sua amizade. E enquanto cresciam e se faziam homens, tornei a encontrá-los muitas vezes entre as árvores, fora da cidade. Ensinei-lhes a ciência da floresta e a caça. Lakshmana aprendeu bem", Guha sorriu. "Mas nunca consegui ensinar Rama a caçar."

Vieram então os silenciosos homens escuros da mata verde e fizeram uma fogueira debaixo da grande nogueira. Sentaram-se todos em torno dela, comeram em pratos de folhas de bananeiras e beberam de chifres. Havia carne, peixe, pão de açúcar, pequenas e doces frutinhas selvagens, ovos e vinho forte de flores. Rama jejuara uma noite olhando à sua frente, para a felicidade; jejuara uma segunda noite olhando para trás, para um dia triste. Agora comia pensando em nada; respirava o ar puro, e a fogueira iluminava-lhe o rosto com uma luz de ouro.

Quando terminaram, Guha colocou um colar de conchas róseas sobre a cabeça de Sita.

"Eu te adoto por membro do meu povo", disse ele. "És da minha família, pois o teu coração é livre."

Sita inclinou a cabeça sobre o ombro de Rama. Um dos homens de Guha disse qualquer coisa na língua assobiada dos pássaros, e Rama carregou-a para a cama que tinham feito para ele. Sumantra, relaxado, deitou-se de costas e ficou olhando para todas as estrelas do céu por entre as árvores; depois adormeceu, e o povo de Guha cobriu-o com muitos cobertores finos.

Guha acendeu um gordo charuto feito de poeira de sândalo e pó de noz-moscada, envolvidos em folhas compridas coladas com manteiga de cabra. Encostou-se à árvore, soltou uma baforada e olhou para Lakshmana. Guha disse:

"Com arcos na mão velaremos o sono deles durante a noite escura ao pé do Ganga. Oh, filho, fizemos uma cama fofa para ti também, deita-te e descansa! Estou acostumado a ficar acordado durante todas as horas, mas tu mereces conforto."

"Lakshmana fechou os olhos e mastigou ruidosamente uma maça açucarada."

"Rei do Ermo, com Rama adormecido no chão e desgraçado, de que me valeria o conforto?", disse ele, e suspirou. "Lembro-me de quando te aproximavas de Ayodhya nos tempos felizes..."

"Desafio-te, então, a ver qual de nós bebe mais", propôs Guha.

Lakshmana tirou dos ombros o manto de casca de árvore.

"Aceito", disse.

Lakshmana escolheu dois chifres e procurou certificar-se de que em ambos cabia a mesma quantidade. Como parecessem iguais, encheu-os de vinho.

Guha enfileirou com cuidado cinco botijas cheias e pegou um chifre de Lakshmana. Seus homens deitaram mais lenha ao fogo e recolheram-se às sombras da noite como se tivessem ido para nenhures.

"Príncipe, não te preocupes com o futuro", disse Guha, "nem tentes levar a melhor à fortuna, pois já é muito difícil saber o que estamos fazendo neste momento. Vou contar-te uma história."

Ouve, Lakshmana...

Um fere-folha não pode dormir em paz se conhecer um homem livre que faz o que bem entende; não tolera alguém que goste de viver sozinho, à sua maneira. Nunca imaginaste o modo como fui a Ayodhya, na única vez em que estive no interior de uma cidade?

O sacerdote de teu pai, Vasishtha, decidiu regenerar-me, a mim e ao meu povo. Enviou alguns brâmanes além da fronteira, a minha floresta, e, ao pé do Ganga, eles ergueram uma imagem de pedra de Shiva, debaixo dos galhos desta mesmíssima nogueira, de vinte anos atrás.

Muitos homens são só fala e nenhuma ação, só palavras e nenhuma sabedoria, e aquilo que desconhecem creem que não existe. Esses piedosos brâmanes viviam em tendas de fantasia não longe daqui. De manhã e de noite traziam flores, ofereciam comida ao Shiva de pedra e entoavam-lhe louvores. Encontrei-me com eles, dei-lhes as boas-vindas e alguns presentinhos de pássaros de ouro e cobras de nove cabeças, de chumbo. Mas disse-lhes: "Só adoro a Deus, e Deus é uma árvore". E todas as noites, quando voltava da caça, eu ia dar um bom pontapé naquela estátua.

Depois vieram as chuvas. O chão da floresta era um oceano de lama, e o Ganga transbordou, forçando os brâmanes a fugirem para as terras al-

"... eu ia dar um bom pontapé naquela estátua."

tas. Eles, às vezes deixavam Shiva sozinho com a metade do corpo fora da água por vários dias. No entanto, todas as noites, até quando precisava andar em cima de troncos, quando estava exausto, quando estava faminto ou doente, todas as noites eu ia, todo feliz, até aquele bloco estúpido de pedra e pespegava-lhe um pontapé.

Pouco depois das chuvas, uma noite em que eu estava indo para casa muito tarde, cheguei aqui à hora de beber dos animais. Uma alcateia de lobos magros estava à minha espera. Os seus olhos brilhantes estavam famintos, as chuvas os haviam submetido a um regime de fome. Minhas setas haviam-se acabado. Eu não tinha fogo para assustá-los. Eles me mantiveram afastado da estátua, mas, conquanto me fosse possível correr mais do que eles e chegar a casa, trepei nesta velha árvore. Agarrei-me a um galho e pensei: "De um jeito ou de outro, antes que a noite se acabe, preciso dar um pontapé naquela rocha".

E fiquei instalado na árvore, acima de Shiva. Eu não me alimentara o dia todo, por isso tentei comer as castanhas verdes que havia na árvore, mas eram tão amargas que não pude sequer engolir uma dentada e as cuspi fora. Aquilo me aborreceu um pouco, e os lobos em torno da estátua rosnavam para mim com os dentes brancos e afiados, tentando em vão alcançar-me, mas esperei minha oportunidade para dar um pontapé em Shiva.

Eu não tinha comida, não havia lugar para dormir, a noite esfriou e o orvalho começou a cair. Os lobos não queriam ir embora, e eu tremia tanto à luz do luar que folhas, gotas de orvalho e castanhas amargas e verdes caíam todas sobre a estátua. Finalmente, ao despontar da aurora, os lobos correram quando surgiu o meu povo, que seguira o meu rastro, mas a noite passara. Eu não conseguira saudar Shiva como ele merecia, e fiquei tão furioso que expulsei os brâmanes e mandei-os de volta a Ayodhya, onde foram se esconder atrás das saias de Vasishtha.

Dasaratha encontrou-me ali. Eu disse-lhe:

"Adorarei somente as árvores sagradas!"

Ele pegou na minha mão e fez-me rei. Eu já governava toda a floresta, mas, até então, não passava de um homem comum!

Quando voltei aqui, Lakshmana, a imagem de Shiva se fora para outro lugar e eu me esqueci de tudo isso. Continuei caçando, comendo e bebendo até que, uma tarde, caí doente. Um pequeno pássaro verde sentou-se perto de mim, sem medo, e eu morri em minha choupana, depois de curto acesso de febre fatal.

Os mensageiros de Yama vieram buscar-me, quatro valentões que seguravam cachorros rosnantes em correntes. Desdenhosos, arrancaram-me a alma do corpo morto, sujeitaram-me com um laço e partiram comigo na direção do sul, para o mundo de Yama, tudo num abrir e fechar de olhos. Eu podia imaginar como seria a minha recepção. Como alma, não era maior do que um dedo polegar, mas, mesmo assim, lutava violentamente. Mas o laço da morte não se afrouxava nem mesmo em sonho.

Depois, quando chegamos a uma volta estreita do caminho da floresta, um anão mal-encarado surgiu diante de nós. Fitou os olhos redondos e castanhos nos valentões de Yama. Bufou e disse:

"Desatai o laço! Entregai-me a alma de Guha, ele ainda não deve morrer".

Os espíritos da morte desataram a rir.

"Ele *já* está morto! Sai da frente, que vamos deixar-te agora!"

"Tentai passar, e eu vos bloquearei. Sou Nandin, o pacífico guardião do ermo. Por ordem de Shiva, soltai-o."

"Esta é a morte *dele*, nanico!"

"Mentirosos", redarguiu Nandin. "Não passais de ladrões, ainda não chegou a sua hora de morrer."

"De que foi que nos chamaste?"

"Sede bondosos com os pequenos e os fracos", disse Nandin. "Peço-vos que o deixeis ir..."

Pois isso foi o suficiente. Os guardas de Yama soltaram os cachorros e avançaram sobre Nandin. Vi aquele animalzinho ríspido espalhar os cães e aplicar no primeiro guarda da morte um golpe estupendo, que lhe rachou a cabeça. Seguiu-se grande comoção, mas eu caí de bruços numa pilha de folhas secas e não pude ver mais nada.

"Assim aprendereis a atormentar um animalzinho indefeso!"

Ouvi o som de ossos que se quebravam, de cães que ganiam, de pés que corriam e de correntes despedaçadas. Em seguida, Nandin pegou, com toda a delicadeza, a ponta do meu laço e voou comigo para o alto Himalaia.

Dali chegou à Terra e voltou à sua forma verdadeira, a de um branco e nédio touro giboso, que me carregou, serenamente, pendente de sua boca macia e molhada. Entramos numa cabana insignificante. O hálito de Nandin recendia a relva doce ao sol. Nandin estacou e vi Shiva sentado, alto e belo, com os dois olhos de mel pregados em minha alma, o terceiro olho fechado na testa, os cabelos despenteados em desordem. Trajava farrapos e uma pele velha e surrada de veado. Com Parvati, a Filha da Montanha, no colo, não tirava os olhos de mim.

Nisso, Nandin, o Touro, e Shiva desviaram a vista para a porta, por onde um homem verde, pachorrento, envolto numa túnica vermelha, entrou e se pôs a girar a cabeça de um lado para outro e a fitar-nos com olhos escuros e imóveis.

Yama juntou as mãos, tocando os dedos uns nos outros, e disse ao grande Senhor Shiva:

"No poento livro de registro do meu escriba esse Guha é um matador carregado de crimes. Ele pecou; sua vida foi abreviada; o seu tempo se acabou; os seus dias estão contados. Por que tiraste esta alma de mim e nos deixaste com um lugar vazio no Inferno?"

O vento principiou a soprar por entre os longos cabelos negros de Yama. Shiva disse:

"Senhor da Morte, Guha foi a única pessoa fiel que me cumprimentou quando vim a sua floresta. Certa vez, antes de morrer, jejuou e velou por minha causa, numa árvore, a noite inteira, e ofereceu-me a comida de que precisava para si mesmo, e deixou cair água sobre mim, e deu-me ornamentos de folhas. E ficou com tanta raiva dos homens que fingiam amar-me que lhes ameaçou a vida e expulsou-os de lá. Portanto, Yama, eu te passei a perna, a alma dele é minha, e não podes levá-la".

"Yama sorriu e deixou-nos sem dizer uma palavra", continuou Guha. "Nandin levou minha alma de volta ao corpo e eu tornei à vida. Assim sendo, se nem o Tribunal da Morte pode distinguir o certo do errado, é, com efeito, muito difícil para nós julgar as coisas."

Lakshmana respondeu:

"Mas nosso pai, sem dúvida, errou."

"Quem te disse isso? Este banimento matará teu pai; acontece, simplesmente, que soou a hora da sua morte."

"A culpa foi daquelas promessas."

"Não", disse Guha, "os tais desejos foram apenas o instrumento cego do Destino. O rei Dasaratha não era um homem tão louco assim. Certa vez, em minha presença, Kaikeyi formulou-lhe um daqueles desejos."

"E o que foi que ele disse? O que foi que ele fez?"

"Isso aconteceu há muitos anos, antes de teres nascido", respondeu Guha. "O rei de Ayodhya chegou numa excursão de caça, acompanhado de Kaikeyi, e parou para ver-me e pedir-me autorização para usar minha floresta."

Ouve, príncipe...

Dei-lhe a liberdade das minhas matas e, naquela noite, eu estava sentado com Dasaratha em seu acampamento, perto de minha casa, em companhia de Sumantra, o Auriga, e da rainha Kaikeyi. Na floresta barulhenta os animais diurnos conversavam antes de dormir, os predadores da noite acordavam e punham-se a falar, e uma lua cheia refulgia sobre nós. Estávamos cercados de guinchos, cantos e gritos de advertência.

Teu pai conhecia a linguagem dos animais. Às tantas, um veado macho bramou alto, outro respondeu, o primeiro tornou a chamar, e teu pai teve um acesso de riso. Kaikeyi ficou muito curiosa e indagou dele:

"Majestade, de que estais rindo?"

"Traduzido não teria graça", replicou Dasaratha, que ainda se ria.

"Podeis dizer-me, a *mim*", rogou Kaikeyi. "Se me amais, que segredos poderá haver entre nós?"

"Terá de haver este, pois não compreendes a língua dos animais."

"Ensinai-ma", pediu ela.

"O rei não pode fazê-lo", replicou Sumantra. "Se revelar meia palavra que seja, morrerá. Este é o acordo, o preço imposto por seu amigo Jatayu, o Rei Abutre, que governa a floresta Dandaka, para ensinar-lhe essa linguagem."

Kaikeyi ficou quieta e não disse mais nada naquele momento. Mais tarde, tornou a pedir que lhe transmitisse a ciência secreta, e isso lhe foi novamente recusado. E volvido mais algum tempo, de passagem, ela fez menção dos seus dois desejos, mas não insistiu no assunto, e eu teria dito que tudo fora esquecido quando o rei e a rainha se recolheram para dormir.

Ninguém sabe o que ela disse a ele, na cama, naquela noite, mas de manhã Dasaratha saiu da sua tenda com um aspecto deplorável e passou por mim em triste aflição, dizendo consigo mesmo: "Está tudo perdido, está tudo perdido..."

Disse isso muitas e muitas vezes. Mandou que se erguesse a sua própria pira funerária. Tencionava revelar a Kaikeyi, naquele dia, a linguagem dos animais, enquanto estivesse sentado na pira. Segundo os termos do seu contrato como discípulo de Jatayu, seu coração explodiria logo depois, e nós deveríamos queimar-lhe o corpo.

Eu não sabia o que fazer. Ainda não morrera, e, por isso mesmo, tinha escassa sabedoria. Recusei-me a ajudar a levantar a pira, mas Sumantra o fez, de qualquer maneira. Kaikeyi, ansiosa, apressou-se a tomar o seu lugar ao pé da pilha de madeira, e vi Dasaratha sair da tenda com alvas roupas funéreas e encaminhar-se vagarosamente para ela.

Mas ele precisava passar pela minha casa e pelo meu pátio, onde tenho muitas galinhas selvagens e um galo de briga garnisé, vermelho, verde e ouro, além de várias ovelhas e um velho carneiro irritadiço. E quando Dasaratha passou, o carneiro disse ao galo:

"Como é que esse pobre paspalhão desastrado pode ser chamado Rei do Mundo?"

Ao que o galo respondeu:

"Se eu chegasse a pensar em mimar minhas galinhas como ele faz com essa mulher, eu aqui estaria liquidado em três tempos, com ou sem a maldição do mestre!"

"Quando teu pai o ouviu", disse Guha, "voltou para a sua tenda sacudindo a cabeça, mordendo a língua e sorrindo para si mesmo. Vestiu-se direito e contou-me o que os meus animais haviam dito. Recusou-se a ceder aos pedidos de Kaikeyi, e ela até que se alegrou com isso. Tens alguma razão para acreditar que ele haja mudado agora, além da sua morte próxima? Se vivermos o suficiente, Lakshmana, o Tempo é que gastará nossos corpos. Os velhos acabam ficando cansados, seus corações se lembram mais do passado que do presente. A morte se aproxima, e eles sentem que precisam descansar; estão prontos para cair no solo depois de um dia de trabalho duro. A Morte se posta atrás dos ombros de um homem, toca-o, dilui a vontade de viver, e o homem dá-lhe as boas-vindas. Por mais que ele tente, Lakshmana, não será por culpa dele se a vida de teu pai falhar por fim."

"Mas então o rei pede a Rama que faça aquilo que o matará?", perguntou Lakshmana.

"Creio que sim. Ele vê o que está fazendo e não se importa."

"E por que Rama leva isso adiante?"

Guha respondeu:

"Depois desse dia", respondeu Guha, "aprendi sozinho a linguagem dos pássaros e dos animais, e, prestando atenção ao que eles falavam, ouvi-os dizer que o Oceano, de uma feita, conversou com os seus amados rios, que lhe descreveram a terra e o que nela crescia. O Oceano já vira grandes árvores robustas, carregadas até ele pelas águas das enchentes. Nunca avistara, porém, um caniço inclinado nem uma haste de relva. Nenhum rio lhe trouxera uma planta submissa desse tipo, desde que o mundo era mundo."

Os jarros de vinho de Guha estavam vazios, e os olhos de Lakshmana continuavam tão claros e brilhantes quanto os dele. O concurso de bebida terminara empatado. O céu começava a iluminar-se. O glorioso Sol, prestes a nascer, ardia atrás dos morros orientais, o dia despontava e a nossa abençoada mãe, a Noite, preparava-se para partir.

Rama acordou. Sita dormia com o braço por cima do peito dele, e Rama, delicadamente, o pôs de lado. Sentou-se e espreguiçou-se. Olhou para a floresta à sua volta e ergueu os olhos para o céu, com a expressão de alguém que tivesse nascido de novo, destemeroso e confiante.

Rama sorriu; acariciou os cabelos de Sita e despertou-a. Endereçou-se a Guha e disse-lhe:

"Chefe dos Caçadores, cruzaremos o Ganga, que corre depressa para o mar, meu amigo".

Sumantra chegou e anunciou:

"Deixarei o carro e irei contigo para levar-te para casa depois dos catorze anos. Todo esse tempo será um instante estando eu contigo, ou uma centena de gerações se estivermos separados".

Rama tocou com a mão direita, levemente, o ombro de Sumantra.

"Volta para Dasaratha, nós continuaremos caminhando."

"Voltarei com um carro vazio, tendo perdido uma vida que estava sob a minha guarda, como se eu o dirigisse sozinho, para longe de um campo de batalha, depois de ver o meu guerreiro morto e tombado? Que poderei dizer quando as pessoas me perguntarem por ti? Rama, assim como o avarento não pode entrar no céu sem estar acompanhado de boas ações, assim não posso entrar sozinho na Bela Ayodhya!"

"Vai", disse Rama, "para que Kaikeyi acredite que estou nas florestas e não desconfie do nosso pai. E se a Vida quiser... se tu e eu ainda estivermos vivos, tornaremos a encontrar-nos algum dia."

"Nunca deves pôr de lado um servo fiel que vive de acordo com os teus ditames e te serve bem", disse Sumantra.

"Auriga", atalhou Rama, "não fiques triste, pois a dor e o prazer devem vir por turnos a todos os homens e deuses mortais. Conforta meu pai. Guarda-o e respeita-o. Ele está muito velho e precisa ser protegido do mal como uma criança. Dize-lhe: 'Lakshmana, Rama e Sita estão bem. Não têm pesares. Depois destes curtos catorze anos logo os verás regressarem, e que esse tempo passe célere para ti como um sonho'."

Em seguida, como fazem os eremitas, Rama e Lakshmana entrançaram os cabelos sobre a cabeça com a pasta grudenta feita de casca de figueira-brava. Guha deu a cada um deles uma pele de veado e, a Sita, um belo manto de penas verdes e douradas. Os homens de Guha tiraram do esconderijo uma jangada de troncos com assentos de ramos folhosos, recém-cortados, de eugênia, e conduziram os três à margem oposta do Ganga. No meio do trajeto, Sita fez uma prece silenciosa à bela Rainha do Rio. "Ganga, protege o meu Rama. Bela Noiva do Mar, deixa-o voltar, são e salvo, a sua Ayodhya. Que assim seja, e eu me inclinarei diante de ti, entoarei cânticos nos santuários sagrados ao longo das praias do teu rio..."

Logo se viram inteiramente sós na floresta, muito longe dos campos e jardins risonhos dos homens. Ali sentiram a tristeza de não ter ninguém por perto para preocupar-se com o que lhes acontecia. Caminhavam em fila indiana. À frente ia Lakshmana, segurando o arco e carregando-lhes o fogo e as parcas propriedades. Levava duas aljavas às costas e, atento à presença de animais e armadilhas, esmagava os espinhos e o capim mais duro. Sita seguia-o, e Rama vinha por último com os olhos postos no chão, o arco nem sequer encordoado, umas poucas setas presas com displicência ao cinto e, na cabeça, os mantras que poderiam tornar incontáveis aquelas setas.

Continuavam na direção sul, caminhando o dia inteiro ao longo do rio Ganga. Por não conhecerem a floresta, não puderam andar muito depressa, nem chegar muito longe naquele dia. Gastaram a sua força de muitas maneiras. Quando a noite os surpreendeu, Lakshmana atirou em uma porca selvagem e cozinhou-a, mas eles comeram muito pouco.

Naquela noite, Rama disse:

"Lakshmana, tens de voltar amanhã cedo a Ayodhya, senão Kaikeyi envenenará nossas mães. Até o papagaio favorito de Kausalya faria das tripas coração para defendê-la e bicar seus inimigos, mas, para ela, valho menos até que um pássaro espalhafatoso. Mandam-me embora justamente quando as dores de sua maternidade deveriam estar sendo recompensadas, e minha mãe de magra sorte se vê obrigada a jazer chorando na poeira."

"Esquece-te disso", acudiu Lakshmana. "Estás cansado, vai dormir com Sita. Não me fales de coisas inevitáveis, que me desagradam."

"Tens razão, o desespero é mau inimigo", conveio Rama. "Sozinho ou comigo, Lakshmana, em nosso exílio, vela sempre por Sita."

"Estarei convosco até as portas do Inferno em chamas enquanto me quiserdes!"

Rama e Sita adormeceram, como um casal de leões numa enfesta desolada. Lakshmana permaneceu de guarda naquele local solitário, na vasta floresta. Seus olhos azuis perscrutavam a noite negra. Na verdade, ele montava guarda naturalmente; não tinha medo nem violência no coração; não tinha inveja e, certa vez, jurara pelo Dharma obedecer a Rama. Nunca duvidara de que Rama estivesse certo, nem de que fosse certo para ele obedecer a Rama.

A manhã seguinte despontou ensolarada. Eles seguiram uma trilha irregular e, dali a pouco, puderam ouvir o encontro das águas do Ganga com as do rio Yamuna, que se precipitavam juntas. Na terra entre os rios havia uma clareira cercada de verdes e espessas figueiras-de-bengala, de frutas vermelhas, como montes de esmeraldas misturadas com rubis. Erguido na clareira via-se um eremitério, o lar do santo Bharadwaja.

Entraram e inclinaram-se diante do velho asceta que estava sentado na grama, e Bharadwaja disse:

"Ouvi as notícias. Vejo-vos depois de haverdes caminhado muito. Meu lugar aqui é vosso, ficai comigo, que cuidarei de vós."

Bharadwaja, um grande homem, lavou os pés de Rama, e Rama disse:

"Não podemos ficar tão perto de Ayodhya, mas falai-nos de algum bom lugar para vivermos".

Bharadwaja matou um touro para o jantar. Depois que comeram, disse:

"Ide para a montanha Chitrakuta, a dez vezes o alcance do ouvido. Os picos de Chitrakuta são claros e de cores brilhantes. Correm ali rios profundos, ali vivem pássaros formosos. Dali muitos santos de cabelos brancos como crânios foram para o céu, mas agora a montanha foi abandonada pelos homens".

Na manhã seguinte, Rama, Sita e Lakshmana cruzaram o rio Yamuna, juncado de ilhas. Guiaram-se primeiro um pouco para o sul, mas, logo, mudando de direção, demandaram o oeste, ao longo de um corregozinho que fluía na direção deles.

Dois dias depois chegaram à montanha Chitrakuta, solitária e sobranceira, engrinaldada por suas matas em flor, com flores vermelhas, douradas, azuis, brancas, de todas as cores. Tinha alcantis e cumeeiras, pedras redondas e gigantescos matacões. Através da sua pedra corriam veios de minério preto, amarelo e cor de prata. Pássaros canoros davam-lhe vida. Dir-se-ia o jardim dos deuses, como os arvoredos dos gandharvas no Himalaia. Rios claros e pequenos riachos desciam pelas suas encostas como graciosas tranças; corriam sobre areias cintilantes e arremessavam suas ondas, que riam alto, contra rochas azuis de lápis-lazúli. O chão da floresta de Chitrakuta estava todo coberto de flores, os caminhos passavam por baixo de alegres florescências dispostas em arcos e de galhos inclinados quase até a terra pelo peso das frutas maduras, e não havia ali homem que as provasse.

Reinava na floresta a primavera multicolorida. As abelhas penduravam suas imensas colmeias nos galhos mais altos. A trilha da floresta, por onde Rama caminhava, parecia o eterno e pacífico caminho dos santos. As belas árvores acima das vertentes íngremes eram uma reunião de nuvens, o vento brincava entre elas, que se inclinavam e agitavam as folhas, apanhando vislumbres do sol e sorrindo como sorriem as nuvens pelos seus relâmpagos. As árvores cresciam no topo do monte; elas coroavam as alturas.

Os redondos pássaros chakravakas que choram, gemebundos, à noite, quando estão separados, balouçavam-se sobre a água nas lagoas do rio e nadavam em pares acasalados. Havia patos à superfície das correntes e garças paravam entre as flores trêmulas de lótus, perto das margens. Pássaros-pretos cantavam para o Sol. Tímidos cervos pasciam nos prados, e tigres e leões, que nunca tinham visto homens, observavam os recém-chegados por entre as folhas.

Sita, a pulcra jovem inocente e estremecida, olhava para as árvores e arbustos perfumados nunca vistos antes. Rama lhe dizia os seus nomes, e Lakshmana lhe trouxe galhos e ramos espessos de tenras folhas verdes e róseas, que escondiam flores. Encontraram um sítio apropriado à construção de uma casa sobre uma meseta cortada de regatos, acima de uma suave elevação da montanha, a cavaleiro da planície, lá embaixo.

Ao pé de uma caverna, junto de uma clara e doce nascente de montanha, Lakshmana construiu, sobre pilares, uma casa robusta, cercada de compridos bambus, com chão de relva, paredes de madeira firmemente trançada, amarrada com cordas para manter afastado o vento, e com teto de folhas. Tinha uma porta, muitos cômodos e belas janelas. Ao vê-la, Rama exclamou:

"Viveremos aqui, sem dúvida alguma. Onde aprendeste a construir tão bem e a fazer tudo isso para nós?"

Assim que terminou a casa, Lakshmana matou um veado preto, limpou-o e atirou-o ao fogo. Quando ele ficou quente e no ponto, Rama pegou a carne e a expôs, com relva e água, como oferenda aos espíritos da montanha. Então um deus caseiro veio viver na casa deles, enchendo-a de alegria e afastando o mal. Só então Rama e Sita entraram na casa.

Tendo feito, como Rama, um longo trajeto, o glorioso Sol estava descendo e pronto para afastar-se do céu. O Senhor do Dia, dador de luz, levava consigo toda a mágoa tinta de vermelho de Rama por deixar a Bela Ayodhya. O amoroso abraço da noite azul fez o próprio Sol renunciar ao céu e deixar o firmamento.

Era ao crepúsculo, e as árvores se quedavam imóveis. De todos os lados vinham os véus escuros e envolventes da nossa Senhora Noite, esquecidiça e repousante. Rama e Sita, ao seu lado, dormiam em sua casa, pois já não tinham para onde ir. O firmamento girou lentamente acima deles com as estrelas, que eram os seus olhos brilhantes e abertos, e a esplêndida Lua, de brilho manso, ergueu-se para dispersar a treva e tocar todos os corações com os seus raios álacres, e Lakshmana observou a meia-noite passar aos poucos.

Quando os kosalas despertaram, ao abrir do dia, à beira do rio Tamasa, descobriram que Rama os enganara. Viram que o carro de Sumantra se fora e ergueram um grande clamor. "Maldito seja o sono! Como pôde ele? Nossas vidas se acabaram! Aqui há lenha mortuária pronta para as nossas piras funéreas. Ai de nós, tudo é Destino!"

Depois, eles se animaram e alegraram. Tinham encontrado a pista falsa de Sumantra e, teimosos, acompanharam-na, seguindo os rastros e observando, indômitos e obstinados, falando, acenando e agitando os braços no ar, tentando ouvir barulhos e dizendo uns aos outros que ficassem quietos. Perderam as marcas enfraquecidas quando já estavam à vista de Ayodhya. Entraram na cidade. Estavam cansados. Falavam calmamente: "Que mais havemos de fazer? Como podemos nós, homens, derrotar o sobrenatural?" Voltaram para suas casas.

Os grandes elefantes cinzentos de Ayodhya choraram como choram os elefantes selvagens quando um dos seus reis é capturado na floresta. O rosto dos kosalas estava banhado de lágrimas quentes, seu coração, subjugado. Todos só pensavam em Rama, Rama que haviam perdido. Naquela noite, as lâmpadas e lanternas arderam foscas, estranhas estrelas estrangeiras agruparam-se sobre a cidade, e ninguém pôde dormir. Na Bela Ayodhya os guerreiros se consumiam e suspiravam.

Assim se passou o dia depois que Rama foi banido, e a noite que se seguiu, e o outro dia. Então, naquele entardecer, Sumantra chegou aos muros de Ayodhya ao crepúsculo, com o rosto escondido pela ponta da túnica superior. Dirigiu-se ao palácio e caminhou, ainda mascarado, pelos salões. Encontrou o rei Dasaratha deitado no quarto sem luz da rainha Kausalya, que o abanava, enquanto a rainha Sumitra, ajoelhada ao seu lado, cuidava dele.

Sumitra ergueu-se e olhou para Sumantra. Tinha os olhos molhados de lágrimas e disse:

"O rei está cego".

"Senhor!"

Sumitra continuou em voz baixa:

"Auriga, ouve. Quando o teu carro se foi da rota batida, a dor derrubou homens fortes. O rei foi para a porta da cidade e ficou olhando, sem se mexer, na direção que havia tomado, e Kausalya e eu ficamos, cada uma de um lado dele, para sustentá-lo. Ele tornou a gritar que parasses, nem que fosse por um momento. Ergueu-se na ponta dos pés a fim de ver a poeira distante do teu carro, e quando essa poeira se perdeu de vista e na estrada do sul não havia mais nenhum dos quatro, atirou-se ao solo e apertou o ouvido contra a terra. Quando já não pôde ouvir o tropel dos cavalos disparados, ajudamo-lo a levantar-se e o trouxemos vagarosamente de volta. O povo passou por nós para seguir-te. Dissemos a Dasaratha: 'Não sigais até muito longe alguém que voltará para vós', mas ele não ouviu. Arrependeu-se como se tivesse queimado a mão no fogo. Fitou as marcas retas das rodas quando as seguimos ao voltar, e elas já começavam a ser sopradas para longe por um vento desconsolado, e o céu se escurecia e toda luz falhava. Parando a cada momento, ele dizia: 'O último traço, o último traço de meu filho que nunca mais verei!'

"Sumantra, suas lágrimas ensoparam o chão; banharam-no como se ele já estivesse morto e o lavassem antes de queimar-lhe o corpo e os seus pranteadores fossem o nosso povo aflito. Viemos para este quarto, ele tropeçou e caiu naquela cama, e, conquanto não estivesse adormecido, passou metade da noite imóvel, de olhos cerrados. E, ao abri-los, à meia-noite, não podia enxergar. Estendeu a mão, às cegas, à rainha Kausalya e, quando ela lhe pegou a mão, ele disse: 'Mãe de Rama, toca-me, pois a minha vista seguiu o teu filho e ainda não voltou. Oh, Rama, há homens muito felizes que te verão voltar e te abraçarão! Não são homens, são deuses abençoados.'

"Assim, velho guerreiro, aqui fiquei por muito tempo sem nunca o deixar, agradada pelo meu meigo filho Lakshmana, a quem amo, louvando-lhe a sabedoria, carregando a esperança que brilha dentro de mim como a única chama de calor que ficou em toda Ayodhya."

Sumantra acercou-se do rei.

"Sou Sumantra, coberto pela poeira da estrada e escondendo o rosto. Junto as mãos e vos saúdo, Majestade. Não quereis falar com o enviado de Rama? Levantai-vos, Kaikeyi não está aqui."

"O que foi que ele fez?", murmurou Dasaratha. "Onde está ele?"

Sumantra descobriu o rosto. E respondeu:

"Deixei-os na solidão, caminhando sozinhos na floresta. Hoje cedo ele me mandou de volta a vós e cruzou o Ganga. Ele se inclina a vossos pés, pois sois o seu pai. Afirma estar bem. O que eu ia dizer primeiro a respeito de Kaikeyi, num impulso repentino, esqueci. Fiquei ali, sem poder falar, e assim Rama se foi, e assim Lakshmana me deixou para trás, e assim Sita desapareceu entre as árvores.

"Na esperança de que Rama ainda pudesse chamar-me, demorei-me ali mais algum tempo com Guha, mas depois voltei. Os vossos cavalos vermelhos favoritos estavam lentos e desalentados. Ao atravessar Kosala de volta, vi que em todo o vosso reino as árvores se despiram das folhas e não têm flores, nem frutos cheirosos, nem rebentos novos. Em vossa terra as lagoas estão desoladas, as correntes, secas, os poços, amargos e cheios de sedimento. Os bosquetes murcham, nenhuma criatura se move nem fala, os animais predadores não querem sair à caça. As matas vazias estão brutificadas; não têm nobreza; a tristeza tomou conta delas de todos os lados. A comida não tem sabor, e, de qualquer maneira, ninguém deseja comê-la. As pedras, queimadas, empreteceram. A relva murchou e morreu. As colheitas e as plantas aquáticas estão perecendo. Peixes e jardins deixaram de existir. Vim por uma estrada melancólica e sem alegria, meu senhor. Onde havia jardins, pássaros esqueléticos pendiam das árvores sem folhas, com as penas brilhantes manchadas. Não ardem lumes. O gado não dá leite. O ar não tem frescor. Todos os sons são fracos e o mundo é indistinto. Ninguém se move do lugar em que está e ninguém abre os olhos depois de fechá-los. Não há diferença entre um amigo querido, um inimigo ou um homem indiferente. As pessoas não estão mortas, mas não vivem, toda a vitalidade se perdeu e se foi..."

O velho rei tentou levantar-se. Tremia.

"Auriga, se já te fiz um dia alguma coisa boa, leva-me para onde está Rama!"

"Não posso", retrucou Sumantra. "Não olho para trás. Não sei onde ele está."

Deixaram Dasaratha a sós, com a rainha Kausalya bem junto dele. O rei dormiu um sono inquieto por alguns momentos, mas logo despertou. Kausalya ainda lhe segurava a mão e disse:

"Estou aqui".

"Em meu sono", disse Dasaratha, "lembrei-me do que fiz há muito tempo para causar todo este infortúnio. Mulher gentil, conforme são bons ou maus os atos de um homem, assim são os acontecimentos que a eles se seguem, e que o homem precisa enfrentar a seu tempo. Abati árvores que davam bons frutos por serem vagarosas no crescer. Em lugar delas, reguei fielmente as árvores viçosas, de cores alegres, mas de frutos amargos. Excitado, intensamente fascinado pelas bonitas flores de seus galhos, cheguei a esperar uma boa produção. Eu aguardava, ansioso, a felicidade, mas, durante o tempo todo, almejei a ilusão."

"Viveste uma boa vida. Foste um homem bom. Por que te censuras assim? Se não podes mudar o que fizeste de errado, não te demores pensando nisso."

"Mas a estação chegou. Até quando era um jovem príncipe, eu me apoiava num cajado, embora não precisasse dele... e agora estou velho e nunca fiquei só. Ainda há pouco, adormecido, encontrei a Verdade, e tremo."

Ouve, Kausalya...

Quando eras donzela e eu, moço, meu Amor, vivia como bem entendia, não negava coisa alguma a mim mesmo, nem conhecia tristezas. Perito atirador com arco e flecha, eu fazia pontaria pelo som e me orgulhava da minha habilidade. De uma feita, na estação das chuvas, saí a cavalo para caçar. Era ao crepúsculo vespertino e fazia já algum tempo que a água deixara de cair. Cavalguei ao longo do Sarayu, que serpenteava, espumando, em torrentes vermelhas e pretas, tingido pelos minérios e areias das montanhas.

Detive-me e fiquei esperando à beira do rio, planejando matar a caça que aparecesse para beber. Eu podia enxergar, mas não muito longe. Nisso, de um lado, ouvi o som de um elefante bebendo e atirei uma seta na direção do som. A seta atingiu o alvo e eu ouvi um grito: "Noite, quem me matou?"

Senti o frio do medo. Eu não ouvira o elefante, senão o som de um jarro de água que se enchia. Corri para a voz e encontrei minha flecha atravessada no coração de um jovem. Ele estava ajoelhado à margem do rio. O arco caiu-me das mãos, e o jovem caiu parcialmente no rio. Seu peito vertia sangue, e o jarro, de cabeça para baixo, vertia água.

Segurei-o nos braços e ele olhou para mim.

"Príncipe Dasaratha, o que foi que já te fiz? Mataste também meus velhos pais cegos, que são coxos e não podem andar. Esperam que eu volte com água. Nunca, em sua longa vida, eles ofenderam alguém, nem mesmo por uma boa causa... Arranca a tua flecha aguçada."

"Se a flecha ficar onde está", disse eu, "causará dor, mas, se for retirada, a Morte virá. Vou buscar um médico..."

Mas ele se enfraquecia entre os meus braços. Ergueu os olhos e, com terrível dificuldade, disse:

"Não, eu aguento a Morte. Acalmo e aclaro a mente. Não hesites, foi apenas um acidente... solta a minha vida..."

Assim, com toda a delicadeza, cortei com os dentes a ponta da seta que lhe saía pelas costas e retirei a haste. Ele encolheu os membros, suspirou mais uma vez e morreu observando-me sem medo nos olhos, um homem pacífico que morria vitorioso. Endireitei-lhe a túnica de pele de veado e depu-lo ao longo da margem do rio.

Pensei por muito tempo em como emendar o meu pecado, e, por fim, muito assustado, enchi o jarro de água e carreguei-o por um atalho estreito, que ainda lhe conservava as pegadas e conduzia à casa de seus pais. Achei que não estava certo que ele morresse e eles não ficassem sabendo de nada. Ao chegar ao fim do atalho, ouvi um velho casal conversando sobre o filho, alimentando as esperanças que eu acabara de destruir. Depois os vi, sentados como aves de asas quebradas, sem ninguém para ajudá-los a sair do lugar.

O velho voltou o rosto cego para mim.

"Tua mãe receou que tivesses ido nadar à noite, meu filho. Responde-nos, não fiques com raiva de velhos que se preocupam."

Meus passos vacilaram. Com voz medrosa pronunciei as palavras mais duras que já me saíram da boca até hoje:

"Sou Dasaratha, não sou vosso filho, mas um guerreiro, um carniceiro. Sem o saber, matei vosso filho com uma flechada, pensando que fosse, pelo som, um elefante a beber. Queimai-me com a vossa ira como o fogo, pois ele morreu vítima da minha ignorância e da súbita ferida que lhe produzi".

Eles se mantiveram em silêncio, e eu pedi:

"Ordena, ó Asceta!"

Ele disse:

"Fomos incapazes de ajudar nosso próprio filho", disse ele. "Somos como árvores, que não podem salvar-se umas às outras dos ataques dos ventos. Se não tivesses vindo contar-nos o que aconteceu, tua cabeça teria explodido em mil pedaços. Se lhe tivesses produzido até o menor ferimento intencionalmente, terias agora caído vivo e estarias gritando como um possesso. Além de guerreiros, posso derrubar o próprio Indra se ele, de caso pensado, ferir um inofensivo homem da floresta. Leva-nos ao nosso menino."

Eu os levei. O velho e sua esposa caíram sobre o filho, e suas mãos cegas se puseram a tocar-lhe ternamente o cadáver. O velho disse:

"Ah, é tão difícil ter um filho como tu neste mundo, e agora estás morto." Voltou-se para mim. "Onde está ele?"

Ergui os olhos. A princípio, não pude ver o caminho que sua alma tomara. Vasculhei o céu com a vista. Respondi:

"Ele está esperando à porta do céu dos guerreiros mortos em combate".

"Príncipe, com a tua permissão", tornou o velho.

"Sim", assenti.

Indra abriu a porta e deixou-o entrar.

"Vai, meu filho", disse o velho. "Nascido em nossa raça, não podes receber o mal."

Os pais despejaram a água da morte para o filho, e o velho tomou-me à parte:

"Mata-nos. Queima-nos, aos três, numa pira".

"Sim, eu o farei."

Ele disse:

... e, em seguida, levou-os embora...

"Não te amaldiçoo", disse ele, "tampouco minha mulher. Mas receio por ti. Toma cuidado no futuro, acautela-te sempre se um dia tiveres um filho. O dador recebe de volta as coisas que dá. Não encontrarás, um dia, a tua própria morte por causa do teu filho perdido? Terás idêntico destino?"

Encontrei lenha seca debaixo de uma grande árvore, que a chuva não atingira, matei-os como eles me haviam pedido que fizesse, e queimei-os no fogo que ardia, violento, reforçado pelo seu sacrifício, e o calor e as chamas da generosidade deles me empurraram para trás.

"Majestade", disse Dasaratha, "todo esse crime volta agora para mim. Se Rama pudesse tocar-me, eu talvez pudesse viver, mas não tenho outra ajuda. Não consigo ouvir minha própria voz. Minha mão está ficando entorpecida. Apenas sinto a vossa mão, apenas falo. Minha morte se acerca depressa. Tratei injustamente meu filho, mas ele se houve bem comigo... Rama... Onde estás?... Rama..."

Yama, o Senhor da Morte, tocou suavemente as portas trancadas do palácio de Ayodhya, e elas se escancararam diante dele. Segurando os bastões e as barras, a Morte entrou sem ser vista. Yama caminhou tranquilamente ao seu lado pelos salões bem guardados, endereçando-se gentilmente ao rei, lançando o sono sobre Kausalya. O Senhor Yama estendeu a mão para o peito de Dasaratha e dali retirou a alma mortal. Em torno da alma enrolou o laço prateado da Morte, de fio de diamante, apertou muito bem o nó e, em seguida, levou-a embora.

Dois fogos de dor, o passado e o presente, haviam secado a vida do rei de Ayodhya. Quando aquela noite já ia em meio, ele, despercebido de todos, parou de respirar e partiu desta vida. Assim morreu o tão famoso rei Dasaratha, guerreiro que não tinha inimigos vivos.

Bharata regressa

Um filhote de leão, órfão, com os olhos ainda cerrados desde que nascera, foi amamentado por uma ovelha selvagem, que o encontrara em seu prado. Crescendo, ele passou a chamar um carneiro de "Pai". Pastava com um rebanho de ovelhas, sem conhecer outros animais.

Um dia, um leão do jângal assomou ao topo de um morro e rugiu. Todo o rebanho fugiu, mas o leãozinho olhou para cima. E pensou:

"Como pude andar com carneiros por tanto tempo?"

Senhor Rama... ao romper do dia no palácio de Ayodhya, os cantores reais bateram palmas e entoaram os louvores de Dasaratha e seus antepassados, para despertar o velho rei, e todos os pássaros cantaram nos jardins. Criadas deitaram pó de sândalo em água quente para o banho de

Dasaratha. Criados chegaram à porta do quarto de Kausalya, e lá deixaram à mostra um jarro de ouro de água do Ganga para o rei beber. Prepararam estofos recém-tecidos, novos espelhos brilhantes de metal, ornamentos recém-modelados e muitas coisas novas de boa sorte e excelente virtude, para que o rei as visse assim que acordasse. Enquanto o Sol não se levantou, esperaram por Dasaratha.

Em seguida, áureos raios de sol despejaram a luz pelas janelas, e o rei não apareceu. As criadas entraram no quarto de Kausalya. A rainha dormia ao lado de Dasaratha; sua mão se desprendera da dele. Falaram primeiro em voz baixa, e, como Dasaratha não acordasse, tocaram-no, sentiram que estava frio e tremeram como plantas aquáticas entre as ondas.

Kausalya despertou. A rainha Sumitra veio correndo. Kaikeyi arrojou-se aos pés de Dasaratha, desesperada e em prantos: "Oh! Amor!" Os sons dos lamentos provocados pela morte do rei Dasaratha encheram de tristeza todas as cavernas da Terra, e foram transportados pelo céu até o fim de todas as direções.

O Auriga Sumantra colocou o corpo do rei num tonel de ferro cheio de óleo. Enviou três rápidos cavaleiros à terra de Kekaya, a fim de chamar de volta Bharata e Satrughna para realizarem o funeral.

Os três ginetes viajaram depressa. Ultrapassaram os ventos. Os cascos dos cavalos provocaram mossas nas pedras, e eles derrubaram as árvores junto das quais passaram; deixaram secos os rios que cruzaram. Montavam três cavalos negros, que corriam lado a lado, com a cabeça, o pescoço e a cauda ondeante numa linha só. Atravessaram florestas assombradas por fantasmas de aves, passaram correndo por brâmanes que, juntando as mãos em forma de taça, bebiam água das pegadas de Narayana ao repontar da alva. Guiaram para noroeste e saltaram sobre o rio cujas águas transformam em pedra o que quer que toquem. Dispararam através de Panchala e contornaram Hastinapura, a Cidade do Elefante, sem parar nem de noite nem de dia. Passados quatro dias, um muro de poeira apareceu na cidade de Kekaya, cobrindo os lagos da montanha e amortalhando o céu. O pôr do sol queimou a poeira vermelha. E veio a Noite, e a meia-noite. E os cavaleiros de Ayodhya saíram da poeira e adentraram a cidade como o trovão que ribomba sobre uma ponte na escuridão noturna.

Bharata estivera dormindo, mas um sonho mau o despertara. No sonho, vira o oceano seco, a Lua cair sobre a Terra, vira tremerem as presas dos elefantes de Dasaratha e se apagarem os fogos de Ayodhya, e vira a fumaça subir dos montes de Kosala.

Bharata acordou, trêmulo e assustado. Era noite. Seu avô Aswapati, rei de Kekaya, ainda estava desperto. Procurou alegrar o neto com música leve e feliz e sainetes cômicos, mas o príncipe não conseguia sorrir. A pele encarnada de Bharata empalidecera, seus cabelos vermelhos estavam escuros e molhados de suor. Tinha a garganta seca, os olhos rubros como o sangue, e não lograva permanecer sentado.

Satrughna avizinhou-se do irmão e postou-se ao lado dele, mais negro do que a Noite, e os braceletes de ouro em seus braços escuros flamejavam à luz das tochas.

"Sinto-me muito mal", disse-lhe Bharata. "De repente, por nenhuma razão aparente, passei a odiar a vida."

"Alguém morreu", disse Satrughna, "mas não sei quem foi."

Nisso, chegaram os cavaleiros de Ayodhya, não mostrando nenhum sinal de tristeza. O rei Aswapati e seu filho Yudhajit ergueram-se para recebê-los. Os cavaleiros disseram a Bharata:

"Corre para Ayodhya."

"Descansai por um momento", respondeu Bharata. "Como está meu pai?"

"Não podemos perder tempo", disseram os cavaleiros.

"Como está minha mãe?"

"Não podemos descansar."

"Como está Rama?"

"Não te demores. O destino impaciente e a fortuna exigem que voltes para casa."

"Avô", pediu Bharata, "dá-nos cavalos de Kekaya para atrelarmos ao nosso carro."

"Darei."

O idoso rei Aswapati abraçou Bharata e Satrughna; cheirou-lhes a cabeça e fez pressão com as mãos enfiadas entre os seus cabelos.

"Ide, meus filhos, eu vos autorizo. Dizei a minha filha Kaikeyi que estamos todos muito bem, dai-lhe o meu amor e voltai para mim quando eu me lembrar de vós."

O tio de Bharata, Yudhajit, disse:

"Não mandamos presentes. Somos vossos amigos em qualquer ameaça ou perigo. Chamai-nos à menor necessidade que tiverdes. Não percais tempo com as polidas cerimônias da despedida".

Dirigindo o carro guarnecido de ouro, à luz ardente do nascer do Sol, Bharata e Satrughna avistaram Ayodhya e diminuíram a marcha dos cavalos da montanha. Olharam para ela desde os montes que se erguiam suavemente na direção do norte. Estacaram. Não lhes chegava um único som da cidade imóvel. Os campos estavam estranhamente quietos, como se o Senhor Shiva estivesse caminhando fora de casa ao amanhecer, entre as árvores que se erguiam ali perto.

Satrughna franziu o cenho.

"As ruas estão vazias. As portas estão fechadas e as persianas abaixadas do outro lado das janelas. Este é um triste espetáculo."

"Lembras-te?", acudiu Bharata. "De manhã cedinho, quando chegávamos aqui, podíamos sentir sempre o cheiro das trepadeiras, e o vento nos trazia tênues perfumes."

"Nosso Grande Pai, o Sol", disse Satrughna, "agora se levanta e ninguém está cantando."

"Nossos lares estão extintos", disse Bharata. "Estas são apenas as armações que sobraram."

Entraram em Ayodhya. As rodas do carro resmoneavam baixo e gemeram ao passar pela Porta da Vitória, outrora guardada como a porta que dá para o céu. Não havia ali guarda algum. Nem jovens casais embriagados pelo vinho de mel do Amor voltavam, andando, para casa vindos dos parques ao despontar da alva.

Não viram vivalma. Satrughna, perdido em seus pensamentos, prenunciou:

"Se alguém ainda vive aqui, terá de sair ou estará morto ao anoitecer."

Subiram até o palácio de Ayodhya, outrora inundado de luz. Bharata confessou:

"A apreensão do que está à minha espera esconde-se em meu coração, e não quer sair!"

Adentraram o palácio. As portas estavam semicerradas. Havia ferrugem nos gonzos e nada se via tal como fora em vida do rei. Satrughna saiu à procura de Rama. De cabeça baixa, Bharata encaminhou-se lentamente para sua mãe Kaikeyi.

Kaikeyi ergueu-se do seu assento à janela, e Bharata ajoelhou-se e segurou-lhe os pés; depois, de pé, perguntou-lhe:

"Mas onde está meu pai? Por que está vazia a tua cama de ouro?"

"Meu filho", respondeu Kaikeyi, "todo casamento termina fatalmente em tristeza a não ser que marido e mulher morram juntos. Ele se foi para o outro mundo sob a lei do Tempo. Já não vive, morreu."

Bharata rasgou a faixa que lhe cingia a cabeça e os seus cabelos compridos caíram. Pegou cinzas de um prato de incenso e esfregou-as na testa.

"Tomo Rama por meu refúgio", disse, "tomo Rama por minha proteção. Mas como isso é difícil de suportar! Que te disse Dasaratha quando o viste pela vez derradeira?"

Ele disse: "Quem verá Rama outra vez?"

Bharata se manteve grave como o oceano e imóvel como o firmamento, enquanto lhe subia fumaça do corpo e seus olhos ardiam como rubros clarões da luz do Inferno.

"Onde está Rama, cujas mãos macias me limpavam a poeira quando eu caía?"

"Teu pai deserdou Rama para que tu pudesses ficar com este reino sem um rival, baniu-o, e morreu vitimado pela tristeza da despedida."

"Por quê? Rama tomou a esposa de alguém?"

"Não, não tomou a esposa de ninguém. Isso foi feito para agradar-te."

"A quem Rama fez agravo, rico ou pobre?"

"A pessoa alguma. Por que não estás contente?"

"O que foi que Rama roubou?"

"Nada, ele não foi banido por crime nenhum", disse Kaikeyi. "Usei os meus dois desejos. Os kosalas são teus, Ayodhya é tua. És o rei!"

"Que coisa odiosa!"

Bharata saiu correndo do quarto.

Correu para o quarto da rainha Kausalya. Lá estavam os seus amigos. Ali se encontravam Kausalya e Sumitra, em companhia de Vasishtha, Sumantra, o Auriga, e seu irmão Satrughna.

Bharata ajoelhou-se diante de Kausalya.

"Mãe, estamos voltando das montanhas... Eu não sabia! Nunca o aceitarei. Não quero governar os outros, não quero propriedades. Não sei nada..."

"Basta, és inocente." Kausalya pôs a mão na cabeça dele. "És tu o prejudicado. Ninguém te censura."

E aconchegou-o a si.

"Deixei Rama na floresta", disse Sumantra. "Este é um mundo ruim."

"O capricho de uma rameira", disse Bharata.

"É tua mãe", acudiu Vasishtha.

"Já não o é", respondeu Bharata. "De que serve qualquer coisa sem Rama?"

"Lakshmana fez bem indo com ele", disse Satrughna.

"É verdade", respondeu Bharata.

"Como poderá o pai fitar os deuses do céu nos olhos?", perguntou Satrughna.

"Escasso conforto lhe trará a morte", comentou Bharata.

"Calai-vos por um momento", interveio Vasishtha.

"Brâmane", perguntou-lhe Bharata, "por que foi que ela manchou o nosso nome? Todos a amávamos, e ela sempre disse que nos amava. Por que nos odeia agora?"

"E, afinal", disse Satrughna, "o que ela ganhou com isso?"

"Uma tristeza esmagadora."

"O desejo, sem dúvida alguma", disse Bharata, "deixa a honra facilmente para trás."

Sumitra tentou consolá-lo.

"Tudo dará certo, Bharata. Meu filho Lakshmana está com Rama, meu filho Satrughna está contigo, somos amigos."

Bharata sorriu-lhe.

"Acreditas que sim?" E desviou o olhar. "Ela o apanhou na armadilha e matou-o como um veado atraído para o laço por uma canção blandiciosa."

"Rama...", disse Sumantra, o Auriga.

"Rama..."

"O que é que tem Rama?", inquiriu Bharata.

"Ele te ordena que obedeças a teu pai e não lhe tires a autoridade em sua velhice. Ele está coberto pelas bênçãos da rainha Kausalya. Vasishtha abençoou-o; e ele bendisse a todos."

"Ele prometeu?", perguntou Bharata.

"Príncipe Bharata, ouve-me", disse Vasishtha. "Rama declarou que se ausentaria por catorze anos, e nunca quebrará a palavra. Nós precisamos de um rei."

"Para quê?", perguntou Bharata.

"Numa terra sem rei não há chuva", respondeu Vasishtha. "As famílias se dividem, envergonhadas. Não se pode manter a Caridade. A

Bondade se vai. Não há lei. E então, quem poderá dormir com a porta aberta, ou encontrar uma estrada segura? Os bandidos invadirão Kosala. Disputas surgirão e não serão resolvidas. Não haverá justiça. Nunca mais se ouvirão as nossas histórias antigas."

"O que se pode fazer?", indagou Bharata.

"Segue o meu conselho", retrucou Vasishtha. "Governa-nos."

"Não", recusou-se Bharata. "De minha parte irei para a floresta e trarei Rama de volta."

Sumantra sorriu.

"Eu o encontrarei para ti."

"O rei não se aconselhou com velhos amigos como tu", disse Bharata.

"Sê nosso rei até que Rama regresse", insistiu Vasishtha.

"Cuidado!", atalhou Bharata. "Não vendas tesouros com uma mão enquanto reténs a felicidade com a outra. Ou sairei contra ti."

"Há um grande oceano de dor para cruzar", voltou Vasishtha. "O pesar e o remorso são os seus remoinhos e as lágrimas, as suas marés. Os desejos de Kaikeyi são a sua praia próxima, e catorze anos, a sua vastidão, e as palavras estridentes da corcunda Manthara são os seus vorazes tubarões."

"*Palavras de quem?*", exclamou Satrughna, e fez menção de dirigir-se à porta.

"Espera", disse Bharata. "Se Rama ficar sabendo que nós matamos Manthara, nunca mais olhará para nós."

Estridências de uma louca gargalhada percorreram o palácio, mas Satrughna sentou-se e não as levou em consideração.

"Pelos céus!", exclamou Vasishtha. "Multidões censuraram Manthara e não acharam paz de espírito na censura. Queima o corpo do rei, Bharata. Faze pelo menos isso. Liberta o povo; deixa que a tristeza dele extravase. Podemos cair e suportar os pontapés dos outros, mas não podemos cair e suportar tão pífia tristeza. A tristeza nos deforma os pensamentos e as reflexões; cresce por dentro e nos sufoca o coração. Tornou

Ayodhya feia de se ver; desonrou-a. Quem pode viver aqui? Que é a vida sem alegria? Não deixes que a tristeza derrote os kosalas. Faze o funeral do rei e acabemos com isso!"

"Não quero ter participação nessa história."

"Desprezas justificadamente a confusão deste mundo."

"Mas aqui estou", disse Bharata. "Queimarei o rei morto em nome de Rama."

Sobre o chão requeimado, à beira do Sarayu, uma negra fumaça funérea pairava no ar. Bharata chorou como um menino machucado, e Vasishtha pôs o braço em torno dele. No topo da pira, ainda se via o rosto de Dasaratha, como se estivesse dormindo, um pouco pálido. O resto do corpo ficara sepultado debaixo de flores e de sólidos perfumes, que principiavam a derreter-se. As chamas tinham começado a lavrar na câmara de fogo de Ayodhya, depois haviam crescido e escondido o cadáver do rei.

A cremação liberou o espírito de Dasaratha. Deixou-o sair da terra umbrosa de Yama e obter da Lua seu corpo celeste, e, vestido de túnicas celestiais, tomar o lugar que lhe era devido no céu.

"Em minha juventude", disse Bharata, "a verdadeira natureza do Tempo não me foi revelada, mas agora vejo todos os seus nocivos caminhos. Nunca perdoarei, nunca esquecerei o que fez minha mãe. Quero ir embora e nunca mais ouvir-lhe o nome. Vasishtha, como nascerá ela nas vidas futuras?"

"Ela jamais compreenderá, jamais conhecerá a Verdade", respondeu Vasishtha. "Duvidará da vida olhando para o Sol. Será um mendigo louco que comerá a sujeira de um crânio. Será um avarento que viverá só e depois será roubado por ladrões. Será um homem pobre com uma família grande num país governado pelo medo de um mau rei. Será um grande mestre que se esquecerá de todo o seu saber e, desavergonhado, se entregará aos dados e às mulheres e porá seus velhos criados no olho da rua para que morram de fome."

"E que mais?"

"Não fará uma única boa ação. Trairá amigos e os entregará aos soldados do rei. Distribuirá riquezas a mentirosos indignos e frustrará as esperanças de homens pobres, que olharão confiadamente para ela. Recusará água a viajantes sedentos mentindo-lhes e dizendo que não tem nenhuma. Será um filósofo mal acolhido, que discutirá com dificuldade a respeito de pontos de vista e tornará a nascer como alguém que presta atenção a esse tipo de conversa."

"Que mais?"

"Nesta mesma vida ela não viverá para assistir ao regresso de Rama."

"Isso é tudo?", lamentou-se Bharata.

"Nada acrescentei e nada omiti", replicou Vasishtha. "Tudo isso será o destino dela... a menos que a perdoes, Bharata."

"Eu a perdoo", disse Bharata.

"A compaixão já é suficientemente grande quando não pode ter efeito algum", disse Vasishtha. "Mas quando é usada na realização de alguma coisa, é suprema!"

"O filho nasce para a vida do sangue do coração de sua mãe", disse Bharata, "portanto, ele lhe é caro."

Ouve, rei Rama, nosso mestre Valmiki sabe. De uma feita, caíram lágrimas sobre Indra quando este voava no céu. Olhando para cima, viu Surabhi, a branca vaca mágica do céu, contemplando, para além dele, a Terra, e chorando. Indra voou até ela e perguntou-lhe:

"Que aconteceu? Há de ser, por força, uma grande injustiça."

"Senhor dos Deuses", replicou ela, "choro meus filhos caídos em dias funestos. Vê dois deles, lá embaixo, magros, queimados do sol e cansados de arar."

Indra ficou pasmado e sem fala, pensando em como os filhos de Surabhi se contam aos milhões e enchem os mundos, e em como, embora vivesse no céu e fosse a própria essência da boa sorte, ela chorava por dois deles como se o seu coração estivesse a ponto de partir-se.

As três rainhas viúvas de Ayodhya disseram as preces das águas e banharam-se à margem do rio. Por onze noites, dormiram no chão nu. Depois distribuíram presentes em nome de Dasaratha – comida e bebida, sal e casas, cabras e vacas, roupas e ouro, prata e criados. Terminada a distribuição, Bharata reuniu os ossos do pai, tirando-os das frias e alvas cinzas do crematório, ergueu-os acima da cabeça e arrojou-os no rio Sarayu.

Isso acabou com o luto. Ao nascer do Sol do outro dia, os kosalas despertaram Bharata com sonoras trombetas de conchas. Mas ele foi procurá-los e disse-lhes:

"Nunca mais façais uma coisa dessas, eu não sou o rei".

Bharata disse a Sumantra, o Auriga:

"Só o filho primogênito pode ser rei em nossa raça solar. Tomarei o lugar de Rama na floresta".

Sumantra pediu primeiro ao deus-elefante Ganesha: "Remove os obstáculos, alarga a estrada e aplaina o caminho". Em seguida, levou Bharata para fora da cidade, passando por baixo dos bosquetes do Sarayu, sob as flores violeta e ouro.

Satrughna veio em seguida, conduzindo as três rainhas num carro. Depois vieram nove mil elefantes apercebidos para a guerra, depois seis mil carros que traziam arqueiros de mão leve, depois um sem-número de cavaleiros e infantes que corriam pela beira da estrada carregando escudos como sóis, depois, por derradeiro, as esposas e famílias dos soldados dirigindo carroças puxadas por mulas e animais de carga.

A estrada larga para Rama! O Sol, que se ergue ligeiro, acendeu as pontas das lanças como uma curva linha de estrelas. A estrada ficava mais bonita à medida que eles prosseguiam. Orlada de árvores, tinha bons poços e lugares para descansar, árvores frutíferas e pomares. A gente do campo embandeirou-lhe a orla. Os viajores prosseguiram, acompanhando Bharata, como a preamar que se avoluma na praia, como a Terra inteira em forma humana.

Fizeram alto em grandes cidades feitas de tendas e, passados três dias fáceis, chegaram às primeiras árvores *sala* da floresta de Guha e à fronteira mais distante de Kosala. O Sol, oblíquo e baixo, anunciava a hora do ocaso.

Escondido na Floresta Secreta, Guha contemplou-os. No carro de Sumantra tremulava o pendão dos kosalas, uma árvore verde de ébano brilhando sobre prata. Guha não conseguia ver onde terminava aquela multidão.

Sentou-se e limpou uma superfície plana com os lados da mão.

Tirou nove ossos de pássaros de um saco de couro e sacudiu-os nas mãos por três vezes, dizendo:

"Rama é meu amigo, quem é Bharata?"

Enquanto os kosalas preparavam o acampamento, Bharata e Satrughna abeiraram-se do Ganga, que demandava o oceano, e ofereceram a água clara e fria do rio a seu pai, de modo que, no céu, o espírito de Dasaratha brilhou de prazer. Bharata banhou-se no Ganga e não se sentiu mais cansado. Bebeu-lhe a água sagrada e alegrou o coração. Em seguida, pensando em como induziria Rama a voltar, sentou-se debaixo da mesma árvore de galhos esparramados à cuja sombra Rama descansara. A velha árvore estendeu os braços pesados na alegria de ver o céu estrelado do pôr do sol, acima dela, e Bharata declarou tranquilamente:

"Daqui, inclino-me para Rama na floresta".

Ali foi Guha ao seu encontro, trazendo pão, manteiga e mel. Bharata perguntou:

"Onde está Rama? Sabes para onde foi?"

"Toda essa gente...", ponderou Guha.

"Queremo-lo de volta", disse Bharata.

"Dasaratha morreu", Satrughna disse, "agora é Rama o nosso rei."

Pequenos silvos e latidos se ouviram, vindos da escura floresta que os circundava. Guha sorriu.

"Eles te ouviram", disse ele. "O povo das aves está cantando a tua fama, o veado te louva. Dizem que és um céu sem nuvens, belo durante o dia, belo durante a noite. Chamam-te um verdadeiro homem, um amigo real, e perguntam a si mesmos se haverá mais alguém como tu sobre a Terra, que seja capaz de devolver um reino..."

Guha bateu palmas, e tochas se acenderam e foram trazidas pelos homens de Guha, saídos de entre as árvores.

"Tenho centenas de barcos de pesca escondidos ao longo do rio", disse Guha. "Deixai vossos carros aqui, que amanhã vos levarei, a vós e aos vossos animais, rio abaixo, a Bharadwaja." Guha tomou de uma tocha. "Vede, debaixo desta grande e vetusta árvore, a relva dura e áspera ainda mostra o lugar em que foi amassada pelos membros de Rama. Vede, aqui estão fios de prata puxados da túnica de Sita. Aqui dormiu Sumantra, aqui velou Lakshmana."

"Isso me parece incrível", volveu Bharata. "Oh, se eu não tivesse ido a Kekaya..."

"Não, não", disse Guha. "O Tempo faz o que tem de fazer, reforçado pelo passado. Quando o Tempo nos trata injustamente, devemos considerar-nos felizes por continuar vivendo e conseguir dele outra oportunidade. Que mal tinhas em mente?"

"Então", disse Bharata, "não há dúvida de que, se o Tempo me ajudar, Rama não poderá, por muito tempo, recusar-se a voltar."

O Sol perdera todo o esplendor, e a Noite se estendeu sobre a Terra. Então, assim como a árvore que arde lentamente, já abrasada pelo incêndio da floresta, só à noite mostra que ainda está queimando, Bharata suspirou no escuro.

As sandálias

Vejo dois pássaros no mesmo galho;
Um deles come o doce fruto,
O outro olha com tristeza.

O primeiro pássaro pergunta a si mesmo:
"Em que prisão viverá ele?"

O segundo se maravilha:
"Como pode ele rejubilar-se?"

Barulhentos e aos gritos, os homens de Guha transportaram os kosalas nas canoas pelo rio Ganga abaixo, fazendo demonstrações com os barcos em fantasiosas formações, e os kosalas que não sabiam esperar a sua vez flutuavam entre os botes, agarrados a cântaros de boca para baixo na água e cheios de ar, enquanto os elefantes nadavam como ilhas que tivessem criado vida. O próprio Guha fez Bharata, Satrughna e as três rainhas subirem a bordo de um barco com uma serpente na proa, adornado de ouro e cheio de sinos, e guiou-os rio abaixo até onde as águas brancas do Ganga se encontram, rugindo, com o profundo e escuro Yamuna.

Depois que todos os kosalas desembarcaram, os caçadores e Guha tornaram a subir o rio, deixando-os ali. Bharata mandou que os kosalas ficassem na margem e encaminhou-se, sozinho, a pé, para o eremitério de Bharadwaja, vestindo simplesmente uma túnica e desarmado.

Bharadwaja foi ao seu encontro com água para beber e água para lavar os pés. Sentaram-se ao lado um do outro, e Bharadwaja perguntou:

"Como está a cidade da Bela Ayodhya?"

"Brâmane, estás bem?", disse Bharata. "Espero que os teus fogos ardam como desejas que o façam. Não me perguntas por meu pai?"

"Sei que o rei está morto", respondeu Bharadwaja.

"O rei está vivo", volveu Bharata. "O rei é Rama. Quero chegar até ele e levá-lo para casa."

Bharadwaja sorriu.

"Acaso não te conheço, jovem príncipe? Mas por que deixaste o teu povo para trás, na margem do rio?"

"São milhares", retrucou Bharata. "Tenho soldados, mulheres e crianças. Eles aqui fariam buracos no chão, feririam as tuas árvores e poriam lodo na tua água."

"Manda que eles descarreguem os seus fardos e traze-os aqui para jantar."

Bharata circungirou a vista e viu tão somente bosques em torno da clareirazinha e a pequena choupana de Bharadwaja, solitária, ao pé de um regato que fluía mansamente.

"Fui agasalhado com água e com a tua presença", disse. "Pelo que dizes, terias acolhido bem a todos nós."

"Mas tu te contentas com muito pouco", tornou Bharadwaja. "Dize-lhes que venham. Estão todos convidados."

Bharata caminhou de volta ao rio. Bharadwaja entrou em sua casa e sentou-se à beira do lume. Ali, meneando a cabeça, por três vezes sorveu a água da mão, esfregou-a nos lábios e declarou:

"*Receberei meus convidados*".

Do céu desceu o arquiteto Viswakarman, que se postou no centro da clareira de Bharadwaja, desdobrou suas grandes asas e estendeu-as no ar. Voltou-se; moveu as mãos e as árvores recuaram, a clareira cresceu. Ele construiu um sonho, fez um jardim onde novas maravilhas cresceram. Viswakarman conhece todos os mundos. Seus braços modelaram o ar; ele pronunciou nomes.

Os ventos do sul sopraram, recendendo a sândalo. Os rios do mundo foram até lá e fluíram com água, vinhos, leite e xarope de açúcar, correram pela relva azul, por entre as árvores de coral trazidas das florestas mágicas do Senhor do Tesouro. Gandharvas celestes tocavam música e apsarasas dançavam. Caíam flores do ar. Os espíritos das árvores eram acrobatas e anões, as trepadeiras da floresta eram formosas mulheres vestidas de flores. Apareceu comida e edifícios se ergueram.

Viswakarman cruzou os braços, fechou as asas e se foi, e os kosalas entraram no que havia sido o pobre eremitério de Bharadwaja. Nagas em formas humanas vieram recebê-los, e afastaram-lhes os cavalos e elefantes. Os cavalariços kosalas esqueceram seus animais, e os animais esqueceram seus tratadores mais depressa ainda. Somente Sumantra, o Auriga, não permitiu que ninguém mais lhe penteasse os cavalos vermelhos.

Uma rapariga naga estava à espera de cada soldado. Tirou-lhe o arco, desapertou-lhe a armadura e alimentou-o. Os espíritos do ar materializaram-se e encheram as taças de bebidas; os gandharvas dançaram; os guerreiros de Ayodhya riam-se e taramelavam.

Essa foi a acolhida de Bharadwaja. Os kosalas disseram:

"A paz esteja com Bharata. Grande felicidade ao recluso Bharadwaja. Estamos diante de uma visão do céu. Por que retirar-nos, por que avançarmos, por que sairmos do lugar?"

Assim, obsequiados como deuses, os kosalas passaram a noite no meio de grande alegria. Comeram e beberam até mais não poder. Adormeceram sorrindo em seus sonhos.

Nesse meio tempo, enquanto eles dormiam, os seres e espíritos que haviam trabalhado para o seu banquete voltaram ao local de onde tinham vindo. As frutas desgarradas, comidas pela metade, as flores celestes espalhadas e espezinhadas, os copos e pratos brilhantes, tudo desaparecera, e o bosquete de Bharadwaja voltara a ser o que fora antes.

Bharata acordou cedo, deixando os outros ainda profundamente adormecidos, e dirigiu-se à porta da choupana de Bharadwaja. O brâmane saiu e perguntou:

"Ficaste satisfeito?"

"Foi maravilhoso!", respondeu Bharata. "Eu te saúdo. Creio que... começo a aprender."

Bharata olhou à sua volta para os kosalas, alguns dos quais começavam a mexer-se, ao passo que os restantes continuavam estendidos, dormindo como os mortos.

"Inclino-me diante de ti. Nós prosseguiremos. Olha-nos com olhos amistosos."

"Situada sozinha", disse Bharadwaja, "qual joia colorida, na floresta vazia, ergue-se a montanha Chitrakuta, bela de contemplar-se. Ali vive Rama, meu filho. Um rio que flui em ondas dá a volta ao monte e, no meio da encosta, cercada de florestas altas, acima do rio, está a casa de Rama... Mas apresenta-me às tuas mães, eu gostaria de conhecê-las antes da tua partida."

Bharata foi aonde dormia seu irmão.

"Levanta-te, Satrughna, por que dormes?"

Satrughna levantou-se instantaneamente, e Bharata ordenou-lhe: "Traze a rainha Kausalya, e também Sumitra e Kaikeyi".

Satrughna, Bharata e as três rainhas foram para diante do eremita Bharadwaja. Bharata apresentou:

"Esta é Kausalya, mãe de Rama".

Kausalya ajoelhou-se e tocou os pés de Bharadwaja, que lhe disse:

"Rama é muito forte; é o hóspede desejado dos montes e das matas, e as razões de muitas coisas estão perdidas no Tempo".

"Esta é a rainha Sumitra", disse Bharata.

"Sempre uma boa amiga", observou Bharadwaja, que sorriu e tomou nas suas as mãos de Sumitra. "Amizade, amor e proteção, minha senhora, eu digo que isso é bom, muito bom!"

Kaikeyi hesitou. Em seguida, com os olhos no chão, deu uma volta em torno de Bharadwaja, sobresteve, e fitou-o nos olhos.

"Ninguém deve censurar-te", disse Bharadwaja, "estas são as minhas palavras. O envio de Rama para a floresta será, na verdade, para o maior bem de todos os mundos, e o que fizeste trará felicidade a cada homem e encherá o céu de alegria. Eu te abençoo, Kaikeyi, não fizeste mal algum."

Kaikeyi sorriu, e seu filho Bharata colocou o braço vermelho em torno dos ombros dela e aconchegou-a a si. Em seguida, Bharadwaja virou-se e abaixou a cabeça para entrar de novo em seu cochicholo.

Os kosalas deixaram o retiro de Bharadwaja, largando atrás de si Ganga, a Rainha dos Rios, e guiaram lentamente para Chitrakuta.

As árvores primaveris de Chitra eram perfeitas como as descritas nos livros de histórias. Cresciam altas e baixas, esguias e ramalhudas, folhudas e abertas. Suas folhas eram verde-relva, verde-azuladas, verde-amareladas, verde-escuras, verde-claras, carmesim, castanhas e amarelas, brilhantes e opacas, lisas e pegajosas, redondas e pontudas como dedos, agitadas e quietas. As cascas das árvores eram rugosas, lisas e peludas, cinzentas, brancas, verdes e pretas, frias e quentes. As flores cresciam em cachos ou separadas; eram vermelhas, amarelas, brancas, cor-de-rosa e cor de mel; verdes, azuis, purpúreas, alaranjadas, prateadas, douradas e cor de lavanda; grandes e pequenas. Em toda parte, por entre as árvores, havia trepadeiras afiladas, trepadeiras delgadas, juncos, bambus e caniços, fetos, arbustos, relvas, orquídeas, taquaras e musgos.

Ali cresciam as trepadeiras cujas folhas se fecham debaixo da chuva, as árvores que florescem ao toque de uma mulher, as ninfeias que se abrem quando o trovão profundo rola pelas nuvens, azuis de chuva, de um lado para outro do céu, lá em cima. E para Lakshmana todas aquelas plantas ofereciam suprimentos como os de uma rica caravana. Ele obtinha delas agulhas, fios e panos, comida, corda e sabão, taças, jarras e remédios.

"Estas árvores floridas
Foram engrinaldadas pelos deuses.
Esta floresta é um jardim,
Esta montanha um ornamento da Terra."

Rama amava a floresta profunda. Certa manhã, bem cedo, ele e Sita saíram a passeio acima de sua casa, entre roseiras selvagens e sombrosos lilases. Flores da montanha atapetavam os prados. Pardais que viviam apenas da água da chuva cantavam. Do solo, as árvores haviam extraído minérios e minerais através das raízes, de modo que nos troncos e galhos se viam veios rútilos de ouro e de mercúrio e faixas de pós de rubis vermelho-sanguíneos, que coruscavam no interior da casca.

Sita caminhava segurando o braço rijo de Rama, que era o seu travesseiro à noite. Com o seu andar, Sita verberava o jeito ondeante do nadar dos cisnes. Aonde quer que fosse, Sita, de cintura fina, estava sempre em casa no coração de Rama, abrigada pelo amor dele, assim como o caminho que seguiam era abrigado pelos ramos mais altos das árvores.

Caminharam ao longo de um rio, passaram por cachoeiras e ilhotas. A água corria pelos pés das garças e pelas lagoas onde os veados bebiam, precipitava-se nas corredeiras, espalhando pérolas, e continuava rolando.

Rama e Sita nadaram no rio, em seguida grimparam pelo seio de Chitrakuta. Ali Rama adormeceu, com a cabeça no regaço de Sita, a qual, sentada com as costas apoiadas num tronco de árvore, lhe acarinhava os cabelos.

Enquanto Rama dormia, um corvo preto voou em direção a Sita. Ela afugentou-o com uma pedra. Rama acordou, ergueu os olhos e viu-a zangada, tentando repor no lugar a túnica que lhe escorregara do ombro, com o rosto brilhando e os lábios trêmulos. Rama sorriu-lhe, suspirou e voltou a dormir. Mas o corvo tornou. Atacou Sita, bateu com as asas no peito dela, e rasgou-lhe a carne com as garras afiadas.

Seu sangue caiu sobre Rama, e ela gritou. Rama despertou incontinenti e viu o corvo com garras vermelhas mergulhar, rápido, na Terra. Colocou a Arma de Brama sobre uma haste de relva e lançou-a contra o corvo. A lâmina ardeu com a ponta inflamada e perseguiu o corvo aonde quer que ele voasse. Perseguiu-o através de todos os céus, debaixo de todos os mundos e de volta à Terra. Os deuses fecharam as portas do céu para o corvo, e os santos desviavam os olhos quando ele lhes pedia proteção. Até o Inferno se fechou.

Por isso o corvo voou para Rama e disse:

"Não acho outro refúgio contra ela." E inclinou-se aos pés de Rama.

"Deixa que a arma atinja parte do teu corpo", disse Rama, "que eu te protegerei a vida."

O corvo deixou que lhe atingisse o olho direito, e esse olho lhe saltou da cara como vidro estilhaçado, e ele se salvou. O corvo voou para longe, e Rama confortou Sita.

Ao regressar a casa, detiveram-se para descansar numa saliência, à entrada de uma caverna de pedras vermelhas. Sita enlaçou Rama como a trepadeira se enrosca numa árvore. Rama estendeu a mão, tocou a poeira vermelha e, com a ponta do dedo, deixou uma marca na testa de Sita.

Depois disso, caminharam juntos montanha abaixo. Um macaco, de repente, trepou correndo numa árvore, bem ao lado de Sita, que, assustada, se atirou nos braços de Rama. Ele segurou-a, e a marca vermelha na testa dela imprimiu-se no largo peito verde de Rama. Sita ficou muito feliz e não deixou que Rama a removesse.

Ao chegarem perto de casa, encontraram Lakshmana, que trazia um veado preto da caçada. Sita fez pão de trigo selvagem e Rama colheu mel. Comeram debaixo de uma trepadeira cor de ouro, ao pé de uma clara nascente cor de prata, enquanto os pica-paus martelavam as árvores.

Os kosalas avistaram a bela montanha Chitra erguendo-se da Terra. Todos traziam flores nos cabelos, como os homens do sul. Ficaram esperando ao pé de uma ribeira, enquanto Bharata subia sozinho a montanha.

Bharata encontrou uma trilha que havia sido assinalada. Viu fumaça branca no ar à sua frente. Mantos de casca de árvores estavam pendurados para secar nos galhos de uma árvore. À beira do caminho, pilhas de lenha. Bharata desembocou numa clareira e, na encosta do morro, viu Rama, de pé, ao lado de sua casa.

Rama quedou-se imóvel, com os cabelos entrelaçados e vestido com uma pele preta de veado. Bharata avizinhou-se e ajoelhou-se diante dele. Ergueu os olhos e disse:

"Oh, Arya... nobre Rama..."

Rama inclinou-se para a frente e ergueu Bharata.

"Que é isso? Por que vieste para cá?"

"Nosso pai, que se deleitava com o mundo todo, morreu."

Ouvindo a notícia, Rama, Lakshmana e Sita levaram bolos para o rio, atiraram alguns à água e colocaram o resto sobre a relva. Rama segurou água nas mãos.

"*Que isto te alcance, que assim seja.*"

... mas o corvo tornou.

Logo voltaram, e Rama sentou-se, em companhia de Bharata, perto da casa. Todos os kosalas se aproximaram em silêncio. Observaram os dois sentados e se puseram a imaginar: "Que lhe dirá Bharata?"

Bharata ergueu a mão e disse:

"Rama, que a paz esteja contigo: recuso a propriedade e a posse do reino de Kosala. Não temos rei. Volta para Ayodhya com essa gente. Ficarei aqui em teu lugar."

"Creio que um pai pode dividir sua herança como bem entende", disse Rama, "e os filhos, seguramente, lhe obedecerão. Bharata, a palavra não quebrada de um homem é como uma tigela de vidro claro; depois de espedaçada, ninguém mais consegue restaurá-la, por arte alguma. Preciso fazer o que declarei que faria, isto é, ficar aqui durante catorze anos."

"Tua ausência já parece insuportavelmente longa", disse Bharata. "O Pai morreu logo depois que partiste. Agora venho procurar-te. Uma esposa deve amar o marido mais até do que mil belos filhos. A nobre Sita merece viver num palácio. Que coisa feia fez ela, porventura, alguma vez? O filho mais velho precisa ser rei. O Pai morreu desejando que fosses feliz, lembrando-se de ti."

"Manter a palavra dada, Bharata...", disse Rama, "é mais importante do que os costumes kosalas. Não tenho tempo para reinos, Bharata. Não tenho tempo para nenhuma coisa inútil. Não é do meu feitio fazer o trabalho de outros. Nosso pai Dasaratha era um muro de Dharma, como uma montanha. Descobriu-se, afinal, que a Morte faz parte de toda a vida, e nunca poderemos escapar-lhe, e a Morte não muda uma promessa feita. No fim da vida, quando se queima este corpo, o homem segue o caminho de Brama se tiver vivido bem; toma um bom caminho, bem trilhado pelos homens do passado, e, olhando para trás, para a família que deixou, não merece ver filhos insensatos desprezarem suas últimas vontades."

"Volta para casa", disse Bharata. "Os homens perdem o juízo à proporção que a Morte se aproxima. Rama, por que hão os homens de sofrer a ignorância? A ignorância destruirá, sem dúvida, as muitas bondades de um pai e os sofrimentos de uma mãe. Por que gastamos nossa comida para fazer oferendas pelos mortos? Acaso os mortos comem? A quem alimentamos? Pequenos animais devoram tudo. Regras cegas dessa natureza estão erradas, Rama. Compromete a tua alma com a felicidade. Os homens nascem para a alegria. Não faças do ócio o teu guia, mas não sigas o desconforto. Pratica atos corretos, esquece-te de dizer sempre as palavras certas. Andando de terra em terra, poderemos descobrir esposas e encontrar amigos. Mas nunca mais arranjarei outro irmão."

"A primeira traição pode ser fácil ou difícil", disse Rama, "mas à primeira traição as outras logo se seguirão. O coração, Bharata... atenta para o teu coração e não o sufoques. Lá vive a alma, clara, nunca manchada, vendo tudo o que fazemos ou tencionamos fazer. Assim, deixa que o homem fique em silêncio e encontre o seu coração. Esta é a única salvação segura. De que te servirão um castelo, um palácio ou uma grande fortaleza de pedra que não te defendam do Tempo? Visto que viemos juntos, nossa separação, algum dia, será inevitável. Enquanto estivermos juntos, como dois homens durante a vida, guardemos a Verdade."

"É verdade que as noites que já passaram não voltam", disse Bharata, "e cada dia nos encurta a vida. Creio, porém, que algumas coisas duram. O amor, sem dúvida, perdura além da nossa curta vida. Todos os reis de Ayodhya amaram a sua cidade. Nossos pais deixaram Ayodhya brilhando, pura e branca, em sua fama e glória. Agora a cidade está miserável: é um lago infeliz sem serpente que lhe sirva de guarda, desprotegida, arruinada, à deriva e perdida, como um navio abandonado ao furor dos mares."

"A Morte faz companhia ao homem", disse Rama, "e, depois de acompanhá-lo por longo percurso como um amigo querido, volta com a sua alma. O homem fica com cicatrizes e feridas, seus cabelos se agrisalham, sua força se vai e a memória lhe foge; ele parece não conhecer nem mesmo os filhos. A vida passa como um rio que flui sem parar, que nunca está quieto, que nunca retorna. A vida é mutável como o relâmpago que relumbra, um padrão de tão pouco sentido quanto aquele, e impermanente. Onde podemos viver por muito tempo? A vida é brilhante e colorida por um momento fugaz, como o pôr do sol. Depois se vai, e quem pode impedi-la de ir-se? Por conseguinte, Bharata, já que estás nesse corpo perigoso, deplora tua própria condição. Pranteia o teu eu e não lamentes mais nada."

"Oh, Rama", disse Bharata, "reinos passam sobre ti, mas estás calmo. Conheces a alma misteriosa e a vida onde ela nada. O Sol da vida do pai primeiro se atenuou e depois se pôs, concluída a jornada, e a Noite enceta o seu curso. A Noite, então, não tem estrelas, depois a água se congela, e a nossa Cidade é como uma formosa mulher desamparada. Vim ver-te, pede-me o que quiseres."

"Dizes que me amas", disse Rama. "Não queres esperar?"

"Sim."

"Isso me fará muito feliz, Bharata."

Quando os kosalas souberam que Rama ficaria na floresta, sentiram-se orgulhosos e tristes. Sentaram-se na terra e disseram:

"Bem-dito! Bem falado! Chamamos a isso excelente, bem-feito, bem-feito!"

"Dá-me as tuas sandálias", disse Bharata.

Rama descalçou as sandálias de sola de madeira, pintadas de flores coloridas. Bharata pegou-as.

"Rama, és o verdadeiro rei. Voltarei, governarei Kosala em confiança a ti durante catorze anos, e tuas sandálias estarão no trono. Se eu não te vir no primeiro dia depois dos catorze anos, entrarei numa fogueira e morrerei."

Bharata voltou sobre seus passos. Em Kosala colocou as sandálias na cabeça do elefante de sorte do rei. Satrughna trouxe o trono real de Ayodhya e deixou-o na aldeiazinha de Nandigrama, nas circunvizinhanças. Vasishtha levou todos os sinais de realeza a Nandigrama, e para lá Bharata conduziu o elefante.

Bharata pôs as sandálias de Rama no trono aurirrubro de Ayodhya. Sobre elas estendeu o guarda-sol de seda branca com varetas de ouro e o leque branco de cauda de iaque, de prata e esmeralda. Bharata e Satrughna vestiram mantos de cascas de árvores e sentaram-se aos pés do trono.

Todos os dias, os ministros e nobres de Kosala saíam de Ayodhya envergando cascas de árvores, como eremitas. Inclinavam-se diante das sandálias de Rama como diante de um rei. Os guerreiros vestiam-se como santos vagamundos à procura do Senhor, esmolando pelo caminho. As sandálias de Rama permaneciam imóveis quando se fazia justiça perante o trono, mas se algum caso fosse mal julgado, batiam rapidamente uma na outra suas sonoras solas de madeira.

Em Ayodhya, arautos enrolaram as brilhantes bandeiras de seda. Por catorze anos se fez silêncio na Bela Ayodhya e não se ouviu nenhum som de alegria nem de saber. Por muitos dias o Sol se cobriu de nuvens à conta da tristeza profunda do céu. Os músicos arrancaram as cordas dos alaúdes e não tocaram música nenhuma, porque não havia música na floresta em que Rama se encontrava. Os kosalas tiraram as rodas dos carros e iam a pé aonde tinham de ir, porque Rama não tinha um e era obrigado a andar a pé nas matas. Só as mulheres de Ayodhya ainda usavam flores, roupas finas e adornos, porque Sita fora para a floresta vestida no rigor da moda. Os jardineiros conservavam vivos os jardins de Ayodhya e regavam as flores dos jardins suspensos na encosta do morro por onde se ia ao palácio vazio de Ayodhya.

Ayodhya era como as lagoas à beira-mar quando a maré baixava. Onde antes as ondas haviam espumado e troado sobre as pedras, agora nas lagoazinhas só havia minúsculas e silenciosas ondulações, provocadas pela brisa que vinha do mar. Ela semelhava uma égua morta na guerra; agora morta e, todavia, no instante anterior, viva e forte, em movimento e atacando.

A companheira de um jovem touro não comerá o capim sem ele ao seu lado. No verão, um curso d'água acaba secando. A água se aquece, os animais emagrecem e os peixes morrem. No inverno, as cheias afogam pequenas criaturas. Após muitos anos, um bambu floresce uma vez e depois fenece.

Talvez sejamos os brinquedos do Destino. Não podemos respirar sem tirar vidas. Enquanto conversamos aqui, somos a causa da morte de um sem-número de vidazinhas. Devemos ter deixado ir, amiúde, velhos corpos, como se trocássemos roupas antigas por novas. Podemos ter morrido mais vezes no passado do que todas aquelas em que adormecemos desde que nascemos, quando temos doze anos.

Espera o momento. De que serve a impaciência?

Rama andou descalço pelo resto do exílio. Achava Chitrakuta ainda muito próxima de Ayodhya. Certa manhã, logo depois de Bharata haver chegado e partido, Rama, Sita e Lakshmana tomaram o rumo das montanhas Vindhya, ao sul, no meio de florestas. Mais tarde, naquele dia, chegaram a um lago alimentado por nascentes, com praias de macias areias brancas, à sombra de árvores.

Havia flores aquáticas, vermelhas, amarelas e azuis, e verdes folhas aquáticas, e roliços peixes de prata nadando, tudo estendido como um cobertor de elefante de muitas cores. Havia grous e martins-pescadores e tartarugas flutuantes, e cisnes e sapos e gansos cor-de-rosa. Rama, Sita e Lakshmana se detiveram e ouviram o som de cantos e música que vinha de dentro d'água. Ouviram risos e tambores, o tinir de campainhas de tornozeleiras e o despejar de vinhos, mas o lago estava claro e não viram ninguém.

Entraram por um atalho de relva verde e descortinaram uma casa e um casal de velhos sentados diante dela; à luz tardia do Sol o brilho do poder de Brama se destacava como um halo ao redor dos dois. Aquela era a casa de Atri, um dos sete santos mais antigos dos três mundos, e de sua esposa Anasuya. Aquela era a sua casa terrena; no céu, Atri vive numa das sete luzes do Urso no firmamento.

Atri deu as boas-vindas a Rama e a Lakshmana, e Anasuya sorriu, levantou-se e levou Sita para um lado. Rama inquiriu:

"O que é aquele maravilhoso lago pelo qual passamos?"

Atri explicou:

"Aquele é o Lago das Cinco Apsarasas", explicou Atri. "Há muito tempo, o eremita Mandakarni estava lá, ao lado de uma pequena poça de água da chuva, vivendo apenas de ar. Quanto mais ele assim vivia, tanto mais aumentava o tamanho da poça. Logo se viu à beira de um lago. Olhando o céu, Indra percebeu que Mandakarni não demoraria em afogar a Terra. Mandou cinco formosas apsarasas deterem-no. Mandakarni viu as cinco dançarinas, todas ligeiras como o relâmpago, e modificou a sua vida. Casou com todas elas e construiu uma casa invisível dentro da água do lago. Ele conquistara méritos suficientes para manter-se sempre jovem. Mandakarni vive ali muito feliz, e suas cinco esposas fazem tudo para agradar-lhe. Quando bebem, festejam e dançam, podemos ouvir-lhes as campainhas de dança e as canções agradáveis e, às vezes, as palavras de asas bonitas, e até sentir o odor dos seus cinco perfumes celestes."

Anasuya sentou-se à parte, junto de Sita. Muito velha, tinha cabelos ralos e brancos, e o corpo lhe tremia de velhice, qual folha ao vento.

"Sita", disse ela, "contigo Rama poderá ter algum prazer na floresta."

"Ele é o meu homem", disse Sita.

"Que posso fazer por ti?", perguntou Anasuya, cujo nome quer dizer 'bondade'. "Aceita um presente para agradar-me."

Anasuya abriu uma caixa, e dela retirou uma grinalda de rara beleza, que nunca murchava, e colocou-a sobre a cabeça de Sita, ao lado do colar de conchas cor-de-rosa que Guha lhe havia dado. Em seguida, Anasuya deu a Sita ornamentos de ouro e prata que nunca se deslustravam e um jarro de creme de sândalo, que nunca se esvaziava.

Sita pegou os ornamentos e pôs de lado alguns dos enfeites anteriores, que usara desde a saída de Ayodhya, e disse:

"Estes são muito bonitos."

Sita estava surpresa e risonha.

"Eles a conservarão bela para sempre", disse Anasuya. "Oh, Sita, repara, o Sol se pôs. A fumaça que sobe do nosso lume está sendo tingida de vermelho pelos últimos raios de luz do dia. Árvores abertas parecem densas de folhas, nada pode ser visto à distância, e o veado do eremitério jaz ao pé dos altares. A Noite, decorada pelas estrelas e vestida de luar, já chegou, e o dia se foi do firmamento e da Terra. Fica esta noite conosco, querida Sita."

No dia seguinte, Rama, Lakshmana e Sita, que estava usando os presentes propícios, seguiram o seu caminho. Rumaram para oeste e um pouco para o sul, percorrendo toda a extensão das montanhas Vindhya depois de escalarem suas encostas setentrionais. Ali encontrou Lakshmana muitos lugares para construir uma casa. Eles passaram a viver num lugar durante três meses, ou oito meses, ou um ano, e depois se mudavam para outro. Assim procederam até transcorrerem treze anos do exílio de Rama, e já terem chegado ao fim da décima quarta e última primavera.

AQUI TERMINA O
SEGUNDO LIVRO DE AYODHYA.
AQUI COMEÇA O LIVRO DA FLORESTA.

SEGUNDA PARTE

•

O SALVAMENTO DE SITA

OM!

Inclino-me diante do Senhor Rama,

Diante de Sita, de formosa fortuna;

Saúdo Hanuman, o Macaco.

E a deusa Saraswati

JAYA!

Vitória!

A floresta Dandaka

Estava se apropinquando o décimo quarto verão quando Rama, Sita e Lakshmana transpuseram as montanhas Vindhya e começaram a descer-lhes as vertentes meridionais. Certo anoitecer, depois de muito caminharem, entraram num grande bosquete de árvores, onde muitos cursos claros d'água lhes cruzavam o caminho. Havia fumaça de lenha no ar, e Rama disse:

"Estamos chegando à casa de Agastya, o brâmane que abaixou as montanhas Vindhya, destruiu dois demônios e instalou-se aqui".

"Como foi que ele fez isso?", perguntou Sita.

"Embora seja um homem pequeno", respondeu Rama, "Agastya faz com facilidade o que é impossível até para os deuses."

Ouve, Sita...

Há muito tempo, as montanhas Vindhya invejavam o Himalaia e, com a inveja, começaram a erguer-se cada vez mais alto. Disseram, então, ao Sol e à Lua:

"Fazei agora um círculo ao meu redor, pois sou o novo centro do mundo!"

O Sol e a Lua não quiseram fazer isso. Continuaram girando em torno da áurea montanha Meru, no Himalaia. Mas Vindhya continuou a subir, até que os seus picos bloquearam os céus. Surya, o Sol, não podia passar para o sul. As estrelas e a Lua estavam bloqueadas, e as nuvens de chuva e o Vento não podiam ir aonde queriam.

Agastya veio caminhando do norte. Chegou aos contrafortes de Vindhya e viu que esta se tornara intransponível. Não havia trilhas, e as montanhas estavam perdidas em nuvens frias. Agastya pediu a Vindhya:

"Ó tu, que és a melhor das montanhas, preciso ir para o sul por algum tempo. Deixa-me passar e voltar outra vez".

"Passa, brâmane", assentiu Vindhya.

Inclinou-se profundamente diante de Agastya, e as montanhas decresceram até chegar à altura atual, bem abaixo dos caminhos do céu.

"Não tornes a subir enquanto eu não te houver cruzado ao regressar", disse Agastya.

E instalou-se aqui, ao sul dos picos da montanha; nunca mais voltou para o norte, e Vindhya, que lhe obedece, ainda espera Agastya, com a cabeça profundamente inclinada.

A partir de então puderam os homens cruzar as montanhas e viajar por aqui, mas foram perseguidos por dois irmãos demônios, chamados Vatapi e Ilwala. Ilwala tomou a forma de um brâmane e, falando em linguagem refinada, convidava todas as pessoas que encontrava a comerem com ele, e conduzia o hóspede a uma pequena cabana erguida na orla de uma mata.

Dentro da cabana, na cozinha, Vatapi assumia a forma de um carneiro, e Ilwala cozinhava o irmão e servia-o fora da cabana; depois que o conviva tinha comido o carneiro, Ilwala dizia:

"Sai. Sai berrando!"

E Vatapi, berrando como um carneiro, saía do corpo do viajante, rasgando-o, e matava-o; em seguida, Vatapi e Ilwala extraíam o sangue do cadáver e bebiam-no.

Dessa maneira, destruíram nove mil homens. Uma noite, porém, Ilwala se encontrou com Agastya, levou-o para casa e serviu-lhe o jantar. Embora fosse um homem pequeno, Agastya comeu até o último pedaço do carneiro assado e permaneceu sentado, estalando os beiços e sorrindo.

Defronte dele, Ilwala respirou fundo e disse:

"Sai. Sai berrando!"

Nada aconteceu. Agastya lavou as mãos numa tigela de água e olhou para Ilwala.

"Cuidado com o apetite do Dharma!", disse ele. "Digeri o teu irmão. Mandei-o para a Morte como o meu delicioso e bem cozido jantar.

As unhas dos dedos de Ilwala mudaram-se em garras azuis envenenadas. Mas com um olhar abrasador dos seus olhos, Agastya queimou-o e matou-o, no instante em que ele saltou. Queimou-o com um olhar que expedia fogo de verdade e chamas reais.

"Já encontramos outros habitantes de florestas", disse Rama, "mas nenhum como Agastya. Ao norte vive o Senhor Shiva, ao norte estão as montanhas Himalaia e o monte Meru, centro do mundo, e a montanha Kailasa, toda de prata, e todos os tipos de peso, e Agastya, sozinho, pelo simples fato de viver aqui no sul, impede a Terra de tombar. Ele é muito poderoso, e a pessoa mais pesada que existe.

"Lakshmana", disse Rama, "vai na frente, sozinho, saúda Agastya e dize-lhe que estamos aqui."

Lakshmana encontrou Agastya coberto com um manto feito de cascas de árvores, amarrado com um cinto de trepadeira, sentado na relva sagrada cortada, azul como o lápis-lazúli, com os pés cruzados e dobrados sobre os joelhos, como se estivesse afugentando algum mal.

"Ordena o que Rama e Sita devem fazer agora", disse Lakshmana.

"Estive pensando em Rama", disse Agastya, olhando agudamente para Lakshmana. "Depois de muito tempo, por felicidade, Rama veio ver-me. Onde está ele? Faze-o entrar em minha casa. Por que não o trouxeste?"

Rama e Sita passaram perto das pedras chatas onde os reis nagas dos mundos subterrâneos e os deuses do céu vinham sentar-se para conversar com Agastya. Este se levantou, cortejou-os e propôs:

"Sentai-vos e jantai comigo. O hospedeiro que não alimentar os amigos comerá a própria carne no outro mundo, exatamente como a falsa testemunha".

Serviu a Rama, Lakshmana e Sita um jantar de flores edíveis e bulbos, que os deixaram sem o menor resquício de fome.

Depois de comerem, Agastya disse:

"Rama, deixa-me ver o teu arco".

Rama estendeu-lhe o arco que trouxera de Ayodhya para usar na floresta. Agastya olhou para ele e pô-lo de lado.

"Está com defeito", afirmou, "porque o homem que o fez se achava, na ocasião, metido num caso com a mulher de outro homem, e sua mente não se sentia à vontade."

A casa de Agastya ficava ali perto. De dentro dela Agastya trouxe um arco comprido e uma aljava coberta, e deu o arco a Rama. Reforçado com diamantes e chapas curvas de ouro, o arco tinha o bojo liso e pintado de cores iguais às do Arco da Chuva de Indra. Trazia as pontas cobertas de ouro e uma corda inquebrável.

Em seguida, Agastya abriu o carcás e tirou de dentro dele tudo o que continha: duas setas feitas de longas hastes de relva e aspadas com penas de abutre, uma folheada de bronze e a outra folheada de prata. Deu a seta de prata a Lakshmana e a de bronze a Rama.

"Rama dos Carros de Guerra", disse Agastya, "aceita este arco de som doce em troca do teu velho arco, e aceita esta seta. Um dia, encontrei essas coisas na floresta. Creio que caíram do céu, talvez durante a confusão do ataque de Ravana, muitos anos atrás. O arco suportará melhor o peso das armas que Viswamitra te ensinou, e as lâminas das setas nunca precisaram ser polidas nem aguçadas. Desse modo, tenho para mim que podem ser infalíveis, se forem arremessadas pela pessoa certa..."

O anoitecer mudou-se em noite, e Lakshmana fez uma fogueira.

"Rama", disse Agastya, "ao redor da minha casa, de todos os lados, todas as águas são claras. Vive aqui comigo. Veados inofensivos frequentam estas matas, enfeitiçando as pessoas pela sua beleza. Tirando isso, não há ameaça aqui."

"Lakshmana caçaria os veados confiantes para comermos", disse Rama, "e isso te causaria pesar. Não podemos ficar."

De manhã, Agastya conduziu Rama a uma projeção das montanhas, bem no alto da encosta que dava para o sul. Debaixo delas terminavam as montanhas Vindhya e os jângales secos e sedentos da floresta Dandaka estendiam-se para o sul, até onde a vista podia alcançar.

"Estamos longe de Lanka", disse Agastya, "mas a orla de Dandaka é a fronteira do reino rakshasa na Terra. Em sua maior parte, Dandaka é um imenso deserto. Não conhece outro senhor senão Ravana. Quem quer que se aventure por lá só poderá contar com sua própria proteção. Oh! Rama, Ravana, o rei-demônio, julga-se dono do universo; que são os homens para ele? Os prazeres perturbam-no, e ele despreza os homens, a não ser como comida, fracos e imprestáveis. Os homens, cercados pelo acaso e pelo perigo, não distinguem o certo do errado. Suas vidas são curtas e miseráveis. São presas da fome e da sede, da doença e da velhice. Males intérminos os assoberbam. Contempla o homem, ignorante dos próprios caminhos no mundo... às vezes bebendo alegremente e dançando, às vezes chorando cegamente, lavado em lágrimas.

"Catorze mil veteranos rakshasas guarnecem Dandaka, comandados pelo general-demônio Khara. Mais para o sul, eles têm um posto do exército num bosquete de cardos, cercado de torres de vigia, feitas de pedra. E, na selva, sentinelas gandharvas, enviadas pelos deuses, vigiam nas árvores. Serpentes se arqueiam e curvam, vindas de buracos debaixo da terra, guardas do Senhor da Água, Varuna. E rodopiando e lampejando na noite, estão os yakshas, colocados como sentinelas pelo Rei do Tesouro, Vaishravana. Todos os deuses temem que Ravana invista ainda mais contra eles e envie demônios para reforçar-lhe o império maléfico."

"Eu não sabia que havia algum lugar na Terra que Rama e Lakshmana não pudessem visitar livremente", disse Rama.

"Revida-lhe os golpes", disse Agastya. Rama sorriu.

"Ainda tenho um ano para peregrinar."

Voltou-se e olhou para trás, para o eremitério de Agastya. Aquele bosquete de árvores e aquela casinha poderiam tirar qualquer cansaço do corpo ou do coração. Nenhum rakshasa seria capaz de entrar ali.

"Ainda existem uns poucos lugares agradáveis cá e lá em Dandaka", disse Agastya, "mas o resto está infestado de demônios bebedores de sangue. Toma cuidado, sobretudo à noite. Se não deixares que os rakshasas te apanhem desprevenido, eles não poderão vencer-te. Se os avistares, evita-os ao caminhar." Agastya abraçou Rama. "Este é o caminho. Tomo-o, às vezes, por um pequeno trecho, a fim de colher gravetos. Rama, os demônios não amam os homens, por isso os homens precisam amar-se uns aos outros."

Rama, Sita e Lakshmana, com o novo arco, as duas flechas novas, presentes de Agastya, e as que tinham trazido de Ayodhya, desceram a montanha e entraram em Dandaka. O Sol matutino, como um novo-rico, brilhava com excessivo orgulho sobre a floresta. Eles deixaram para trás Vindhya de mil cimos com suas cavernas de leões e fontes que caíam, e seus rios de cristal, que riam alto ao fluir pelas vertentes.

As árvores de Dandaka se diriam colunas de madeira e tinham galhos retorcidos como os corações tortos dos homens maus. Suas folhas eram quebradiças e secas. No ar ondulado e quente soprava um vento queimante; imensos matacões acalorados devolviam o calor, e pedaços encrespados de cascas de árvores, caídos no chão da floresta, crepitavam à proporção que o sol ia ficando mais abrasador.

Toda Dandaka rangia sob o calor, avisando os homens para que se afastassem. O chão irregular, sem pegadas e deserto, era coberto de moitas vermelhas de carrapichos e macegas, que gritavam quando pisadas. Toda lagoa que Rama, Lakshmana e Sita avistavam tinha a cercá-la linhas ondulantes e gramíneas escurecidas, mostrando o quanto a água retrocedera. O vento soprava às rajadas, e eles ouviam gritos das linhas de caniços mortos que assobiavam, curvados pelo vento. Dandaka estendia-se diante deles, temível, selvagem e vasta.

Passando por tocos e troncos, Lakshmana conduziu-os ao interior daquele ermo de arrepiar os cabelos, e Dandaka foi ficando cada vez mais profunda, mais densa e mais cheia de grilos barulhentos e monótonos, e abutres empoleirados em galhos nus. Depois, ao meio-dia, viram os oitenta e quatro mil santinhos valakhilyas da mata. Eram menores do que a unha de um polegar, flutuavam no ar, bebiam em raios de sol e pareciam partículas de pó ao sol.

Dirigindo-se a Rama, disseram:

"Oh! filho, somos mansos e modestos. Isto aqui é apavorante e solitário. É uma tristeza viver aqui. Os rakshasas rondam à noite à procura de carne. Eles obscurecem a escuridão, como se fossem esmagar as montanhas. Precisamos suportar os demônios e sujeitar-nos a eles. Temos visto montanhas de ossos das vítimas que eles trucidaram, ossos brancos, Rama, ossos brancos..."

"Deixai-me simplesmente caminhar pela floresta", disse Rama. "Dai-me a vossa permissão para ver quem me deterá."

"Vemos a tua força", disseram os valakhilyas. "Liberta esta vetusta floresta, livra-nos dos Nômades da Noite."

Rama respondeu aos santinhos:

"Extraviei-me do Dharma dos guerreiros e isso aconteceu enquanto eu estava perto de vós."

"Nós nos escondemos dos rakshasas de Lanka", disseram os valas, "que andam por toda parte em Dandaka, na forma de hediondos cadáveres carbonizados saídos de algum solo de cremação. Eles se precipitarão sobre ti, Rama. Golpear-te-ão pelas costas com armas desleais."

"Se nos atacarem durante o dia ou durante a noite", disse Lakshmana, "nós os perseguiremos e os mataremos a todos."

"Oh!", disseram os valas, "Lakshmana e Rama são como a Lua; não podem suportar-vos. Mais do que ninguém se indignarão convosco: segui o vosso caminho e estai atentos." Os valakhilyas se agruparam no ar. "Oh! Rama, somos pacíficos. Não sabemos... acreditamos... acreditamos que a guerra é melhor do que o medo, se quiseres travá-la por nós..."

Rama, Sita e Lakshmana deixaram os valakhilyas e rumaram para o sul por algum tempo, e Sita disse:

"Não somos gente da floresta. Não carregues a guerra contigo; quando tornares a Ayodhya serás novamente um guerreiro. Não deixes que o desejo te faça agir mal, não mates demônios (sem causa para a guerra). Ouvi dizer que o Senhor Indra, quando inveja o mérito conquistado por um asceta, toma o disfarce de um guerreiro, entra na floresta, deixa a sua bela espada com o eremita para que se proteja, e vai embora. Assim, o asceta guardará consigo uma espada afiada apenas para matar homens. Depois, começará a trazê-la consigo quando sair de casa. Depois, um dia, a sacará. E matará."

"Não começarei guerra nenhuma", disse Rama.

"Como podes dizê-lo?", perguntou Sita. "Livra-te das setas de Agastya. Depois de todos esses anos, não precisamos delas para caçar a nossa comida, e elas se destinam tão só a matar demônios. Não carregues a guerra contigo, ou, aos poucos, tua mente se alterará."

"Princesa", disse Rama, "a guerra está dentro de nós. Não é nada que vem de fora. Nenhum guerreiro descura das suas armas. Nunca abre mão delas. É uma vergonha para mim que aqueles santos procurem a minha proteção, que deveria ser deles sem que ma pedissem. Sita, enquanto pode, o guerreiro, como os outros homens, desfruta a paz, mas o infortúnio e o perigo levam-no a inflamar-se de cólera e resistir."

"Como podes dizer o que é certo?", volveu Sita. "Só fazes o que te apraz."

"O Dharma conduz à felicidade", disse Rama, "mas a felicidade não pode conduzir ao Dharma. Há uma razão para tudo isso. Os valakhilyas têm grande poder e, no entanto, nada têm feito contra Ravana. O rei-demônio há de ter, seguramente, alguma forte defesa que não pode ser quebrada pelo mérito deles, pois, a não ser assim, eles, sozinhos, destruiriam com facilidade todos os soldados de Khara sem sofrer a menor baixa."

"Quem é esse povo minúsculo?", indagou Sita.

"Ninguém se lembra de quando nasceram", replicou Rama. "Flutuam no ar todos juntos, como uma nuvem formada por raios de luz, e, de uma feita, utilizando apenas um pouco do seu poder, criaram o Rei dos Pássaros, Garuda."

"Como nasceu Garuda?", perguntou Sita.

"Garuda é a montaria de Narayana", respondeu Rama, "e vive com ele num grande céu, muito acima de Indra e dos deuses menores. Carrega o Senhor Narayana nas costas e nunca se cansa."

Ouve...

Kashyapa é como Atri. É outro dos sete sábios de antanho que vivem na constelação do Urso. O primeiro Indra e seis dos deuses eram seus filhos. A mãe deles, Aditi, recolheu-se aos céus infinitos. Ela é a deusa do Universo ilimitado que continua, livre para sempre.

Kashyapa tomou duas outras esposas e planeou um sacrifício para que elas lhe dessem filhos. Indra ajudou-o a prepará-lo e ofereceu-se para trazer a lenha, e os santos valakhilyas prometeram fazer o mesmo.

Desse modo, Indra estava voando pelo ar, carregando grandes cargas de madeira. Olhou para baixo e viu todos os milhares de valakhilyas caminhando pelo chão e cambaleando ao peso de uma folha seca, arrastando-a ao redor da água represada na concavidade produzida pela pata de uma vaca. Os pequeninos valas viram-lhe a sombra, ergueram a vista e disseram uns aos outros:

"*Ele não ajudará. Ele não nos ajudaria!*"

Os valas puxaram a folha para um lado, esmigalharam-na e lhe atearam fogo, no mesmo lugar em que estavam, e cantaram:

"*Deixá-lo vir. Deixai vir um Indra melhor!*"

Indra os ouviu cantar. Voou para Kashyapa e disse:

"Os valakhilyas querem substituir-me por outro Rei do Céu. Quero a tua proteção."

"Não temas", disse Kashyapa.

Kashyapa encontrou os valas cantarolando ao pé da sua folha fumegante e disse-lhes:

"Triunfo".

Eles brilharam de prazer:

"*Como dizeis, como dizeis.*"

"Não façais outro Indra", disse Kashyapa, "mas fazei, em vez disso, alguém diferente."

"*Muito bem, Senhor.*" A folha estava toda queimada. Das cinzas os valakhilyas tiraram duas sementes. "*Para vossas esposas; filhos para vós, portanto.*"

Kashyapa voltou para casa. Disse a Indra:

"Não zombes de gente humilde".

Deu uma semente a sua esposa Vinata e uma semente a sua esposa Kadru, e elas as engoliram. Feito isso, Kashyapa saiu de casa para ficar sozinho nas montanhas.

Um ano depois Vinata deu à luz dois ovos, e Kadru desovou mil. Elas puseram cada ovo em seu próprio jarro de manteiga quente. Em seguida, colocaram os jarros ao relento, ao sol e à chuva, de dia e de noite. O tempo passou. Volvidos quinhentos anos, todos os mil ovos de Kadru produziram bebês nagas, mas os dois filhos de Vinata continuavam nas respectivas cascas.

Vinata não aguentou esperar por mais tempo. Abriu um dos jarros, retirou o ovo que estava dentro dele e quebrou-lhe a casca. No interior do ovo encontrou seu filho Aruna, vivo mas não inteiramente formado. Não tinha pernas e todo o seu corpo era translúcido. Aruna recomendou à mãe que não perturbasse o outro filho nos quinhentos anos seguintes, e voou para o céu. Tornou-se auriga de Surya, o Sol. A claridade da aurora brilha bem através da pele e dos ossos de Aruna, e por isso a aurora é rubra, quando ele dirige primeiro o carro do Sol todas as manhãs pelo seu caminho.

Vinata deixou que o segundo filho saísse da casca sozinho. Kadru, todavia, julgava-se melhor do que Vinata, pois tinha muito mais filhos do que ela e todos já nascidos. Por essa razão fez uma aposta e trapaceou para ganhá-la. Há muito tempo, o Oceano foi revolvido vigorosamente e passou de leite a água salgada. Muitas coisas se criaram daquele revolver, e uma delas foi o Rei dos Cavalos, chamado Uchchaih-Sravas, um garanhão todo branco. Pertencia a Indra, mas, durante aqueles anos, foi-lhe permitido vir pastar na Terra, e Kadru e Vinata viam-no amiúde de pé numa montanha.

Kadru apostou com Vinata que o cavalo não era todo branco, e cada uma delas concordou em tornar-se escrava da outra se perdesse a aposta. Kadru fez então os seus mil bebês transformarem-se em fios negros de cabelo e esconderem-se na cauda do cavalo, e Vinata perdeu a liberdade.

Garuda nasceu do segundo ovo. Forcejou por sair da casca e se pôs a sorver a luz do Sol. Poucos momentos após o nascimento, era um gigante. Garuda virara uma águia imensa, com penas de ouro no corpo e penas vermelhas brilhantes nas asas. Tinha cabeça, asas e garras de águia, mas tinha também braços e mãos de homem e seu torso era humano, embora recoberto de penas de ouro.

Garuda olhou em derredor com os olhos redondos e amarelos. Viu que sua mãe, Vinata, fazia todo o trabalho pesado e servil, usava roupas esfarrapadas e recebia restos de comida de cobras por único sustento, enquanto Kadru se refocilava no ócio e na preguiça.

Garuda perguntou à mãe por que era pobre e, quando soube da aposta, procurou Kadru e ofereceu-se para resgatar Vinata a qualquer preço.

Fazia muito tempo que as mil nagas haviam crescido. Todas se juntaram para confabular, quando Kadru disse:

"Existe no Céu de Indra uma taça de amrita, o néctar da imortalidade, tirado do mar de leite há muito, muito tempo. Traze-a para nós, que libertaremos tua mãe".

O prodigioso Garuda de penas claras abriu as asas, que se estenderam no céu como se fossem um vento. Garuda voou para as montanhas a fim de ouvir a opinião de seu pai Kashyapa.

Kashyapa sentiu-se feliz ao ver o filho. E disse-lhe:

"Meu filho, come alguma coisa antes de tentares voar para o céu e roubar a amrita de Indra. Mas nunca devores um homem. Lembra-te sempre disso".

"Sim, Pai."

Kashyapa continuou:

"Há um grande lago atrás desta montanha", continuou Kashyapa. "Ali vivem dois animais enormes, que estão sempre brigando: uma tartaruga, cuja carapaça tem dez léguas de circunferência, e um elefante de seis léguas de altura. São dois homens renascidos, dois irmãos que prolongam, em formas animais inferiores, sua briga insensata por causa de uma herança, que começou quando eram homens."

"O que foi que eles herdaram?", perguntou Garuda.

"Creio que foi dinheiro. Vai comê-los, filho."

"Pai, o que é dinheiro?"

"Dinheiro...", Kashyapa sorriu para o filho. "Dinheiro é... é... na verdade, dinheiro não é nada."

"Sim, Pai. Pai, que é uma légua?"

"Um dia de trabalho com uma junta de animais. Mas não te esqueças: nunca comas um homem. O homem é o Senhor de todos os animais. Se engolires um, ele se converterá em fogo, ou em veneno, ou em navalha. Vai, agora, com a minha bênção e busca a tua fortuna."

"Adeus", disse Garuda, piscando os olhos.

Voou para cima e logo mergulhou na direção do lago. Os animais estavam brigando, como sempre. O elefante tentava puxar a tartaruga para a praia, e a tartaruga tentava arrastar o elefante para baixo d'água e afogá-lo. Havia séculos que andavam fazendo a mesma coisa, aborrecendo todas as montanhas com os seus gritos e gemidos.

Garuda pegou um animal em cada garra e voou bem alto com eles, procurando um lugar onde pudesse descer para comê-los. Na praia ocidental, viu uma antiquíssima figueira-brava de Bengala, um de seus ramos se estendia por sobre a água. O ramo era tão robusto que se fariam mister dez mil couros de boi, amarrados uns nos outros, para dar-lhe a volta, e se estendia acima do oceano por uma distância de cem léguas.

A velha árvore olhou para cima e gritou para Garuda:

"Senta-te no meu magnífico galho".

Garuda pousou no galho, mas o seu peso quebrou-o. O galho rachou perto do tronco e começou a cair no mar. Enquanto ele caía, Garuda viu os santos valakhilyas pendurados nele de cabeça para baixo e todos juntos num enxame. Não sabia o que fazer, mas pensou que poderiam ser homens e que, portanto, lhe cumpria salvá-los, de modo que segurou o ramo cadente com o bico e tornou a voar para o alto segurando também os dois animais, que se estorciam.

Kashyapa não perdera de vista a primeira aventura do filho. Nesse momento, aproximou-se de Garuda no ar e gritou-lhe ao ouvido:

"Voa com cuidado, não vibres".

Deixou-se cair e dirigiu-se aos valas:

"Vitória para a luz. Perdoai meu filho, ele não vos viu".

"Oh, sim, Senhor, nós o conhecemos, nós conhecemos Garuda."

Os valakhilyas deixaram o poleiro e voaram para algum lugar. Kashyapa mostrou a Garuda uma montanha árida onde ele poderia deixar cair o galho. As grandes árvores da floresta curvavam-se, ondeavam e oscilavam como um trigal ao vento produzido pelas asas de Garuda, que deixou cair o ramo com um estrondo universal, sentou-se no topo da montanha, comeu o desjejum e sentiu sua força duplicar-se.

Garuda voou para o céu, batendo lentamente as asas. No céu, o trono de mármore amarelo de Indra ficou tão quente que ninguém podia sentar-se nele. Seus trovões chiavam e chocalhavam, suas setas chocavam-se umas contra as outras e um vento seco se ergueu, cheio de poeira e de saibro.

Indra e Agni, o Deus do Fogo, foram até a porta do céu para ver o que estava acontecendo. Indra perguntou:

"Que é aquele fogo dourado brilhante lá embaixo? Estás tentando queimar-nos a todos?"

"Aquele fogo não é meu", retrucou Agni. "Aquele é Garuda, o Rei dos Pássaros, criado pelos pequeninos valas que escarneceste."

"Um *pássaro* sobrenatural?", disse Indra, sorrindo. "Isso é difícil de acreditar... por favor, vai saber o que ele quer, sim?"

Garuda pairava como um falcão, sobre as asas do vento de além, sem saber para onde ir. Agni vestiu uma capa de fogo e um capuz de chamas para manter-se frio ao aproximar-se de Garuda. Abaixo dele estavam o Sol e a Lua, e todos os céus estavam acima.

Agni cantou uma canção para Garuda:

"És os elementos da forma, és a luz da vida; Garuda que se move no céu, queremos tua proteção".

E disse:

"Garuda, estás fazendo o éter ferver e deformando os círculos precisos do Universo. Diminui a tua energia e fala comigo".

"Antes de fazer isso", respondeu Garuda, "preciso de um pouco de amrita."

"Espera um momento."

Agni voltou para junto de Indra.

"Dá-lhe um pouco do Néctar da Vida."

"Nunca", disse Indra.

"Nesse caso, ele o tomará", redarguiu Agni. "Ele é quente demais para ti."

"Pois sim! Só quero ver!", Indra tornou a olhar para baixo. "Ele não parece tão grande assim. Convoca todos os meus guerreiros!"

A amrita era guardada no interior do palácio de Indra, que postou, em torno do edifício, fileiras de guardas celestes; estes permaneciam intrépidos em suas couraças de ouro, rútilas como sóis. As lanças que seguravam começaram a fumegar e os machados que portavam despediam faíscas.

Garuda veio voando acima do horizonte do céu. Suas asas levantavam tanta poeira do chão do céu que os guardas não conseguiam ver coisa alguma, e os ventos que ele fazia sugaram-lhes o ar dos pulmões e eles desmaiaram. Atrás dos guardas, Garuda encontrou fogos alimentados por furacões. Garuda trocou de forma, e fez para si oito mil e cem bocas. Voou de volta à Terra e bebeu oito mil e cem rios, regressou ao Céu e apagou todos os fogos.

Em seguida, Garuda assumiu uma forma minúscula, com apenas uma cabeça, como antes. Entrou na casa de Indra e passou por uma rede de malha fina de elos de aço. Atrás da rede havia um bloco de diamante e uma passagem redonda, feita no bloco, que conduzia à amrita. Um leque de lâminas de espadas girava na passagem sem deixar espaço para alguém passar, mas Garuda atravessou-o com tamanha rapidez que ele não teve tempo de cortá-lo.

No fim da passagem havia uma sala onde se achava a taça de amrita, guardada por duas serpentes raivosas que não se afastavam dali. Essas serpentes tinham o hálito peçonhento, seu olhar petrificava o que estivesse na frente, e suas línguas eram pedaços elétricos de relâmpagos, que lhes estavam sempre entrando e saindo da boca.

Mas Garuda andou tão depressa que não foi visto. Passou pelas serpentes como um fantasma, pegou a taça de amrita e já estava atravessando a passagem em sentido contrário antes que as serpentes dessem pela coisa. Ao sair, golpeou o ponto morto do leque de espadas e arrebentou-o. Voou para fora, agigantou-se de novo e levou embora a única taça de amrita que já existira em todos os mundos, segurando-a com uma das garras.

Garuda apressou-se em voltar para a Terra, sem beber sequer uma gota de amrita. Narayana encontrou-se com ele no meio do caminho e, correndo tão depressa quanto o Tempo, os dois conversaram como se estivessem imóveis em terra firme.

Narayana, o Único Senhor, disse:

"Faço-te imortal e saudável para sempre, sem tomares nem um pouquinho dessa bebida. Colocar-te-ei acima de mim, na minha bandeira, sobre o meu carro".

"Senhor", respondeu Garuda, "eu vos carregarei nas costas sempre que quiserdes montar-me e levar-vos-ei aonde desejardes ir."

"Excelente, faço-te rei de todos os pássaros de todos os mundos, por todo o Tempo."

E Vishnu deixou-o.

Indra esteve escondido perto da Terra. Atirou um raio e atingiu o peito de Garuda. Com esse golpe, todo o conhecimento veio a Garuda. Ele ficou sabendo tudo o que já existira, tudo o que existia e tudo o que viria a existir; conheceu-o num instante.

Sita, ouve. Os raios de Indra são feitos dos ossos do gigante Dadhicha, antigo guerreiro, a pessoa mais forte que já viveu, alto como uma montanha. Todos os homens tinham esse tamanho nos dias em que Dadhicha nasceu.

Dadhicha apartou-se, um dia, dos outros e, sentado como um sábio, caiu em transe nas montanhas, e ali, como se estivesse adormecido, sobreviveu ao seu tempo. Seu corpo cresceu resistindo à ação do tempo, e assumiu o aspecto de pedra. Nunca se mexia e dava a impressão de ser outra montanha.

Ora, fazia anos e anos que Dadhicha estava desse jeito, quando os asuras moveram guerra a Indra. E começaram ganhando. Indra foi para as montanhas e, encolerizado, deu um pontapé na encosta de uma delas. Indra, porém, não estava numa montanha, estava em pé sobre Dadhicha.

O gigante descerrou os olhos, circunvagou-os pelos campos da Terra, viu ali os homens e os animais. E perguntou a Indra:

"*Como foi que os homens ficaram tão pequenos? Onde está o meu rei?*"

Aquela era uma voz do princípio do mundo. Indra não sabia nada, jamais conhecera tais homens, nem tal rei. E disse:

"Não sei".

"Quem és tu?", inquiriu Dadhicha.

"Sou Indra. Governo o céu. Em parte alguma de mundo nenhum vi um homem tão grande como tu, e tampouco ouvi falar de algum."

"Meu rei morreu por vós; sou Dadhicha", disse ele. "Meu povo passou para o outro mundo, foi-se, e eu o segurei. Por que viestes procurar-me, Indra?"

"Pensei que fosses uma montanha."

Dadhicha riu-se.

"Tanto pior para vós!"

Indra sorriu.

"Dormi demais", prosseguiu Dadhicha. "Eu devia ter morrido há muito tempo. Sinto falta do meu rei. Portanto, adeus, mas, como viestes até mim, ainda que por engano, não vos ides sem um presente, ou me deixareis irritado. De que precisais?"

"De um milagre", disse Indra. "Estou em guerra."

... antes que as serpentes dessem pela coisa.

"E perdendo", atalhou-o Dadhicha. "Quando eu morrer, pegai os meus ossos; eles estarão prontos imediatamente, pois invocarei os séculos que passaram por mim. Meu servo, o Tempo, me envelhecerá diante dos vossos olhos e podereis modelar-me os ossos, transformando-os em relâmpagos..."

Dadhicha principiou a envelhecer, e Indra, do ar, observava-o, assombrado. O gigante gritou:

"Estou indo, aqui estou eu! Oh! pela Terra Abençoada..."

Depois, nada mais ficou de Dadhicha além dos ossos. Indra chamou Viswakarman, e o Arquiteto Celeste transmudou-os em raios, modelando um osso com outro, pois eram as coisas mais duras que encontrara em toda a sua vida. Indra venceu a guerra e trouxe de volta a chuva.

Ora, em sinal de respeito pelos dias passados, quando aquele raio insuportável o atingiu, Garuda deixou cair uma pena. A pena de ouro revoluteou no ar, do tamanho de um escudo de guerra. Garuda olhou em torno para ver quem o golpeara.

Indra depôs os raios e saiu do esconderijo.

"Sejamos amigos", propôs o Senhor dos Deuses. "Sem dúvida podes fazer qualquer coisa... mas se não vais beber daquela amrita, por que não ma devolves?"

Garuda contou a Indra por que precisava da amrita e explicou:

"O meu trato é trazer a amrita, mas não prometi a ninguém um gole dela".

Desceu à Terra, e Indra seguiu-o, invisível.

Novamente em casa, Garuda disse a Kadru:

"Aqui está". Todas as mil nagas acudiram e apinharam-se em torno. "Agora liberta minha mãe para sempre."

"Ela está livre, ela está livre!"

As nagas trouxeram uma esteira de capim. Garuda colocou a Taça da Vida sobre ela. E dirigiu às nagas um olhar estranho.

"Que aconteceu? Que aconteceu?", perguntaram elas.

"É que... oh! creio que não é nada", respondeu Garuda.

"*Que é, que é?*"

"Bem", disse Garuda, "*eu* não beberia isto aqui como se fosse uma tigela de sopa, sem me lavar primeiro. Afinal de contas, é um tesouro."

"*Tens razão! Tens razão!*"

As nagas e Kadru saíram para lavar-se antes de provar a imortalidade. No mesmo instante, Indra se apossou da taça, e quando as cobras voltaram, a esteira de capim estava vazia. Ainda assim, elas lamberam o capim de bordas afiadas, na esperança de que alguma amrita tivesse sido derramada; e, desde então, as nagas têm a língua fendida.

"E o contato da taça que continha amrita também transmitiu o seu poder à nossa grama sagrada, que foi usada na esteira", disse Rama. "E a história é verdadeira."

"Mas...", disse Sita, sorrindo.

De repente, antes que ela pudesse dizer mais alguma coisa, um comprido braço vermelho e cabeludo surgiu ao lado das árvores, agarrou-a pela cintura e recolheu-se, segurando-a com força.

Rama e Lakshmana correram atrás dela. O braço que a retinha era tão comprido que eles não puderam ver de onde vinha; e, enquanto eles corriam, continuava a puxá-la para longe, à frente deles. Rama e Lakshmana seguiram correndo através de uma touceira densa de árvores escuras e espinhosas entrelaçadas de videiras mortas.

Quando eles saíram do meio das árvores, viram um rakshasa vermelho, de pé, segurando Sita. Era muito alto e empolgava-a à altura da cintura. Tinha o corpo todo coberto de pelos vermelhos e hirsutos, que apontavam para cima. Suas orelhas pareciam zagunchos e os olhos eram verdes e encovados. A boca ia-lhe de uma orelha à outra. Ele começou a uivar. Na outra mão segurava um espeto de ferro com o qual empalara três leões mortos, quatro veados e a cabeça ensanguentada de um elefante, que fitava em Rama e Lakshmana os olhos mortos e esbugalhados.

"Escória!", disse o rakshasa, que estendeu o braço outra vez e colocou Sita em cima de uma árvore. "Sou Viradha! Nenhuma arma pode matar-me! Viajais por aqui com uma esposa comum, homens sujos! Beberei o vosso sangue! Depois casarei com a moça!"

Ele adiantou-se. Lakshmana arremessou-lhe uma infinidade de setas, que ficaram espetadas em todo o seu corpo. Mas Viradha bocejou, e todas as setas se despegaram dele. Rinchavelhou, pegou Rama com um braço e Lakshmana com o outro, e afastou-se, carregando-os. Não tardou que perdessem Sita de vista.

Rama, então, quebrou o braço que o segurava, Lakshmana quebrou o outro e lançaram Viradha por terra, moendo-o com pancadas. Viradha rugiu e urrou até que Rama o manteve no chão, quieto, com um pé na garganta. Lakshmana cavou um buraco fundo, em que os dois atiraram Viradha, sepultando-o debaixo de pedras e matando-o.

Mas um gandharva do céu ergueu-se daquele túmulo, um formoso tambor vestido de sedas e prata, e disse:

"Oh, Rama, sou Tumburu, o Músico, Senhor". E sorriu. "O Senhor do Tesouro, Vaishravana, amaldiçoou-me, por eu haver saído do meu posto com uma apsarasa. Assim, o amor me colocou no corpo de um demônio e a violência libertou-me."

Havia música no ar. Uma dançarina sombriamente bela, vinda de algum lugar do céu, pairou acima de Tumburu e deixou cair das mãos um comprido tambor com uma cabeça em cada ponta. Olhou para Rama e dirigiu-lhe um sorriso feliz. Tumburu pegou o tambor, pendurou-o no pescoço por meio de uma correia e deixou que os dedos corressem sobre ele. Chitraratha, Rei dos Gandharvas, tornou-se visível no céu; sentado, segurava um alaúde com uma porção de cordas e tocava melodias sonhadoras. Tumburu parou de rufar o tambor.

"Eu estava condenado a viver uma vida de demônio até que tu me matasses, Rama", disse o gandharva, "e depois me enterrasses do modo que os rakshasas enterram seus cadáveres... Estendi o braço para todas as coisas móveis em Dandaka na esperança de encontrar-te. Lembra-te, qualquer morte violenta nesta Floresta Dandaka conduz ao céu..."

Chitraratha mudou a música, chegara a hora dos tambores. Tumburu meneou a cabeça e voou para o alto a fim de juntar-se ao rei e à namorada, e eles foram subindo, cada vez mais alto, até desaparecerem.

Rama e Lakshmana voltaram e ajudaram Sita a descer da árvore.

"Ele queria morrer", disse Rama, "por isso nos disse que as nossas armas eram inúteis."

Rama, Sita e Lakshmana continuaram a dirigir-se para o sul através da floresta Dandaka e chegaram ao rio Godavari. Lakshmana construiu outra casa para eles, perto do rio, num lugar chamado Panchavati, onde cinco árvores múrmuras represavam a corrente, não longe de uma caverna na encosta da montanha.

Uma bela manhã, depois de haverem chegado, estavam todos sentados ao ar livre, perto da casa, e Rama contava uma história a Sita e Lakshmana, quando, da floresta que os circundava, saiu a rakshasi Surpanakha, irmã de Ravana.

Ela viu Rama e desejou-o. Surpanakha era disforme e vulgar. Tinha a pele amarelada cheia de sulcos, como uma estrada ruim. Além de ser barriguda, suas orelhas pareciam cestas chatas; tinha garras nos dedos das mãos e dos pés, olhos estrábicos e cabelos desalinhados.

Ela estava roendo um osso cru. Lançou-o de si e olhou de soslaio para Rama. Apontou para Sita e perguntou:

"Meu querido, por que ficas com essa moça escanifrada?"

Rama levantou-se e declarou:

"Sou Rama".

"E eu sou Surpanakha! Escolhi-te para meu marido."

"Grande vantagem", acudiu Lakshmana.

"Levar-te-ei para a grande cidade de Lanka num toque de mágica, querido Rama", disse Surpanakha. "A riqueza de meu irmão nos permitirá vivermos como um rei e uma rainha."

Rama sorriu-lhe.

"Acontece que já sou casado", disse ele. "Para uma mulher orgulhosa como tu, uma outra esposa é um tormento. Não penses mais nisso."

Surpanakha olhou para Lakshmana, que se apressou a dizer:

"Não te engraces comigo".

"Por que dar desculpas tímidas?", Surpanakha estalou as juntas dos dedos. "O casamento é natural."

"Bem hajas, donzela", disse Lakshmana, "mas deixa-nos em paz. Que todas as criaturas sejam felizes. Uma boa esposa é difícil de encontrar, só desejo que te cases logo."

"Meu irmão Lakshmana também é casado", disse Rama.

"Já vi onde está o mal!", gritou Surpanakha.

Precipitou-se para Sita e estendeu diante dela suas garras curvas como ganchos de elefante. Mas Lakshmana pegou-a. Tirou da cintura a faca de cabo de ouro e, num rufo, cortou as orelhas de Surpanakha e atirou-as ao chão, dizendo:

"Se não fosses mulher, estarias morta!"

Sangrando, Surpanakha correu para a guarnição dos rakshasas, comandada pelo general Khara. Jogou os braços para o alto e caiu aos pés de Khara como uma pedra que tombasse do céu azul.

Khara prendeu a respiração, presa de uma cólera sem limites. Com voz profunda e baixa como os trovões, ordenou:

"Levanta-te!"

A Terra tremeu quando ele falou. A encosta das montanhas desmoronou, e a terra chegou ao acampamento dos rakshasas.

"Fui atacada!"

"Não fiques rolando no chão. Quem te atacou?"

"Dois homens e uma mulher. Como se eu não tivesse proteção!"

"Soa o alarma!"

Um soldado rakshasa bateu numa grande chapa de bronze, pendente do alto, com uma maça de metal e continuou batendo por cento e oito vezes. Khara berrou para Surpanakha:

"Onde estão eles?"

Ela berrou em resposta:

"Em Panchavati!"

O alarma parou, e a guarnição rakshasa, composta de catorze mil homens fortes, reuniu-se. Khara postou-se diante deles e disse:

"Como a Morte, matemos os três humanos de Panchavati e façamos o gosto desta dama!"

Em Panchavati, as setas de Ayodhya de Rama começaram a fumegar. O seu novo arco zumbia. Rama retesou-o e disse:

"Lakshmana, nós os enraivecemos profundamente! Esconde-te, por um momento, com Sita naquela caverna, e cobre-lhe a entrada com árvores".

Ficando sozinho, Rama ergueu a vista para o céu, na direção que Surpanakha tomara. Sua mão verde segurava o arco. Tremiam-lhe os lábios de cólera, e seus olhos estavam rubros de sangue.

Os rakshasas chegaram, voando baixo, logo acima das árvores, comandados por Khara. Quando viram que só havia um homem diante deles, hesitaram.

"Parai, se dais valor às vossas vidas", gritou-lhes Rama.

"Rende-te, então", replicou Khara.

"Vivo aqui sossegadamente", disse Rama. "Por que me procurais fazer mal?"

"Estás perdido!", responderam os demônios. Rama pronunciou um mantra e deu três passos para trás a fim de fazer pontaria. Khara olhou à sua volta, não viu mais ninguém além de Rama, e agitou a mão. A Invencível Legião de Dandaka atacou.

Rama matou-os a todos, aos catorze mil guerreiros rakshasas e ao general Khara. Utilizou o que precisava dos mantras e das armas que

Viswamitra lhe ensinara. As setas douradas de Rama varreram o céu como relâmpagos amarelos. Não havia escapatória.

Surpanakha observava de uma distância segura. Mergulhou na Terra e fugiu, graças ao poder dos rakshasas, através da pedra sólida, por baixo do oceano meridional. Voltou à superfície em Lanka, bem ao lado do palácio de Ravana, e correu para junto do irmão.

Ravana estava no trono, despachando. Surpanakha entrou na sala gritando de dor:

"Rama! Rama! Rama!"

Subiu correndo a escada do trono, agarrou as pernas de Ravana e apertou-as como se fosse um torno de ferro. Suas orelhas haviam desaparecido. A corte do rei-demônio silenciou, chocada, e Ravana ergueu-se e gritou:

"Quem se atreveu?"

"Khara está morto", disse Surpanakha.

"O quê?!", gritou Ravana.

"E todos os seus soldados."

Ravana fez sinal com suas dez mãos esquerdas, e os médicos rakshasas precipitaram-se para a frente. Estalaram os dedos e restauraram as orelhas de Surpanakha; em seguida, deram-lhe alguma coisa para beber e deixaram que ela se visse em um espelho inquebrável. Ravana fê-la sentar-se, e desceu do trono para sentar-se ao lado dela, dizendo:

"Agora conta-me".

"Sou a única que ainda está viva", contou Surpanakha. "Como o próprio Inferno, Dandaka está banhada em sangue. Numa fração de momento, Rama matou Khara e sua legião com setas ofuscantes de ouro, que assobiavam e gritavam, e os homens inofensivos, que matamos nas matas para comer, assistiam do céu à morte do teu exército. Os bondosos santos e eremitas podem agora escarnecer-te e perambular, com segurança, pela medonha Dandaka."

Ravana limpou as dez gargantas. Todos os olhos miravam em volta e dançavam nas cabeças como carvões ardentes.

"Quem fez isso?"

"Rama!"

"Quem é Rama?"

"Um príncipe."

"*Um homem?*", Ravana olhou de perto para a irmã.

"De quantos milhões era o seu exército?"

"Ele não tinha exército."

"Que deuses o ajudaram?"

"Nenhum deus. Rama combateu sozinho, e peço a tua proteção por haver trazido más notícias."

"Más notícias? Ora essa!... Um homem? Ele bebeu veneno. Enfiou o dedo no olho de uma cobra preta! Está arrancando dentes de leões dentro de uma casa em chamas!"

"Os Nômades da Floresta estão mortos e quebrados sobre a Terra", disse Surpanakha. "Rama parece um eremita, mas foi só para destruir-te que veio."

"A mim?", Ravana contemplou com ternura o rosto da irmã. "Se eles me fizessem mal, eu mataria aquele tirano, a Morte, queimaria o Fogo e abafaria o Vento. Não temas."

"Irmão", disse Surpanakha, "és uma vergonha. És apenas músculo e carne, governas pela força bruta e pela ignorância! Aqui estás, perdido em prazeres, ocioso, cúpido e inútil. Não vais fazer coisa alguma, vais?"

"Basta!", rugiu Ravana. "Com todos os demônios, Surpanakha, a Terra é vasta; quem se importa com o que fazem simples homens em cada um dos seus quadrantes? Dandaka é um ermo pior do que a face da Lua. De qualquer maneira, não há ali nada de valor que se possa ter."

"Não conheces Rama", disse Surpanakha, "mas és misericordioso. Deixarás o melhor arqueiro do mundo viver em tuas terras com o irmão e a bela esposa Sita."

"Sita?"

"Quem quer que ela abrace será mais feliz do que os deuses. Foi o irmão de Rama quem me cortou as orelhas, mas quando Khara tentou vingar-me, somente Rama nos combateu. Os três juntos poderão fazer muito mal aqui. Neste preciso instante Sita deve estar enlaçando Rama amorosamente e curando-lhe a ferida com suas carícias."

"Quer dizer que ele foi ferido!", exclamou Ravana.

"Ele machucou o calcanhar quando deu alguns passos para trás, descalço."

"Quer dizer que ele recuou?"

"Ele estava fazendo pontaria, para abater com suas setas o teu exército."

"Continua, fala-me a respeito dela."

"Ela é mais bonita do que qualquer uma das tuas esposas, mas só pensa em Rama."

"Deveras?"

"Sua pele é dourada; os olhos são escuros. As unhas dos dedos são redondas e vermelhas, os seios são cheios e a cintura é esguia como a de uma formiga."

"Sita", disse Ravana.

O rei-demônio dispensou a corte e recolheu-se, solitário, aos seus aposentos. Surpanakha saiu de Lanka e foi para os mundos subterrâneos de Asura, debaixo do mar, onde se casou.

Na manhã seguinte, bem cedo, Ravana desceu sozinho às estrebarias, armado de arco, flechas e uma espada afiada. Entrou num carro pequeno, de ouro, tirado por burros com cara de diabo. O carro elevou-se no ar, e Ravana voou para o norte, cruzou o vasto oceano e, em seguida, atravessou o nosso continente, na direção de Gokarna. Ali, num eremitério, vivia seu tio Maricha, em quem Rama atirara quando era menino, mas não matara. As vinte mãos de Ravana descansaram no parapeito do carro, de cujo centro pendiam dez flechas ornamentais de ouro, amarradas umas às outras com áureos cordões. Eram o único sinal do Império e da Conquista de Ravana: dez flechas para as dez direções: o sol e as outras três, e as quatro intercaladas entre elas, para cima e para baixo, tudo pertencia a Ravana.

O VEADO DE OURO

Sita de grande beleza,
És mulher.
Na mulher tudo assenta bem.
Todos são dela,
Possa eu ser teu.

Maricha, o rakshasa, estava sentado, a sós, numa clareira, vestindo uma pele preta de veado. O carro de Ravana veio do alto, pousou, e o rei-demônio encaminhou-se para o tio. Ravana sentou-se ao lado de Maricha e disse:

"Como é bom ver-te, meu velho amigo!"

"Por que estás aqui?", perguntou Maricha.

"Os demônios de Dandaka", disse Ravana, "foram todos mortos por..."

"*Para!*", Maricha olhou à sua volta. "Ravana, se queres que eu viva, não pronuncies esse nome de modo que eu possa ouvi-lo! O medo dele fez de mim um eremita."

"Então, estás sabendo de tudo", disse Ravana.

"Vi a legião de Khara morrer pela visão mágica."

"Mágica", disse Ravana. "É precisamente sobre isso que desejo falar contigo."

"*Ai!*", Maricha esfregou o joelho e olhou penosamente para Ravana.

"Que aconteceu?", perguntou Ravana.

"Vai-te embora! Não me aborreças. Essa conversa é dolorosa para mim."

"Estás inventando isso, tio!"

"A princípio, ele não atirou para matar-me", disse Maricha. "E agora, para todo o sempre, eu o verei, aonde quer que olhe, vestido de casca, como as árvores, observando-me de onde não pode estar."

"Pois não deixarei que ele se saia bem disso", voltou Ravana. "A sua querida e amorosa Sita está em plena flor da apaixonada juventude!"

Maricha olhou para Ravana como se já o visse morto.

"A inocente Sita? Já renunciei à guerra, Ravana", Maricha suspirou. "Felizmente, vejo aqui poucos loucos. Que inimigo disfarçado em amigo mencionou diante de ti o nome de Sita?"

"Surpanakha. Eles a atacaram sem que ela os provocasse."

"Não", disse Maricha. "O coração dela está cheio de inveja de tua fortuna. Ela te arruinará com tua própria mão. Surpanakha pronunciou a palavra da tua condenação. Até o pó da beira calcorreada da estrada pode servir para alguma coisa, mas um rei caído não serve para nada."

"Roubarei Sita enganando-o, e ele morrerá de vergonha!"

Os olhos de Maricha não pestanejaram, e a sua boca seca permaneceu aberta.

"Desiste dessa ideia. Que o Sol e a Lua tenham medo de ti, mas deixa Sita em paz! Teu exército foi desbaratado como um campo de trigo por uma chuva de pedras. Não serás nada contra ele!"

"Aquilo foi um acidente", disse Ravana.

"O mundo inteiro talvez seja um acidente", sentenciou Maricha. "Esquece tudo isso; deixa-o ir. O nome dele é perigo para mim e para ti também. Assim como um homem inteligente topa com um segredo e o resolve, assim ele eliminou o teu exército. Golpeou os teus homens e estes já não existem! E seu irmão Lakshmana é tão forte quanto ele; é o seu segundo eu."

"Não importa", disse Ravana.

"Tens tudo a perder e absolutamente nada a ganhar."

"Disseste a frase às avessas", disse Ravana, sorrindo.

"Esta é a decapitação do ápice da raça rakshasa", disse Maricha. "Foi pensando em tua morte que os eremitas da floresta derramaram por tanto tempo manteiga em seus lumes. Visando à tua morte, e não à de Khara, dirigiram eles aquele homem para Dandaka. Para onde quer que os teus soldados olhassem, viam-no diante de si, e, apesar de toda a raiva e de toda a fúria deles, matou-os a todos facilmente. Ele pode derrubar as estrelas com suas setas ou quebrar os continentes e deixar entrar o mar por entre os pedaços quebrados, ou erguer a Terra depois de afogada e criar de novo toda a Criação."

"Ele sujeitou-se docilmente a um exílio nas florestas quando o pai o baniu", disse Ravana.

"Muitos homens calmos são fortes", tornou Maricha. "Roga apenas a teus deuses favoritos que ele nunca se dê conta de ti."

"Ele já caiu em desgraça uma vez", disse Ravana, "e é hoje um frágil malogro, um falso eremita com um penteado sagrado, mas que faz planos, tem desejos e porta armas, amarrado a uma mulher. Um poltrão risível. Que todos os meus inimigos tenham uma vida como essa."

"Não escarneças os homens!", atalhou Maricha, estremecendo. "Ravana, rara e desagradável é a verdade para um rei idiota, mas esta cobiça te arrastará, célere, à ruína. Ravana, sê pacífico e contenta-te com as esposas que tens. Elas te amam, volta para elas. Pensa em nosso povo. Não o destruas à conta de caprichos e invejas, de vaidades e glórias do seu rei.

Vês as coisas de modo errado. Imaginas aquele homem como alguém pequeno e fraco. Pensas em Sita como se ela fosse inofensiva e convidativa, uma mulher deliciosa com a qual podes brincar em segurança, sem que nenhum mal te suceda."

"Tio, nem sempre meças e contes as coisas."

"Ouve, Ravana. De uma feita voei aonde eu desejava vir sobre a Terra. Eu era rápido e ruidoso, frio, desapiedado e enorme qual uma montanha. Usava uma coroa de ouro e tinha a força de mil elefantes. Viswamitra continuava tentando fazer um sacrifício. Seus hinos eram tíbios e rascantes, e eu não deixava nenhum deus responder-lhe. Eu intimidava todo mundo, e ninguém conseguia deter-me. Viswamitra, então, trouxe aquele homem, que era ainda um menino. Não tinha nenhum sinal de virilidade no rosto e usava os cabelos como criança, mas protegeu o sacrifício. Era a alma de todos os mundos, mas passei por ele e dirigi-me ao altar..."

"Pode ser que sim, pode ser que não."

"Ainda tens sede de veneno. Procura agir com acerto e as pessoas te serão amigas; muitos de nós gostamos de ti. Em caso contrário, deleitarás todas as tuas vítimas, destruindo-te."

"Anima-te!", disse Ravana. "Readquire o domínio de ti mesmo. Até agora tenho agido com acerto, não tenho?"

"Se ainda não tiver soado a tua Hora", disse Maricha, "armadilhas repetidas de toda sorte debalde te serão preparadas. Mas quando chegar o momento da tua morte, só verás a cilada que te prenderá depois que for demasiado tarde. Não queres atentar para o que te digo, mas sou teu amigo. Por mais forte e grande que já tenhas sido, és agora uma figura de palha, caindo na pobreza."

Ravana sorriu.

"Já não dou atenção às críticas, por isso só me fales das partes boas. Vamos, a demora frustra qualquer ação. Transforma-te num veado de ouro e ajuda-me." Abraçou Maricha e prosseguiu: "Planejemos o rapto com mais entusiasmo; sejamos generosos um com o outro; ajudemo-nos um ao outro nesta vida, felizes e descuidados como reis". Ravana agitou uma das mãos sobre o chão e apareceu um jarro com as duas metades de um coco. "E, agora, que tal um gole de vinho?"

"Bem, não sei."

"Basta que o atraias para onde não possa ser ouvido e que depois escapes." Beberam. "Separar Rama de Sita, é tudo o que peço. Deixa o resto por minha conta. Posso lidar com Lakshmana. Quando descobrir o que aconteceu, Rama morrerá de dor."

"Rama, Rama!", Maricha rolou a língua em torno dos lábios. "Já posso dizê-lo!"

Ravana tornou a encher-lhes as taças de vinho. O Rei dos Demônios tomou um gole com cada cabaça, uma depois da outra, e enxugou os bigodes.

"Os reis precisam ser adorados!", disse em voz alta.

"Doces palavras de boas-vindas!", gritou Maricha. "Dize apenas o quanto te agrada a ideia... sempre que possível. Procura defeitos que os encontrarás!"

"Precisamente! Dar-te-ei metade do meu reino. Metade do meu Império do Mundo."

"Não." Maricha depôs a taça. "Foi a Morte quem me visitou hoje. Guarda o teu reino, se tens algum."

"Pois então quem te mata sou eu!", berrou Ravana.

"Tu?"

"Sim, eu. Não temes a Morte?"

"Para quê? Por que a temeria?"

"Mas..."

"Mas ainda assim, Ravana, é melhor ser morto pela pessoa melhor. Não lhe escaparei; mesmo assim, levá-lo-ei para longe e deixá-lo-ei matar-me." Maricha ergueu-se. "Irei se me prometeres não fanfarronear pelo caminho."

"É claro, farei o que quiseres."

Ravana principiou a levantar-se.

"Um momento", disse Maricha. Tristemente, arrumou os seus poucos e velhos pertences e fez, às pressas, o próprio funeral.

Logo depois estavam no carro de Ravana, cruzando o céu no rumo de Panchavati. Maricha aspirou o ar fresco em largos haustos e esticou os braços e as pernas.

"Há sempre uma possibilidade", disse Maricha.

"Aquele homem não vale um piparote", disse Ravana.

Ravana pousou o carro a alguma distância da casa de Rama e acercou-se, sem ser visto, da casa, puxando Maricha pela mão.

"Lá estão eles", disse Ravana.

Maricha transformou-se num veado com cara de safira azul-vivo, como uma máscara cambiante feita de espelho azul, aspas de marfim tauxiadas de selenita nas pontas e cascos de sílex preto-vítreo. Seus olhos iluminados eram duas ametistas roxas. Os pelos de ouro cresciam de um lado e de outro, e havia pontos de prata em suas ilhargas, e, quando ele dançava como veado, os pelos de ouro faziam correr a luz em raios sobre o corpo. A barriga era de um cor-de-rosa pálido e a língua, vermelho-brilhante. Mantendo a cauda erguida e reta, arqueou um pouquinho o pescoço e saiu em disparada.

O outro veado farejou um rakshasa e fugiu de Maricha quando este se aproximou da casa de Rama. Os tigres recuaram e não se atreveram a rugir. Maricha comeu capim num prado verde à beira do rio Godavari e, em seguida, passou correndo pela casa de Rama. Feito isso, sobresteve, voltou-se, deitou-se e pôs-se a mordiscar algumas folhas.

Rama, Sita e Lakshmana estavam em casa, e Sita, avistando o veado, chamou:

"Rama, vem depressa! És capaz de pegá-lo?"

"Como é bonito!", disse Rama.

Lakshmana apareceu e afirmou:

"Não existe um veado como esse na Terra. Este não passa de ilusão".

Rama retesou o arco e pegou uma flecha.

"Espera aqui com Sita. Tentarei pegá-lo vivo, mas, se não puder, matá-lo-ei."

"Observa como a sua forma parece mudar e alterar-se ao longo das bordas", disse Lakshmana.

"Serei cauteloso", prometeu Rama. "Se aquilo for uma ilusão rakshasa, darei cabo dele."

Maricha levantou-se. Começou a andar bem na direção de Rama. De repente, avistou um homem ali. Recuou, deu um salto e afastou-se por entre as árvores, até ficar fora do alcance de alguma flechada. Deteve-se, virou-se e olhou para Rama, fitando-lhe as orelhas.

Depois Maricha se afastou, correndo e pulando, dando longos pinchos com as pernas dianteiras coladas ao peito e as traseiras estendidas para trás, e Rama saiu-lhe no encalço. Maricha não parecia vê-lo perseguindo-o e, dessa maneira, durante muito tempo, Rama não o alvejou, esperando segui-lo até a sua casa, a fim de capturá-lo vivo mais tarde. Mas conquanto Maricha, de vez em quando, parecesse cansar-se, ou esquecer o caminho, levava o seu perseguidor cada vez para mais longe de casa, e Rama começou a perdê-lo de vista.

O veado de ouro reapareceu, e Rama avistou-o através das árvores desoladas de Dandaka e decidiu matá-lo. Despediu uma flecha de ouro e atingiu o formoso veado no coração. Maricha deu um salto da altura de uma palmeira e caiu de costas. Na hora de morrer, reassumiu sua verdadeira forma.

Um demônio negro jazia ali, agonizante. Rama correu segurando o arco de diamante e arco-íris. Com o derradeiro alento, Maricha gritou com a voz de Rama:

"*Ajudai-me!*"

Atirou para trás a cabeça e expirou.

O grito de Maricha era muito mais alto do que o de qualquer homem. Rama conheceu que o ouviriam em Panchavati, e não poderiam ouvi-lo, a ele, do lugar em que estava. Todos os pelos do seu corpo se eriçaram. Certificou-se de que Maricha estava morto e correu para casa tão depressa quanto pôde.

Sita ouviu a voz de Rama pedindo socorro e disse:
"Lakshmana, ele está ferido!"
"Aquela não é realmente a voz dele", disse Lakshmana.
"Quanto foi que Bharata te pagou para nos traíres?"
"Ele não está em perigo", tornou Lakshmana. "Ordenou-me que esperasse e ficasse contigo. Aquele veado era um demônio, não compreendes?"

Sita chorou.

"Serias capaz de deixá-lo morrer? Oh! não te importas, não te importas!" Ela olhou ao redor como louca, depois fez menção de sair pessoalmente à cata de Rama. Lakshmana deteve-a. Ela implorou: "Deixa-me ir... Rama..."

Lakshmana a segurou e esguardou bem dentro dos olhos. Suspirou e franziu o cenho. Ela respirava com dificuldade. E perguntou:

"Então é a mim que queres? Pois toma-me, mas salva Rama!"

Lakshmana tapou os ouvidos. Uma cólera verdadeira crispava-lhe o rosto. Tudo o que via era vermelho: Sita vermelha, árvores vermelhas, céu vermelho.

"Primeiro, mandaste Rama atrás de uma ilusão que querias para ti", disse ele. "E agora me ordenas que obedeça a uma voz falsa. Não te movas!"

Lakshmana olhou para o interior da floresta. E disse:

"Palavras erradas não são nada de novo para uma mulher".

Desenhou um círculo no chão, em torno de Sita, com a ponta do arco.

"Não saias deste círculo e não transponhas esta linha", disse Lakshmana. "Sejam estas árvores testemunhas de que agi direito!"

Sita não estava prestando atenção. Lakshmana projetou para diante o lábio inferior, colérico. Pegou o carcás, atravessou a orla da floresta, curvou-se um pouco e desapareceu.

O rei dos rakshasas, Ravana, viu-o sair. Quando ele se foi, Ravana transpôs, temerário, a clareira na direção da casa de Rama, coberto com o disfarce de um velho e santo homem, como um traiçoeiro poço fundo coberto e escondido pela grama alta, Sita viu-o aproximar-se e enxugou as lágrimas.

Ravana parecia um homem. Vestia seda vermelha e macia. Uma madeixa de cabelos brancos fora deixada ao longo da cabeça raspada. Segurava um guarda-sol, calçava sandálias e carregava, apoiada no ombro esquerdo, comprida vara tripla de bambu com um jarro de água pendurado na ponta. Veio e deixou-se ficar em silêncio ao pé da casa de Sita, como fazem os santos homens quando esmolam a refeição diária. Não havia sinal algum de Rama nem de Lakshmana. Ao redor deles só se via a terra verde e castanha da floresta.

Sita transpôs a linha desenhada por Lakshmana e disse:

"Venerável brâmane, sê nosso hóspede. Senta-te, toma um pouco d'água, lava-te, que te trarei comida".

Ravana cantarolou com a boca fechada:

"*Ando pela doce Terra, Senhor; vejo que fizeste belas criaturas, Senhor; belas e verdadeiras. Oh! Senhor do Amor.*"

Ele disse muito honestamente:

"Como vieste viver aqui sozinha, minha filha, na perigosa terra de Dandaka?" Ficou olhando para ela. "Pelo Livro, são lindas as tuas joias."

"Sou Sita. Estas joias foram presentes. Não temas os demônios, pois meu marido Rama estará logo de volta."

"Ah", disse Ravana, "o nome dele não pode ser Rama, tem de ser Kama! És Rati, a esposa do Amor, injustificadamente escondida na floresta." Sorriu como um pai. "Oh, moça tímida, de cintura fina e coxas afiladas! Tiveste uma briga de amantes com Kama. Teu lugar é um palácio. Posso ver-te entre joias e luxo!"

"Brâmane, senta-te. Que posso dar-te? Sou Sita, mulher mortal, e meu marido é o rei de Ayodhya. Estas joias foram presentes de Anasuya e este colar veio de Guha. Dize-me o teu nome e o nome da tua família."

"Bela", disse ele. "Sou Ravana, rei dos rakshasas. Governo o universo. Vem a mim, Sita, levar-te-ei para Lanka com suas máquinas e suas armas, e colocar-te-ei acima de todas as minhas outras rainhas."

Sita riu-se.

"Garuda acasalado com um ganso? Um pirilampo cortejando o Sol?"

"Busca-me! Cruza o oceano comigo!"

"Um mosquitinho tentando sorver uma tigela de manteiga! Sabes nadar?"

"Não brinques *comigo*!"

"Não brincarei, não te preocupes", disse Sita.

"Terás quinhentas criadas para servir-te."

"Nunca."

Sita olhou de novo para a floresta tranquila e não viu ninguém.

"*Mulher, eu sou Ravana temido pelos Deuses!*"

Ravana bateu palmas e o seu disfarce desapareceu. Era alto como uma árvore. Tinha dez rostos escuros, vinte braços escuros e vinte olhos vermelhos orlados de vermelho como o fogo. Tinha presas amarelas apontadas para cima. Molhava os beiços com línguas afiladas. Usava armadura de ouro, longos e pesados pingentes de ouro, que balançavam, braceletes de ouro, braçadeiras de ouro, dez coroas de ouro cravejadas de pérolas de ouro, cintos de ouro e anéis de ouro em todos os dedos. Grinaldas fragrantes de flores brancas lhe pousavam nos ombros e lhe envolviam os dez pescoços.

Ravana tinha um comprido arco de marfim, que lhe pendia de um ombro, com o dorso cheio de pérolas, e ao lado do quadril trazia uma espada flexível, de aço azul, numa bainha azul. Às costas levava comprida aljava formada de peles humanas esticadas sobre uma estrutura de ossos de homens, em cujo exterior se viam pintados rostos de demônios desenhados com sangue, que se moviam por si sós; ferozes ou risonhos, à vontade, mudavam como se fossem vivos, seguindo as pessoas com os olhos. A aljava encerrava cinquenta setas compridas, azuis e pretas, de ferro sólido, com barbas feitas de finas lâminas de ferro.

Ravana sacudiu as cabeças, chocalhou as coroas e abateu a vista para Sita. Vendo revelado aquele ser mau, as folhas não se agitaram. As árvores de Dandaka não se moveram. Nenhum sopro de vento se atreveu a passar pelas matas. O rápido rio Godavari, amedrontado, diminuiu a velocidade das suas águas. O glorioso Sol, que todos os dias olha para o nosso mundo, desta vez turvou a sua luz de tristeza pelo que via.

"Serás minha!", disse Ravana. "Princesa Sita, és semidivina, por que te misturas com homens? Governa todos os mundos comigo. Sita, fico de pé no espaço e pego a Terra com a mão. Fecho a Lua entre os dedos, ponho o Sol no bolso e detenho os planetas sem rumo. Esquecerás Rama comigo!"

Ravana inclinou-se, uma montanha negra devolvida à vida. Sita ajoelhou-se perto dos pés dele, escondendo o rosto, agarrando-se a uma árvore. Ostentava uma túnica amarelo-clara, os ornamentos de Anasuya e o colar de Guha. Tinha a pele dourada. Era como a luz do sol entre as ár-

"Estou velho e cansado demais para continuar falando."

vores, e Ravana estendeu os braços para pegá-la. Numa mão esquerda segurava-lhe os longos cabelos escuros. Apanhou-lhe as pernas em dois braços direitos, levantou-a, e o seu carro demoníaco veio encontrar-se com ele pelo céu.

"Oh, Rama,
Após o roubo de Sita quem poderá escapar da Morte dada por ti?
Aquele maldito Demônio poderá caminhar e respirar
Mas estar morto.
Poderá conquistar a imortalidade, esgotar a Taça da
Vida no céu, lograr as bênçãos de todos os deuses
E estar morto."

Sita gritou: "Rama, Rama!" muitas vezes e forcejou por libertar-se, mas foi tudo inútil. Ravana estava no carro, segurando-a como um aerólito nos braços nus, e o carro principiou a seguir para o sul.

Mentalmente, Sita chamou o rio Godavari, chamou as árvores de Dandaka, saudou-lhes os deuses arbóreos, apelou para o veado:

"*Dize a Rama. Dize a ele*".

Dali a pouco, viu enorme abutre adormecido sobre uma árvore e gritou-lhe em voz alta:

"*Dize a Rama!*"

O abutre despertou. Ergueu o pescoço e olhou intensamente para o carro de Ravana, que passava, com olhos verdes e redondos. Tinha o peito amarelo, o dorso e as asas cor de cinza. Estendeu rapidamente as asas e foi deslizando pelo ar.

Num abrir e fechar de olhos ultrapassou o carro dos demônios e pairou sobre ele, equilibrando-se nas asas abertas e imóveis, com as penas da ponta estendidas como dedos. Com voz mansa dirigiu-se a Ravana:

"Irmão Dez Pescoços, sou Jatayu, o Rei dos Abutres. Governo os pássaros de Dandaka. Enquanto ele viveu, fui o velho amigo de Dasaratha, pois nascemos no mesmo dia. Guarda-te de praticar o mal diante de mim, Ravana, pois conheço os caminhos certos da vida".

"Volta para o teu sono!", disse Ravana.

"Sou Rei do Ar", tornou Jatayu. "Não faças mal a Sita. Liberte-a ou morre, pois não a levarás em segurança da minha terra, como se ela não tivesse marido. Rei dos Demônios, tenho sessenta mil anos de idade, governo aqui pacificamente e to proíbo."

Ravana continuou correndo.

"Estou velho e cansado demais para continuar falando!", disse Jatayu.

Enganchou uma garra no parapeito do carro de Ravana, uma garra longa e recurva como a presa de um elefante, aguçada e dura como a tranca de uma porta de ferro. Jatayu arrancou facilmente o parapeito e, ao vento das suas asas, tirou delicadamente Sita das mãos de Ravana e colocou-a, sã e salva, debaixo de uma árvore.

Chocado e colérico, Ravana gritou:

"Não me interessas!"

Virou o carro para atacar e cresceu para o Rei dos Abutres, sobraçando o arco de marfim e apontando uma seta.

Jatayu arrancou-lhe o arco com uma bicada. Com as garras, despegou a armadura das costas de Ravana e, com o bico, puxou os cabelos das cabeças do Rei dos Demônios. Em seguida, com um golpe das asas, derrubou Ravana e fê-lo cair. Presa de fúria cega, Jatayu abateu-se sobre os burros que puxavam o carro e fê-los em pedaços, quebrou o carro com uma pancada de asa, e as rodas de ouro rodopiaram no céu como dois sóis, o eixo de ferro acabou se arrebentando na floresta, e em toda parte caíram pedacinhos de ouro e de madeira esmagada, e uma chuva de carne dilacerada.

O velho rei guerreiro Jatayu gritou em triunfo. Ravana jazia na Terra, desfalcado e atônito, vertendo sangue, e armado apenas com a espada que trazia à cinta. Jatayu, porém, estava exausto. Com a visão enfraquecida e toldada, não podia ver e, lá de cima, pôs-se a procurar o Rei dos Demônios. Ravana percebeu-lhe a cegueira e levantou-se para atacar.

Jatayu golpeou-o pelo som. Tornou a cravar as garras nas costas de Ravana, esperou e, com a boca, arrancou os dez braços esquerdos de Ravana, um por um, deixando-os cair. Todos os rostos de Ravana se contorciam de dor. Seus ossos estremeciam de agonia, mas os dez braços cresceram logo em seguida, e Jatayu, que não podia vê-los, supô-los destruídos para sempre.

Ravana puxou da espada com uma mão esquerda e cortou as asas de Jatayu. O Rei dos Abutres caiu, agonizante, e Sita correu para onde ele estava, segurou-lhe a cabeça e chorou sobre ele.

Ravana arrancou-a brutalmente dali com as mãos ensanguentadas. Voou com ela para o sul, muito depressa, como se corresse pelo céu à frente de um vento mau. Ravana era escuro e Sita, dourada. Ao passar, Ravana se diria uma nuvem roxo-escura segurando um relâmpago, uma fumaça escondendo o fogo, uma montanha negra captando um raio de sol.

A perda de Sita escandalizou os mundos. Ravana voou sobre a Terra. Passou por cima de montanhas e as montanhas o viram; recitaram encantamentos em voz alta com os sons das suas quedas-d'água; ergueram os braços de árvores verdes, gesticulando; encolerizadas, bocejaram, abrindo os vales para o céu. Os lagos olhavam para cima e faziam remoinhar as suas águas; lírios brancos e abertos eram seus olhos medrosos, e as espumas e névoas eram seus mantos atirados fora em sinal de pesar. As cachoeiras choravam.

A sombra de Ravana corria sobre o chão, e onde ela passava leões e tigres corriam atrás, e enfiavam as garras nela para matá-la. Ravana segurava Sita ao nível da cintura com um braço, e continuava a voar, fugindo, para casa. Não pensava em outra coisa senão chegar a casa em Lanka. Levou Sita para o sul, atravessando um rio escuro; quando olhou para baixo, ela divisou dois macacos de pé sobre uma montanha, rente a um lago, a observá-los, protegendo os olhos da luz com a mão, um macaco dourado e outro branco.

Sita estendeu as mãos, partiu as tornozeleiras que trazia nas pernas e deixou-as cair na montanha, que parecia plana. Tirou as arrecadas e deixou-as cair. Deixou cair todos os ornamentos de Anasuya, amarrou o colar de Guha no lenço amarelo do pescoço, debruado de ouro, e também o deixou cair. Ravana não se deu conta de nada. Disparava pelo céu enquanto os cabelos de Sita ondeavam ao vento; os dois macacos ficaram para trás.

   Os dois macacos observavam com seus olhos castanho-amarelados que nunca piscavam, enquanto as campainhas de ouro e prata de Sita, e os seus braceletes, caíam tinindo e chorando. O lenço amarelo lampejou como um relâmpago; os ornamentos de prata eram a Lua e as estrelas brancas caindo.

Hanuman!

Um veado real feito de pedras preciosas e ouro
Ainda nunca viveu neste mundo.
Uma coisa assim não pode ser;
Mas Rama seguiu um veado de ouro
E perdeu Sita.

Ela é a sua Sita,
A jovem nascida de novo e de novo
Como a chama do sulco,
Nos campos do Rei.

Ravana olhou para Sita e pensou: "Minha". Levou-a para os fundos do seu palácio na cidade de Lanka. Ravana sorriu-lhe. Todos os seus rostos eram um sorriso só, e ele disse:

"Não tornarás a ver Rama. Aqui estás segura, já não tens marido, e assim não poderá haver nada de errado em nosso amor".

"Vai para o Inferno", disse Sita. "Pegaste-me como um ladrão. E quase não o conseguiste por causa de um velho abutre..."

"Silêncio!", berrou Ravana. Mas imediatamente se acalmou. "Minha querida... a captura é uma boa maneira de se obter uma esposa... Quero o teu amor. Esperarei que me ames."

"Faze comigo o que quiseres", recalcitrou Sita. "Não sentirei nada."

"Quando me conheceres, talvez... veremos, minha querida. Entra agora comigo, muda de roupa, come e descansa."

"Não entrarei no teu canil."

"Maldita sejas! Ei, rakshasis!" Mulheres rakshasas acudiram. "Pegai-a e aprisionai-a no bosquete de altas árvores Asoka, atrás de meu quarto, e guardai-a dia e noite."

Uma demônia pegou nos dois braços de Sita e conduziu-a ao bosquete de Asoka. Ravana ordenou ao resto das rakshasis:

"Empregai com ela palavras duras e palavras suaves, ameaças, presentes e tentações. Sujeitai-a à minha vontade e dai-lhe, a qualquer momento, o que quer que peça".

Depois, o demonarca gritou para Sita:

"Se, quando chegar o inverno e o Sol virar para o norte, ainda não estiveres em minha cama, comer-te-ei, picadinha, ao desjejum".

E entrou no edifício.

Em seu alto céu o Senhor Brama mandou chamar Indra e disse-lhe:

"Sita não deve morrer nem terminar a vida em Lanka".

"Por que eu?", perguntou Indra.

Brama olhou para ele. Indra prontificou-se:

"Cuidarei disso, Senhor".

O Senhor Indra esperou até a noite. Depois, levando a Deusa do Sono por companheira, aproximou-se de Lanka carregando uma tigela de trigo e manteiga celestiais.

A Deusa do Sono estendeu os braços sobre Lanka.

"Para o bem dos deuses. Para a queda dos Demônios da Noite."

As rakshasis que guardavam Sita adormeceram. Indra penetrou no pecaminoso bosquete de Asoka e tocou levemente Sita, de modo que ela despertou. Não estava com medo.

"Sou Indra, o Senhor do Céu, boa sorte para ti. Minha Senhora, os demônios estão dormindo. Trago-te comida. Come isto e nunca sentirás fome nem sede durante um ano."

"Como saberei quem és?", indagou Sita.

"Sou Indra, e tu me conheces."

Sita pegou um pouco de trigo e deixou-o cair na Terra.

"Quer Rama esteja vivo, quer tenha morrido, que isto o alimente." Em seguida, comeu.

"Não temas Ravana", disse Indra. "Ele não pode forçar-te, pois está sob forte maldição, e morrerá se o fizer."

"Quem o maldisse?", perguntou Sita.

"Enquanto o Mal jaz vencido pelo Sono, eu te contarei o que aconteceu", disse Indra. "Aquele que deseja uma mulher que não o quer se queimará, e aquele que ama uma mulher que o quer conhecerá o prazer."

◉ ◉ ◉

Ouve, Sita...

Viswamitra, o Eremita, que levou Rama à terra de teu pai, costumava ser apenas rei. Levou muito tempo granjeando méritos por meio de austeridade nas montanhas. Como ele estivesse ganhando de mim, mandei a divinamente bela apsarasa Rambha à Terra para tentá-lo. Ela o abordou na montanha Kailasa, mas Viswamitra converteu-a em pedra por dez mil anos.

Viswamitra nunca ficava muito tempo no mesmo lugar, e não tardou a abandonar Kailasa. Os yakshas do Senhor do Tesouro, Vaishravana, encontraram Rambha. Imaginando que fosse uma estátua, conduziram-na aos jardins do seu palácio.

Passaram-se os anos, e o feitiço, um belo dia, gastou-se. Era primavera. Rambha voltou a ser carne e sangue outra vez. Piscou os olhos, suspirou e virou-se. Avistou Nalakubara, filho de Vaishravana, passeando pelos jardins e apaixonou-se imediatamente por ele. Encontraram-se e, depois disso, Rambha retornou ao Céu. Ela me contou que estava muito cansada. À noite, porém, descia o caminho que levava do Céu a Kailasa, para visitar Nalakubara.

Quando o filho de Ravana, Indrajit, me derrotou no Céu, e quando Ravana incluiu toda a criação em seu suposto império, o rei dos rakshasas ficou insatisfeito por ter apenas uma esposa. Por isso fez de Mandodari a sua rainha-chefe, mas passou a andar com o carro Pushpaka de um lado para outro, capturando mulheres. Ravana pegava quem ele queria, interessado apenas na beleza e em nada mais. Tinha centenas de esposas guardadas no imenso carro – moças nagas, filhas de eremitas, sereias dos mares, donzelas-pássaro dos lagos setentrionais, filhas de deuses, espíritos das matas, esposas de reis e de homens comuns.

Ravana matava quem tentasse detê-lo. Lágrimas quentes de mulheres fluíam de Pushpaka, e seus lamentos eram muito tristes. Ravana examinou todas elas. Decidiu que tinha de ter pelo menos uma apsarasa, e guiou Pushpaka para as montanhas Himalaia, aterrando perto da montanha de prata Kailasa.

Naquela noite, a clara Lua que nascia cintilava sobre a montanha, e do Castelo do Tesouro de Vaishravana vinham canções e música. Uma fresca brisa noturna trazia o perfume das flores e agitava as árvores, fazendo-as deixar cair uma chuva silenciosa de pétalas suaves no chão.

Ravana esperou perto do topo, escondido na sombra negra de uma árvore, ao lado do caminho estreito que conduz, para cima, ao céu e, para baixo, às montanhas da Terra. Ouviu alguém descendo e ouviu campânulas de tornozeleiras e cintos que tilintavam e balançavam a cada passo.

Rambha surgiu, escolhendo o caminho ladeira abaixo. O seu corpo oscilava; descalça e tentando não pisar nas pedras, trazia nos cabelos flores das cinco árvores dos desejos do céu. Rambha, a apsarasa, possuía todas as graças engenhosas e todas as belezas naturais da mulher.

Envergando uma túnica de verão leve como o ar, Rambha tinha sobrancelhas arqueadas como arcos, coxas e mãos suaves ao tato. Ravana surgiu de inopino à sua frente e inclinou-se ligeiramente diante dela, dizendo:

"Aonde vais? Para quem chegou a hora do êxtase e da bem-aventurança? Que amante favorecido beberá o néctar da tua boca? De quem é o peito duro que tocará os teus seios macios?"

Rambha afastou uma madeixa de cabelos da testa.

"És Ravana, não és?"

"Descansa aqui nesta grama tenra", disse Ravana.

"Governas o próprio céu", tornou Rambha. "E, assim sendo, se és o meu rei, sou uma moça que precisa de proteção e tu és meu pai e meu guardião."

E quedou-se diante dele, de olhos baixos.

"Ama-me", disse Ravana, "ama-me agora!"

"Mas sou casada, em meu coração", contestou Rambha.

"As apsarasas não se casam!", Ravana jogou-a ao chão e violentou-a. Em seguida se foi, deixando-a ali. Dali a pouco Rambha se levantou e foi ao encontro de Nalakubara.

Rambha começou a chorar quando o viu, e gritou:

"És meu marido, perdoa-me por não ter a mulher a força de um homem".

Nalakubara chamou criados; mandou-a com eles e, sozinho, sobre uma rocha nua, amaldiçoou Ravana. Primeiro olhou para todos os lados, até onde a vista podia alcançar, mas o demonarca se fora. Então, deixou cair dos olhos uma lágrima, sobre a pedra em que se encontrava, e o matacão se quebrantou, fendido por uma porção de rachaduras.

Nalakubara, filho do Rei do Tesouro, olhou para o sul. Cortou o galho de um pinheiro e ficou a segurá-lo, enquanto ele estourava em chamas e ardia, deixando cair lágrimas do próprio fogo, e disse:

"Ravana, da próxima vez que atacares uma mulher que não te quiser, tuas dez cabeças explodirão!"

Oh, Sita, eu quisera ter estado observando Kailasa naquela noite! As palavras de maldição entraram diretamente nos ouvidos de Ravana em Lanka, para onde ele fora com o carro cheio de cativas, que também as ouviram. Até então as mulheres cativas se haviam lamentado, mas agora que se sabiam seguras passaram a amar Ravana. Sentiram pena dele.

Rambha e tu sois as únicas que se recusaram a Ravana, desde aquele tempo. Tamanhos são o seu encanto e fascínio que algumas dessas rainhas o ajudaram a roubá-las, e uma dama chegou a matar os irmãos que a teriam detido, bebeu-lhes o sangue e voltou para Ravana com a boca vermelha. Creio que as mulheres são mais cruéis do que os demônios. Muito frequentemente o são, quando podem sê-lo.

Sim, princesa, desde a maldição de Nalakubara muitas vezes uma loucura possui o Rei dos Demônios, e prova disso é o haver-te pegado, embora suas esposas o amem. As lágrimas que Rambha chorou naquela noite ainda o queimarão.

"Pois não há nada pior do que as lágrimas dos inocentes", disse Indra. "Sita, não tens no corpo nenhum sinal de viuvez. Rama virá salvar-te; não ficarás aqui por muito tempo. Aqueles macacos lhe dirão que te viram."

"E Jatayu?"

"Pelos deuses!", disse Indra. "Jatayu tem assegurado um lugar no céu há um milhar de existências, mas não quer usá-lo; não quer nascer outra coisa senão pássaro, e ama a Terra. Repetidas vezes, muitas vezes, tem dado a vida pelo que é certo, sem nunca pensar se devia ou não fazê-lo, sem jamais refletir se da sua morte resultaria algum bem e se não seria melhor continuar vivendo para poder lutar outra vez! Ah, Sita, tenho para mim que Jatayu é muito sábio."

Sita sorriu para Indra. A comida que ele lhe trouxera tirara-lhe a fome e a tristeza, que vinham aumentando cada vez mais. O Senhor dos Deuses juntou as mãos, ajoelhou-se diante dela e retornou ao céu, levando consigo a Deusa do Sono.

Na floresta Dandaka, ao voltar correndo para casa, Rama topou com Lakshmana, que corria para ele, e gritou:

"*Volta!*"

Os dois voltaram juntos, sempre correndo. Encontraram a casa vazia e procuraram Sita em toda parte. Rama perguntou ao rio Godavari:

"Onde está Sita?"

Mas se bem Sita tivesse pedido ao rio que falasse a Rama, Godavari não se atreveu a responder, lembrando-se ainda da forma terrível de Ravana.

Rama interpelou as árvores:

"Mostrai-me a minha Sita esguia como um galho".

Divisou um lampejo amarelo e correu para ele. Mas era um cacho de flores amarelas e não a roupa de Sita. Olhou por toda parte. E chamou:

"Vejo-te aí! Sai para fora. Posso ver-te!"

Lakshmana examinou tudo, com muito cuidado, ao redor da casa. Foi aonde Sita costumava banhar-se, buscar água ou apanhar flores. Descobriu que os deuses da floresta haviam partido. As flores silvestres tinham murchado, e a própria Terra parecia cansada e muito velha. Deu com uma imensa pegada. Os ramos mais altos de muitas árvores estavam quebrados; alguns veados apareceram, olharam para Lakshmana, depois saltaram e correram para o sul com os olhos fitos no céu. Depois seguiram para casa e para a Terra, emitindo ruidozinhos.

Lakshmana dirigiu-se a Rama e disse:

"Ela foi levada num carro aéreo para algum lugar da Terra, ao sul daqui".

Lakshmana reuniu os pertences deles, pegou as armas e deixou o resto, e conduziu Rama para o sul, pela mão. Mantinha os olhos presos ao chão e, logo, se ajoelhou:

"Rama, uma estranha flor branca caiu aqui, com uma gota de sangue dentro dela, entremeada de seda de grinalda".

Lentamente, prosseguiram. Primeiro Lakshmana achou pedaços quebrados de marfim engastados de pérolas. Depois descobriu um fragmento pontudo e fendido de uma armadura de ouro; depois um cinto; depois uma seta de ferro, sem lâmina, com barbas de ferro, de oito passos de comprimento, grossa como um bordão; um comprido carcás cheio dessas setas, mas todo quebrado e com todas as setas partidas; depois uma pena imensa de asa de abutre, esmagando com o seu peso dois burros com caras de demônio; um eixo de roda, de pé sobre uma extremidade; juntas e tranças penduradas nas árvores; restos de um carro de guerra derrubado do céu e feito em muitos pedaços; o solo ensopado de sangue e revolvido por cascos, garras e marcas que não eram humanas.

Depois Lakshmana descobriu dez grandes braços escuros, que sangravam, arrancados a partir dos ombros. Rama olhou para tudo aquilo e disse:

"Aqui os rakshasas lutaram entre si pela posse de Sita e acabaram fazendo-a em pedaços, e este é o seu sangue espalhado por toda parte. Arrancaram-lhe a cabeça..."

"São todos braços esquerdos", disse Lakshmana. "As mãos trazem custosos anéis de ouro. Estão marcadas nas palmas pelas rodas de nascimento reais de um imperador."

"Que significa isso?", perguntou Rama.

"Que o próprio rei rakshasa esteve aqui...Veja!"

Viram Jatayu. O Rei dos Abutres estava deitado de costas, mais morto do que vivo. Lakshmana e Rama correram para ele e, lentamente, Jatayu disse:

"Senhor Rama, foi a minha idade... só a minha velhice me impediu de matar Ravana para salvar vossa esposa!"

"A verdade evidente", disse Rama, "é que não há fim para a minha má sorte. Deste a tua vida por mim e, apesar disso, minha própria vida me foi tirada, e eles a mataram..."

"Ela está viva. Sita vive!", Jatayu tossiu. "Mas só a duras penas Ravana passou por mim, apesar de toda a sua força, de suas armas e do seu carro aéreo..."

O sangue escorreu do bico de Jatayu, e ele morreu.

"Vê como em toda raça de criaturas vivem os bravos!", disse Rama.

Rama e Lakshmana realizaram as exéquias de Jatayu. Queimaram-lhe o corpo, e Lakshmana distribuiu alimento para os pássaros de Dandaka, nacos de carne dos burros mortos. Para Rama, o fogo que queimou Jatayu estava frio.

Rama e Lakshmana seguiram para o sul e viram que toda a felicidade, toda a vida havia sido tirada da terra pela qual passavam. Era o solo que ficara debaixo dos caminhos aéreos usados pelos rakshasas quando se locomoviam entre Lanka e a guarnição que existira ao norte, em Dandaka. Os rakshasas tinham-na arruinado, voando sobre ela.

Casas vazias abrigavam chacais, e os pátios estavam juncados de coisas quebradas. Não havia veados, somente cachorros que se tinham asselvajado. Não encontraram outros sinais de Sita nem de Ravana até chegarem, afinal, ao limite meridional da floresta Dandaka, cruzarem um rio escuro que fluía e verem um lago e uma montanha próxima coberta de verde.

Aquele era o lago Pampa. No mesmo lugar vivera um eremita chamado Matanga. De uma feita, quando estava cansado demais para procurar água, Matanga fizera erguerem-se da Terra as águas de todos os oceanos. O seu toque tirou o sal das águas, e ele, depois de fazer um lago de água doce, viveu à sua margem com uma velha chamada Savari.

Matanga morrera no ano em que Rama fora exilado. Sua virtude, porém, subsistira, e as águas do lago Pampa mantiveram a região verde e bela, e Savari continuou morando no eremitério. Rama e Lakshmana caminharam pela beira do lago e viram-lhe a casa na clareira de uma floresta de árvores de coral.

Velhíssima, toda vestida de branco, com longos cabelos cor de cinza, Savari, que emagrecera muito e diminuíra com a idade, estava sentada à beira de uma pira funérea recém-preparada.

Levantou-se para dar as boas-vindas aos recém-chegados, e Rama e Lakshmana sentaram-se ao lado dela. Rama disse:

"Sou Rama. Estás bem? Usas pouca comida e pouca raiva?"

"Sou Savari." Ela sorriu. "Favorecido agora está o meu nascimento, e favorecidos estão os longos serviços que prestei a Matanga, visto que vieste, meu Senhor Rama."

"Onde estamos?", perguntou Rama.

"Príncipe de Ayodhya", disse Savari, "fiquei para trás a fim de receber-vos quando meu mestre morreu; sabíamos que viríeis às matas de Matanga. Ele me contou. Aqueles lumezinhos que ardem ali, perto da orla das árvores, foram acesos por Matanga, que os teria preservado, mas desde a sua morte eles têm ardido por si sós, e aquelas flores azuis rasteiras, que crescem perto deles, nasceram das gotas de suor caídas do meu mestre, quando ele se inclinava para pôr-lhes mais lenha. Aqueles mantos de cascas de árvore ali pendurados, faz treze anos que não secam. Tudo espera. Aquela montanha, Rishyamuka, é guardada por pequenas cobras, e por sobre ela Ravana levou Sita pelo céu."

"Tu os viste!"

"Rama, na desgraça procurai amizades."

"Onde?", perguntou Rama.

"Em Rishyamuka", replicou Savari, "vivem os dois macacos, Sugriva e Hanuman. Não estamos longe da cidade oculta das cavernas de Kishkindhya, a capital do povo dos macacos, cujo rei, Vali, expulsou Sugriva dali e baniu-o. Só Hanuman continuou amigo de Sugriva. Vali tentou matá-los, mas eles vieram para cá. Embora seja irmão de Sugriva, Vali separou-o da sua amorosa esposa.

"O que foi que ele fez?", inquiriu Rama.

"Hanuman não conhece a própria força. Ele e Sugriva fugiram de medo. Aqui estão seguros, porque Matanga, certa vez, amaldiçoou Vali. Nem Vali nem ninguém do seu povo pode adentrar-se pela mata que cobre a montanha."

"Hanuman...", Rama lançou a vista para a montanha, "quem é esse macaco Hanuman?"

"O macaco branco?", Savari riu-se. "Ninguém consegue igualá-lo. É o único amigo leal de Sugriva. É corajoso e bom. É filho do Vento. Que quereis ouvir a respeito dele?"

"Um amigo ...", disse Rama. "Conta-me tudo."

"Nesse caso", voltou Savari, "vou contar-vos a melhor história que conheço."

Ouve, Rama...

O monte Meru está no centro da superfície da Terra, ninguém sabe onde. Sobre Meru aparece o Sol para viajar à vossa volta. A brilhante luz do Sol transformou o solo da montanha em ouro. Toda a montanha é ouro sólido, mas porque a luz solar modificou o chão de maneira tão gradual, nenhuma planta se prejudicou, e do ouro ainda nascem e crescem ervas e árvores. Pássaros e animais vivem ali como numa montanha comum, e ali há água.

O Senhor Brama desce ao nosso mundo da Terra quando lhe apraz. Uma vez descansou sobre o monte Meru. Derramou uma lágrima dos olhos, e no lugar e no momento em que ela tocou o solo de ouro, nasceu o primeiro macaco.

Brama deu-lhe o nome de Riksharaja, e demorou-se sobre o Meru para fazer-lhe companhia. Riksharaja brincava na montanha. Passava por ali, explorava-a durante o dia e comia todas as frutas que desejava. E ao anoitecer, todos os dias, voltava para junto do Avô dos Mundos e colocava algumas flores aos pés de Brama.

Certa manhã, bem cedo, Riksharaja viu o próprio reflexo quando se inclinou para beber água num lago. Julgando que fosse o rosto de um inimigo que tentava tirar-lhe a água, Riksharaja atacou. Caiu no lago, foi até o fundo e não viu ninguém. Quando o macaco voltou à praia, tinha-se transformado em fêmea.

Era uma macaca tão linda que, estando ela na encosta de Meru, tanto Indra quanto Surya, o Sol, a viram e se apaixonaram por ela. Na mesma manhã, primeiro Indra e depois Surya a possuíram.

Os filhos dos deuses nascem depressa. A macaquinha teve dois bebês cor de ouro e, naquela tarde, lavou-os no lago. Eles borrifaram-na toda de água e, quando já estavam asseados, Riksharaja descobriu que era macho outra vez.

Riksharaja levou os filhos a Brama. Ao filho de Indra deram o nome de Vali e a seu irmão mais moço, o de Sugriva. Brama deu a Vali a cidade de Kishkindhya. Brama fez outros macacos e povoou as matas, dando-lhes a amizade do povo dos ursos. Vali tornou-se rei dos macacos, e Indra deu ao filho uma grinalda de vitória feita de pequeninas flores de lótus de ouro.

Riksharaja ficou, como amigo, em companhia de Brama. Viviam no céu de Brama, e Riksharaja podia ver o que acontecia aos filhos. Vali parecia ficar com tudo; por isso, Riksharaja pediu a Vayu, o Vento, que gerasse um filho, um macaco que fosse sempre o verdadeiro amigo de Sugriva.

Vayu, o Vento, buliçoso, dirigiu-se a Kishkindhya e olhou ao seu redor. A macaca mais bonita que viu foi Anjana. Se Anjana tomasse a forma humana, poderia ter o amor de qualquer homem. Ela estava andando no topo de uma montanha verde, perto daqui, quando Vayu se aproximou. Ele roubou-lhe as roupas sorrateiramente e abraçou-a com os seus braços compridos.

Naquele mesmo dia, nasceu Hanuman. Era um macaquinho de pelame branco, cara vermelha e olhos castanho-amarelados. Feito, logo depois, o seu casamento com outro macaco, Anjana deixou Hanuman sozinho na boca de uma pequena caverna, na montanha, e foi para casa.

Hanuman viu o glorioso Sol erguer-se...

O bebezinho Hanuman estava com fome. A Noite chegou, passou e a aurora aproximou-se. Ninguém veio alimentá-lo. Ele ficou deitado de costas na caverna, examinando os dedos dos pés, e o céu foi-se tornando mais e mais leve. No oriente surgiu primeiro uma luz cinza-pálida, depois o cinza se fez prata, depois ouro e rosa.

Hanuman viu o glorioso Sol erguer-se no ar como uma grande manga madura. Embora recém-nascido, sabia o que era uma fruta. Lambeu os dentinhos brilhantes e afiados, agachou-se, deu um salto na direção do céu e continuou voando diretamente para o Sol.

Seu pai, o Vento, veio soprando sobre Hanuman, desde o norte, com seu hálito frio e fresco das neves, salvando-o, assim, de morrer queimado. Hanuman acercou-se de Surya, e o Sol lhe sorriu. Hanuman retribuiu-lhe o sorriso. O fogo da luz do dia estava queimando tudo em derredor do carro do Sol, e as chamas aspiraram o ar e puxaram Hanuman para o crepitante fogo branco.

Ali Hanuman deu um salto mortal e foi cair, incólume, dentro do fogo do Sol. Era o momento de um eclipse solar. A cabeça imortal desincorporada do asura Rahu avançou para engolir o Sol vivo. Chegou perto e escancarou a bocarra preta.

Hanuman saltou e rodopiou na corrente de ar ascendente do Sol. Estava tentando sair do fogo e lutando contra as correntes de ar e chamas. Finalmente, saiu singrando o espaço e, sem querer, enfiou o pé bem no olho de Rahu.

Rahu foi ter com Indra.

"Outro Rahu está comendo o Sol!"

"Tens certeza?", perguntou Indra.

"Ele me atingiu o olho!"

"Mais encrencas!", disse Indra.

Montou no seu grande elefante branco Airavata, que usava colgaduras de fantasia e tinha a pele toda pintada de folhas e flores.

Rahu ia mostrando o caminho. Desta feita Hanuman deu uma boa espiada nele. Rahu era apenas uma cabeça redonda. Parecia uma manga maior que a do Sol, e Hanuman saltou sobre ele e mordeu-lhe a orelha.

"*Para com isso!*", gritou Indra.

Hanuman virou-se. Viu Airavata. A maior de todas as frutas!

Hanuman atacou Airavata e Indra. Investiu contra eles movimentando os braços e balançando as pernas, inteiramente fora de controle. Airavata afastou-se para um lado, e Indra empurrou Hanuman com a parte chata do seu relâmpago.

Hanuman caiu sobre a Terra. Quebrou a mandíbula ao bater com ela numa pedra, à entrada de sua própria caverna. Vayu, o Senhor dos Ventos, viu o que acontecera e ficou bravo. Encaminhou-se para seu filho Hanuman, levou-o para dentro da cavernazinha e quedou-se a acalentá-lo.

O vento escondeu-se. Os corpos das criaturas vivas ficaram duros como a madeira, e suas juntas, enrijecidas, viraram nós. Como bandeira arriada estendida no chão, o ar sempre móvel deixou de mover-se, imobilizou-se. Vayu olhou com raiva para todos os mundos e quedou-se com o filho, e assim aconteceu o fim dos Ventos.

O Senhor Brama foi à caverna de Hanuman e, com um toque, curou-lhe a mandíbula.

"Vento, és respiração", disse Brama. "Não tendo o corpo pesado, passas através de todos os seres."

Ainda assim Vayu acalentava o filho em silêncio. Brama disse:

"Fiz-te para a vida e para a felicidade da vida".

Vayu moveu-se. Nesse momento, Surya, o Sol, entrou na caverna, envergando trajos de ouro incrustados de joias, ostentando arrecadas e braçadeiras de cores cintilantes. Sorriu para Hanuman. Piscou os olhos e foi como se um preto pestanejasse na caverna, quando suas joias iluminadas se apagaram e tornaram a acender-se. E então Hanuman dormiu, tão profundamente como dorme a Noite, e Surya, o Sol, depôs três mangas ao lado dele.

Isso agradou ao Vento. Saiu, e os mundos puderam respirar. Hanuman acordou no dia seguinte, comeu o desjejum e foi encontrar-se com o pai fora da caverna.

Vayu levou-o ao Senhor Shiva, que o ensinou a mudar de forma a seu talante. Nandin, o Touro, ensinou-lhe idiomas. Hanuman também aprendeu poesia e, ao aumentar a sua perícia na feitura de poemas, descobriu que andara usando pingentes de ouro toda a vida, sem o saber. Ninguém mais poderia ver aqueles aneizinhos de ouro exceto alguma pessoa ainda desconhecida de Hanuman, que o conheceria e seria seu amigo e mestre, dissera o touro Nandin.

Hanuman cresceu e viveu com Sugriva em Kishkindhya. Vali era o rei. A princípio querido de todos, logo se tornou mesquinho e sovina, e os versos lhe retiraram sua amizade.

Vali saía de Kishkindhya à procura de combates. Costumava ficar no cimo das montanhas, lançar-lhes os picos para o ar e pegá-los. À entrada da caverna de Kishkindhya formara-se uma pilha de ossos brancos dos que haviam aceitado os desafios de Vali.

Dundhuvi era um búfalo gigante que tinha o privilégio de ser o único outro animal tão mal-educado quanto Vali. Vivia nos mundos subterrâneos, e tomava sempre à má parte o que quer que alguém lhe dissesse. Dundhuvi nascera zangado, impaciente e inclinado a fazer mal aos outros e, quanto mais envelhecia, tanto pior ficava. Afinal, deixou sua casa à procura de novos inimigos.

Dundhuvi veio dos mundos subterrâneos através do oceano, nadou até a praia e ali ficou, xingando, maldizendo e escarvando a areia. Olhou para as ondas. Elas continuavam a ir e vir, parecendo não se preocupar com saber se ele estava ali ou não.

Dundhuvi marrou com a arrebentação e mugiu:

"*Luta comigo!*"

As ondas varreram a praia. Os compridos braços aquosos do Oceano silvaram, puxaram e turbilhonaram em torno das pernas de Dundhuvi:

"*Recua. Recua. Recua ou afogo-te*".

Dundhuvi recuou dois passos.

"Estás com medo de mostrar-te!", gritou.

Ergueu-se uma grande vaga, espumando e estrondando, chegando mais perto. Dundhuvi afastou-se rapidamente com as pernas emperradas e a cabeça no ar.

Depois viu, à distância, o nevado Himalaia, uma fieira de montanhas aparentemente baixas, brancas como o sorriso de Shiva, um branco de lótus. Dundhuvi escalou as montanhas e martelou-as com os seus chifres. Quebrou as rochas e berrou:

"*Covarde! És covarde!*"

O Rei da Montanha, Himavan, apareceu acima de Dundhuvi e voltou o rosto rochoso a fim de olhar para o búfalo. Himavan estava de pé sobre metais escalvados, que se projetavam para fora da montanha. Envergava uma túnica branca de neve e água cadente, com um cinto de gelo bem fechado. Dir-se-ia um velho de olho cor de cinza e longos cabelos brancos, mas era muito alto.

Com gestos lentos, Himavan juntou as mãos profundamente enrugadas e disse:

"Não tragas a bordo do mundo".

Os cumes do Himalaia elevavam-se até o céu. Uma avalancha estalou e caiu.

"Serias capaz de fazer mal aos meus homens de Paz...?"

Uma tempestade veio soprando e os negros pinheiros gemeram, os escuros cedros do Himalaia gritaram, e o gelo se partiu, como vidro, nos galhos. Começou a saraivar.

"Os fortes não se encolerizam...", disse Himavan, "nós o sabemos, e tu não o sabes..."

Uma nuvem fechou o mundo. As montanhas e Himavan desapareceram. Estavam de pé, movendo-se com dificuldade, perdidos no vento branco e clangorante.

A neve congelada e o gelo derrubaram Dundhuvi, mordendo e rodopiando no meio do vento, que gritava e cortava as lâminas das cristas aguçadas mais acima. Dundhuvi levantou-se e saiu correndo.

Correu até Kishkindhya. Lá chegando, enfiou a cabeça na cidade das cavernas e rugiu como um tambor. Vali assomou a um balcão do palácio. Com o braço enlaçava a rainha Tara. Deu-lhe o seu copo de vinho e disse:

"Não fiques aqui enquanto ainda podes sair, boi idiota!"

"Voltarei quando estiveres sóbrio", revidou Dundhuvi. "Não te preocupes, diverte-te!"

E tornou a rugir só para ouvir o eco.

"Mas eu só fico bêbado com uma gota de luta!", disse Vali.

Pôs em torno do pescoço a grinalda de ouro e saltou dali abaixo. Dundhuvi recuou para fora da caverna. Vali saiu também e enfrentou-o como um fogo colocado sobre a Terra.

Os dois lutaram por muito tempo, mas, no fim, Vali pegou os chifres de Dundhuvi e quebrou-lhe o pescoço. O corpo caiu. Em seguida, fez girar no ar o búfalo morto, segurando-o pela cauda, e deixou-o ir.

O cadáver de Dundhuvi caiu bem ali na montanha Rishyamuka e, enquanto voava pelo ar, verteu sangue pela boca e o sangue tocou este nosso altar. Matanga amaldiçoou Vali, ameaçando-o com a morte se ele aparecesse aqui. Deu aos macacos, que aqui moravam, um dia para partir e, a seguir, estendeu a maldição da morte a qualquer um do povo de Vali que entrasse na floresta de Matanga. Matanga considerava esta floresta como seu filho, e os macacos laceravam as árvores.

O filho de Dundhuvi era o asura Mayavi, que veio a Kishkindhya em busca de vingança. À meia-noite, desafiou Vali.

Sugriva e Vali saíram. Perseguiram Mayavi e viram-no entrar numa caverna escondida pela relva. Sugriva ouviu os gritos dos asuras. Ele entrou e chamou Vali, muitas e muitas vezes. Nunca ouviu resposta alguma, embora ouvisse os asuras do mundo subterrâneo subindo, e o barulho que faziam chegando cada vez mais perto.

Para impedir que atacassem Kishkindhya, Sugriva saiu da caverna e fechou-a com uma pedra. Sugriva tornou-se rei dos macacos e dos ursos. Vali, porém, não estava morto. Passou um ano dentro da caverna procurando Mayavi, e, a certa altura, Mayavi e muitos outros asuras o atacaram. Vali matou-os. Subiu pela passagem da caverna que conduzia à Terra e encontrou-a fechada. Partiu, a pontapés, a pedra que Sugriva ali colocara e, como um fantasma, regressou.

Sugriva, de bom grado, devolveu-lhe o diadema-coroa de Kishkindhya. Mas Vali, erradamente, o exilou, acusando-o de traição, e aprisionou-lhe a esposa, Ruma. Só Hanuman ficou com Sugriva.

E os dois, lembrando da maldição de Matanga, vieram viver nesta montanha, depois de muito perambularem por aí.

"Todo aquele que ouve esta história do macaco Hanuman", disse Savari, "vê realizados todos os seus desejos. Rama, o Rei dos Macacos e dos Ursos, não é ladrão. Não toma as esposas dos outros. O verdadeiro Rei dos Macacos reside na vizinha montanha Rishyamuka, e a busca de Sita está em suas mãos. Oh! Rama, Vali é forte, mas Sugriva tem a luz do Sol na alma, conquanto Vali lhe tenha obscurecido a felicidade."

"Iremos ter com Hanuman e Sugriva imediatamente", disse Lakshmana, "com a tua permissão."

"Sede amigos de Sugriva", recomendou Savari, "pois ele conhece todos os mundos pormenorizadamente. Poderá encontrá-la onde quer que ela esteja. Agora desejo morrer..."

"Agora te deixaremos", disse Rama.

Deixaram Savari e puseram-se a caminho ao longo da margem do lago.

"Saúdo minha Morte.
Yama, vem, minha Amiga,
E leva-me para casa."

Savari acendeu a pira. Inclinou a cabeça e encaminhou-se para as chamas ardentes. O velho corpo desprendeu-se dela e caiu, reduzido a cinzas.

Rama e Lakshmana olharam para trás. Viram erguer-se as chamas douradas e viram chegar um carro encouraçado de prata e puxado por dez cavalos cinzentos, que corriam pelo ar.

Era o carro de Indra desfraldando bandeiras cor de ouro e cor de prata. Indra acercou-se da fogueira de Savari. Debaixo de um guarda-sol branco, decorado de flores, inclinou-se sobre o parapeito do carro, não muito acima do solo, e falou a Savari.

Em toda a volta do maravilhoso carro estavam os gandharvas do céu, envoltos em tecidos carmesins e empunhando espadas desembainhadas. De um lado a outro do peito estadeavam correntes coruscantes, e tinham todos vinte e cinco anos, a eterna idade do céu.

Savari converteu-se numa moça vestida com uma túnica de ouro, de pé sobre o fogo. Ergueu-se, Indra fê-la subir no carro, e, como um raio de luz, eles se foram através dos muitos céus do mundo.

Matali, o Cocheiro Celeste, passou pelas estrelas, virou pelos campos de luzes distantes. Voou sobre o céu de Indra e diante das moradas celestiais dos santos. Depois, erguendo-se acima de tudo isso, parou na orla do reino de Brama. O Senhor Brama viu Savari e disse:

"*Bem-vinda sejas à tua casa*".

Rama e Lakshmana, então, banharam-se nas águas dos sete mares no lago Pampa.

"Como viverei sem a minha Sita?", disse Rama.

Escalaram a montanha Rishyamuka coberta de árvores. Sugriva e Hanuman, escondidos perto do topo, viram-nos aproximar-se.

TERMINA O LIVRO DA FLORESTA.
TRÊS PARTES SE PASSARAM, AINDA FALTAM QUATRO.
AQUI COMEÇA O LIVRO DE KISHKINDHYA.

Na montanha Rishyamuka, quando adormece, o homem que tem o mal em si é surrado pelos asuras em sonho e desperta machucado e cheio de ferimentos pelo corpo. Mas o homem totalmente bom que ali adormece sonha com ouro e acorda realmente rico.

Rama e Lakshmana estavam marinhando quando um pobre lenhador apareceu, vindo das matas. Inclinou-se e sorriu para eles. Pôs no chão o feixe de gravetos e sentou-se nele.

"Que fantasia levou o Sol e a Lua a visitar-me aqui?" O lenhador esfregou as mãos. Sorriu e acenou com a cabeça. "Sois realmente deuses caminhando a pé pelo mundo? Oh, ambos me olhais como leões, rapazes!"

Rama sorriu. Passou os olhos pela montanha, como se tivesse acabado de sair do princípio do mundo a fim de examinar as redondezas e ver o que fora feito. Encarou o lenhador.

"Oh! Hanuman, de brincos de ouro."

"Rama, lembro-me agora de vós."

Hanuman sacudiu-se. Lá estava ele, branco, de pelagem acetinada, com a longa cauda graciosamente curvada, braços compridos e finos, pés como mãos, cara vermelha, dentes brancos e olhos claros, quase amarelos.

"Por que quereis Hanuman?"

"Ravana pegou Sita."

"Nós a acompanhamos com os olhos longamente", disse Hanuman. Ele ficou maior. "Trepai nos meus ombros", disse, e conduziu-os morro acima, para se encontrarem com Sugriva.

Sugriva tinha o pelo cor de ouro, e seu pescoço parecia um pedaço de ouro brilhante. Rama abraçou-o. Havia ali um lumezinho, e Rama e Sugriva deram uma volta em torno dele numa promessa de amizade, e cada qual prometeu fazer suas as tristezas e alegrias do outro.

Depois Sugriva, Rama, Hanuman e Lakshmana se sentaram, e Sugriva, Rei dos Macacos, disse:

"Vede o que caiu na nossa montanha." Mostrou o lenço de Sita, desatou-o, e todos os ornamentos dela estavam lá. "Uma jovem deusa de olhos curvados para trás, na direção das orelhas, foi levada por Ravana."

"Estas coisas são dela, Lakshmana?", perguntou Rama.

"São."

"Conheço todos os lugares debaixo dos muitos raios do Sol", disse Sugriva.

"Para onde quer que ele a tenha levado", disse Hanuman, "poderemos encontrá-lo. Entretanto, precisamos esconder-nos nesta montanha, e Sugriva tem de sofrer por estar separado da esposa."

"Que este encontro seja o ponto de partida da tua fortuna", disse Rama.

"Na verdade", replicou Lakshmana, "um amigo é proteção contra os agravos e uma ajuda na tristeza."

Hanuman sorriu.

"Ficaremos com isto até podermos devolvê-lo a Sita", disse ele.

Nesse momento, algures, Sita sentiu o olho esquerdo piscar sozinho, e o mesmo aconteceu a Vali em Kishkindhya, e os dez olhos esquerdos de Ravana também pestanejaram. Este é um bom sinal para fêmeas, mas um mau sinal para machos. Hanuman serviu peixe assado, pescado no lago, e água em taças de folhas de lótus em forma de barcos.

Depois de haverem comido, Sugriva disse:

"Todos os outros inimigos de Vali estão mortos, e suas esposas são viúvas. Não sei o que podemos fazer. Vede, lá adiante está o imenso cadáver do búfalo Dundhuvi, que Vali jogou aqui desde a nossa cidade, lá em cima".

Rama levantou-se, foi até o cadáver e chutou-o com um dedo do pé. A pele dura e seca e todos os ossos foram parar muito além do horizonte.

"Agora ele está leve como a relva, mas Dundhuvi era pesado quando foi morto", disse Sugriva.

Rama abriu o carcás, de onde tirou uma flecha de guerra. A flecha era revestida de ouro, mais grossa do que um dedo, com a metade do comprimento de um bastão, marcada com o nome de Rama, farpada com as penas dos pássaros mais velozes e apontada com aço.

Rama retesou o arco e disse:

"Não é bom as pessoas que se amam estarem separadas".

Desferiu o tiro, e a seta atravessou sete velhas árvores de pau-ferro, robustas como torres.

No dia seguinte Rama, Lakshmana, Hanuman e Sugriva foram para a boca da caverna de Kishkindhya e esconderam-se na floresta. Sugriva disse:

"Tenho fugido com medo de Vali por muito tempo!"

Apertou o cinto, foi para o espaço aberto e desafiou Vali a sair de Kishkindhaya e lutar.

Lá dentro, no palácio do Rei dos Macacos, na cidade das cavernas, a rainha Tara disse:

"Ouve. É Sugriva. Alguma coisa está errada. Toma cuidado, o perigo ronda".

"Com ele?", replicou Vali.

"O nosso povo tem visto Rama e seu irmão pelas redondezas."

"Meu irmão é um covarde, por que alguém haveria de ajudá-lo?"

Sugriva tornou a chamar.

"Não saias", pediu Tara. "Sê bondoso com teu irmão e devolve-lhe a esposa, que está tão triste aqui."

"Foi ele quem começou a briga", disse Vali.

Mandou vir uma sentinela.

"Quem está com Sugriva?"

O guarda respondeu que não vira ninguém. Vali disse a Tara:

"Rama não se esconderia para me fazer mal; ele jamais quebraria as justas regras da guerra".

Tara riu-se.

"Regras?"

Vali fez-lhe uma carícia.

"Minha querida, a única razão que se tem para consultar uma mulher é descobrir o que não se deve fazer!"

"Nenhuma mulher dá conselhos a um homem que ela não ama, mesmo entre macacos. Sê amigo dele."

"Não vou machucá-lo", prometeu Vali. "Correrei atrás dele, mais nada. E, com efeito, não é bom as esposas darem ordens aos maridos."

A linda Tara amarrou a grinalda de ouro de Indra nos ombros de Vali. Vali saiu correndo de Kishkindhya como o Sol de ouro surge inesperadamente no cimo de uma montanha. Viu Sugriva e atracou-se com ele. Os dois macacos se puseram a lutar por toda a clareira fronteira a Kishkindhya.

Movimentavam-se tão depressa que os dois pareciam um só. A princípio, Rama não pôde fazer pontaria. Depois um deles começou a vencer. Ostentava flores de ouro, e Rama alvejou-o desde as árvores.

A corda do arco zuniu. Ouviu-se o som sagitado do ar ao ser rasgado como um pano, e depois o som de um golpe. A seta atingiu Vali e atravessou-lhe o coração.

Vali estava caído de costas e apenas a grinalda de ouro o mantinha vivo. Rama e Lakshmana saíram do esconderijo e a rainha Tara veio cor-

rendo de Kishkindhya com o filho, Angada. Chorando mansamente, ela disse a Angada:

"Lá está a Morte na forma de um arqueiro apoiado ao seu arco. A distância, ele matou teu pai, o rei".

Sugriva, Rama, Hanuman e Lakshmana rodeavam o corpo de Vali. Estavam pálidos e seus olhos vagavam a esmo pelo chão. Sugriva chorava, e suas lágrimas se misturavam ao sangue que escorria de um talho debaixo de um dos olhos. Os macacos de Kishkindhya se reuniam sussurrando, tristes sussurros que lembravam o vento da noite ouvido por um homem solitário.

Tara caiu como uma estrela e abraçou Vali.

"Meu Senhor, manda embora essa gente e volta-te para mim."

Vali encarou a todos. Sorriu para Tara e disse a Angada:

"Meu filho, a ira me matou. Ajuda Rama".

Vali, o refúgio de centenas, estava morto. Tempo, não tens amigos, nem parentes, nem família. Os macacos que saltavam longe tremeram.

Hanuman pegou a seta guerreira de ouro que atravessara o coração de Vali, revirou a haste nas mãos e notou-lhe a marca: *Rama... Rama... Rama....*

Tara tocou o cadáver.

"Por que não me estendes a mão? Se estás zangado, fala ao menos com teu filho... Oh!..." Pôs os olhos em Rama. "Comerás o que mataste, nobre homem?"

Hanuman dirigiu-se a Tara:

"Vali deixou-nos no meio de longa jornada. Os assuntos da vida são agora a nossa tarefa. Continuamos vivendo, mas, no céu, Vali conquistará os corações das mulheres dançarinas em suas túnicas brilhantes, seus diademas e suas flores vermelhas. Olhai para o que foi o corpo dele pela última vez, Majestade".

"Dá-me aquela seta", disse Tara. "Vali era meu companheiro. Eu o amava, ele era um bom rei."

"Aqui está, tomai-a."

"Hanuman, não sou mais que uma parte de Vali."

"Oh, Majestade", volveu Hanuman, "um companheiro neste mundo é o melhor presente para qualquer um."

"Dizem que a Morte encontrou-nos a todos."

"Muitas vezes, ouvi dizer."

"Quando um fraco é injuriado e tem, afinal, a oportunidade de vingar-se, permite-se-lhe que deixe a Verdade."

"Minha Senhora, o vosso rei manteve o meu rei separado de sua companheira."

"Sem dúvida", disse Tara, "é um erro separar duas pessoas que se amam."

"Um erro tão grande quanto a guerra, minha rainha", ajuntou Hanuman. "Isso não estava certo."

A rainha Tara respondeu:

"Oh, Hanuman, dize a Rama que o perdoo, que lhe perdoo o assassinato..."

Tara enfiou a seta no próprio coração e morreu. O Príncipe dos Macacos, Angada, contemplou a mãe e o pai e olhou para Rama. E declarou:

"Eu te ajudarei. O sofrimento não faz bem algum aos mortos, e as esposas e filhos dos nossos guerreiros nunca se lamentam, nem de dia nem de noite".

Naquele anoitecer os macacos apresentaram o seu carro fúnebre real, semelhante a um carro de guerra sem rodas. Levavam-no sobre os ombros, e outros macacos vestiram o rei morto com roupas cravejadas de joias.

Levaram Vali dali no esquife coberto de flores, em que só se lhe via o rosto. Os macacos se foram de Kishkindhya, rumo às margens de um curso d'água nas montanhas. Alguns caminhavam à frente do carro fúnebre, quebrando ornamentos de joias com as mãos e deixando os pedaços caírem na Terra, outros lançavam ao chão fragmentos de prata brilhante. Depois, atrás do cadáver, vinham cantores:

"*Glória! Glória à Lua. Glória à Água. Queimemos Vali. Vali foi morto por uma flecha!*"

Quando os outros se foram, Hanuman disse a Rama:

"Vinde para a cidade inconquistável das cavernas de Kishkindhya. Amanhã sagraremos Sugriva nosso rei".

"Não", disse Rama. "As chuvas estão chegando."

"Rama", obtemperou Sugriva, "o solstício de verão já passou, mas ainda temos alguns dias..."

"Majestade", disse Rama, "vai para tua cidade. Lakshmana e eu viveremos nas matas, em algum lugar perto daqui. Faz muito tempo que estás longe de casa."

Ouviu-se um trovão distante. Sugriva respondeu-lhe:

"É bem verdade que não se pode viajar na estação das chuvas, Rama. Quando as chuvas terminarem, eu te prometo, encontraremos Sita e obedecer-te-emos".

"Vou levar-vos a um bom lugar para ficardes", ofereceu-se Hanuman. "Acompanhai-me, meus senhores."

Hanuman seguiu por entre as árvores, curvando-se profundamente, até as vertentes da montanha Prasravana, a montanha das Fontes, e levou-os a uma caverna ampla e elevada, bem iluminada, com água por perto, e juntou as mãos.

"A esta hora eu já poderia ter salvo Sita mais de uma vez", disse Hanuman.

Rama fez menção de falar, mas, nesse momento, chegaram-lhes aos ouvidos as dolorosas manifestações do funeral de Vali.

"Deixa-nos a sós, Hanuman", disse Rama.

A BUSCA

A Verdade sustenta a Terra fragrante e torna molhada a água viva. A Verdade faz arder o fogo e mover-se o ar, faz brilhar o sol e toda a vida crescer.

Uma verdade escondida sustenta tudo. Encontra-a e vence.

Assim que Hanuman se virou para descer a montanha, a chuva começou. Primeiro, o Senhor Indra abriu a porta do céu e arremessou uma pedra-relâmpago que rasgava e movia-se ruidosamente através das nuvens escuras na noite quieta e pesada. Veio depois outro relâmpago, descendo por um caminho pouco profundo, rolando e rolando, cada vez mais perto. Hanuman deitou a correr para casa, enquanto os relâmpagos caíam com estrondo, sempre mais próximos, e grandes nuvens redondas e pretas cresciam como pavilhões no céu e cobriam o mundo inteiro.

O vento sempre móvel passou soprando pelas montanhas; depois, precipitou-se, impaciente, sobre a Terra, rasgando as bandeiras das cidades, pressionando florestas e montanhas, erguendo o pó sobre os campos quentes, atirando-se de ponta-cabeça contra o mundo. Pavões desfraldavam suas caudas como leques coloridos dançando sobre as montanhas, nas árvores. O céu estrondeou, e, acima da montanha Prasravana, um chicote de ouro cortou o firmamento, os relâmpagos caíram, e as chuvas nasceram. A Terra tremeu, e o vento, dementado, cantou. O céu se abriu, a chuva desabou, e toda a água do mundo caiu numa torrente sem fim.

A chuva fria e pesada continuou caindo em grandes gotas das nuvens azul-escuras de Indra. Relâmpagos resplandeciam e trovões explodiam; o vento violento rodopiava e sacudia ruidosamente os bambus; e o ar que corria mandava a chuva torrencial para cima, para os lados, para todos os lugares. Os raios e as luzes do Sol e da Lua tinham desaparecido. A poeira morrera, e a Terra, com todas as suas árvores, estava ensopada, na noite e na tempestade. Todas as luzes se extinguiram, a noite comprida e escura principiou, e o vento quebrou os bambus, de modo que suas pérolas caíram e rolaram para dentro d'água.

Assim que a chuva começa, o som da água se modifica. Em pouco tempo a secura quebradiça de um ano se vai, e tudo se encharca, e dia após dia a chuva, que não para, cai na lama, martela as pedras molhadas e quebra as folhas. A montanha parece feita de água. E todas as coisas revelam que também são feitas apenas de água.

Os rápidos rios, transbordantes e às gargalhadas, desciam a montanha, de um castanho-escuro na cheia, rugindo e espumando com ondas brancas de cristais. A água corria pelas trilhas de pedra, e a terra debaixo delas desapareceu sob as águas. O mundo se transformara num lago extravasante, e os montes, em ilhas. Pesadas e escuras, as nuvens tinham de descansar sobre os altos picos das montanhas e ali pareciam deitar raízes, e fieiras de garças brancas, voando ao vento molhado, eram uma guirlanda branca para o céu.

Nas florestas gotejantes, os brâmanes cantavam o sagrado Veda, e, à volta deles, os rios corriam como fios santos sobre os ombros das montanhas, murmurando sem cessar com a água. Régios elefantes, inimigos das árvores, caminhavam como morros envoltos em nuvens escuras, e davam meia-volta, irados, diante das tempestades de rios e dos bancos de nuvens geradores do trovão, sacudindo os alvos colmilhos, abanando as orelhas e trombeteando, convictos de que outro elefante, adornado com uma corrente de ouro, os desafiara com voz soturna.

Depois as chuvas se abrandaram, e o vento cessou; podia-se apanhar a brisa fresca, como se fosse água fria, na palma das mãos. Nos plátanos silvestres rebentavam flores vermelho-escuras, e o Outono chegou e sorriu para o mundo. Nos entardeceres, os raios do sol surgiam, pálidos e amarelos, através das nuvens. Montanhas e árvores se achavam profundamente adormecidas, amortalhadas em névoa branca. As matas fumegavam. Os rios vermelhos transbordantes, que tinham lavado os metais da serrania, se aclararam, e havia pássaros de novo sobre as águas. À beira da morada de Rama, os lindos rios caíam montanha abaixo, e os galhos chorosos das árvores, arrastados pela água, tentavam detê-la; mas, embora os rios estivessem contentes, embora retrocedessem um pouco, ainda rútilos e efervescentes, enfeitados de prata, abeiravam-se, emocionados, do seu senhor, o Mar.

À noite, o céu se abria e mostrava as estrelas por um momento. De dia, novos rebentos se desenrolavam, abriam-se botões nas árvores e, nos prados empantanados, nasciam musgos verdes, grama verde e samambaias verdes. Catadupas cheias cascateavam e mergulhavam com estrépito no chão. Os leões voltavam a andar através do orvalho matutino e ronronavam baixinho em seus novos casacos de pele. Nos pinheiros, os pássaros cantavam para sacudir a água das asas desbotadas; voavam para fora de suas casas e, logo, estavam de volta.

Depois o Sol! Todas as gotas de água brilhavam como joias do arco-íris caídas sobre a relva e como folhas do colar de uma apsarasa arrancadas no amor. Ao meio-dia, o Sol ficava gostoso, fugindo sem vacilar para o sul, deixando os distantes Himalaias cobertos de neve. O fogo era confortável quando soprava o vento frio do oeste, e as horas da noite se tornavam enregelantes e compridas. Os jambos-rosa amadureciam e depois caíam, abriam-se as flores aquáticas, e as amoreiras floresciam. Depois, a geada matava os lótus, que deixavam tão somente os caules secos acima da água, tão fria que os elefantes sedentos, como covardes, retiravam a tromba quando a tocavam pela primeira vez.

O brando Sol amarelo apossava-se da boa fortuna da Lua fria, que ficava velada, como um vidro bafejado, e escura. Sobre a montanha Prasravana, Rama contemplava a ascensão da Lua branca e pensava: "A Terra está em prantos".

Em seguida, por muitos dias, o céu se mostrou claro sobre todo o mundo, e as margens do rio emergiram da água. No norte, a neve chegava nos rápidos ventos escuros. Nas planícies quentes o grão de ouro inclinava ligeiramente a cabeça. Os pavões enrolavam as caudas e abriam mão do amor e dos jogos. Cobras multicoloridas saíam das covas, e cisnes de grandes asas regressavam às terras em torno de Kishkindhya. Elefantes rolavam no pó, aves se erguiam em revoadas dos campos de trigo, peixes de prata nadavam nos rios lentos, e era quase Inverno.

De dentro da caverna de Kishkindhya, Rama e Lakshmana ouviam os macacos cantando e dançando ao som de tambores, e ainda assim esperavam que Sugriva fosse ter com eles. Os macacos não matam caça, e, em toda a volta da cidade, andavam sem medo os veadinhos inofensivos. Rama sentia ainda mais a perda de Sita ao vê-los tão seguros em suas moradas nas matas. Novas flores começaram a reaparecer. Rama viu um novo lótus aberto e disse:

"Estas pétalas foram modeladas como os olhos de Sita... Quando Ravana a devorar, ela gritará com medo para mim, e o seu seio redondo, outrora colorido com pasta vermelha de sândalo, banhar-se-á em brilhante sangue escarlate".

"É melhor agir do que devanear e sonhar", acudiu Lakshmana. "Vou conversar com Sugriva."

Lakshmana pegou o arco e saiu na direção de Kishkindhya, refletindo no que haveria de dizer, derrubando árvores com as pernas, pensando no que Sugriva lhe diria e esmigalhando rochas com os pés. Entrou na caverna e viu as torres brilhantes da cidade de Kishkindhya; saltou sobre as barricadas dos macacos, transpôs-lhes o fosso e aproximou-se do muro. Os macacos que estavam de guarda olharam para baixo. Lakshmana ergueu os olhos para eles e suspirou. Ouvindo-lhe o suspiro, as sentinelas saíram correndo.

Angada, o Príncipe Macaco, abriu a porta principal. Lakshmana disse: "Meu filho, anuncia-me... *Lakshmana espera na porta o cumprimento da tua promessa*".

Angada correu para Hanuman, e Hanuman correu para o rei. Encontrou Sugriva escarrapachado, dormindo a bom dormir, em sua sala de beber. Agarrou-lhe os pés e sacudiu-o. Sugriva despertou sobressaltado e piscou os olhos turvos.

"Que estás fazendo?"

"Levanta-te, idiota!", disse Hanuman.

Sugriva sentou-se.

"Quem te andou contando histórias a respeito das minhas imaginárias deficiências?"

"Vens bebendo há mais de três meses", disse Hanuman, "e agora Lakshmana está à porta."

"Oh, deuses do céu, dai-nos um pouco de paz e de tranquilidade por aqui, sim?"

"Ainda estás bêbedo?", perguntou Hanuman. "Levanta-te, vai ter com ele, ajoelha-te, dobra as patas uma sobre a outra como um homem de família, e inclina-te até o chão para que ele possa insultar-te e poupar-te a vida. Um quebrador de promessas é tão vil que nenhuma fera lhe comerá o corpo quando ele morrer, e um amigo zangado é pior que um inimigo."

"Água fria, Hanuman", disse Sugriva, "não fales..."

Diante da porta, Lakshmana, cansado de esperar, adentrou as cavernas da cidade de Kishkindhya, caminhando pelas salas externas, onde, ao lado do caminho, corria água doce por canais de pedra para a cidade. Transpôs salas e jardins floridos, e viu muitos macacos com suas túnicas e guirlandas, que o cortejavam em silêncio, juntando as mãos à altura da testa. Chegou a uma estrada ampla, regada com perfume e orlada de sândalos. No fim da estrada, cruzou um rio claro por uma passarela e, passando pela porta encimada por um arco de ouro, chegou às paredes de cristal do palácio de Sugriva.

As altas espiras, alvas e argênteas, erguiam-se do teto até a caverna situada acima daquela, e uma comprida torre furava o teto e desaparecia. Lakshmana percorreu uma alameda de árvores de flores azuis, caminhando sobre flores baixas cor de ouro derretido à sombra fria. Entrou por uma porta e atravessou sete salas, em que mulheres sobre divãs de ouro e prata amarravam flores. Depois chegou ao coração dos aposentos das macacas – uma sala de dança de mármore e joias, com assentos macios ao longo das paredes e mesas para banquetes, e quedou-se, com a consciência pesada, a um canto.

Lakshmana pensou: "Isto aqui não é o meu lugar, para onde irei?" Do interior de um secreto e invisível aposento interno chegaram vozes felizes de mulheres, música e o tilintar de campânulas e cintos engastados de joias. Lakshmana não conseguia lembrar-se de como entrara ali. Havia cortinas em toda a parede e um número excessivo de portas. Lakshmana retesou o arco, soltou a corda, e esta soou como o estalar de um chicote. Lakshmana procurou um meio de escapar dali.

Hanuman, que não estava longe, ouviu o grito do arco e deu um prisco.

"Ele está aqui mesmo!"

"Sossega", disse o rei Sugriva. "Ele não pode sair. Eis aí um trabalho para a rainha."

Sugriva mandou chamar a rainha Ruma.

"Querida, homens bons como Lakshmana, que está lá fora, não costumam bater em mulheres. Vá procurá-lo, leia o seu coração e consola-o."

A bem-parecida rainha Ruma entrou à presença de Lakshmana com muitos olhares tímidos, sem firmeza nos pés, os olhos vermelhos de vinho, as campânulas de ouro tilintando nos quadris. E perguntou com voz rouca:

"Oh, Lakshmana, por que estás zangado com os teus dedicados amigos?"

"É com o vosso marido, Senhora", respondeu Lakshmana.

"Depois de todo o medo e de toda a vergonha por que ele passou", disse Ruma, sorrindo, "voltou a perder-se na primeira região primaveril da felicidade, e deixou-se extraviar pelo amor estival. Despreocupado, até um homem apaixonado se esquece de quem é, que dirá um macaco? Perdoa-nos o nosso prazer, não te zangues conosco. E ele ainda te é fiel. Vem."

Ela conduziu Lakshmana a Sugriva. O áureo Rei dos Macacos, sentado num rico tapete, ergueu-se para juntar as mãos, estadeando uma espalhafatosa guirlanda em torno da gargantilha de pelos dourados que era o seu pescoço.

"Bem-vindo sejas, Lakshmana, bem-vindo sejas."

"Oh! Tu que és o melhor dos macacos", disse Lakshmana, "o caminho de Vali não é tão estreito que ninguém mais possa segui-lo, morto também pelas setas de Rama. Lembra-te de bondades passadas e toma cuidado; não há nada que não possa ser realizado com um trabalhozinho."

Sugriva sorriu.

"Mas nós nos preocupamos!", disse ele. "Sobe comigo à torre de vigia!"

Subiram por uma longa escada de caracol, feita de prata, que atravessava o teto da caverna e era rematada por um balcão, bem acima do topo da montanha. Lakshmana olhou para os vales que acabara de deixar. Em toda parte, hordas de macacos, monos e grandes ursos peludos cobriam a terra.

"Treze dias atrás", disse Sugriva, "dei ordens ao meu povo e pedi a ajuda dos ursos. Todos temos consciência da ilusão; somos versados em artes e na lei; somos fortes e vimos de todas as partes do mundo. Oh! Lakshmana, quando lutamos, deitamos abaixo montanhas inteiras e faces de rochedos, esmagamos florestas como se esmaga a relva debaixo dos pés e esvaziamos o mar. Quando tropeçamos, rachamos a Terra, quando queremos chuva, capturamos as nuvens e simplesmente as torcemos, quando realizamos uma pequena comemoração, o barulho derruba do céu os pássaros atordoados, e somos milhões..."

Hanuman foi contar a Rama que os animais tinham vindo. Sugriva e Lakshmana desceram da torre e, na sala do trono de Kishkindhya, encontraram-se com Jambavan, o Rei dos Ursos, um velho urso escuro com uma coroa e pingentes de ouro, olhos cinzentos enfumaçados, pernas enormes e braços compridos, que ficavam de pé ou de quatro, como ele quisesse.

"Quem veio?", perguntou Sugriva.

"Eu te direi", resmungou Jambavan. "Fora da tua caverna estão os macacos brancos arborícolas que trocam de forma a seu bel-prazer; os altos macacos azuis de coqueiros, fortes como elefantes; os macacos amarelos de vinho de mel, com seus dentes afiados; os macacos do carvão, nascidos das filhas dos gandharvas, que adoram o Sol; os monos cinzentos das matas, que contornam a Borda do Mundo, bonitos porque só comem frutinhas; os monos pretos de caudas serpentinas, das cavernas e dos passos escondidos do Ganga, que nunca se elogiam; os monos vermelhos com jubas de leão; e todos os grandes ursos da Terra vieram para cá, escuros como a sombra, castanhos, pretos e terríveis de se enfrentar."

"Deixai vossas famílias com as nossas aqui em Kishkindhya", disse Sugriva, "e parti para encontrar a filha da Terra, que foi roubada. Porque por ela Rama se lamenta, e o povo da floresta, de olhos escuros, chora ao ouvi-lo."

Sugriva confidenciou a Lakshmana:

"Fugindo de Vali, vim a conhecer todos os lugares do mundo".

Sentou-se no trono e mandou chamar o General do Leste. Um velho macaco cinzento entrou, movendo-se pachorrentamente, com olhos brilhantes e redondos, vestido de peles de animais bem apertadas por uma corda de arco, um pano vermelho amarrado na testa, e cicatrizes brancas de arco pelos braços. Olhou bem para Lakshmana, depois para Sugriva, e não disse nada.

"Procura Sita no quadrante oriental do mundo", ordenou-lhe Sugriva. "Atravessa as minas de prata e os amoreirais, de que se alimentam os bichos-da-seda; vasculha as montanhas e as ricas cidades abraçadas pelo mar Oriental; esquadrinha as casas nas vertentes onde habitam os bárbaros cujas orelhas se cruzam no queixo como cicatrizes, os curiosos homens de cabelos vermelhos, corpos amarelos e duros, rostos redondos, negros como o ferro, comedores de homens, que têm apenas um pé e, no entanto, ganham do veado na corrida. Escarafuncha as ilhas em que caçadores hirsutos vivem de comer peixe cru, e tritões nadam no fundo do mar, onde os montanheses correm com quatro pernas, e estranhos pescadores nunca deixam os barcos durante toda a vida. Escabicha as ilhas de Ouro e Prata, cujas montanhas pontudas furam o céu, onde vivem os cisnes e os deuses. Atravessa o ermo e as matas profundas riscadas de riachos que correm sobre pedras, os penhascos das montanhas, os eremitérios, os perfumados jardins e as casas rústicas, as fazendas, aldeias e desertos de areia, as nuas ilhas do oceano cortadas pelas ondas escuras e pelas tempestades que rugem no mar. Ao pé do salgado mar Oriental acautela-te contra os enormes demônios famintos, pendurados de cabeça para baixo, como rochas desfiguradas, nas penedias acima da arrebentação, que morrem todos os dias, feridos pelo nascer do sol, mas caem no mar, revivem e voltam a pendurar-se nos penedos. Segue adiante, até o limite da terra do mundo, até a praia do mar primevo de leite, cujo seio se encrespa com as ondas brancas de leite como fieiras de pérolas, onde lótus de prata brilham com filamentos de ouro. Detém-te junto à alta palmeira que Indra plantou na última praia para marcar o fim do Leste. Ali, através de uma fissura feita na Terra, poderás olhar para baixo e ver, muito abaixo de ti, a serpente Sesha, alva como a Lua, que sustenta a Terra em suas aduchas, tem um milhar de cabeças com imensos olhos de lótus e está vestida de azul. Mais para leste, no fim do mar, arde o fogo submarino, saído da boca de um cavalo, que transforma de novo o leite em água salgada do mar, debaixo do vapor d'água fervente para fazer as chuvas, à espera do momento em que o mundo termine da próxima vez para consumir como alimento todo esse assombroso universo de vida que se move e de criaturas imóveis. Ouvirás, de longe, os gritos dos frágeis animais do oceano, receosos das chamas, e do outro lado do mar solitário divisarás vagamente o início das intransponíveis montanhas de Um Mundo e Nenhum Mundo, as montanhas fronteiriças que circundam o Universo, cujos lados remotos estão em perpétua escuridão, tão altas que os cimos de todas as outras montanhas jazeriam a seus pés, e os nossos nobres picos formariam apenas a sua base. Nos seus flancos, árvores e altas moradas erguem-se além da nossa visão, de modo que jamais poderemos aproximar-nos delas. Além do mar de leite e das montanhas limítrofes de Um Mundo e de Nenhum Mundo, nenhuma criatura pode ir. Elas dão a volta ao Universo. Depois delas, em todas as direções, está a noite eterna, sem limites, traiçoeira, sem Sol, sem Lua e sem luz. E, mais uma vez, a própria escuridão e todo o cosmo se contêm dentro da casca branca de um ovo.

"No Leste, a aurora aparece primeiro lucescente, refletindo a glória rútila das portas de ouro do nascente, e as pessoas que ali vivem por algum tempo tornam-se cor de ouro. Procura em todas as partes que te mandei procurar, e também nas que não nomeei. Não te ausentes por mais de um mês, a contar de hoje."

O Macaco General do Leste inclinou-se diante do rei, girou sobre os calcanhares e dirigiu-se, teso, para fora da cidade das cavernas. Um quarto dos macacos soldados acompanhou-o. Suas armas coruscaram, suas carroças de suprimentos moveram-se com grande estrondo, a poeira levantada pela marcha capturou os raios de sol no céu e escondeu o dia. Seguiu-se um barulho ensurdecedor, o chão tremeu na sala do trono de Sugriva, e eles se foram.

Então, o Macaco General do Oeste foi à presença de Sugriva murmurando qualquer coisa. Sobresteve, bateu no chão de pedra com as sandálias de bronze, tirou o elmo de ferro que arrastava após si longas plumas verdes e penas de papagaio, fez girar a capa vermelha, caiu de joelhos com um estridor de armadura de bronze e gritou:

"*Vitória para o rei! Jaya! Jaya!*"

"Explora o Oeste à procura de Sita", disse Sugriva. "Procura-a com força e com habilidade; descobre o que lhe aconteceu; fica sabendo se ela está esperando em algum lugar no caminho do Oeste."

"*Majestade!*"

"Presta atenção ao que vou dizer", continuou Sugriva. "No Oeste acaba a luz do Sol e ali a bondosa Dama Noite tem a sua casa. Segue no rumo do oeste os frescos riachos da floresta, que descem dos lagos altos e frios; investiga os vastos impérios e reinos ocidentais, as altas rechãs e mesetas, as árvores que cresceram, espontâneas, de trepadeiras e parreiras emaranhadas, tão difíceis de penetrar. Onde o rio Sindhu deságua no mar Ocidental está a montanha da Lua, com uma centena de cumes e dez mil cristas perdidas no céu, em que vivem os pássaros gigantes que carregam para os seus ninhos baleias do mar e elefantes da terra, e ali os conservam como animaizinhos de estimação. Tão grandes são os seus ninhos que os elefantes perambulam e vagueiam, felizes, dentro deles, comendo o suficiente à sombra de árvores enormes, ao passo que, ao longo das bordas, onde se armazena a água das chuvas, as baleias nadam e mergulham. Escarafuncha esse lugar. E perto daqui, também, os eremitas gandharvas guardam comida para as chuvas e mantêm pomares. Não tires nenhuma fruta deles, nem deixes que alguma dessas criaturas te veja. Além desse lugar, ergue-se a montanha do Trovão de Diamante, íngreme montanha de diamante azul. Correm cascatas através de canais profundos dentro dela, e, ao longo dessas águas escuras e rápidas, rugem javalis e leões, permanentemente excitados pelo alarido e pelo eco das próprias vozes. A oeste da montanha começam as árvores de flores de ouro, que conduzem a sessenta mil morros baixos de ouro, que rodeiam a montanha do Ocaso. O Sol afugenta a escuridão do mundo até esse ponto. Podes chegar até aí. Não vás mais longe, de onde o Sol e a Lua são expulsos, e onde nunca se vê nada. Olha para onde quer que imagines que ela jamais poderia estar. Volta aqui à minha presença dentro de um mês."

"*Jaya Sugriva Raja Maharaja Jaya!*"

O General do Oeste ergueu-se a duras penas, juntou as mãos numa saudação e saiu da sala.

O Urso General do Norte, de pelame branco, tirou tranquilamente os sapatos de cetim à porta e, gracioso, entrou sem ser chamado, para ir ajoelhar-se diante do rei-macaco.

"Ordenai, Senhor."

"Vigia para mim o quadrante norte do mundo", disse Sugriva. "Esgravata com cuidado os reinos de Bharata e Kuru. Adentra-te nas florestas raianas de cedros do Himalaia, em cujos contrafortes vivem as tribos de pássaros, cruza o deserto sem vida, de arrepiar os cabelos, que fica além delas, e penetra as terras encantadas dos kurus do norte. Não percas a cabeça. Como animais selvagens que têm liberdade para ir e vir, vasculha a montanha Kailasa, pálida e prateada como a Lua, e atravessa o palácio do Senhor do Tesouro, Vaishravana, diante do qual se inclinam todas as criaturas que podem inclinar-se. Ao norte dali, cruza o rio da Pedra, onde as apsarasas nadam e folgam. Não deixes que a água te toque, mas salta sobre ela com a ajuda das altas varas de bambu que ladeiam as margens. Escarafuncha entre as Árvores dos Desejos, e as árvores que dão bebidas e pérolas em vez de frutos, e entre as lianas rasteiras que têm divãs e cobertores no caule, como melões. Examina os passos e as encostas a pique do gélido Himalaia, e atenta ali para o som de música suave e para os risos felizes; porque o que pode parecer à vista apenas uma vertente nua de montanha, será amiúde uma ilusão, que esconde pátios de recreio das serpentes nagas sob um feitiço de invisibilidade. Descobre esses esconderijos e vasculha-os. Essa gente naga do Himalaia é abençoada e bem-afortunada, nunca fica triste nem deseja nada que seja bonito, mas todos os dias ganha maravilhosas capacidades e habilidades. E entre as montanhas está o monte Meru, centro do mundo, invisível para as pessoas que duvidam, à volta do qual giram o Sol e a Lua; com efeito, em meio segundo, o Sol passa, veloz, sobre Meru ao meio-dia. Mais para o norte há montanhas sem árvores, onde se acham as casas dos homens e mulheres com cara de cavalo. Deve estar escura a região que vem depois dessa, pois o Inverno se aproxima depressa, mas, em muitos vales e cavernas, vivem santos luminosos, e a terra setentrional dos kurus é visível por sua luz brilhante. Cada vez mais para o Extremo Norte, estende-se aquela terra, eternamente silente, que brilha com toda a beleza e realidade de qualquer região aquecida pelo Sol, embora haja poucos caminhos para a passagem de criaturas e no amplo céu não haja estrelas, nuvens ou luz do céu. Segue em frente, se puderes, e chegarás ao mar do Norte, cujas águas são pretas. Olha para ele a distância, mas não toques na arrebentação e não percas de vista o monte Meru, atrás de ti. Essas praias do mar do Norte são feitas de pedra cinzenta e ardósia negra e amortalhadas em nevoeiro. Ali o vento frio e molhado sopra sem parar na direção das praias, e os borrifos do mar se transformam em gelo salgado no ar. As ondas quebram como vidro na praia, a escuridão mancha o ar, o fogo nega-se a queimar, cada dia e cada noite torna-se um ano, e o tempo se perde na eternidade. Volta depressa dessa temível borda setentrional do mundo, e não deixes passar mais de um mês antes do teu regresso."

O Urso General do Norte bateu no punho da espada e disse:
"*Sim*".

Ergueu-se e saiu da sala. Destarte, de Kishkindhya já haviam partido três quartos dos animais guerreiros, que iam esmiuçar três das quatro direções, quando Sugriva ordenou:

"Chamai Hanuman, trazei-me Hanuman".

Hanuman entrou com Rama, caminhou, descalço, até o centro da sala e sentou-se. O dourado príncipe dos macacos Angada trouxe alguns tapetes e também se sentou. Sugriva deixou o trono para ir juntar-se a eles, e ali também se sentaram Rama, Lakshmana e o enorme e velho Rei dos Ursos, Jambavan.

"O caso, agora", disse Sugriva, "é que vimos Ravana voando para o Sul. Ora, Lanka é no Sul. Entrego a chefia ao príncipe Angada. Oh! Rama, Hanuman, o Filho do Vento, por certo encontrará Sita; se quiseres, fica aqui comigo até que eles regressem, deixa Lakshmana ficar, deixa que Jambavan se vá, e deixa que voltem todos dentro de um mês."

Sugriva ergueu-se. Tirou um rolo de pergaminho de dentro das túnicas e estendeu-o a Hanuman, dizendo:

"Sabes o que fazer e como fazê-lo... aqui está uma mensagenzinha para o demonarca, caso o encontres... não o percas antes de tê-lo decorado..."

Sugriva sorriu, recolheu-se aos seus aposentos interiores e caiu no sono.

Hanuman juntou as mãos.

"Rama, logo estaremos de volta. Lanka é difícil de alcançar e fica muito longe, mas conheço todas as províncias, cidades, poças d'água, pegadas e fortificações dos demônios deste mundo. Quando Vali nos perseguia, a mim e a Sugriva, voávamos tão alto que víamos debaixo de nós o mundo inteiro como uma gravura, clara como o teu rosto num espelho. Vimos a própria Terra girando no espaço com um estranho zumbido, semelhante ao de um tição agitado rapidamente no ar. Dir-se-ia uma roda, e suas cidades davam a impressão de moedinhas de ouro e seus rios, de fios. Suas florestas e prados eram minúsculos remendos; as montanhas Vindhya e Himalaia, cobertas de rochas, pareciam elefantes numa lagoa erguendo-se da Terra plana."

Jambavan, o Urso, sorriu.

"Sugriva confia neste Hanuman, e Hanuman confia, com maior confiança ainda, em si mesmo. Eu também o acompanharei."

Tirou um rolo de pergaminho de dentro das túnicas...

Rama deu a Hanuman um grande anel de ouro.

"Este anel é meu e ela o reconhecerá, pois foi seu pai, Janaka, quem me deu de presente depois do nosso casamento. Nele está escrito o meu nome por três vezes: *Rama, Rama, Rama!*"

Assim, tendo apenas uma ideia na cabeça, macacos e ursos saíram, em leque, de Kishkindhya para os quatro quadrantes do mundo. Deram ordens e não fizeram caso delas, transpuseram torrentes intransponíveis e escalaram penhascos inexpugnáveis, peneiraram as areias dos desertos e rastelaram prados. Enxotaram os tigres amarelos das ravinas e as borboletas adejantes dos jardins e puseram para correr os gatos das aldeias, de modo que todos fugiram juntos. Macacos e ursos precipitavam-se para a frente e gritavam com vozes altas e baixas:

"*Arredai! Ide embora! Deixai-me passar, não levarei muito tempo!*"

Os animais de Kishkindhya correram ao longo dos caminhos estreitos que levam de certos templos sagrados às portas laterais ocultas do céu. Examinaram câmaras mortuárias reais seladas e salas secretas do tesouro esquecidas do passado. Disfarçados de homens, atiravam-se às pessoas e limpavam-lhes os bolsos; fingindo-se bandidos, vascolejavam as tendas dos viajantes como se estivessem varrendo tapetes, e sacudiam as carroças das caravanas como dados, para verem o que cairia delas.

Macacos e ursos fizeram aos pássaros um milhar de perguntas minuciosas. Espreitaram o interior de flores fechadas, falaram com as feras e dirigiram a palavra ao búfalo manso. Ouviram os leopardos no jângal tranquilo e os homens dos bazares da cidade. Seguiam correntes até as cabeceiras, nas montanhas, para ter a certeza de que não eram a água das lágrimas de Sita. E, à noite, dormiam no chão, sob as árvores frutíferas, fazendo suas camas debaixo do desjejum.

Hanuman, Jambavan e Angada, além de uma quarta parte dos animais guerreiros, rumaram para o Sul. Volvida a metade de um mês, não estavam longe das montanhas Malaya, onde crescem florestas de sândalos, quando entraram numa floresta morta. De uma feita, naquela selva, o filho de um eremita morrera quando tinha apenas dez anos de idade. Escoara-se-lhe a vida, e o pai, por causa disso, amaldiçoara toda a região para que nada medrasse nela. Ali não se encontrava alimento de espécie alguma, nem mesmo uma abelha vivia naquele lugar.

Angada conduziu-os através de vales abafados por espinheiros, através de moitas entrelaçadas, densas macegas e touceiras de cardos. Cruzaram abismos e ravinas, e o príncipe-macaco proibiu que as pessoas se afastassem umas das outras até que, afinal, exaustos, macacos e ursos deixaram-se cair debaixo das árvores mortas para descansar, deitados na relva seca curvada sobre as montanhas, já bem avançados na direção do Sul.

Depois, em torno de uma encosta, voaram dois cisnes. Com a voz fraca devido à sede, Angada disse a Hanuman:

"Vamos dar uma espiada ali".

As aves voavam deixando cair água das asas. Em torno da montanha viram a boca rochosa de uma caverna. Longa e estreita marca de relâmpago chamuscara as pedras mais próximas e, à entrada, cresciam árvores amantes de água; uma brisa fresca e úmida envolveu-os quando olharam para dentro.

Mas não puderam ver coisa alguma. Estava escuro como uma noite negra de chuva torrencial. Primeiro entrou Hanuman; Angada agarrou-lhe a cauda, alguém agarrou a cauda de Angada e assim, formando uma corrente, todos os animais entraram. O chão era inclinado, uma inclinação que se tornava mais e mais abrupta, e as pedras do chão estavam molhadas. Hanuman escorregou e começou a deslizar. Angada tropeçou e não pôde segurá-lo; e então todos os animais desandaram a cair atrás de Hanuman, ainda seguros uns nos outros, incapazes de parar, caindo cada vez mais depressa. O chão tornou-se a parede de um túnel que levava para baixo. Não havia nada a que pudessem agarrar-se nem nada em que se pudessem firmar.

Caíram por uma centena de léguas. Finalmente, divisaram uma luz embaixo, que subia ao encontro deles, e foram dar no mundo subterrâneo brilhantemente iluminado. Caíram todos uns sobre os outros, numa pilha, sem se machucar, ao lado de um largo rio espadanante de vinho branco fresco, ao passo que dos juncos prateados ao longo das margens nasciam copos, e o leito do rio era coberto de deliciosas ostrazinhas.

Viram-se, então, numa espaçosa caverna alumiada por espelhos mágicos e pedaços de ouro rútilo engastados nas paredes e no teto alto. Todos beberam. Hanuman olhou à sua volta e avistou um palácio branco com balcões de ouro e janelas encortinadas com redes de pérolas. Havia lagos pequenos e grandes de água e vinho arrumados num parque, e chafarizes e pétalas sobre os caminhos. E no parque os peixes vivos eram de ouro de verdade, e as tartarugas, de prata lavrada.

Os macacos e os ursos principiaram a comemorar a sua salvação. Mas Jambavan, o Urso, sem querer, quebrou o galho de uma linda roseira vermelha. Da parte quebrada escorreu sangue; as rosas perderam a cor e acabaram ficando de um branco desmaiado. Hanuman fez que todos ficassem quietos e, acompanhado de Jambavan, aproximou-se, cauteloso, do palácio encantado.

Uma bonita moça, envolta numa túnica preta e macia de antílope, estava sentada à sombra de uma árvore, num banco de lápis-lazúli púrpura, ao pé dos degraus cravejados de joias da escada que conduzia à casa, atrás dela. Um por um, todos os macacos e ursos foram chegando e sentando-se calmamente à sua volta.

E, embora não o soubessem, isso assinalou o fim do prazo de um mês. De todas as partes a que haviam ido, todos os outros animais retornaram a Kishkindhya, vindos do Leste, do Norte e do Oeste. O General do Leste cobriu o rosto; o General do Oeste suspirou; e o General do Norte voltou coberto de cinzas.

"Oh, Rama", disse Sugriva, "agora somente Hanuman, o Filho do Vento, poderá encontrar Sita... mas o tempo já passou, e onde está ele?"

Na caverna em que haviam caído, Hanuman perguntou à moça:

"Quem és tu e de quem é esta casa?"

"Sou Swayamprabha", disse ela, "mulher mortal, embora as coisas aqui não sejam sempre o que parecem ser. Esta é a Caverna das Árvores de Maya. O asura Maya, de arte e ilusão magistrais, construiu tudo isto."

"Como vieste parar aqui?"

"Macaquinho, sou dançarina. Danço, e danço tão bem que as apsarasas do céu vinham ver-me dançar; dessa maneira, tornei-me autoluminosa e uma querida amiga de Hema, a Apsarasa." Swayamprabha sorriu. "Dar-te-ei mangas, bananas e mel; não queres dizer-me por que estavas passando pela desolada floresta da Terra acima de nós?"

"Sou Hanuman. Estamos procurando Sita."

"Oh!", disse Swayamprabha, "estou contente, muito contente, por conhecer os macacos de pés ligeiros e os ursos cobertos de peles!"

Enquanto os animais comiam, Hanuman perguntou:

"Onde está Maya?"

"Ele poderia estar aqui agora mesmo", respondeu, sorrindo, a encantadora moça. "Maya, o Asura, é um verdadeiro artista, um mágico de maravilhoso poder. Tudo o que ele cria é perfeito e completo, enquanto dura, antes de mudar. Tudo é ilusão, Hanuman... ele dizia frequentemente: 'Acredita nisso e transforma-o numa verdade...'" Os olhos escuros de Swayamprabha encheram-se de lágrimas – antes de morrer...

Hanuman era todo ouvidos.

"Que aconteceu?"

"Indra matou-o", disse ela, "perto da entrada desta mesma caverna. Hema, a Apsarasa, herdou este lugar, e eu tomo conta dele para ela. Era a consorte de Maya, e, por isso, Indra ficou com raiva."

"A filha de Hema é rainha de Lanka", disse Hanuman.

"Sim, foi logo depois do seu casamento com Ravana, durante uma tempestade na Terra, lá em cima... ainda podem ver o caminho percorrido pelo raio nas pedras!"

"Ainda assim...", disse Hanuman.

"Tens razão", conveio Swayamprabha. "Indra vai e vem. Maya é um verdadeiro gênio, o Senhor do Tempo. Poderia ter escapado do relâmpago."

Hanuman deu um sorriso largo.

"E Indra viu-o atingir o alvo?"

"Perfeitamente! Viu Maya feito em pedaços pelo raio, bem debaixo dos seus olhos!"

"Todos os mil pedaços!", exclamou Hanuman.

"Indra conservara Hema muito bem guardada depois que a filha dela nasceu, e Maya conseguiu pegar a criança, pois apenas os dois, pai e filha, ficaram sozinhos em cômodos vazios."

"Mas Indra, agora, está desprevenido, em alguma formosa mansão..."

Swayamprabha desatou a rir.

"O asura Maya é ator consumado; nunca lhe encontraram o corpo. Quem sabe? Ele pode voltar, e talvez fique muito zangado ao encontrar milhares de macacos e ursos em sua caverna..."

Hanuman cumprimentou Swayamprabha.

"Como podemos sair daqui?"

"Queres mesmo ir a Lanka?", disse ela. "Quando alguém entra nesta cativante caverna das ilusões, sobretudo por engano, nunca regressa vivo à Terra por suas próprias forças. Mas eu te ajudarei. Chama os outros."

Ela paramentou-se com os sininhos de dançarina.

Macacos e ursos reuniram-se. Swayamprabha disse:

"Boa sorte para todos. Ficai imóveis, cerrai os olhos e cobri-os. Não deveis olhar enquanto eu não mandar".

Macacos e ursos cobriram os olhos com as patas macias e esconderam o rosto nas mãos. Ouviram tilintar os sininhos de Swayamprabha e pareceu-lhes sentir o cheiro do oceano.

"Podeis olhar."

Eles olharam à sua volta e viram-se na praia do mar do Sul, em frente às montanhas Malaya. Sentiram o cheiro de sândalo. De dentro das florestas, que recobriam as encostas, as nagas do sul os observavam, enroladas em suas formas colubrinas, escondidas nos galhos, por trás das folhas pontudas.

O mar azul, distante e vasto, extenso como o céu azul! Uma brisa ligeira erguia borrifos da crista das ondas, e estas caíam, alegres, na praia, para recuar deslizando, suspirando, rumo às profundezas. Um rio delicioso cruzava a praia, orlada de árvores que lhe escondiam as águas e as ilhas, e a velavam, como a uma jovem que fosse ao encontro do amante secreto.

O príncipe Angada protegeu os olhos com as mãos e fitou o Sol. Em seguida, despencou no chão e gritou:

"*Hanuman!*"

"O que foi?"

Hanuman veio correndo.

"Vê onde está o Sol! Perdemos a outra metade do mês! Por quanto tempo estivemos lá dentro?"

Hanuman olhou para a sua sombra.

"É verdade, o mês se acabou... Pensei que ainda tivéssemos mais tempo. Por ignorância entramos na caverna de Maya, cheia de árvores, debaixo da terra, e passamos lá todo o tempo..."

Angada ergueu-se e bateu os pés.

"Fomos enganados pela ilusão. O trabalho de Rama não está feito, as ordens do rei não estão sendo obedecidas... Oh! felizes são os mortos!" Virou-se para os outros e gritou: "Não voltarei para casa como um fracassado, prefiro morrer de fome aqui mesmo!"

Macacos e ursos balançaram os braços e gritaram:

"Morreremos contigo!"

Com exceção de Hanuman e Jambavan, o Urso, ficaram todos olhando para o sul, espalhados pela praia. Quedaram em silêncio, meditando, e resolveram morrer.

Hanuman e Jambavan afastaram-se dali. Puseram-se a caminhar pela praia e deixaram os outros para trás. O dia estava muito bonito. Era um princípio de tarde e tudo respirava tranquilidade. As ondas, baixas, demoravam para suceder-se umas às outras. O rio corria sobre rochas redondas e falava em sussurros, e o vento delicado soprava no mar, ao largo da praia.

O velho urso Jambavan movia-se pesada e vagarosamente, e a luz do Sol dava-lhe à pele escura uma impressão de brilho, com luzes vermelhas nas pontas. Estirou-se na sombra pintalgada de uma antiga árvore de mel, e Hanuman, recostado no flanco macio de Jambavan, bocejou e começou a devanear.

Jambavan roncou e soprou um pouco de areia do nariz, perguntando com voz ribombante:

"Macaco, como foi que Sita se perdeu? Conta-me a história de Rama".

Hanuman cerrou os olhos e pôs as mãos no colo.

"É uma história de perigo e salvações", principiou ele. "Encouraçará de coragem as almas nobres e provocará colapso no coração dos covardes. Deixará perplexos os sábios e frustrará os tolos, e fará com que ambos sigam seu próprio coração. Fornece razões para todos os tipos de comportamento; seus capítulos assombram a mente; seus versos incutem nos heróis a fome da glória. Suas linhas vertem um amor caloroso, suas palavras geram sorrisos de raiva e lágrimas de alegria. Oh! Rei dos Ursos, esta história não é para ouvidos entediados nem para nervos fracos, pois encerra pavor e cavalheirismo temerário, honra gentil e perigo elegante, graciosa bravura e uma generosidade farta e incognoscível."

O salto de Hanuman

Vê!
O Filho do Vento salta no ar,
E voa através das nuvens com um rugido,
Enquanto as ondas inimigas no verde mar salgado
Espadanam e espumam embaixo!

Oh, o ouro e a prata encontrados em estado natural
São melhores do que as moedas docilmente ganhas;
Os tesouros achados numa caçada são tão bons
Quanto os prazeres da imaginação no céu.

O ventozinho carregava cada palavra aos outros animais e até aos contrafortes das montanhas Malaya, mais acima.

"Presta atenção, Jambavan", disse Hanuman. "Era uma vez, na Bela Ayodhya, um velho rei que não tinha filhos..."

Hanuman relatou o nascimento e o casamento de Rama, o seu exílio e a morte do pai, o modo como ele matou os demônios da floresta Dandaka e como Ravana fez um veado de ouro e roubou Sita. Os macacos e os ursos, ao redor de Angada, começaram a alvoroçar-se e contorcer-se, ansiosos por ouvir a história, e puseram-se a torcer as mãos e a exclamar coisas num sussurro.

Nisso, de repente, uma sombra voadora invadiu a praia. Do alto das azuladas montanhas Malaya precipitou-se sobre eles um imenso abutre. Mas suas penas estavam queimadas. Ele não podia suavizar a queda; agitou as asas no ar e pousou pesadamente na praia. Suas asas jogaram para o alto uma nuvem de areia, que caiu sobre Angada e todos os macacos e ursos suicidas, sepultando-os na areia até as orelhas.

Hanuman e Jambavan estavam fora da corrente de ar, e Hanuman continuou contando a história. O abutre ajeitou-se. Virou a cabeça e olhou para os macacos e ursos que enterrara, primeiro com um grande olho redondo cor de laranja, depois com o outro.

"É verdade", disse o abutre. "As pessoas são, de fato, recompensadas pelas suas boas ações passadas, pois aqui estão animaizinhos gordos, já distribuídos em fileiras para mim pelos deuses bondosos. Eles viveram toda a vida apenas para que eu os jantasse."

Depois, com o vento, vieram as palavras de Hanuman, e o abutre ouviu-o dizer:

"Grande foi o feito de Jatayu. Apesar de velho, por amor a Sita, quase matou Ravana antes que o Rei dos Demônios lhe arrancasse a alma desta vida".

O volumoso abutre voltou-se, esquadrinhou a área debaixo da árvore de mel com os olhos e disse:

"*Quem está falando do meu irmãozinho Jatayu, Rei do Ar?*"

"Sou Hanuman", replicou o macaco. "Este é Jambavan, o Senhor dos Ursos. Os animais de Kishkindhya estão procurando Sita. Ravana tirou-a de seu marido Rama e matou teu irmão quando Jatayu tentou detê-lo, na floresta Dandaka."

"Meu nome é Sampati", apresentou-se o abutre. "Se eu ainda pudesse voar, iria a Lanka e mataria Ravana por causa disso!"

Elevando-se sobre a praia, esfregou uma perna na outra, como se estivesse raspando um milhar de segadeiras com pedaços de ardósia.

O príncipe Angada, num salto, saiu de baixo da areia. Apresentou-se, cortês, e disse:

"Por favor, deixa-nos morrer em paz. É tudo em vão. Não podemos encontrar Sita, e agora tudo o que ainda não vi, ouvi ou fiz terá de esperar pela minha próxima existência inferior".

"Mas, príncipe macaco", voltou Sampati, "pensei que soubesses; ela está em Lanka, se é que ainda vive."

"Como sabes?"

"Minha vista é tão clara quanto a boa lei do Dharma", respondeu Sampati. "A raça dos abutres enxerga longe, a uma distância de cem léguas. Temos olhos mágicos de ouro."

"Tens certeza?", insistiu Angada.

"Príncipe, sou Sampati, ligeiro como o vento. Há oito mil anos, Jatayu e eu fomos voar juntos. Passamos sobre matas e florestas, cursos d'água e reinos, e subimos mais alto, e voamos sobre lagos cobertos de nuvens, onde nadam gansos cor de neve, e sobre montanhas de pedra cinzenta, e sempre mais alto, até chegarmos tão alto que vimos o Sol brilhando tão perto e tão grande como a Terra! Aí o calor nos derrubou e eu caí, protegendo Jatayu com a sombra das minhas asas abertas. Caí num clarão de luz que fazia todos os mundos parecerem queimar-se, sem sombra alguma, e sem nenhum modo de sabermos onde estávamos. Depois, subitamente, perdi o vento. Meu irmão e eu caímos separados um do outro, vi-me aqui nestas montanhas meridionais e, a pouco e pouco, minha memória voltou.

"Minhas asas eram inúteis e, depois de todos esses anos, só hoje me recuperei o suficiente para levantar-me. E neste ano, neste verão, enquanto eu jazia indefeso, vi Ravana voar por cima de mim com Sita. Acompanhei com a vista todo o seu trajeto até Lanka, e ele não saiu da ilha com ela desde então. Ela está em algum lugar, atrás dos muros da cidade, do outro lado do mar.

"Ninguém do meu povo sabia onde eu estava, até que um de meus filhos me encontrou ontem à noite. Muito triste por não poder oferecer-me comida, prometeu trazer alguma mais tarde e me disse:

"'Pai, não peguei nada hoje. É a primeira vez que falho numa caçada desde aquela vez, antes das chuvas, quando me preparei para atacar um demônio escuro com dez pescoços, que voava pelo ar sobre um passo de montanha, indo para o sul, não longe daqui. Carregava uma formosa mulher e pacificamente me pediu: 'Reconheço minha derrota e coloco-me sob a tua proteção'. Não podendo atacar alguém que se havia rendido a mim, deixei-o passar. E, então, ouvi as vozes do céu que me diziam: 'Este era o réprobo rei dos rakshasas, Ravana. Por felicidade Sita ainda vive, e passou em segurança por ti. Mas eu te trarei comida amanhã'".

"Portanto era ela, príncipe Angada, e dois de nós a vimos ser levada. A velhice não me enfraqueceu a mente nem os olhos, se bem que a minha vida esteja agora frouxamente presa a mim, pois não como desde que caí do céu."

Os animais que ainda estavam enterrados na praia pareceram preocupados. Angada disse-lhes:

"Deixai de pensar. Trazei-nos alguma comida de abutre".

"Não digas mais nada!", gritaram eles, e correram para as matas da montanha.

"Sampati", disse Hanuman, "o próprio Rama queimou o corpo de Jatayu e, agora, teu irmão vive no céu. Podemos viver por milhares de anos e nunca ouvir falar de um feito mais corajoso que o dele. Tivesse sido Jatayu um dia mais moço, e teria vencido. Todas as nobres criaturas amam Rama, e neste generoso serviço darão sua vida por ele e farão o bem uns aos outros e o mal aos inimigos de Rama."

Chegou a comida, e, enquanto Sampati comia, novas penas começaram a crescer em suas asas, qual penugem de ouro. Depois Sampati disse:

"Não faças caso do limite do teu tempo, pois realmente Ravana pegou Sita numa ocasião em que o que se perde logo se recupera, um momento muito aziago para um ladrão".

"A que distância daqui fica Lanka?", perguntou Angada.

"Cerca de umas cem léguas, não mais do que isso", respondeu Sampati.

Angada olhou para o mar. Num lugar, suas águas quietas refletiam a imagem de todo este mundo e de todo o céu; fora dali, soprado pelo vento, erguia-se em vagas brincalhonas, altas como montanhas, Angada sentiu que ondas de dúvidas salteavam os macacos e os ursos.

"Quem quer saltar sobre o oceano e trazer-nos notícias de Sita?", indagou Angada.

Os macacos e os ursos responderam:

"Eu sou capaz de pular dez léguas..."

"Eu pulo trinta..."

"... setenta..."

"Eu pulo cem, mas não posso voltar."

Angada atalhou-os:

"Eu mesmo o tentarei".

"Não podes", acudiu Jambavan, "és o nosso comandante. És raiz da nossa busca, nós é que devemos recorrer a ti, devemos servir-te."

"Então não há esperança."

"Não há esperança!", disse o velho urso. "Houve um tempo..." Voltou-se para Hanuman, que estava ao seu lado. "Presta atenção, macaquinho, vais ficar aqui olhando para nós como um idiota?"

Hanuman não entendeu.

"O quê?"

"És moço e forte. Que fizeste até agora para ajudar-nos?", perguntou Jambavan. "Não te ouvi dizer coisa alguma, agora há pouco, sobre a distância que podes pular."

"Eu o farei", disse Hanuman.

Oh! Rei Rama, o Vento é o melhor amigo do Fogo. O Vento estilhaça as montanhas e move-se de um lado para outro do olho do céu. Não pode ser visto, mas as coisas pesadas que movimenta são visíveis. Hanuman é filho do rápido e generoso Vento. Iguala o pai no voo. Para aumentar a tristeza dos rakshasas, quer, de um salto, chegar a Lanka. Havia desalento e um bocadinho de tristeza, e era o momento de ser forte. Então, como a tempestade, Hanuman afugentou os espíritos abatidos e, como a luz, trouxe coragem.

ESTE É O FIM DO
LIVRO DE KISHKINDHYA.
SEGUE-SE AQUI O SUNDARA KANDA,
O BELO LIVRO.

Em sua cabeça, Hanuman já cruzara o mar e entrara na cidade dos demônios. Escalou uma das montanhas Malaya para sentir o solo firme debaixo dos pés. Principiou a encher-se de poder. Ficou muito grande e muito pesado, e o seu passo comprimiu a montanha e esmagou as covas das serpentes. Do mundo subterrâneo vieram as nagas ricamente vestidas, machucadas e silvando, com o capelo bem espalhado. Em sua cólera, rolavam no chão com línguas flamejantes; cuspiam fogo e picavam as rochas em assomos de paixão. O seu veneno rachava a montanha, e divisavam-se lampejos de metal e pedra vermelhos no interior da Terra.

Hanuman trepou mais alto. Com sorrisos de pasmo, os celestiais gandharvas e suas apsarasas erguiam-se seminus da montanha para o céu e abaixavam os olhos para observar. Hanuman passou, marinhando, pe-

Hanuman ficou de pé no topo da montanha...

los parques da encosta da montanha, onde as espadas e as túnicas de cores brilhantes dos ghandarvas estavam penduradas nas árvores, e taças de ouro e pratos de prata se achavam no chão em lindos jardins sombrosos, que escondiam leitos de amantes feitos de pétalas de lótus.

Hanuman aproximou-se do alto. Comprimindo a montanha, seus pés faziam-na verter água. Rios rolavam, rochas deslizavam, brilhantes e recém-quebrados veios de ouro cintilavam, tigres fugiam e aves levantavam voo. Os espíritos das árvores abalavam e, em suas tocas, os gatos-do-mato gritavam num coro medonho, como o grito da própria montanha pela voz de todos os seus animais.

Hanuman ficou de pé no topo da montanha. Susteve a respiração, recolheu o estômago, amaciou a cauda e ergueu-a um pouco na ponta. Curvou os joelhos e jogou os braços para trás. Num dedo, brilhava o anel de ouro de Rama. Depois, sem uma pausa sequer para pensar, encolheu o pescoço, fitou as orelhas e saltou.

Foi maravilhoso! Foi o maior salto já dado em todos os tempos. A velocidade do salto de Hanuman arrastou atrás dele florescências e flores, que caíram como estrelinhas nos cimos balouçantes das árvores. Os animais que estavam na praia nunca tinham visto nada parecido e aplaudiram-no; depois, o ar se queimou à sua passagem, nuvens vermelhas flamejaram no céu e Hanuman perdeu-se de vista.

Aquele macaco branco parecia um cometa, tirando o céu do caminho, abalroando as nuvens e jogando-as para os lados. O vento, que lhe rugia debaixo dos braços, era empurrado para o mar, pelo seu peito, fazendo o oceano arfar e rolar. Os borrifos do mar ergueram-se e vaporizaram o Sol. Debaixo de Hanuman, a verde água salgada se dividiu, e ele pôde ver as baleias e os peixes como pessoas surpreendidas em casa. O ar à sua volta tornou-se elétrico, e lençóis de luz se juntavam e estalavam – azuis, verde-melão-pálido, alaranjado e vermelho bruxuleantes.

No meio do caminho para Lanka, a montanha de ouro Mainaka, que vivia no chão do oceano, de onde estava, debaixo d'água, viu chegar Hanuman e imaginou-o cansado. Mainaka estendeu as coruscantes asas de ouro, ergueu-se do leito aquoso e emergiu à superfície. A água lhe escorria das ilhargas brilhantes; assomando contra o céu azul, dirigiu-se a Hanuman.

"Descansa um pouco", propôs. "Deixa-me pagar minha antiga dívida para com teu pai, o Vento."

Hanuman deteve-se e, apoiado no ar, inquiriu:

"E tu, quem és?"

"Sou Mainaka, filho de Himavan, o Rei da Montanha, irmão de Ganga, a formosa deusa do rio. Vivi muito tempo escondido no fundo do oceano, com medo de Indra. Em troca da fiel proteção do mar, tenho feito as vezes de porta exterior contra os asuras subterrâneos, que não se atrevem a aproximar-se de mim. Desce para onde estou, pousa em mim e descansa.

"O que foi que meu pai fez por ti?", perguntou Hanuman.

"Nos dias de antanho", disse Mainaka, "há muito tempo, todas as grandes montanhas possuíam asas, como eu. Voávamos para onde bem entendíamos, mas quando aterrávamos éramos, às vezes, meio descuidados. Deslizávamos sobre as montanhas pequenas e achatávamos reinos inteiros, reduzindo-os a um chão. Ficamos com má fama entre os homens das florestas, e eles foram queixar-se a Indra. Então, com relâmpagos furiosos, o Senhor do Céu cortou-nos as asas, até que, dentre todas as montanhas, só eu ainda podia voar. Quando Indra me perseguiu, o Vento carregou-me para longe e, chegando aqui, refugiei-me no mar. As asas das montanhas quebradas agora se converteram em nuvens. Portanto, bendito sejas tu, gentil Hanuman, descansa e prossegue depois, refocilado."

"Perdoa-me, mas não posso interromper o meu voo", disse Hanuman. Apenas tocou a montanha de ouro com a ponta do dedo e disparou para o Sul.

Depois que ele se foi, Indra veio do céu e disse a Mainaka:

"Conserva as tuas asas, se quiseres, pois fizeste boa acolhida a Hanuman e tentaste defendê-lo do perigo".

E Mainaka voltou para debaixo das ondas.

Nas fortes correntes marinhas que existem vinte léguas ao largo de Lanka, vivia a velha rakshasi Sinhika, a qual, vendo o voo de Hanuman, observou:

"Este é o pássaro mais estranho que já vi em oitocentos anos de vida!"

Nadou para a superfície e agarrou-lhe a sombra; em pleno ar, Hanuman sentiu-se puxado para baixo e impedido de continuar.

Sinhika, sobre a água, segurava a sombra de Hanuman com suas garras, enquanto olhava para ele com seus minúsculos olhos vermelhos. Abriu a feia bocarra, mostrando os dentes amarelos e escamosos, e se pôs a puxar-lhe a sombra.

"Toma cuidado!", gritou-lhe Hanuman. "Acautela-te, estou a serviço de Rama, e seu reino é o mundo todo..."

Ela puxou-o mais para perto.

"Nunca poderás escapar-me!"

"Posso, sim. Escaparei, se eu quiser!"

Ela viu o quanto Hanuman era grande e escancarou a boca, vasta como uma caverna, com uma língua comprida. Hanuman, porém, logo se fez pequenino como um polegar e voou pela garganta dela qual minúsculo furacão. Espremeu-lhe o coração com as unhas afiadas das mãos, virou-se e disparou de novo para cima, saindo pela orelha da velha. Sinhika atirou os braços para todos os lados e caiu estatelada no fundo do mar. Seu ataque espirrou e espalhou-se, e logo vieram os peixes comê-la.

Depois Hanuman recuperou o seu tamanho de voo e voltou para o céu, onde voam os pássaros e cintilam os arcos-íris, onde os heróis andam em carros brilhantes tirados por leões milagrosos, onde sobe a fumaça dos fogos e vivem os ventos. Prosseguiu através do puro céu constelado de planetas, estrelas e santos luminosos, do sagrado Sol e da Lua, suporte e glorioso baldaquino deste mundo vivo, o céu feito, e bemfeito, pelo Senhor Brama, há muito, muito tempo.

As verdes montanhas da ilha de Lanka apareceram no horizonte. Hanuman viu a praia de areia quente e branca, rochedos esparsos, lagoas e, atrás de tudo isso, muitas palmeiras altas e balouçantes, plátanos e florestas de aloés. Viu rios desaguando no mar, e viu o lugar em que as pérolas, as conchas de caurins e belos corais tinham sido esparramados a fim de secar. Voou para o interior da ilha, sobre montes de ouro e de prata, extraídos das minas dos demônios, que resplandeciam à luz do Sol. Em seguida, viu a cidade.

Formosa Lanka fora edificada numa área plana, logo abaixo do cume mais alto da montanha tricúspide Trikuta, como se tivesse sido construída sobre nuvens. Suas quatro portas abriam-se para as quatro direções, e seus robustos muros de ouro tinham a cor dos raios de sol. Precedido de uma brisa leve, Hanuman pousou debaixo de um rochedo que se projetava no ar sobre a montanha, não muito abaixo da cidade, entre árvores de frutas em plena florescência e também carregadas de frutos, numa paisagem suave como a do céu. Rios azuis, rindo-se entre flores, corriam por canais e escadas de rubis, e árvores de todas as cores, que cresciam montanha acima, estendiam os galhos para pegar as lânguidas nuvens cor-de-rosa. O vento quente, que vinha do mar, recendia a pimenta, cravo-da-índia e espécies fragrantes.

Hanuman comeu algumas tâmaras e pensou: "Nem um fio de cabelo fora do lugar. Estou pronto para repetir a dose! Chamo a esse pequeno oceano uma poça... não como outras pessoas... sou melhor do que qualquer pássaro..."

Com todo o cuidado, Hanuman saiu furtivamente do esconderijo, o suficiente para ver a estrada principal que se dirigia ao muro setentrional de Lanka. À roda dos muros corria um fosso profundo, alimentado por um rio da montanha, cheio de tubarões, que fluía num leito de ferro e vestia pálidos lótus e lírios flutuantes. Nas altas almofadas aurirrubras da porta viam-se pintadas plantas verdes e cipós coleantes, peixes, árvores e flores, pássaros em voo, nuvens e estrelas. Havia elefantes debaixo do arco de pedra que encimava a porta, e arqueiros rakshasas espiavam dos telhados e das torres. Vista de baixo, Lanka era uma cidade altaneira, que se movia no céu, construída no ar, abraçada pelas nuvens e sustentada pelos raios de Sol.

"Teremos de matá-los a todos", pensou Hanuman. "Não poderemos ser amigos, eles são orgulhosos demais para ser abordados. Nunca trairiam Ravana. Não podem ser comprados e, além disso, são muito temerários e fortes."

Formosa Lanka estava enfeitada como uma donzela. Águas e matas eram suas roupas, lanças e dardos eriçados sobre o muro, as pontas dos seus longos cabelos; as bandeiras drapejantes de muitas cores e os pendões de guerra revestidos de ouro eram as suas joias e arrecadas; as altas torres de pedra eram seus seios, que fendiam o céu. Ela era a Formosa Lanka das Ondas, bem defendida, edificada, num tempo havia muito passado, por Viswakarman, o Arquiteto do Céu. Dir-se-ia uma cidade tecida de beleza, feita pela mente de um maravilhoso sonho meio esquecido.

As sombras do entardecer estavam se encompridando, e Hanuman pensou: "Primeiro me encontrarei com Sita em algum lugar ali dentro, e ela me dirá o que terei de fazer".

Depois, quando chegou o crepúsculo e a Noite caiu, negra, sobre o mundo escuro, Hanuman diminuiu de tamanho e tomou a forma de um gatinho doméstico prateado, de pelos compridos. Amarrou o anel de Rama ao redor do pescoço, e o anel se perdeu no meio do pelame. Escondeu-se num fosso e disse:

"Se me virem, um gato vagueia livremente à noite, e pode explorar o que quer que a curiosidade lhe sugira. Por três vezes me refugio em Rama, abrigo seguro de quantos fogem em busca de ajuda contra qualquer coisa".

No escuro, Hanuman transpôs o fosso, afastou-se da estrada e seguiu ao longo da base do muro para onde não havia porta, cabriolando como um gato sobre as quatro patas, andando um pouco de lado, com as pernas duras e a cauda qual pluma espetada, reta, no ar. De repente, uma mulher de pele escura apareceu diante dele, vinda de lugar nenhum, com

o rosto contraído num sorriso antipático, tendo chamas por cabelos e uma pele ensanguentada de tigre por vestuário, no meio de um halo de luzes brilhantes e cores móveis, parecidas com as nuvens ardentes que se verão na destruição dos três mundos.

Ela baixou os olhos para Hanuman e ameaçou, com voz de desprezo:

"Agora toma cuidado, está alerta! Se avançares mais meia grossura de um fio de cabelo, darei cabo de ti!"

"Quem és tu?", perguntou Hanuman.

"Sou a própria Lanka, cercada de proteção, governada pela mão de Ravana. Não podes entrar em mim, gatinho!"

"Deusa gentil", disse Hanuman, "estou curioso de ver teus encantos ocultos e tuas atrações. Não passo de um macaco, por isso deixa-me dar uma espiada tranquila por aí..."

"Nunca, até o fim do Tempo!"

Ela silvou e golpeou rijamente Hanuman, mas ele nem se mexeu. Sentou-se, apertou os dedos da mão esquerda e formou um punho. Em seguida, deu um pincho e atingiu-a bem no meio dos olhos. Lanka caiu de costas. Hanuman ajudou-a a erguer-se, ela pôs o pé no caminho dele, depois recolheu-o e ficou de lado.

"'Quando um macaco te derruba, conhece que um medo e uma maldição chegaram aos rakshasas...', assim ouvi dizer", disse a deusa. "Venceste o reino de Lanka com um golpe só; entra, se quiseres."

Hanuman saltou sobre o muro alto, onde não havia porta, à noite e, aterrando do outro lado, tocou primeiro o chão com o pé esquerdo, colocando-o na cabeça dos inimigos.

Hanuman foi para a sombra de uma árvore, ajoelhou-se e juntou as mãos.

"Confio em Rama", disse. "Lanka, mundialmente famosa, é inconcebível e linda, cidade-fortaleza cujo fosso é o mar. Brilha em sua glória. Ninguém pode subjugá-la pela força. É guardada pelos rakshasas, com suas armas prontas nas mãos levantadas, e apesar disso entrei. Lembro-me dos santos antigos e evoco os guerreiros do passado. Confio em Rama, confio em Rama... ele é muito forte... e é lamentável que, por um erro do seu rei, esta nobre raça de demônios deva perecer!"

Nisso, para ajudar Hanuman, as nuvenzinhas se retiraram do céu. A Lua, redonda e brilhante, desvelou-se, a amiga do mar, que estende sobre tudo seus longos raios argênteos e torna as sombras mais pretas, flutuante como um cisne branco no claro céu estrelado, no lago sem fundo do céu. A Lua estava cheia, era a última lua cheia antes do inverno. Observando Hanuman naquela noite, sobre Lanka, estava a nossa Senhora Lakshmi, de boa parte, que às vezes vagueia pelas altas montanhas da Terra ou caminha ao anoitecer pelos mares, ficando no céu ao lado da Lua.

Hanuman esperou, e o céu girou acima dele. A Lua brilhava como um espelho, como o rosto de um rei que ganha um reino. Veio a meia-noite, quando, entre os casais humanos, as brigas acabam entre o amor e o sono; e quando, entre os rakshasas, nas florestas, os medonhos Nômades da Noite, surpreendentes e terríveis, saem para comer a carne e beber o sangue da carnificina. Em Lanka se iniciou a vida noturna de todos os deleites; e, à meia-noite, Hanuman iniciou a busca de Sita.

As ruas de tijolos de Lanka eram orladas de casas altas adjacentes, erguidas atrás de árvores e construídas de pedras brancas, assinaladas com um raio e um gancho por Víswakarman, o Arquiteto. Atrás das ruas principais havia jardins e alamedas; por ali rondou, furtivamente, Hanuman, olhando pelas janelas de treliças e correndo sobre os telhados. Ouviu os sons de todas as indulgências, alaúdes, cornos, tambores de duas cabeças e risos a desoras; papagaios parlantes e demônios marcando o tempo; pés que corriam e, aqui e ali, o zumbido monótono de cânticos do sagrado Veda.

Viu inúmeras demônias formosas, e alguns rakshasas, também muito parecidos com homens de boa estatura e boa forma. Mas outros demônios eram negros, ou lividamente cor-de-rosa, ou pálidos e quase transparentes. Alguns incrivelmente belos, outros estropiados e deformados, repulsivos e pavorosos, mesmo envergando roupas esplêndidas. Nas ruas, carregando tochas, Hanuman viu as patrulhas noturnas de guerreiros rakshasas de todas as nações de demônios, trajados segundo a mais rica e régia pompa heráldica, ou estadeando penas e rêmiges, ou usando peles cruas em decomposição, ou caminhando nus com a cabeça raspada. Estavam armados de maças tachonadas, facas, zarabatanas ou punhados de relva santa convertida, por artes mágicas, em lanças e azagaias. Estes eram os guerreiros que tinham conquistado o céu e recebido a rendição dos sete reinos dos mortos.

Hanuman viu muitas coisas, olhando desavergonhadamente pelas janelas e portas. Viu os espiões reais com os cabelos trançados como os santos mendigos. Os bastões e as varas de aspecto comum dos eremitas eram secretamente carregados de pesados cernes de metal; além disso, escondiam lâminas e navalhas nos cabelos, e usavam mantras amarrados aos braços com cordões, e ocultavam feitiços de morte nos jarros de fogo que os acompanhavam nas viagens, inocentemente atirados sobre os braços.

Hanuman viu demônios que pareciam sábios e poderosos até quando bêbedos e adormecidos por efeito do vinho, ou das mulheres, ou abraçando as suas muito amadas bolsas de ouro. Viu oficiais do exército com linhas cúpricas de pasta de sândalo no corpo, falando e gesticulando com os braços fortes, retesando arcos pesados, olhando, desdenhosos, para mapas, batendo no peito e emitindo ordens: "Depressa!" "Espera!" Viu demônios violentos e rápidos, que nunca dormiam, deitados no escuro, girando os olhos lúgubres e fitos e usando pingentes de ossos carbonizados, solitários, na calada da noite. Viu cortesãs divertindo os ricos; com seus sorrisos alegres e seus longos e lentos olhares de soslaio, elas prendiam todos os corações por sua beleza e fascínio e faziam da vida um prazer. Viu jovens esposas recém-casadas com seus maridos, ressumando timidez e bem-aventurança ao mesmo tempo; e moças tristes por estarem separadas de seus amantes, caros às suas almas, chorando, desconsoladas. E, acima de tudo, das campânulas tangidas pelo vento e das sinetas do templo, o zumbir dos mantras cantados foi-se tornando mais e mais alto, à proporção que a noite se adiantava, como o próprio som do poder de Lanka, enchendo o ar.

Hanuman conseguiu chegar ao centro da cidade, onde um muro menor formava um grande círculo, de dezesseis matizes de ouro-rosa, encerrando os palácios do rei Ravana. Saltou sobre o muro e foi aterrar num jardim. Lâmpadas brilhantes ardiam em postes de ouro e pilares de prata, e o cascalho dos caminhos era feito de joias. Em toda a volta se erguiam pequenos templos, onde se queimava incenso preto, bibliotecas isoladas, pavilhões destacados, árvores e refúgios. E, alçando-se acima de todos, no centro do grande parque, via-se um palácio espiralado com régios domos de ouro, um edifício revestido de gemas caras e estrelado de diamantes, uma mansão que só diferia das melhores do céu pelo fato de tocar a Terra de Lanka.

Hanuman esgueirou-se por entre vigias encapuzados, que suspiravam, impacientes, no meio da noite, esperando um ataque, antevendo o dia de deter uma invasão. Passou sem ser notado por pássaros fanáticos, colocados em árvores amaranto-carmesins e exercitados para dar o alarma se viessem a ser perturbados. Hanuman vasculhou um lado da área do castelo, depois a parte fronteira dos jardins, e depois ingressou num extenso pátio, no terceiro lado do palácio de Ravana, que lhe percorria toda a extensão, da frente aos fundos.

    Esse pátio era tão grande quanto a metade de uma cidade; e lá, enchendo-o totalmente, estava o imenso carro aéreo Pushpaka, que Ravana roubara de seu irmão Vishravana, o Senhor do Tesouro. O carro colossal era transcendentemente belo, todo feito de flores, construído por Viswakarman no Céu, o carro da Primavera; era dirigido pela mente e repousava levemente em Lanka dois dedos acima do solo. Pushpaka, o carro das Flores, é um campo de tesouros; uma forma alegre de viajar, um veículo de visão rápida e sublime fantasia, que corre tão suavemente quanto um homem transportado por um desejo querido convertido em realidade.

    Hanuman subiu no carro e esquadrinhou-o. À luz da Lua cheia, viu uma floresta de paus de bandeira, como fieiras de árvores contra o céu noturno, dos quais fluía uma infinidade de bandeiras, bandeirolas de seda e pendões brilhantes e coloridos. Pushpaka tinha montanhas, campos verdes, canteiros de rosas perfumadas e bancos de marfim recobertos de brocado; figuras de lobos e cavalos esculpidas em ouro e colocadas ao pé de casas feitas de trepadeiras; curiosas balaustradas de ferro ornamentadas e balcões que se diriam distantes, pequenas portas de prata encastoadas de rubis, que conduziam a algum lugar debaixo da relva verde, redes de minúsculos sinos de prata sacudidos pelo vento, janelas de cristal e passagens secretas; uma galeria que exibia quadros de elefantes tomando banho, tendas de seda e um teatro, tanques de peixes e jardins de musgos, caminhos imensos e clareiras de samambaias e uma fonte espadanante, cuja água caía sobre uma imagem de pedra de Lakshmi, de pé num grande lótus azul-turquesa aberto, segurando na mão um botãozinho de lótus vermelho, feito de coral.

    Viswakarman, o Arquiteto do Céu, sempre considerou o carro Pushpaka sua obra-prima. Quando Pushpaka voa à noite com os fogos em ação e as luzes acesas, tem-se a impressão de que todo o céu se move com os raios das estrelas e planetas; de dia, com os sinos tocando e as bandeiras ondeando, é uma baliza para o caminho do Sol; e basta-nos erguer os olhos para vermos que toda a quilha do carro foi construída de arco-íris amarrados uns aos outros.

Pushpaka pode voar puxado por mil cavalos ou sem eles. Os materiais utilizados na sua construção vieram de todo o Universo, destes mundos e de outros. Em alguns lugares, os raios dos muros amarelo-topázio do jardim manterão abertos hemerocales durante a noite; em outros, mesmo durante o dia, o lótus da noite está sempre aberto, sustentado pelos raios de esmeraldas escuras, que detêm a luz do dia e projetam debaixo deles uma sombra profunda e uma ilusão da Noite, como se estivessem, de uma forma qualquer, no meio de pesada e escura nuvem de chuva.

O carro Pushpaka é o ornamento da Terra materializado diante de nós e uma reunião de todas as coisas maravilhosas. Cruza o ar com infinitos movimentos. Nele, vamos aonde queremos. Podemos olhar pelas janelas ou voar ao ar aberto, debaixo do Sol, sobre tapetes, entre joias que piscam quando o grande carro vira no céu e a luz do Sol se move acima da nossa cabeça.

Hanuman esmiuçou todo aquele vasto e belo carro como teria explorado uma velha árvore trepadeira com muitos buracos e galhos. Não havia ninguém a bordo. Nada se mexia. Hanuman quedou-se ao pé do parapeito de proa, farejando o ar. A princípio, ainda pôde sentir o cheiro do sândalo esculpido de Pushpaka e de todas as suas flores, mas depois o vento mudou um pouquinho de direção e trouxe, de algum lugar, os odores de iguarias dignas de um rei e de bebidas geladas bem misturadas, e o aroma dos perfumes caros que as mulheres palacianas costumam usar à noite depois do banho.

Hanuman deixou Pushpaka e, seguindo as indicações do seu nariz, rumou para o lado do palácio real, no próprio centro de Lanka, cercado de jardins. Ao chegar mais perto, vislumbrou muitas luzes e pensou: "Encontra os prazeres dos sentidos e ali encontrarás o Rei dos Demônios".

Hanuman entrou no palácio. Seguiu saltando e farejando. Passou por um milhar de pilares e colunas resistentes, atravessou câmaras majestosas e compridas salas irregulares, iluminadas por escudos de guerra pendentes e pelo brilho de arcos mágicos empilhados bem junto uns dos outros. As paredes do corredor eram revestidas de ladrilhos de um azul intenso e de tijolos carmesim vitrificados; abertas bem no alto, viam-se grandes janelas cobertas de redes de ouro e cristal, ou de suaves marfins e prata, ou acortinadas de sedas. Havia salas de pedras preciosas e pratos de comida e jarros de metal cheios de vinho, e de todos esses muitos aposentos nenhum fora construído por decreto, todos tinham sido feitos a pedido.

O cheiro de comida, vinho e mulheres tornava-se cada vez mais forte. Hanuman continuou andando sobre chãos de alabastro e subiu uma escada de frio lápis-lazúli e ouro brunido, até chegar à extremidade de uma sala pavimentada de prata e abrir uma alta porta de jade, cuja maçaneta, de ametista lapidada, era do tamanho de um coco. Atrás dessa porta, fechava o caminho uma cortina pendente de lã, enfeitada de listras; um véu corrido com o formato da Terra, que tinha quatro cantos, era chato e tão vasto quanto o mundo e todas as suas terras, povos e casas.

Por ali se entrava no quarto de dormir de Ravana. Hanuman mergulhou debaixo do canto esquerdo da cortina e ficou, dentro do quarto, com as costas voltadas para a parede, fitando um chão imenso, alumiado por lâmpadas de ouro e coalhado de mulheres adormecidas, tão juntas umas das outras que Hanuman não poderia dizer onde acabava uma e começava a seguinte.

Quase não havia espaço para se pôr o pé no chão. Aquelas eram as incontáveis esposas do demonarca, dormindo em desalinho, deitadas umas sobre as outras, belas e brilhantes como clarões de relâmpago, agora bem presas no abraço do Sono. Hanuman pensou: "Quando até a forma de uma estrela celeste é menos do que suficiente, a recompensa divina da virtude por uma boa vida deve ser receber lindas formas e belos membros como estes!"

Chegado ao quarto das mulheres, seria mais difícil a qualquer homem lembrar-se de quem era, onde estava ou por que, do que voar de um lado a outro do mar. E conquanto Hanuman não fosse um homem, ao olhar para uma, cuidava que nenhuma outra poderia ser mais bela; e quando via a seguinte, esta passava a ser, por seu turno, a mais bonita de quantas já vira. Em realidade, entre aquelas magníficas mulheres, os raios da beleza de uma destacavam os encantos de outra; dormiam profundamente depois de uma noite de bebidas, danças e músicas. Os cabelos fragrantes haviam-se soltado, e os braceletes, espalhado pelo chão; as marcas de beleza de pasta de sândalo estavam borradas, as túnicas coloridas tinham-se desatado e as correntes dos cintos, soltas, pareciam jogadas de lado; as grinaldas, que principiavam a desmanchar-se, estavam dispersas, já não se viam as pérolas, e os brincos se haviam perdido.

Hanuman receava agir mal e nunca violava uma boa lei a não ser que precisasse fazê-lo. "É por certo errado", pensou, "contemplar, mesmo por acaso, a esposa de outro homem que jaza despida, indefesa ou adormecida. Mas refugio-me em Rama, abrigo-me com ele. A mente comanda os olhos e envia imagens de bom ou mau jeito. Com a ajuda de Rama, minha mente não se alterará com esta contemplação. Estou lhe salvando a vida procurando Sita, e não há dúvida de que uma mulher pode ser encontrada entre outras mulheres."

Até as lâmpadas do quarto olhavam abertamente para todas as mulheres enquanto tinham a oportunidade de fazê-lo, e Ravana dormia. Hanuman escolheu o seu caminho entre as rainhas de Lanka, peritas no amor, caídas no chão, e examinou-lhes o rosto. Elas sorriam, franziam o cenho ou suspiravam durante o sono; seus travesseiros eram os braços, as pernas e o regaço das outras; puxavam as túnicas das vizinhas e envolviam-se nelas. Com os olhos fechados pelo sono, eram desejáveis como flores cerradas; quando se tocavam sorriam e chegavam mais perto, acreditando estar apertando Ravana com os seios. Até ao dormir, os meneios das dançarinas fascinavam; as jovens musicistas dormiam abraçadas a tambores e alaúdes, como se fossem seus amantes há muito ausentes.

As lâmpadas de ouro das paredes vigiavam-nas sem pestanejar; e, à sua luz, o ouro e as joias daquelas rainhas formavam um rio de luzes e cores e vagas trêmulas de ouro e prata. Os colares de pérolas, alvas aves aquáticas adormecidas entre os seios, erguiam-se e caíam; as enfiadas de turquesas eram famílias de cercetas azuis e as ancas, as ondas e as margens do rio; os rostos de pele dourada, ou branca, ou azul-marinho representavam os lótus; quando elas se mexiam, sonolentas, as campânulas costuradas nas roupas de seda imitavam as ondulações da água que se moviam com pequeninos sons; e os machucados e arranhões nos seios tenros eram sinais de onde o leão e o tigre tinham vindo beber.

Nisso, do outro lado do quarto, num canto, Hanuman lobrigou uma cama de cristal erguida acima de curta escada de degraus incrustados de joias, debaixo de um guarda-sol branco de sete camadas orladas de cores. Flores Asoka, de um vermelho de chama, pendiam dos quatro pilares da cama, de marfim, e tanto na cabeceira quanto nos pés, homens mecânicos, movidos em silêncio pela água, que caía não se sabe como, agitavam suavemente o ar com vassourinhas de caudas de iaque.

Hanuman aproximou-se mais e olhou para a cama. Os lençóis de seda amarelo-pálido tinham sido adornados de diamantes e os muitos travesseiros macios eram cobertos de felpudas peles de carneiro. Naquela cama estava deitado o Rei dos Demônios, Ravana, ferrado no sono, heroico e escuro, vestido de branco, com vinte braços como pilares de porta marcados com pasta fria de sândalo, sanguínea, dez cabeças diabolicamente belas, rostos incandescentes em razão das pesadas arrecadas de ouro, dormindo como uma montanha que respirasse fundo. Ravana dormia sem suspeitar de nada, cansado devido ao amor e ao vinho. Ele era o maior desejo de toda moça rakshasa, e a felicidade de todo guerreiro de Lanka.

Hanuman recuou, tomado de respeitoso temor. Os fundos do quarto de dormir de Ravana davam para um terraço ao ar livre, onde se costumava beber. Em silêncio, Hanuman foi para lá e trepou numa mesa comprida, sobre a qual se amontoavam sobras apetitosas de assados, arroz perfumado e bons guisados feitos para extasiar os sete mil nervos do paladar. Delicadamente, ainda em forma de gato, caminhou entre os pratos e ali se sentou, assombrado, olhando para Ravana de curta distância. Macaco do mato, Hanuman não desejava mulheres bonitas nem comia alimento cozido... mas não conseguia tirar os olhos de Ravana, ali deitado à majestosa luz da lâmpada.

Ravana jazia como uma coleção de males, uma massa de iniquidade, agravos, brutalidades e escurezas de coração. No largo peito do demonarca divisavam-se as velhas cicatrizes, curvas e brancas, produzidas pelos colmilhos de Airavata, o elefante de Indra; em seus braços escuros e fortes viam-se as queimaduras causadas pelos raios e relâmpagos e as cicatrizes feitas pela corda do arco; em torno de nove dos pescoços corriam linhas finas para mostrar onde ele, de uma feita, cortara nove cabeças e as queimara como oferenda aos deuses.

Afinal, Hanuman desviou o olhar por um instante, depois voltou a fitá-lo em Ravana. "Enquanto ele estiver aqui...", pensou. Olhou para as comidas empilhadas sobre a mesa e serviu-se de uma bebida. Comeu alguns melões e pêssegos, lambeu um pouco de creme e passou a ronronar e a assear-se, tal qual um gato. Lambeu a pata até vê-la molhada, e lavou os bigodes junto à boca e o pelo acima das orelhas. Não estava pensando em nada de especial e seus olhos de gato erravam, ociosos, por aqui e por ali.

De repente, parou de lavar-se e comprimiu os braços como um macaco. Viu Mandodari, rainha de Lanka, dormindo separada em sua própria cama, muito bela, a senhora de todo o palácio. Pensou: "Rica de mocidade e tão bonita, só pode ser Sita! É ela!" Beijou a própria cauda, pulou da mesa de jantar e começou a correr em círculos alegres. Sentou-se e bateu com as mãos nos joelhos, sorriu e cantarolou uma alegre melodia, agindo precisamente como um macaco. Deu outra corrida e foi encarapitar-se no topo de um dos pilares da cama de Ravana.

"Oh! não!" Outro pensamento cruzou-lhe o cérebro. Suspirou e imobilizou-se. "Essa não é ela. Que vergonhosa ideia de macaco... Como teria Sita algum lugar neste quarto? Essa é a rainha de Lanka, a filha da ilusão... embora Ravana bem pudesse desejar que fosse Sita. Primeiro assumindo uma forma falsa, o Rei dos Demônios mal conseguiu roubá-la. Sita não tomaria vinho de Lanka nem jamais amaria outro marido... Quando é que os elefantes se acasalam com porcos, e quem remata uma boa refeição com um copo de vinagre?"

Hanuman pulou do pilar da cama de Ravana para o terraço do quarto e, dali, saltou para o pátio que havia atrás do palácio. Somente não olhara ainda atrás da mansão de Ravana.

Com um pequeno estalido, desfez-se do disfarce de gato. Era de novo um macaco branco, e o anel de Rama voltou a brilhar em seu dedo. Um muro baixo de pedras encerrava um bosquete de árvores Asoka atrás do palácio, e Hanuman sentou-se no muro todo curvado, com os olhos estupidamente pasmados no ar, sem olhar para nada, esfregando os calcanhares nas pedras. As folhinhas de todas as árvores em derredor principiaram a bulir ao vento leve de fim de noite.

Hanuman estava cansado; tinha a impressão de haver aberto e fechado metade das portas e janelas da Terra; examinara salas, tocas e buracos, até debaixo d'água, no fundo dos lagos e lagoas de Lanka, e não encontrara Sita.

Reteve a respiração por um longo momento e depois suspirou. Falava consigo mesmo e dirigia-se aos jardins vazios. "Ela está seguramente morta, pois o abutre Sampati deve ter piscado os olhos cansados, e não a viu soltar-se das mãos de Ravana e cair em algum lugar no mar. Ou Ravana, que se delicia com o mal, a matou. Voava tão depressa que a impediu de respirar, ou a esmagou... Sita está morta, já não vive, e tristemente gritou, chamando o seu Senhor Rama com o derradeiro alento!"

Lágrimas desceram dos olhos amarelados de Hanuman e lhe escorreram pelo rosto vermelho. Suas palavras ficaram todas sufocantemente molhadas. Ele retorceu as mãos, sacudiu a cabeça e abanou a cauda. "Ah!

quanta infelicidade! Que dor, que fracasso! Não posso voltar sem nada para dizer a Rama, nunca mais rirei nem brincarei com meus amigos das florestas... nem correrei pelas árvores... Perdi toda a minha habilidade na busca, minha bela grinalda de fama expirou... *Oh, não posso suportá-lo, morrerei...*"

Cada palavra de todo esse discurso vazio atravessou o ar e foi parar nos longos ouvidos de Vayu, Senhor do Vento, amante da chuva que limpa o ar. Vayu quedou-se atrás dos ventos dos mundos, suspirou, mexeu-se e começou a sussurrar para o filho Hanuman. O macaco infeliz jazia dobrado ao meio sobre o muro baixo, soluçando e esfregando os olhos. Vindo do oceano, acima da praia, uma leve brisa rodopiou nos flancos da montanha Trikuta e entrou em Lanka.

Hanuman continuava a lamentar-se. Levou as patas ao rosto e deu um último suspiro. "O remédio é o suicídio, e meu corpo poderá, então, pelo menos, trazer uma magra felicidade a algum pobre bichinho..." E perdeu as forças.

Vieram, então, de longe os Ventos, aproximando-se cada vez mais. O milhão de folhas lisas das árvores da vertente da montanha tremeu, farfalhou, tentou falar e ondulou como as mãos das dançarinas. Era a primeira vez, desde que Ravana chegara a Lanka, que o Vento se atrevia a soprar rijo, mas agora entrava, selvagem e livre, outra vez, por cima dos muros de Lanka, com toda a sua grande força; chegou como um vendaval do oceano, sem nada que pudesse detê-lo, desafiando Ravana. Derrubou as fileiras de estandartes e cantou através dos fios das catapultas; sacudiu as venezianas do palácio e quebrou galhos como tiros de canhão.

Hanuman ouviu falar o Vento que corria, selvagem:

"*Até quando? Até quando?*"

Abriu os olhos e espiou pelos dedos peludos. Um remoinho de vento vinha bem na sua direção, pressionando-lhe os pelos. Folhas e flores passavam voando por ele, galhinhos estalavam, árvores ondeavam, e dos caminhos do jardim de Ravana joias soltas se erguiam do chão e passavam cantando aos seus ouvidos. Vayu, o Vento, respirou fundo e soprou o filho por cima do muro.

"*Deixa disso. Ó Filho, até quando procurarás aborrecer-me? Imita os ventos, imita os ventos...*"

Hanuman deu uma cambalhota e rolou para baixo de uma árvore Asoka. Aprumou-se e tirou o pó do pelame. O vento amainou. Hanuman achava-se no bosquete Asoka de Ravana. Dir-se-ia uma floresta, mas estava bem conservado demais; semelhava a um jardim, mas asselvajara-se. As belas árvores Asoka tinham cristas redondas e cachos de longas flores vermelhas e, com muitas outras árvores e plantas, floresciam num longo parque interno, atrás dos aposentos particulares de Ravana.

A aurora aproximava-se depressa. Após um silêncio, os pássaros e veados que despertavam começaram a falar, mas suas vozes soavam estranhamente infelizes. Hanuman pôs-se a cismar: "Que pesar pode haver aqui?" Relanceou os olhos em torno. "Onde está Sita? Está em algum lugar, debilitada e desesperançada como a Lua nevoenta, difícil de ver como um filão de ouro coberto pelo pó, difícil de encontrar como um brilhante caniço amarelo, que se quebra e acinzenta ao vento enregelante e se perde quando chega o inverno, descorando como a cicatriz vermelha de uma recente ferida de seta, ou como o talho fresco de alguma aguçada arma celeste."

No centro do bosquete Hanuman viu uma árvore Sinsapa, alta, demasiado crescida, de folhas douradas e flores brancas, ao pé de um pequeno lago, com tochas bruxuleando à sua volta, mas sem que houvesse ninguém ali. E quando a Noite partiu e o Sol se ergueu do mar, trepou na árvore e escondeu-se entre as folhas, deitando-se ao longo de um galho robusto e pensando: "Sita sempre gostou de andar pelas matas e banhar-se em pequenos lagos como este, entre criaturas selvagens; logo, logo, poderá estar aqui, ao nascer do Sol".

Aqui estou

Todas as estrelas do Céu podem cair
E a Terra pode partir-se,
O Fogo pode arder frio,
E as águas podem correr montanha acima...

Mas Sita nunca se aparta de Rama.

Oh! Rama, o pequeno lago abaixo de Hanuman refletia claramente o mundo na calma do romper do dia, e a luz do Sol, descendo do cume da montanha Trikuta, viajava, rápida, para Lanka, e lampejava nos muros dourados da cidade. Na manhã quieta, Hanuman ouviu os sacerdotes rakshasas, no interior dos seus templos, cantando para receber a luz vinda do céu. Então, no quarto de dormir de Ravana, os tambores começaram a rufar, os alaúdes se puseram a tocar, e os bardos de Lanka entoaram cânticos de louvor para despertar o rei.

Nesse meio tempo, algumas rakshasis, demônios que faziam as vezes de guardas, vieram de entre as árvores Asoka e apagaram as tochas que ardiam ao redor da árvore de Hanuman. Formavam um grupo horripilantemente feio de horrores; tinham caras de coelho, cão ou coruja, de porco, tigre ou peixe; pernas de vaca, elefante ou cavalo; orelhas de búfalo, ou barbas de bode, ou presas de cobra. Eram um pequeno exército de fúrias, carcajus, megeras e diabas. Algumas empunhavam varas, algumas tinham três olhos vesgos, algumas eram carecas e algumas tinham cabelos duros, que pareciam pelos de rato, ou de camelo sarnento. Usavam roupas desajustadas. Tinham barrigas desabadas e beiços pustulentos e pendentes, vozes que lembravam raspadeiras rascando uma folha de metal, e narizes tortos colocados de viés ou às avessas, em rostos túmidos. Olhavam de esguelha, com maldade, tinham um aspecto sinistro, eram anãs ou altas, e a maioria ainda estava bêbeda devido à noite anterior. Hanuman viu tudo o que se podia ver em matéria de testas baixas, unhas quebradas e caras inchadas. E teve a impressão de que nenhuma delas jamais tomara um banho em toda a sua vida, a não ser que tivesse sido surpreendida fora de casa pela chuva, ou caído no rio. O sangue coagulado de jantares e assassinatos passados, que vinham de anos sem conta, cobria-as como uma capa de lixo. Sua visão irritou os olhos de Hanuman.

Todas as manhãs, quando acordava, a primeira coisa em que Ravana, o Rei dos Demônios, pensava era em Sita reduzida ao cativeiro. Ele pulou da cama, sorrindo, e endireitou a túnica. Alisou os cabelos e os dez bigodes, saiu por uma porta nos fundos e passou por um portão do muro em torno do bosquete de Asoka, piscando ao sol os olhos ferozes, raiados de vermelho. Depois de Ravana veio uma centena de esposas, sonolentas e trôpegas, e a rainha Mandodari, que caminhava ao lado do rei, dando, a uma cabeça de cada vez, golezinhos de vinho de uma tigela.

Hanuman viu que Ravana comandava a marcha e, enquanto as rakshasis debaixo da árvore formavam filas transparentes e fétidas, sacudiu-se e diminuiu o próprio tamanho até não ser maior do que uma mão, e marinhou pela árvore Sinsapa até chegar a um galho mais alto. Ali, como um pássaro escondido, ficou espiando de longe, protegido pelas sombras escuras das folhas.

Nisso, avistou-a: uma formosa mulher da raça humana, que se levantava do leito de terra, debaixo de outra árvore próxima. Ela aproximou-se e sentou-se com as costas apoiadas na árvore Sinsapa, de pernas encolhidas, com a puída e poenta túnica amarela cobrindo-lhe todo o corpo, os cabelos pretos lustrosos atados numa longa trança que lhe caía, nas costas, até os quadris.

Hanuman pensou: "É Sita, muito mudada desde que a vi ser raptada". Mas não tinha certeza. Ela parecia aturdida, perdida e prostrada. Hanuman continuou com os olhos cravados nela; parecia perplexo, como alguém que tenta, com conhecimentos há muito deslembrados, ler alguma coisa em outra língua. Ali estava uma mulher aprisionada como uma naga, retida em seu caminho por encantos e feitiços obstruentes. Era um rio seco, a página rasgada de um livro duvidoso, um lago enlameado; era amor morto e esperanças frustradas. Abaixo dele, Hanuman viu uma inspiração baldada por loucuras, uma reputação perdida, uma lei justa e real desobedecida e uma prece inacabada.

Mas era ela mesma, era Sita de afortunada beleza, pálida mercê da dor e do jejum, magra e trêmula. Aquela era a túnica que ela usara, e ali, abaixo dele, Hanuman ainda podia ver-lhe a testa formosa e o alvo pescoço, os seios redondos e os lábios vermelhos, os brilhantes olhos pretos de cílios recurvos, grandes e amplos. Era Sita nascida de um sulco na Terra. Até no cativeiro seus membros continuavam lindos; ela ainda era bela a todos os olhos, como o claro céu de outono após as chuvas.

Hanuman pensou: "Oh! Ravana, ainda te pegaremos por isso! Aqui está a alegre rainha de Rama mergulhada no sofrimento! Meu amo Rama

"Esquece-o", berrou Ravana.

é realmente forte, pois ainda respira sem ela, e não se consumiu de todo de triste sede e tristes anélitos".

Ravana dirigiu-se à árvore Sinsapa e, sem dizer uma palavra, ajoelhou-se e inclinou suas cabeças aos pés de Sita. Depois, levantou-se e sorriu:

"Minha querida, como podes ter medo de mim? Estou indefeso nos laços do Amor. Não sejas tímida... não te fica bem jazer sobre a terra nua, quando podes ser senhora do meu reino. Deseja-me, sê boa; recompensa o meu amor, pois a juventude é incerta e passageira, e a beleza não durará para sempre".

Sita colocou uma haste de relva entre ela e Ravana.

"Para tua própria morte tu me tocaste", disse ela. "Ravana, nem mesmo numa gravura viste dançar a negra Kali, e rirem-se os hórridos crânios do seu colar, e a escuridão da Morte descer como a Noite?"

"Mas todos os deuses me servem hoje em dia!", revidou Ravana. "Há trezentos e vinte milhões de guerreiros aqui; se eu precisar da ajuda de um, uma centena se apresentará. Governa minhas outras esposas e minha cidade como governas meu coração. Por que resistes? Se mo ordenares, farei o bem a todo o mundo. Trata-me com brandura, querida Sita."

"Vês tudo invertido", disse Sita, "porque estás cada vez mais próximo da tua própria morte. Se és realmente forte, segue o Dharma e leva-me de volta, ninguém te fará mal."

"*Esquece-o!*", berrou Ravana.

"Ora, és apenas a sua presa", volveu Sita. "Não sentes, acaso, o laço da Morte?"

"Oh! tímida jovem de cintura fina, diverte-te. Olha para esta riqueza à tua volta; abre os olhos, tudo será teu."

"És um mago, vendes a luz do Sol como se ela te pertencesse", disse Sita. "És louco para me tentares com a riqueza, quando todos os tesouros da Terra pertencem ao meu Senhor? Sou somente dele. Depois que o Senhor dos Homens me apertou nos braços, nunca poderei procurar outro. Para ti, sou uma imagem de ferro incandescente à espera do teu abraço!"

"Quanto *mais atencioso* me mostro, tanto pior me tratas!"

"Reconhece-me, então", respondeu Sita, "pela filha de um *verdadeiro* rei e esposa de um homem de verdade!"

RRRrraarrr! Ravana dirigiu-lhe um olhar terrível, rugiu e sacudiu as cabeças e as mãos. Seus vinte olhos vermelhos começaram a rodopiar e a rolar em diferentes círculos girantes e em direções opostas. Rilhou os dentes cruéis. Suas túnicas remoinharam como o mar tempestuoso. Dir-se-ia que ele estivesse tendo um acesso; no alto da sua árvore, Hanuman quase saltou fora da própria pele.

Mas a rainha Mandodari pegou no braço de Ravana e disse-lhe:

"Meu amor, passa por ela e vem comigo. Ela não é melhor do que eu. Ainda ama Rama, pois um inseto só pode amar outro da sua espécie. O magro destino de Sita não lhe permitirá desfrutar da tua grandiosa companhia..."

E Mandodari, cheia de amor, fê-lo voltar-se, e conduziu-o de volta ao quarto de ambos, dizendo suavemente:

"*O que quer que desejes, meu querido Senhor, o que quer que digas*".

E quando se foram, às costas de Ravana, suas outras esposas, filhas de deuses e de grandes reis, consolaram Sita com os olhos. Depois deixaram-na a sós com suas guardiãs e seguiram o Rei dos Demônios.

Hanuman segurou-se com força à árvore e pensou: "Será que esse louco faz isso todos os dias?" Olhou para Sita e mostrou os dentes. "Por esta Senhora foram mortos os demônios da floresta Dandaka, por ela foi morto, em emboscada, o rei Vali, por ela voei sobre o oceano... Teria sido inteiramente certo que Rama, por amor dela, houvesse virado o Universo inteiro de pernas para o ar. Como as águas de um rio que passam rolando, o Tempo não pode ser chamado de volta, e assim a filha da Terra, de pele dourada, vê-se aqui na condição de prisioneira; entretanto, ela e Rama nunca se separaram dos pensamentos um do outro, senão teriam morrido."

As rakshasis disseram a Sita:

"O nosso rei invencível está envolto num halo real de alva glória e, por sorte tua, apaixonou-se por ti. Corteja-te polidamente, e age de maneira encantadora. Por que te apegas a Rama, que vive com animais?"

Sita respondeu rudemente, com a voz de uma leoa que se dirige a um cãozinho:

"Não sejais muito atrevidas comigo! Eu jamais cuspiria sequer no vosso desasseado rei. Ele, apaixonado? Não, mas cairá. Perguntando e respondendo, Rama acabará encontrando o caminho, e virá buscar-me".

"Olha", volveram elas, "estamos satisfeitas. Agiste bem. Mas não há necessidade de irmos mais longe."

Os olhos delas não viam mais que uma prisioneira desarmada, sozinha e inofensiva. Sita esguardou-as.

"Calai a boca, não me ameaceis!"

"O *quê*?", gritaram elas. "Somos até bondosas, moles de coração e condescendentes demais!"

Algumas, que traziam facas, sacaram-nas e brandiram-nas, jubilosas, diante de Sita.

"Nós te toleramos até agora só para ajudar-te! Nossas palavras são sempre bem-intencionadas. É para o teu próprio bem, enfrenta a realidade!"

Sita riu-se.

"Sê feliz!", vociferaram elas. "Senão...!"

Um demônio chegou mais perto e gritou:

"Senão, nós te comeremos! Quero o fígado para mim!"

"*Ossos para mastigar e roer, sangue e espuma para lamber!*"

As rakshasis começaram a empurrar-se e acotovelar-se umas às outras, todas berrando ao mesmo tempo.

"Ravana será feliz outra vez, por que brigar? Basta dividi-la em porções iguais. Ide buscar o machado e o caldeirão! Muito molho! Vamos dançar! Dois pedaços de carne macia para os corvos!"

Hanuman agachou-se na sombra do tronco da árvore. Estalou a língua de encontro aos dentes aguçados e assobiou, respirando; enrolou a cauda e dirigiu olhares ferozes em todos os sentidos; flectiu as unhas das mãos e preparou-se para saltar das folhas amarelas da árvore Sinsapa e lutar.

Mas exatamente nesse momento a velha rakshasi Trijata deu-se pressa em adiantar-se e postar-se ao lado de Sita. À primeira vista, parecia uma velha bondosa qualquer, com os cabelos distribuídos em três trancas brancas, mas seus olhos estavam virados de cabeça para baixo, implantados no rosto, com as extremidades externas tocando-lhe o nariz. Era a única que tratava Sita com bondade.

"Calai-vos!", Trijata arrostou as outras, que pararam imediatamente de gritar e berrar. "Silêncio", disse ela, "porque na noite passada, num sonho, vi o terror, a queda e a conquista de Lanka."

Ergueu as mãos à altura do peito, com as palmas viradas para fora, dizendo sem palavras:

"*A paz esteja contigo*".

Trijata voltou-se para Sita.

"Princesa, contar-te-ei todo o meu sonho, para que possas salvar-nos da morte...

"Estavas, vestida de branco, no topo de uma montanha branca como a neve, batida ao redor da sua base por ondas brancas do mar. Naquela montanha vi Lakshmana, sentado numa pilha de ossos brancos, tomando leite e comendo arroz. Depois Rama acercou-se de ti, montado num elefante branco com quatro colmilhos de marfim envoltos em prata branca. Pompeava flores brancas e trajes brancos nos membros verdes, e estava sentado num trono de marfim no dorso do elefante.

"Depois, como a luz que se encontra com o Sol, ficaste ao lado dele. Abraçaste Rama e montaste no elefante com ele. Ergueste os braços e, presos em tuas mãos, viam-se o Sol e a Lua.

"Depois vi Ravana envergando trajes vermelhos e exibindo flores vermelhas. Montado num porco, bebendo óleo, com todas as cabeças raspadas, fugia de Lanka. Quando ele voou para o Sul, nossa cidade afundou no mar atrás dele. Ravana estava demente; gritava palavras insanas, ria-se e chorava como um maníaco. Ao passar pelo leito seco de um lago, uma mulher escura, que se envolvia num sudário vermelho e ostentava um colar de crânios, enroscou os braços poeirentos nos pescoços dele. Puxou-o para a Terra e arrastou-o para longe, sempre para o Sul, para a Terra da Morte.

"Sita, vi a nossa Boa Sorte correndo rumo ao Norte, como uma jovem assustada, chorando, sangrando de muitos talhos; um tigre apareceu correndo ao lado dela para protegê-la e conduzi-la a um lugar seguro. Corriam para a Bela Ayodhya..."

Trijata sacudiu a cabeça, olhou para as demais guardiãs e disse:

"Como um campo de grãos, o mal amadurece lentamente no tempo. Quando está maduro, o fruto pode temer a queda. Consolai Sita e pedi-lhe perdão. Não existe qualquer marca aziaga em seu corpo. Ela nunca ficará viúva. Este cativeiro não é o seu verdadeiro destino, embora o pareça, e eu assisti ao seu salvamento enquanto dormia. Até neste momento, o perigo nos ronda, enviado por Rama. Portanto, pedi-lhe perdão".

Sita sorriu-lhes e disse:

"Quando isso se tornar realidade, eu vos salvarei a todas".

As rakshasis debandaram e dirigiram-se aos respectivos postos de guarda ao lado das portas de Asoka e ao longo dos muros, e Sita quedou-se sentada, sozinha, debaixo da árvore de Hanuman. Hanuman pensou: "Os demônios podem assumir qualquer forma; como posso falar-lhe de modo que ela confie em mim? Se eu lhe falar em sânscrito, como um brâmane, pensará que sou o rei dos rakshasas..."

Por isso, em voz baixa, de modo que ninguém mais pudesse ouvir, Hanuman disse na língua animal:

"Rama... Rama..."

Sita ergueu a cabeça e prestou atenção. Hanuman continuou, falando sempre em voz baixa:

"Rama matou aquele falso veado de ouro. Falou com o moribundo Rei dos Abutres, Jatayu. Rama é amigo de Sugriva, e todos os animais de Kishkindhya têm procurado por vós. Encontrei-vos, eu, que sozinho saltei sobre o mar. Sou Hanuman, o Filho do Vento... e aqui estou, acima de vós".

❦

Sita olhou para o alto da árvore Sinsapa, e viu um macaco branco como uma minúscula penca de pequenos raios, com a cara vermelha sorrindo para ela, os olhos claros, castanho-amarelados, brilhando com fogos e luzes. Ergueu-se, segurou um galho baixo e perguntou:

"Quem és? Agora deixei minha cabeça escorregar na ilusão".

Hanuman desceu até o galho.

"Mãe, sou eu, Hanuman. Sirvo a Rama. Mas quem sois vós? O espírito de alguma estrela brilhante que se esconde do seu Senhor, tomado de cólera ciumenta, ou Sita?"

"Sou Sita." Ela desandou a chorar em silêncio, e as lágrimas lhe saltaram dos olhos. "Que espírito de estrela derrama lágrimas ao ouvir o nome de um rei mortal? Ah, Hanuman, tudo o que vejo me fala dele, e receio que sejas também apenas um fantasma em minha mente."

"Ah, não, não sou!", Hanuman achegou-se mais. "Ouvi, chorar demais não é bom para vossos olhos! Tudo acabará dando certo... logo, logo, Sita..."

Sita olhou para os próprios pés na Terra, e todos os detalhes se lhe tornaram claros e distintos. Aquilo não era nenhum sonho; e quando olhava para trás, com o próprio coração, lia os mais recônditos pensamentos e sentimentos de Hanuman.

"Estou às vossas ordens!", disse Hanuman. "Já consegui botar o pé nas feias cabeças de Ravana!"

"Oh, meu *lindo* macaquinho!" Ela abraçou-o e acariciou-lhe o pelo. "Chegaste como o remédio para o agonizante, no derradeiro e penoso momento. Onde encontraste Rama? De que maneira macacos e homens se fizeram amigos?"

"Não vos lembrais de quando deixastes cair vossos ornamentos, do céu, numa montanha ao pé de um lago?"

"Lembro-me, sim, como não?"

"Éramos eu e o meu rei Sugriva. Estávamos escondidos. Vimo-vos e juntamos vossas coisas. Depois Rama e Lakshmana vieram à nossa montanha de Rishkamukha, errando numa bela floresta, e nós lhes mostramos as joias. Sugriva e Rama tornaram-se amigos, e Rama restituiu Sugriva à sua esposa e fê-lo rei de Kishkindhya; de sua parte, Sugriva vos resgatará, os macacos e os ursos virão a Lanka..."

E assim conversaram os dois. Sita, com a cabeça perto das folhas douradas da árvore Sinsapa e sua doce voz, suave e baixa, e Hanuman, estendido num galho que já começava a inclinar-se um pouco por causa do seu peso, à medida que ele tornava a crescer cada vez mais de alegria pelo seu bom êxito.

"Este é o anel dele", disse Hanuman. "Guardai-o."

Sita leu a inscrição na ampla faixa de ouro: *Rama, Rama, Rama,* e Rama pareceu-lhe estar ali, tocando-a.

"Se conseguirmos continuar vivendo de um modo ou de outro", disse ela, "a verdadeira felicidade vem para cada um de nós uma vez numa centena de anos! Lembro-me agora de todos os bons tempos que eu havia esquecido!"

"Todo mundo estava à vossa procura", contou Hanuman. "Só esperamos que passassem as chuvas. Animai-vos. Sou famoso nos três mundos. Para os meus inimigos sou duro de olhar, e impossível de deter."

O sorriso de Sita era belo. Ela fitou Hanuman e dirigiu-lhe um sorriso luminoso e lento, brilhante como a estrela-d'alva. A túnica escorregou-lhe um pouquinho no ombro esquerdo, e Hanuman pôde ver parte do seu braço, seus músculos esguios debaixo da pele dourada, fortes como o aço dentro da seda. Hanuman sorriu para ela, mostrando todos os dentes. A seguir, caiu num como breve transe animal e disse, em parte consigo mesmo:

"*Uma imensa mulher negra golpeia a barriga com suas muitas mãos, enraivecida até devorar os rakshasas, impaciente por pegá-los e colocá-los, a todos, em sua boca terrível...*"

Ela puxou a túnica para cima e prendeu a respiração.

"O que estás dizendo?"

Hanuman piscou os olhos.

"Referi-vos às chuvas?"

Ela deu um doce e triste sorriso.

"Hanuman, terá Rama perdido o amor que me tinha por força da longa separação?"

"Ele mal come ou dorme. Para ele, as noites frias são como a chama, e os raios meigos da Lua queimam-no. Montai nas minhas costas, que vos levarei para casa."

Ela riu-se.

"Vejo aqui, mais uma vez, a tua natureza de macaco!"

"Este é o primeiro insulto que recebo de uma mulher", disse Hanuman.

Pulou da árvore e cresceu como uma montanha branca de oitenta palmos de altura. Estava agachado, pronto para saltar, com o rosto cuprino, as unhas e os dentes semelhantes a raios, os olhos amarelos como lanternas, semelhantes a deslumbrantes chapas de bronze. Em seguida, antes que alguém o visse, voltou a ser pequeno. Correu para junto de Sita e subiu na árvore.

"Acredito em ti!", disse Sita, sorrindo.

Hanuman ficou radiante.

"Eu poderia levar de volta toda Lanka com o seu estúpido rei e seus muros, e ninguém seria capaz de me pegar."

"Não, deixa que Rama me resgate, se quiser... pois agora aquele homem lindo está livre de uma esposa como eu."

"Princesa, se Rama vê uma flor de que, algum dia, tenhais gostado, arde em febre. Se ouve vosso nome, às vezes se sente confortado, mas às vezes também se lhe agrava o sofrimento. Neste momento, está conturbado, mas assim que souber com certeza que estais aqui, juro por todos os deliciosos frutos da floresta que ele virá com um grande exército salvar-vos."

Sita estava triste e feliz ao mesmo tempo, como a chuva em dia de sol.

"Bem-aventurados são os deuses que podem olhar para Rama onde ele se esconde", disse ela, "e bem-aventurados os santos homens que nunca amam nem odeiam. As pessoas não podem frustrar o Tempo; vê, estamos todos tão tristes!"

"Quando a cólera quente de Rama explodir sobre os mundos", replicou Hanuman, "os mares ferverão até que se evaporem todas as suas águas. Querida Sita, diante dos olhos do Amor o Tempo não agride, ano após ano, os pequenos encantos da idade capazes de cegar o coração. Perante o verdadeiro Amor, as clavas da Morte são frágeis armas de brinquedo, frágeis e inúteis para o combate. A Morte dá lugar ao Amor, e nunca se abalançou a guerreá-lo."

Sita suspirou, e o seu hálito queimou algumas folhas da árvore Sinsapa que lhe pendiam perto do rosto.

"Logo terás de deixar-me e voltar, meu Hanuman. As pessoas se interessam pelo que veem, e esquecem os que se foram. Vergonhosamente gostei de um veado cravejado de joias e mandei meu homem embora. Aqui não há rochedo algum de onde eu possa pular. Não tenho faca nem veneno, apenas a própria trança para enforcar-me. Como pode alguém ser melhor que um escravo desta vida, que não quer terminar, mesmo estando mais do que finda? Frequentemente choro, desejando morrer..."

"Acabai com vossa tristeza", disse Hanuman. "Sois a mais bela mulher que já me foi dado ver."

"Oh! Hanuman."

"Sois, sim, supremamente bela. Oh! Sita, Rama é como um templo do fogo, que arde alimentado pelos próprios fogos interiores. As sombras do Amor e a sua escuridão, na verdade, são luzes. Dizei-me o que posso fazer por vós."

"Rama se lembrará do corvo que me arranhou com as garras quando vivíamos na montanha Chitra? Leva-lhe esta mensagem: *Se por minha causa mandaste a terrível arma Bramastra matar um pequeno corvo, como é que pareço não ter um protetor agora? Estarei desamparada? Sobrou-te ainda amor suficiente para mandares armas contra os demônios? Naquele dia, distante dos cuidados, na montanha Chitrakuta, a marca vermelha na minha testa se imprimiu no teu peito verde, ao pé do teu coração."*

"Eu lhe direi, prometo-o", declarou Hanuman.

"Está por perto durante algum tempo", disse Sita, "descansa hoje aqui comigo. Não tenho ninguém. Quando me deixares, sentirei falta de ti, e quem sabe se algum dia voltarás? É muito difícil entrar em Lanka, e receio que ninguém mais, senão tu, seja capaz de atravessar o mar. A boa sorte completa e um amigo para comparti-la são muito raros e pouco duradouros. Meu macaquinho, passa esta noite comigo e vai amanhã."

Hanuman exibiu um sorriso ensolarado.

"Por que haveria o rei Sugriva de mandar um dos seus melhores macacos numa missão como esta? Sou um animal comum, o pobre filho do Vento sem pátria. Nada poderá deter os macacos e os ursos, nada poderá deter Rama e Lakshmana. Podemos ir a qualquer lugar tão depressa quanto queiramos. Lutamos no chão ou no ar; nossas armas são árvores desarraigadas e blocos de pedra arrancados das montanhas. Deixai-me voltar e trazê-los aqui para vós, aqui e agora, hoje mesmo."

Sita não se cansava de contemplar o notável e surpreendente macaco. A sua tristeza voltara e se fora, como se arrastam as nuvens pelo claro céu noturno, encobrem a Lua e tornam a passar.

"Fiel Hanuman, no fim do ano Ravana me matará. Fala com Rama para vir salvar-me, deixa-o fazê-lo, e adeus."

"Adeus, isso não tardará."

Hanuman correu sem ser visto para a parte do muro do bosquete de Asoka mais afastada do palácio de Ravana. Já estava pronto para saltar de volta sobre o oceano quando, de impensado, uma ideia de macaco lhe cruzou a mente.

Olhou de novo para Sita. O rosto dela era lindo como a Lua. Os olhos dele se iluminaram, e ele pensou: "Tornarei a deixá-la, mais uma vez, em perigo, sem nenhum sinal de encorajamento?"

Saltou, de súbito, o muro baixo e desapareceu da vista de Sita. Disse para si:

"Não ferirei o bosquete de Sita, e não tocarei no bom carro Pushpaka... mas todo o resto... certo ou errado!"

Uma grande ideia! Hanuman partiu como a seta de uma corda de arco. Abriu caminho, fendendo-o por entre os gramados e canteiros de flores de Ravana, e derrubou-lhe os pavilhões. Atirou bancos e tijolos pelas janelas do palácio e borrifou as sentinelas com lótus enlameados e molhados. Cavalos refugaram, elefantes debandaram e os veados ficaram olhando, pasmados, com os olhos redondos, enregelados de pânico. Poeira e folhas, num turbilhão, caíram sobre Lanka; e em pé no meio dos destroços dos jardins de Ravana, as guardiãs rakshasis de Sita viram um macaco infernal estrepitando com energia e ficando cada vez maior. Era uma visão assombrosamente daninha, um verdadeiro pesar para os seus olhos. Correram para Sita e indagaram:

"Olhos de lótus, quem é aquele?"

"Que sei eu da vossa terrível magia rakshasa?", respondeu Sita.

Ravana ouviu a barulheira da sala do trono. A guarda do palácio, formada por oitenta mil guerreiros, não esperou ordem alguma. Servindo sempre juntos, conheciam-se e amavam-se uns aos outros; vestidos de armaduras, escancararam as altas janelas e viram Hanuman sentado no alto da grande porta principal do muro circular externo que rodeava a casa de Ravana.

Hanuman gritou:

"*Vitória para Sugriva, o rei!*"

"*Que rei?*", berrou o regimento.

Hanuman pegou numa barra da porta de ferro e ficou suspenso no ar.

"*Meu rei!*"

Matou todos eles com a barra, e o solo tremeu.

Em seu trono, pelo que ouvia, Ravana conheceu que Hanuman estava vencendo. Suas dez cabeças giraram para cá e para lá, e seus olhos erraram pelo paço. Logo, acudindo ao chamado de um olhar real, o bem-apessoado e jovem guerreiro Jambumali, filho do general demônio Prahasta, levantou-se. Inclinou-se e saiu da sala; chegando à porta, pôs-se a correr.

Durante esses momentos, depois de haver matado com pancadas o corpo da guarda real, Hanuman arremeteu, da sua porta, contra o templo rakshasa da cidade, recoberto de chapas de ouro, do outro lado da rua. Nos fundos do edifício sacerdotes conversavam sobre coisas disparatadas, ou rolavam na poeira, ou simplesmente sorriam como idiotas religiosos. No interior do templo havia uma imagem da deusa Lanka feita de safira. Hanuman atochou-a num bueiro e pôs-se a bater nos próprios sovacos com tanta força que pedaços do teto de ouro caíram empretecidos por séculos de fumaça de incenso.

Hanuman escapuliu-se, partiu uma coluna de mármore e voou para o topo do telhado do templo.

"*Deixai-me abençoar meus bem-amados demônios, um por um. Estais prontos?*"

Fez girar o pilar tão depressa que o incendiou. Carvões, chamas e faíscas redemoinharam no ar, e os sacerdotes se escafederam, tentando salvar a vida, enquanto o templo, tomado pelas chamas, explodia.

Jambumali ouviu-lhe a explosão. Uma pedra voadora por um triz não lhe atingiu a cabeça, emitindo um som como o de um beija-flor que lhe passasse ao lado do ouvido. O barulho acordou toda a gente do mundo que ainda estava dormindo naquela manhã.

Jambumali subiu no seu carro leve de duas rodas, pintado de cores vivas, tirado por três pôneis brancos da montanha, tão curvo e extravagante quanto o carro de brinquedo de uma princesa, mas feito de diamante e encouraçado de feitiços de morte. Dirigiu-o para onde existira o templo. Dois pilares ainda estavam de pé; num deles, uma prancha solta balançava, e, na prancha, Jambumali viu um macaco tirando cinzas do pelame. E embora a sua raiva crescesse como fogo alimentado com manteiga, Jambumali olhou calmamente para Hanuman com o olhar de um jovem leão, e Hanuman retribuiu-lhe o olhar, pensando: "Como ele é moço!"

Jambumali apeou do seu bonito carro e encaminhou-se para o templo arruinado. Empunhava um arco vermelho de duas curvas com a empunhadura entre elas, decorado com flores sólidas de ouro. Trazia um carcás macio, pendente do ombro, coberto por fora de seda bordada, mostrando pássaros coloridos e dançarinas, pontas de grãos maduros e flores; por dentro, as setas rangiam e blasfemavam, e suas pontas dançavam com a luz.

Depois, muito rápido, Jambumali atirou uma seta direito para o céu e jogou seus mantras, murmurando:

"*Desce caindo!*"

A prancha de Hanuman inclinou-se e começou a deslizar.

Era uma manhã perfeitamente calma. A prancha de Hanuman espetou-se ali, na coluna, num ângulo impossível, e não caiu. Hanuman bocejou, espreguiçou-se e fechou os olhos. Jambumali olhava fixamente para ele.

Um tremendo pedaço de pedra caiu, aos trambolhões, vindo não se sabe de onde, quase atingindo Jambumali. Outro matacão o imitou, pedras caíam em toda parte. Jambumali praguejou. Aqueles eram grãos de poeira! Outra coisa estava caindo, um enorme e comprido tronco de árvore. A seta que retornava! Uma seta comprida, gigantesca, que crescia depressa demais, um silvo e um vento...

Jambumali foi esmagado e morto, já não havia sinal do seu corpo nem do seu arco. Hanuman também conhecia umas pequenas mágicas. Viu Ravana observando do palácio, e uivou como um tambor de metal, de modo que as janelas matraquearam. *Rama!*

Ravana virou-se incontinenti, desceu uma escada estreita e passou por um túnel debaixo do muro da cidade. Saiu, por uma porta secreta, para um bosquete das matas da encosta da montanha, escondido da vista por artes mágicas. Ali, debaixo de uma figueira-brava de Bengala, que crescia para baixo, estava sentado seu filho Indrajit. De uma feita, Indrajit aprisionara o deus Indra numa guerra, e agora, pálido e magro, ao lado de uma tigela de água de eremita, com um jarro de manteiga para alimentar um lumezinho, envergando uma pele de veado com um cinto de relva, estava sentado num campo cheio de postos de matança e altares de muitos sacrifícios.

Ravana fez menção de aproximar-se de Indrajit, mas seu mestre, Sukra, deteve-o. Sukra viera dos asuras submarinos para ensinar Indrajit. E disse:

"Majestade, não lhe faleis neste momento, pois o fareis quebrar o voto de silêncio. Ele andou jejuando para centrar-se no espírito..."

"Que identidade está ele procurando?", perguntou Ravana. "Será certo adorar meus inimigos, os deuses?... Não entendo meu filho!"

"Rei, não faleis do que não podeis entender", voltou Sukra. "Não digais 'Não acredito', pois isto é real. Esta é a hora e o momento final dos ritos de cinco dias denominados Presente de Ouro. Todo o poder que acaba de conquistar pela meditação, pela resistência e pela devoção, Indrajit oferece agora de volta ao Senhor Shiva."

"Por que fazer isso?"

"Um pequeno presente pela vossa boa sorte", respondeu Sukra, "pois contra vós virá Ramachandra, Rama como a Lua, e vós..."

"Silêncio, brâmane! Preciso dele agora! Faze-o estudar a guerra, não mistérios, e voltar para junto de mim neste mundo de visões passageiras e redes de prazer e dor."

Indrajit levantou-se.

"Pai, o presente para Shiva está dado, e eu estou pronto. Se não, por que haveria de separar-me de Shiva, o Senhor?"

"Meu filho", disse Ravana, "traze-me aquele animal. Engana-o com a irrealidade e agarra-o pela força. Emprega coisas que começam de um jeito e acabam de outro."

Sorrindo, Indrajit disse, com voz suave:

"Esta vida é um eco no ar e uma vaga no mar. Aquele é Hanuman. Eu o pegarei se o quiseres; guerra ou paz, é tudo a mesma coisa para mim".

Em seguida, a forma aparentemente bela de Indrajit modificou-se. Desaparecera o asceta magro e amistoso. Lá estava o Indrajit guerreiro de cabelos de corvo, trajando seda azul e amarela, com a pele de um vermelho-escuro como se fosse de sangue derramado, uma flor amarela nos cabelos compridos, os olhos de um verde brutal com pupilas de gato, uma corrente de ouro enrolada nove vezes em torno da cintura, um sinal branco de sândalo na testa, um grande escudo redondo de aço azul numa das mãos, um arco reforçado por serpentes de ouro na outra, um carcás cheio atirado sobre as costas e uma espada à cinta, enfiada numa bainha de prata.

"Longa vida para ti, meu Pai."

Indrajit endereçou-se ao templo incendiado em Lanka. Deitado ali na prancha desequilibrada, Hanuman estava esperando que o campeão seguinte de Ravana se apresentasse para combatê-lo.

Indrajit sabia que Hanuman não poderia ser morto. Em vista disso, colocou numa das setas um mantra que só pode ser mandado uma vez a qualquer pessoa e nunca mais há de ser enviado. Emitiu o feitiço do laço de Shiva, e Hanuman caiu ao chão, com as mãos e os pés amarrados invisivelmente e, portanto, incapaz de mover-se.

Antes, porém, que Indrajit pudesse alcançá-lo ou falar alguma coisa, outros rakshasas saíram correndo do seu esconderijo e, enquanto o demo esfrega um olho, prenderam Hanuman, apertadamente, com correntes. Indrajit mordeu os lábios e suspirou, pois a força constringente do laço de Shiva nunca segurará e tampouco retornará se qualquer outra ligadura lhe for sobreposta.

"A ignorância sem limites volta a comandar", pensou Indrajit.

Praguejando e dando pontapés em Hanuman, os demônios arrastaram-no para o palácio. Indrajit viu que Hanuman não dava sinal de estar livre.

"Esses loucos... *Inclino-me diante de Shiva, que agora nos coloca a todos em perigo real.* Que a luxúria e a cólera mantenham distância, que todo este mundo irreal fique longe de mim!" E Indrajit dirigiu-se de novo para o seu bosquete de meditação, sem pronunciar uma única palavra em voz alta.

A LUA NOVA

O escabelo do vosso alto trono
Foi alisado pelas joias das coroas
De reis menores,
Que inclinavam suas cabeças em rendição.

Mas a boa sorte é uma rameira devassa,
Que vai aonde quer...
Oh, Majestade, ela ainda vos pertence?

Os rakshasas empurraram Hanuman para a corte de Ravana, onde, no trono aurirrubro, numa sala melhor do que qualquer outra no céu, o Rei dos Demônios estava sentado como ameaças de treva. Ravana conseguira toda a sua riqueza e poder pela própria força. Afortunado, esplêndido e rico, tinha a paciência e a força para proteger toda a Criação de qualquer dano, mas fazia exatamente o contrário e se apossava dos mundos como se fossem suas propriedades.

O trono de Ravana, revestido de pele de corça, fora instalado no centro de um longo altar interno, feito de uma estrutura de ouro cheia de Terra, um monte raso que corria de cada lado, afastando-se de Ravana na direção dos cantos da sala. Em cada extremidade, os sacerdotes rakshasas vigiavam os fogos e salmodiavam cantos; e, quando faziam oferendas, podiam escolher entre os despojos do Universo e os tesouros dos três mundos.

Toda a Majestade e Glória do rei rakshasa! Os cem demônios levaram Hanuman para mais perto. Ravana era muito alto. Usava dez coroas de flores vermelhas chamejantes e ouro coruscante. Uma bandoleira de ouro ia de um dos dez ombros escuros armados para o outro. Era forjada de elos chatos e pesados, dos quais pendiam rostos de diabos de ouro com olhos de ametista, lábios abertos de rubi e longos dentes brilhantes de marfim.

Ravana olhou para Hanuman com vinte olhos, e do liso chão de esmeralda, Hanuman, acorrentado, devolvia-lhe o olhar com desassombro. O rei rakshasa lembrou-se do que o touro Nandin, que estava usando uma cara de macaco, lhe dissera na lomba da montanha de bambus de Shiva, muito tempo atrás:

"*Animais com caras iguais à minha te destruirão*".

O irmão mais moço de Ravana, Vibhishana, veio das fileiras de cortesãos e inclinou-se sobre Hanuman. Tinha o rosto preto e olhos azul-escuros. E disse:

"Esta é Lanka, há muito tempo construída aqui, há muito tempo próspera. Mataste o nosso povo e quebraste o nosso templo sagrado. Mas boa sorte para ti. Não temas, porém, dize-nos a verdade. Quem és e de onde vieste? Por que estás disfarçado de macaco?"

Ravana olhou para Hanuman com vinte olhos

"Eu *sou* macaco!", replicou Hanuman: "Trago uma mensagem para Ravana".

Do alto do seu trono, o demonarca inclinou-se para a frente.

"Animal insensato! Que mensagem?"

"Majestade", disse Hanuman, "sou Hanuman, escravo de Rama. Vim ver onde estava Sita. Ouvi minhas palavras: *Na cidade das cavernas de Kishkindhya vosso irmão Sugriva, rei dos macacos e dos ursos, indaga da vossa saúde. Atentai para o seu desejo: na floresta Dandaka Sita foi agravada, e prometi a Rama descobri-la; portanto, não aprisioneis a esposa de outro, mas devolvei-a*".

"Como chegaste aqui?", perguntou Ravana.

"Saltei."

"Não me faças rir!"

Hanuman sorriu, mostrando os dentes.

"Não vos preocupeis, não o farei!"

Ravana, encolerizado, esbugalhou os olhos.

"Besta infeliz, perdeste o teu fraco siso só de olhar para as belezas da minha cidade."

"Senhor de Lanka, sou filho do Vento, rápido ou lento, irresistível em minha corrida. Sou um animal; o que chamais de beleza não me faz girar a cabeça. Atravessei o oceano, como a pessoa sem apego a desejos mundanos atravessa o oceano da existência. Retirai vosso coração de Sita, ou este será um roubo custoso, pois foi graças à sua energia que saltei por cima do mar."

"Impossível. Vibhishana, corta-lhe a cabeça."

"Não", acudiu o irmão de Ravana. "Podes marcar com ferro quente ou raspar a cabeça de um mensageiro, mas não podes matá-lo."

"Que utilidade tens como demônio?", disse Ravana. "Já matei mensageiros antes."

"Mas eu não estava aqui antes", tornou Vibhishana.

"Toda a tua vida tens sido tímido e fraco como uma mulher."

"Apesar de tudo", respondeu Vibhishana, sorrindo, "aqui estou de pé e digo-te que não o façasʺ.

Nisso, o general rakshasa Prahasta levantou-se do meio do público e pediu:

"Tem dó, Ravana! Dá-nos uma oportunidade. No exército temos comido a tua comida e gastado o teu dinheiro, e tudo o que podemos mostrar em paga disso é a paz! Precisas libertar Hanuman. É doce travar uma guerra de verdade e vencer! Liberta esse macaco que matou meu filho, porque, se ele não voltar, ninguém mais encontrará Sita, e nunca lutaremos contra Rama".

Preso aos seus grilhões, Hanuman disse a Ravana:

"Estais enfarado da vossa riqueza, aparentemente grande, e quereis pôr fim à vida? Seja o que for que me aconteça, como podeis acreditar que Rama abandone sua formosa esposa e deixe Sita ser levada de junto dele e não a recupere? Na verdade, vossas conquistas são incertas, e vossos tesouros, desnecessários. O mérito passado ainda vos protege, mas, de um modo ou de outro, creio que estranhamente desejais a morte".

"Não, cansativo macaquinho, não desejo a morte!", Ravana ergueu-se. "Agora que já nos viste, aos dois, dize-me, sinceramente, que tal é Rama comparado comigo?"

"Sinceramente", retrucou Hanuman, "sois a brilhante lua cheia, a luz do mundo da noite; e o meu Rama é a lua nova, um fino retalho de luz, nada mais."

"Excelente", disse Ravana. Chamou um bando de sinistros demônios. "Os macacos se orgulham da própria cauda. Ateai fogo à sua cauda, dai uma volta com ele pela cidade e, depois, jogai-o fora."

Prenderam Hanuman num par de varas de carregar e levaram-no para fora. Começaram envolvendo-lhe a cauda em farrapos untados de óleo. Envolveram e envolveram, e tudo indicava que para cobrir toda a extensão da cauda de Hanuman seriam insuficientes todos os panos existentes em Lanka. Por isso os demônios limitaram-se a embrulhar-lhe a ponta da cauda branca. Puseram fogo nos farrapos, ergueram as varas à altura dos ombros e carregaram-no pelas ruas da cidade, berrando:

"*Vede o que acontece aos...*"

No bosquete de Asoka, Trijata contou a Sita o que estava acontecendo. Sita respondeu-lhe com um sorriso frio, e dirigiu-se a um pequeno galpão, onde as guardiãs mantinham uma minúscula chama sempre ardendo numa taça de barro cheia de manteiga, para acender as tochas noturnas.

Sita olhou para o fogo e disse:

"*Se eu tenho sido fiel, sê frio para Hanuman*".

O fogo flamejou e inclinou-se para a direita.

"*Sim, sou bom para ele.*"

Por isso o Fogo deixou que o Vento soprasse bem perto da cauda do filho, e Hanuman não sentiu calor, embora as chamas brincassem no ar e queimassem o óleo dos farrapos. Os demônios carregaram-no aos pinchos, e Hanuman pensou: "Já vi o incrível rei deles. Por que continuar acorrentado?" Desprendeu-se dos grilhões, desembestou violentamente com a cauda em chamas e subiu para o céu, como um raio.

Hanuman voou, incendiando fieiras de mansões e casas com sua cauda incandescente. As chamas devoraram Lanka como um campo ustório; a fumaça bloqueou as estradas e os abutres se instalaram sobre os muros de ouro. Arderam o doce sândalo e os diamantes, os corais e as sedas finas, os vasos de ouro e as pilhas de armas, o mobiliário e os ornamentos, as cordas e os cordões dos elefantes, camas e perfumes e peles e armaduras, tudo se queimou.

As janelas entalhadas pegaram fogo e os tijolos derreteram-se, convertendo-se em vidro. Despencaram telhados, torres e barrotes ficaram em chamas. As pérolas cor-de-rosa e azuis, nascidas da água, despedaçaram-se nas paredes; as luas de ouro e os crescentes de prata fundiram-se. Ao longo de ruas inteiras, as casas desabaram para fora e caíram no chão, presas das chamas. Portas e grades quebraram-se de estalo e se esfumaram, e chamas floresceram, vivas, no ar. Os demônios gritavam, apavorados, e saltavam nos lagos e lagoas; os bombeiros passavam a toda a velocidade, e finos rios de ferro quente e bronze derretido passaram a correr pelas ruas como se fossem rios de mercúrio.

Hanuman voou para o ponto mais alto da montanha Trikuta e contemplou o que fizera. Foi-lhe preciso sombrear os olhos para protegê-los do calor; dir-se-ia que Lanka estava ardendo, mais brilhante, antes de morrer. Até as ondas intranquilas do mar se haviam avermelhado em consequência da queima.

Indrajit estivera cismando em seu bosquete ao ar livre.

"Destruirei os seis sentidos", disse ele. "Olhos, eu vos furarei; mente, eu te cortarei..."

E os sentidos responderam:

"Furarás apenas a ti mesmo, cortarás apenas a ti mesmo..."

Então Indrajit, que sempre usava formas diferentes, ouviu os gemidos de dor e viu o fogo. O príncipe de Lanka banhou-se rapidamente num riacho e despejou água numa tigela. Atirou espinhos de aloés sobre o altar, acendeu-os e sentou-se nas hastes esparsas de relva. Disse ao Fogo:

"A grama não está sequer entretecida em esteira. O tempo é passado, e não temos habilidades. Não és o fogo do terceiro olho do Senhor Shiva, que estende amplamente as tuas línguas. Não és o desejo de Shiva".

Indrajit enfiou três dedos na tigela de água. Agni, o Deus do Fogo, precipitou-se para fora de Lanka, e um cone de centelhas e fogo apareceu sobre o altar de Indrajit.

"Calor e sede!", gritou Agni.

"Cinzas!", disse Indrajit.

"Fumaça e raiva!"

"*Cinzas!*"

Indrajit borrifou água sobre o seu lume de aloés, e Agni, o Senhor do Fogo, recuou um pouco.

"Eu vos tenho seguro", disse Indrajit.

"Tem medo de mim", respondeu Agni.

"Não, meu Senhor. Nunca sois paciente, mas sempre queimais. A queima nunca vos enche, mas sois difícil de deter depois de crescido. Oh, mau companheiro, sou também um contador de histórias, sou também um ator. Agora vos mando embora e vigio as portas para obstar ao regresso de vossas chamas."

Então, um dedo de água apareceu e cobriu toda Lanka, agarrando-se às paredes, aos tetos e aos chãos, e os fogos tiveram de sair. Sentado a cavaleiro da cidade, Hanuman esfriou a cauda numa fonte da montanha e pensou: "Nunca mais! Que foi que eu fiz? Queimei Sita!"

Segurou a cabeça com as mãos. "Um louco tentará qualquer coisa. Nunca é tarde demais para ele arruinar um negócio bem-sucedido. Qualquer tipo de mal pode ser facilmente levado a cabo pela cólera impensada."

Saltou de volta a Lanka, atravessando as nuvens de fumaça e de vapor. Aterrou numa rua quente, correu para os fundos do palácio de Ravana e endereçou-se ao bosquete de Asoka.

Nada ali fora danificado. Sita estava segura ao pé da árvore Sinsapa. Como poderia o Fogo tê-la queimado? Ela é que poderia queimar o Fogo, se quisesse.

A afável mulher sorriu e disse:

"Oh! Filho do Vento, voltaste para receber tuas honras e condecorações? Exaltamos teu espírito e tua sabedoria, tua brava coragem e teu sutil conhecimento de política".

Hanuman ajoelhou-se diante dela e juntou as palmas das mãos.

"Minha mãe, eu vos saúdo no pó. Os pedidos de desculpa de um louco são piores do que os seus crimes. Bem-aventuradas as pessoas de bom-senso."

"Graças à tua boa fortuna vejo-te incólume", disse Sita. "Meu filho, se estás cansado depois de tudo isto, descansa ao pé de mim."

"Deixai-me partir enquanto posso", retrucou Hanuman, "dai-me vossa permissão. Saltar sobre o mar é fácil. Essa história de correr dos guardas e vigias é que me fatiga. Voltarei com Rama. Ravana, na verdade, já foi morto pela vossa raiva, e agora só aguarda a força de Rama como o meio da sua morte."

"Macaco", disse Sita, "num momento imprudente podemos matar o inocente e vangloriar-nos com más palavras, esquecer amigos ou perder toda a colheita de prazer, lucro e dharma. Não fizeste nada disso. Eles puseram fogo na tua cauda e, em represália, tu os queimaste! Por isso, lança de ti os cuidados como a cobra abandona a velha pele gasta e a deixa para trás. Hanuman, quando paras para pensar, és forte, inteligente e bom, conheces o tempo e o lugar."

"Já me sinto melhor."

"Ouve, Lanka logo será reconstruída. Se destruíres tão descuidadamente estes demônios, obscurecerás a fama de Rama. Leva isto a ele, e faze com que aja."

Ela desatou a borda da túnica e dali retirou a pérola montada numa folha de ouro que seu pai Janaka lhe prendera nos cabelos no dia do seu casamento.

"Como guardaste isto durante todo esse tempo?", perguntou Hanuman.

"As pérolas para a cabeça são comuns", respondeu Sita. "Dize isto: 'Pareço não ter marido. Rama, melhor dos homens, ver este presente foi o mesmo que ver-te. Agora me separo dele e guardo o teu anel. Viverei aqui por mais um mês e só. Ainda pensas em mim? Mando-te esta pérola para que possas saber... que és amado por mim, que és amado por mim!"

Sita sorriu o seu quente sorriso branco, que até então nunca fora igualado em todos os mundos, e nunca o será.

Hanuman escondeu a joia de Sita no cinto. Caminhou à volta dela num círculo para a direita, por três vezes, encrespou o pelo e voou para o norte.

Deixou Lanka para trás. Voou com perfeição pelo ar como o vento através de um *canyon*, e os macacos e ursos que estavam esperando na praia ouviram-no chegar. Correram para uma encosta relvosa de montanha, deram-se as mãos, formando um círculo, e Hanuman pousou no meio deles.

"Falei com ela; está viva!"

Os animais o rodearam; trouxeram-lhe frutas, água e ramos frescos de árvores para ele se sentar; vinham sorrindo para tocá-lo; cantavam e aplaudiam.

Com braceletes de ouro nos braços e nos pulsos, o príncipe Angada abraçou Hanuman.

"Ninguém é como tu. Podemos ir buscá-la?"

"Não façais isso", acudiu Jambavan, o Urso. "Devíamos apenas encontrá-la."

"E havemos de deixá-la lá?", perguntou Angada.

"Fazei sempre o que é certo, príncipe", disse Hanuman.

Em seguida, de repente, veio a ordem de Angada:

"*Regressar!*"

E os milagrosos macacos e ursos saltaram da vertente e voaram para casa, para Kishkindhya, sustentando o voo de Hanuman com os seus olhares de admiração. Perto de Kishkindhya, viram o Parque do Mel do rei Sugriva, onde o rei dos macacos mantinha, debaixo de guarda, os seus mais finos vinhos de mel da floresta.

Os animais sentiram o cheiro de frutas quentes maduras e de néctar ao sol. Olharam para Angada, como a pedir licença, mas, antes de Angada responder, Hanuman gritou:

"Vamos! Segui-me!"

E aterrou na floresta dos Vinhos.

Os macacos amarelos e os ursos pretos disseram:

"O mundo inteiro presta homenagem a Hanuman".

Se nós os seguimos até quando está errado, que dirá quando faz coisas perfeitamente corretas como esta?

Os animais desceram do ar. Tiraram das árvores os raros e antigos favos de mel, fermentados, poeirentos e veneráveis, e abriram-nos. Dali a um instante, estavam todos intrepidamente bêbedos, cambaleando, dando guinadas e falando ao mesmo tempo. Os macacos balançavam-se nas árvores e abanavam a cauda, os ursos cabeceavam e dançavam.

Aquele Parque do Mel era guardado pelo idoso macaco Dadhimukha, amante da paz, que vivia numa casinhola, num canto afastado. Percebendo que quebravam suas árvores e espadanavam as águas dos seus córregos, seguiu gingando, de cara branca, de uma árvore para outra, a fim de ver o que estava acontecendo, e topou com uma turma de ursos ouriçados de alegria, que cantavam, imitando passarinhos e batendo com os pés no chão.

Dadhimukha largou-se das árvores e ordenou aos ursos:

"Parai com isso!"

"Beberemos à tua ordem!", disseram eles, rindo-se.

"Parti!"

"Acabamos de chegar!"

Dadhimukha ficou com os dentes secos de tanto chupá-los.

"*Ah, é?*"

Furioso, arrancou uma árvore do chão e, com ela, levou os ursos de roldão. Chegaram mais ursos. Dadhimukha derrubou-os com os punhos, antes que eles pudessem dizer qualquer coisa. Atirou-os aqui e ali, puxou-lhes mancheias de pelos do pelame, crivou-os de insultos e censuras. Mas eles apenas se riam, e continuaram comendo grandes bocados de mel silvestre. Alguns disseram:

"Pega-me primeiro!"

E corriam. Outros sentaram-se no chão e pediram:

"Deixa-nos em paz. Socorro!"

"Por que pedir?", berrou Dadhimukha.

Esbofeteou os ursos, e eles não pareceram sentir as bofetadas. Ursos bêbedos beligerantes começaram a travar-se de razões entre si. Chegaram ainda mais ursos. Alguns se puseram a chorar, lamentando-se, e outros, com severa autoridade, admoestaram-nos por chorarem, e acabaram chorando também. Outros riam-se e chocavam-se com as árvores, e o velho Dadhimukha viu-se engolido pelos ursos e pelo caos.

Hanuman saiu assobiando de entre as árvores. Tinha flores de pétalas alaranjadas, frutinhas vermelhas, cipós, folhas verde-azuladas e botões espalhados por toda a pelagem branca. Parecia a Primavera correndo, ligeira, pelo mundo. Hanuman retribuiu a saudação dos ursos e sorriu para Dadhimukha.

"Pai, não lutemos por nada..."

Dadhimukha riu-se, desdenhoso.

"Arrepende-te, mundialmente famoso Hanuman!"

Pespegou um pontapé em Hanuman, e fê-lo rolar como uma bola dentro de um vergel. Hanuman foi bater de encontro a uma árvore e frutos suculentos caíram sobre ele.

"Respeita os que são melhores do que tu!", disse Dadhimukha.

O príncipe Angada veio correndo, mas o ágil macaco velho curvou-se, agarrou os joelhos do príncipe e derrubou-o.

"Parai com isso, todos vós!"

Mas era tudo inútil. Nada conseguiria deter o empurra-empurra e os atropelamentos, de modo que Dadhimukha voou para junto do rei Sugriva. Sentado fora da caverna de Kishkindhya, com Rama e Lakshmana, em sua montanha, Sugriva esperava notícias de Hanuman. As roupas de Dadhimukha estavam em petição de miséria; ele inclinou-se diante do Rei dos Macacos e disse:

"*Senhor da Floresta!*"

"Fala."

"O exército de Hanuman caiu do céu sobre a tua floresta ancestral favorita. Tentei, delicadamente, arrazoar com eles, mas..."

"Estão bebendo o meu vinho de mel?", disse Sugriva depois de tossir.

"Todo ele já se foi."

"Eu os perdoo." A cauda de Sugriva projetou-se, reta, para o alto, tamanha era a sua alegria. Voltou-se para Rama. "Ele a encontrou! Este é um maravilhoso regresso." Em seguida, dirigindo-se a Dadhimukha, disse: "Por que fazer tamanho alvoroço com os pequeninos erros dos meus filhos? Levanta-te, acalma-te e manda-os todos aqui para nós".

Dadhimukha encontrou o príncipe Angada cochilando e começando a flutuar no ar no Parque do Mel.

"O rei está esperando. Está em companhia de Rama na montanha; vai ter com ele."

Um som retumbante espalhou-se pelo Parque do Vinho, e os ursos principiaram a mexer-se. Levantou-se o vento. Animais saíram correndo da caverna de Kishkindhya para poder ver o destacamento de busca do sul que regressava; escalaram as árvores cujas raízes se haviam afundado nas rochas e, entre flores e folhas, agitavam as extremidades de suas túnicas e vivavam.

Lá vinha Hanuman voando para a montanha de Rama. Seja qual for o obstáculo, Hanuman, como o amor forte, salta sobre ele e prossegue. A alta montanha da floresta dançava ao vento, as sumidades das árvores oscilavam. O Vento atirava os galhos floridos uns contra os outros, fazendo-os colidir, como se os estivesse amarrando para tecer o fio de uma grinalda.

Hanuman aterrou diante de Rama e tocou a cabeça com as mãos.
"*Ela está viva!*"

"Árvores amarelas como jubas de leões e coroas de ouro;
Mangas brancas como a fama, feito dançarinas nas montanhas:
O Amor vos enfraqueceu, aí vem o vento balouçante.
Ficastes sem o Dharma do combate;
Fizestes pouco de vossos guerreiros:
Que respondereis quando as pessoas perguntarem por Sita?"

Hanuman, Rama, Lakshmana, Angada e Sugriva estavam sentados numa ampla pedra chata, num prado aprazível, no alto da montanha

Prasravana. Os outros animais reuniram-se em torno deles para ouvir e, com o coração jubiloso, Hanuman disse:

"Meu Senhor, Sita está prisioneira em Lanka, numa ilha além do fim do mar. Dentro dos muros da cidade de Lanka, atrás de pátios trancados e portas de jardim, num bosquete de Asoka, nos fundos do senhoril palácio do Rei dos Demônios, guardada por rakshasis.

"Ravana ameaçou matá-la se ela não se entregar a ele. Mas o coração dela carrega o amor por vós; seus pensamentos são os cavalos bem ensinados do carro, dirigidos pelo seu espírito... *Aqui iremos, e isto será verdade.* Ela vos é fiel, mas está só, como um alaúde melodioso que não tem quem o toque.

"Ela possui o dom da beleza. Vi o quarto de dormir de Ravana, e a formosura de Sita faz todas aquelas esposas adormecidas parecerem desprezíveis e monstruosas, de cor e formas lúridas. Seus olhos escuros são amplos como pétalas de lótus, sua pele é dourada, e os seus seios, próximos e firmes, fazem-na assumir uma postura levemente inclinada para a frente, por causa do seu peso.

"Sua cintura é fina como a lâmina de uma espada, suas sobrancelhas apenas se encontram e fogem depois para tocar-lhe as orelhas, suas ancas são redondas e macias... e o seu meigo sorriso... Embora esteja ali sem nenhum ornamento, só se ressente da falta do ornamento de um marido, o seu ornamento vindo de vós."

Hanuman olhou para o sul e pensou em Sita.

"Dei a ela vosso anel e ela mandou-vos isto."

E entregou a Rama a pérola do casamento.

"Vazio", disse Rama. "Ecos e vazio... isso é tudo o que me resta."

"Não deixeis que vossa perda vos faça perder o valor", disse Hanuman. "Não podeis desistir, depois de tudo o que fizemos por vós; precisais trazê-la de volta à vida e à música!" Contou a Rama tudo o que vira e fizera em Lanka. "A própria Sita viverá apenas mais um mês aprisionada. Ela diz '*Eu te amo*' e vos fala da ocasião em que mandastes a arma de Brama contra um corvo, e de quando a sua marca na testa ficou impressa em vosso peito. Guardou aquela pérola com grande cuidado, e eu vo-la trouxe nas mãos."

"Começo a lembrar-me do nosso amor e da nossa felicidade", disse Rama. "Conta-me o que mais ela disse."

"Ela disse: 'Hanuman, és bem fadado, pois logo verás Rama, o melhor dos guerreiros. Dize-lhe que aja. Os demônios não podem resistir-lhe. Que a vida dele retorne, que o seu coração olhe de novo para mim. Fala de modo que ele aja. Anima-o a matar Ravana; ele pode fazê-lo'."

Hanuman ficou em silêncio.

"Que mais?", perguntou Rama.

Hanuman deu um puxão na própria cauda. Estendeu os dedos das mãos e dos pés, e o seu pelame branco se eriçou. Em seguida, disse a Rama, em silenciosa fala mental: "Oh, Senhor, se os homens por ignorância ainda vos louvam, pior para eles, é mentira. Se vosso ânimo se partiu, para começar era fraco. Sita foi enganada quando vos desposou, e o longo arco de Shiva se teria quebrado de qualquer maneira, guardado na caixa. Onde estão vossas faculdades mentais que não desconfiais do desespero? Sita nunca pensou num segundo marido. Ela não tem mais ninguém senão a vós, e o medo vos fez deixá-la. Como um covarde, como um canastrão de teatro, vós a barganhastes com outro. Dissestes-lhe que se fosse com ele, embora a tenhais amado por muito tempo. Por que servis Ravana da melhor maneira que podeis e lhe dais Sita para o seu prazer? Vós a desamparastes. Ela está rodeada pelo mal. Deixastes Ravana exortar-vos em seu próprio benefício, Rama não sejais um homenzinho dócil, bajulador e sujo, ímpio e medroso..."

Somente Rama ouviu as palavras mudas e seu rosto se escureceu.

"O que foi que disseste?"

"Eu disse: 'Nunca receeis amar bem', retrucou Hanuman. 'Se não podeis suportá-lo, quem poderá?'"

Rama chorou. Abraçou Hanuman, e depois lhe manteve os ombros à distância de um braço.

"Está tudo bem."

"Agora", disse Hanuman, "fazei-me uma promessa, Rama, uma promessa inquebrantável."

"Qual?"

"Matai Ravana!"

ISTO ENCERRA O
LIVRO DA BELEZA:
AQUI COMEÇA O LIVRO DA GUERRA.

"Que vossas setas lhe atravessem o corpo", prosseguiu Hanuman. "Ravana é muito forte, mas é medíocre, pois faz muito, muito tempo que combateu, pela última vez, em campo aberto, debaixo de uma árvore verde que não lhe pertencia."

"Rama", disse Sugriva, Rei dos Macacos, "pessoas de coração aberto, como tu, sofrem mais por comiseração do que os egoístas. Teu coração não tem defesa. A dor anula a boa sorte. As coisas boas estão prontas para acontecer, não as atalhes." Traçou com a mão um círculo no ar. "Olha, aqui estamos todos! Faze um plano, algo grande!"

"Quem se aproxima da bem guardada Lanka das Ondas", disse Lakshmana, "e volta dos demônios? Quem se aproxima? Não podemos cruzar o mar..."

Olhou para Jambavan e perguntou-lhe:

"Que te parece?"

"Sai do meu caminho!", redarguiu o velho Rei dos Ursos, que dirigiu a Rama um olhar mortal. "Ataca! Não penses nem ouças. Age! Convoca a nossa raiva animal, Rama, liberta a nossa violência. Somos animais selvagens insensatos... cobertos de sangue, sangue deles, nosso sangue... quem sabe, que importa? Lutamos, isso é tudo e, quando nos acuam, lutamos melhor ainda, lutamos até morrer! E não sentimos dor. Dize-me, quando foi que nos viste render-nos?"

"Isso é verdade", acudiu Sugriva. "Nunca pensamos nem raciocinamos se as coisas têm remédio ou não. Rama-chandra, és o Rei. És a Lua; a Lua porventura se vai porque os cães latem e uivam para ela? Onde poderá Ravana esconder-se de ti? Sê corajoso, faze o que te parecer melhor."

"Serei justo", disse Rama. "Nunca mais me curvarei diante da tristeza. Os guerreiros que não se encolerizam não podem vencer."

Jambavan, o Urso, sorriu e resmungou:

"Cólera é loucura, e é disso que precisas na guerra. Tenho lidado com a morte... sinto o cheiro do medo, chego mais perto... Tenho sentido o sangue espirrar e tenho-o provado, durante toda a vida..."

"Liberta-nos", disse o rei Sugriva, "do teu domínio e deixa-nos ir. Dá-nos as tuas ordens. Entraremos alegremente no fogo por ti."

"Cruzaremos o oceano", replicou Rama, "e, depois que estivermos além dele, Senhor dos Rios e das Correntes, assediaremos Lanka.

"Que Hanuman nos torne a falar a respeito das defesas de Lanka", disse Rama, "pois ele viu seus exércitos e seus muros."

Hanuman não se fez de rogado:

"Os muros da Formosa Lanka são como a luz do Sol. Quatro portas pesadas se abrem para as quatro direções. Lanka fica no cimo alcantilado de uma montanha, mas, fora dos muros, há terreno plano suficiente para lutar. Todos os soldados rakshasas são leais. Existe um fosso e, em três portas, uma ponte levadiça, mas onde a estrada principal entra, ao norte, a ponte da porta é fixa, ladeada de um parapeito e bancos de ouro. Instalados nos muros há muitas máquinas hostis e engenhos para repelir ataques. Catapultas que não revelam seu alvo por suas posições estão carregadas de armas secretas, amarradas com cordas e cingidas de ferro, as quais, disparadas, se dividem em lanças e maças e matam às centenas. Há canhões que vomitam pregos e facas vermelhas e quentes, e espadas atadas a correntes farpadas, e setas incandescentes que perseguem o alvo, ainda que este dê meia-volta e se ponha em fuga. Patrulhas varrem as florestas, e muitos caminhos estão minados de ciladas e armadilhas. Lanka é uma fortaleza celeste, uma alegre cidade de beleza divina, tomada por demônios. É artificial, mas parece natural; suas sentinelas nunca embainham a espada; é a joia em que se espelham as artes e invenções, e o lar da felicidade e do conforto.

"Contra nós estão Ravana e seu filho Indrajit, invisível na batalha, e seu irmão, o gigante adormecido Kumbhakarma. O general Prahasta deseja pelejar contra ti; seus exércitos, calmos e cautelosos, estão sempre alertas. Apesar de tudo isso, porém, considera Ravana já morto. Os rakshasas podem inundar o mundo, o Sol pode atravessar de trás para diante o firmamento, mas nenhum exército conseguirá assustar o velho Jambavan e suas tribos de ursos, ou resistir a Angada e ao nosso povo, ou deter Lakshmana, se quiseres conduzir-nos pessoalmente ao salvamento de Sita."

"Amanhã", disse Rama, "a estrela de Sita estará em ascensão; o planeta da Morte estará em conjunção com a Lua; partiremos para o sul ao meio-dia, no momento afortunado em que o Sol se encontrar em seu fastígio."

No dia seguinte, os exércitos de animais disseram adeus novamente e deixaram suas famílias para trás, em Kishkindhya. Puseram-se em marcha. Os macacos castanhos e amarelos iam à frente, cobrindo a Terra qual extenso campo de cereais. Angada carregava Lakshmana nas costas, e Hanuman carregava Rama. Atrás deles, seguiam Jambavan e os seus ursos escuros e brancos, cujo rosto agora trazia marcas de guerra feitas com vermelhão. Mais e mais monos e macacos os acompanhavam. O rei Sugriva ia de um lado a outro e da frente à retaguarda, instigando-os, e o vento bem-vindo soprava do norte tão frio quanto a Lua para se tocar, e os dias eram claros e brilhantes.

Os destacamentos avançados construíram uma estrada, drenaram pântanos e levaram água a acampamentos secos; nivelaram montanhas e encheram vales; quebraram matacões, transformando-os em cascalho e cortaram macegas; e executaram todo o trabalho debaixo de signos felizes, em horas boas e em dias prósperos. Três dias depois, começaram a sentir o cheiro do mar, depois do sândalo, e, finalmente, principiaram a chegar às montanhas Malaya. Macacos, monos e ursos se apinharam nas montanhas, subindo por estradas diretas ou por atalhos. Desceram à praia entre os rochedos a cavaleiro das ondas, erguendo finas nuvens de poeiras coloridas das rampas de minérios metálicos brilhantes, abanando os braços enquanto falavam e derrubando árvores com os gestos.

Rama avistou o sonoro e transbordante Oceano. Ao crepúsculo, tomou do arco e desceu à arrebentação em companhia de Sugriva. As ondas cristadas e corredoras caíam sobre a costa rochosa e se quebravam nas pedras redondas e brancas e nas praias de areia. O vento soprava do mar e carregava a espuma salgada do oceano para a terra, e a luz desapareceu. O mar tornou-se como o céu, e o céu, como o mar; já não havia diferença entre eles. Despontaram as estrelas no firmamento e, de longe, dentro do mar, viam-se centelhas luminosas despedidas pelos castelos nagas debaixo d'água, guardando as portas que se abriam para os mundos inferiores. Nuvens cinzentas escuras moviam-se num dos cantos do céu, e vagas cor de cinza corriam sobre um lado das águas, encrespadas pelos ventos. Veio a noite, a Lua se ergueu, refletida no seio de prata do Oceano. As ondas captaram o luar e desataram a rir; erguiam-se e deixavam-se cair, e pinchavam-se para a frente, interminavelmente, uma depois da outra, para todo o sempre.

"Acampa aqui perto", disse Rama a Sugriva, "fica de guarda para impedir a aproximação de estranhos, e deixa-me a sós."

Dali a pouco, a algaravia dos animais cessou e começaram as vigílias da Noite. Rama ouviu as ondas de prata:

"*Quem? Quem? Quem nos cruzará?*"

E pensou: "Estou rico de infortúnios. Quando tornarei a tocar no rosto de Sita, e quando nos abraçaremos? Que posso fazer? Sou um estrangeiro doente de amor, um homem solitário, agravado e pedindo socorro". Tremeram-lhe as mãos... logo tornou a si e lembrou-se do que dissera: *Nunca sentirei desalento nem terei tristes pensamentos. Eu vos rejeito, eu vos destetrro!*

Depois, sem falar, tocou uma onda do Oceano com a mão, e deitou-se fazendo do braço direito travesseiro, sem comer, sem dormir, sem se mover.

"*Oceano, fala comigo.*"

A noite passou, a luz da aurora apareceu e as estrelas se foram. O vento amainou, e não houve resposta. Rama ergueu-se em pé e retesou o arco comprido; pôs uma seta na corda, manteve-a esticada até as orelhas e disse ao Oceano:

"Os loucos confundem paciência com fraqueza. A honra é para os que se vangloriam, e a vitória serve aos grandes heróis que peitam os fortes e atacam os fracos que não podem lutar! Tu desprezarias qualquer um, ainda que estivesse desarmado e quieto!"

A seta voou, silvando e rasgando as águas. Conchas marinhas e pedras aquáticas, fumegantes, voaram pelo ar.

"Maldito sejas!"

Rama chamou os ventos. Ondas pesadas de hesitação ergueram-se, muito direitas; a água remoinhou. Samudra, o Oceano de alma vasta, levantou-se do seu leito escuro e sentou-se sobre as ondas, olhando para Rama.

Samudra era manso e pacífico de ver-se. Sua pele escura semelhava uma pedra fria de lápis-lazúli. O Rei da Água ostentava braceletes e faixas brilhantes de ouro, e uma túnica verde. A água do mar lhe escorria dos longos cabelos e da barba branca, espumando em torrentes pelo liso peito abaixo, transportando um dilúvio de pérolas que lhe rolavam pelos ombros.

Nevoeiros do mar e nuvens esperavam atrás de Samudra, e os belos rios do mundo nadavam perto dele com as formas de lindas mulheres. O Senhor do Mar juntou as mãos e inclinou um pouco a cabeça na direção de Rama.

"Sou o mar. Este é outro mundo..."

"Não tentes enredar-me com ilusão", atalhou Rama. "Um copo de vinho encerra muito mais prazer do que todas as tuas ondas insípidas..."

"Oh! Rama", volveu o Oceano, "os mundos são feitos de água, é da minha natureza eterna ser insondável e intransponível."

"És muito grande e não conheces a minha força. Deixa-nos passar, ou torres secas de poeira explodirão através do teu leito e te sufocarão."

"Oh! homem, sou capaz de beber todos os mundos e ainda por cima suspirar."

Calou-se o mar. As ondas morreram, e o ar se quedou imóvel e expectante. Tinha-se a impressão de não haver ar para respirar. A maré parou.

Mas apenas por um momento. Samudra sorriu.

"Bendito sejas, Rama, bendito sejas! Sou incomensuravelmente velho, minha alma é tão vasta quanto minhas águas. Que aconteceu, Rama? Nunca fui teu inimigo, sempre fui teu amigo. Por que empregar o medo contra um amigo? A Deusa Terra e eu mesmo, o Vento e a Luz, nós quatro, conservamos sempre a nossa natureza e nunca mudamos. Por que queres passar por mim?"

"Por Amor."

"Com efeito", disse o Senhor do Oceano, "meu coração é tão grande quanto o céu que está sobre mim. Eu te ajudarei. O macaco Nala, que está contigo, é filho de Viswakarman, e nasceu com um defeito, uma imperfeição: o que quer que ele atire na água flutuará e não afundará." O Rei da Água sorriu. "Sustentarei à minha superfície qualquer fundação que Nala coloque sobre mim. Oh! Rama, enquanto o desejares, por ti me deixarei algemar com uma ponte..."

E Samudra dos Mares, regressando às próprias profundezas, desapareceu.

Rama encontrou Nala, o macaco, e Nala confirmou:

"Ele disse isso? Eu costumava, de fato, fazer as pedras boiarem por simples brincadeira! Pois muito bem, lançarei uma ponte... Pede a toda a gente que venha ajudar-me".

Nala pôs-se a trabalhar. Olhou para o sul. Depois olhou para as montanhas Malaya. A seguir, sentado na areia, entrou a desenhar linhas por

Depois, correndo para a ponte de Rama...

longo tempo, olhando para cima e para o Oceano, tornando a olhar para a areia, absorto no próprio trabalho, e não vendo ninguém quando todos os animais se reuniram à sua roda.

Nala deu as ordens. Primeiro os animais fizeram estacas e linhas e varas de medir; depois fizeram os outros instrumentos; depois coletaram os materiais das montanhas. Depois começaram a construir uma ponte que teria uma centena de léguas de comprimento e dez de largura, sobre uma fundação de pedras e blocos erráticos. Sobre as rochas estenderam um leito de estrada, feito de varas, depois Nala pavimentou a estrada com grama e madeira.

Quando ouviram falar na construção da ponte, as tribos do povozinho de esquilos vieram ajudar Rama. Molharam a pele na arrebentação e rolaram na areia. Depois, correndo para a ponte de Rama, sacudiram-se de modo que a areia, ao cair nos interstícios deixados na pavimentação, firmou-a.

Mas estavam sempre no caminho, atrapalhando. Hanuman tirou-os dali com conchas de cozinha, enquanto carreava grandes blocos de pedra. Os esquilos correram para Rama e queixaram-se:

"Mestre, o brutal Hanuman nos escoiceia, nos machuca e nos vexa".

Rama correu com três dedos as costas deles para alegrá-los e, desde então, até agora, todos os esquilos do sul trazem no dorso as marcas dos dedos de Rama. Os esquilos voltaram ao trabalho, e Hanuman recomendou a todo mundo:

"Andai com cautela; não façais mal ao pequeno povo das árvores!"

A CONSTRUÇÃO DA PONTE

Não deixes que os usos do mundo
Desalentem teu coração,
Sendo tu um guerreiro.

Um dia depois que Nala iniciou a construção da ponte, em Lanka, Ravana convocou o conselho de nobres, pedindo-lhes:

"Trazei vossas mentes convosco, pelo menos desta vez".

Quando os viu reunidos, Ravana disse:

"Consertamos os estragos que ele fez, mas mesmo assim Hanuman, sozinho, invadiu minha inatingível cidade e voltará com Rama. Que devo fazer? Que deveis fazer? As pessoas superiores aceitam, prazerosas, bons conselhos antes de agir".

Os cabeças-ocas dos anciãos rakshasas responderam:

"Sim, nós concordamos!"

"Majestade", prosseguiram, "governais corretamente o Universo. Até agora tudo tem andado muito bem. Livraremos o mundo dos macacos."

Vibhishana, porém, levantou-se e disse:

"Rama nos perdoará se lhe devolvermos Sita. Não lhe aconteceu mal nenhum".

"Não quero mais falar nesse assunto."

Ravana estava tão zangado quanto um mentiroso cuja palavra é posta em dúvida.

"Todos os animais dos deuses se soltaram!", disse Vibhishana. "Estão construindo uma ponte e planejam atravessar o mar e sitiar Lanka. Queres a guerra, mas que sabes tu da força deles? Que medidas tomas contra eles?"

"Estás tentando deixar-me com raiva?", rosnou Ravana.

"Bem", respondeu Vibhishana, "para falar a verdade não preciso fazê-lo; só uma mente enraivecida se nega a compreender tudo isso."

"Eles nunca passarão por aquela ponte!", disse o demonarca. "Não encontro nada para temer de simples animais. Não te envergonhas de sugerir uma rendição?"

"Ravana, ninguém mais se atreve a dizer-te a verdade, o único amigo verdadeiro que te resta sou eu. Poderias esconder-te no véu dos ventos, e usar o Sol por escudo e o céu por muro, e ainda assim perder para Rama. Ele te matará; não há como escapar."

"Que me importa?", disse Ravana. "Faço o que quero!"

Fez um sinal com as mãos:

"*Senta-te, já terminaste*".

"Não", tornou Vibhishana. Quatro vigorosos rakshasas, armados, leais a ele, adiantaram-se e ficaram guardando, embalando maças nos braços, voltados para as quatro direções. Vibhishana circungirou o olhar pela corte real de Lanka. Viu o general Prahasta e seus capitães dos bandos de guerra dos demônios. Calados como sempre, sacerdotes tomavam conta do altar do palácio, de cada lado do alto trono de Ravana, colocando em seus lugares os jarros de coalhada, de fogo, de manteiga ou de arroz, tagarelando inutilmente pelos cantos.

"Censuro-te", disse Vibhishana, "como o covarde que és e que há muito vem amando o mal. És um ladrão à-toa..."

"Silêncio!"

"Que poderás sustentar contra mim? Como poderás deter-me? Por essas palavras duras mereço o teu louvor. És incapaz de raciocinar? Desejas viver de congratulações, abraços e lisonjas elegantes? Pela segunda vez te admoesto a entregares Sita, e a entregá-la com presentes."

"Acreditas que eu me detenha e modifique meus costumes ainda que o mundo inteiro diga que estou errado?", perguntou Ravana. "Os reis têm nobreza, as vacas têm leite, e os parentes têm inveja no coração! Meu irmão, cego de egoísmo, serias capaz de trair-me? Indicarias o caminho da derrota? Decerto não te deve agradar o fato de eu ser Imperador da Criação e, por mim, eu quisera antes viver entre inimigos declarados do que contigo em minha família."

"Abre os olhos e emenda-te", instou Vibhishana. "Acorda e procede direito! Não estou falando apenas por falar; tenho por propósito do meu coração a salvação da raça rakshasa, mas não pretendo continuar a repetir-me para sempre. És um escravo, e a cólera é o teu amo. Sem dúvida alguma já passamos por tudo isso antes, em outras existências. Pondera o certo e o errado. Pela terceira e última vez eu te peço: devolve-a."

"Sai daqui!", exclamou Ravana.

Vibhishana respondeu:

"Boa sorte para ti, pois agora me vou para bem longe".

Vibhishana deixou o palácio com os seus quatro cavaleiros. Cada qual enfiou o elmo na cabeça, e todos voaram sobre o mar, rumo ao norte, à cabeça de ponte de Rama. Os primórdios da ponte já se destacavam como uma linha que dividia o mar e apontava, curva, para Lanka, como uma acusação diante de todo o mundo.

"Não sou ator nem cantor,
Nem mulher bela nem palhaço;
Assim sendo, que bem me importam
Os palácios dos reis?"

Sugriva viu Vibhishana e seus guarda-costas e disse a Rama:
"Poremos fim hoje às suas breves vidas".
Mas Rama atalhou:
"Espera".
Vibhishana pairou no ar e olhou para um lado e para outro com os seus olhos de cristal azul-escuro. Viu Hanuman e fez-lhe sinal. Hanuman aproximou-se, e Vibhishana disse:
"Rama! Tomo a proteção de Rama, tomo o abrigo do verdadeiro rei!"
"Por que estás aqui?", perguntou Hanuman.
"Ravana rejeita minhas palavras. Não fosse isso, e eu poderia salvá-lo. Teria sido a coisa mais fácil do mundo restituir Sita. Mas agora, macaco branco, eu mesmo preciso tentar salvar uma parte que seja da nossa raça sobre a Terra."
"Desce, serei teu amigo como foste o meu."
Hanuman levou Vibhishana pela mão à presença de Rama, e, enquanto caminhavam, macacos e ursos se afastavam deles. Mas Vibhishana sorria para os animais, mostrando as suas belas presas, e, diante de Rama, tirou o elmo.
"A proteção de Rama!", disse Vibhishana. "Sou vosso, possais vós ser o meu refúgio seguro para todo o sempre."
"Não temas as coisas assustadoras", disse Rama.
"Rama", disse Hanuman, "em Lanka, o príncipe Vibhishana salvou-me a vida defendendo-me do irmão mais velho, Ravana."
"Eu vos ajudarei quando puder", disse Vibhishana, "mas não posso lutar contra o nosso povo."
Sugriva, o Rei dos Macacos, estava lá. E disse:

"Ele veio para espionar e matar-nos durante o nosso sono".

"Quero fazer o que é certo, e só", tornou Vibhishana.

"A sua verdadeira natureza se revelará", disse Hanuman.

"Não acredito nele", declarou Sugriva.

"Majestade", replicou Hanuman, "estais tentando enfurecer-me outra vez! A sua saída de Lanka comprova-lhe a sabedoria. Parai de proibir coisas e de dizer 'não' a tudo, como um rei. Sede mais jovial, como um animal... Deverão todos os rakshasas optar pelo mal só para agradar-vos?"

"Ele é irmão de Ravana, não é?"

"Sugriva", disse Hanuman, "isto é só porque *vós* não conhecestes Ravana. Estáveis em casa, bêbedo, na cama. Portanto, por ignorância, podeis falar muito tempo a respeito disso quando, na realidade, não há nada para dizer. Tomo Vibhishana por meu amigo e, se isso não vos agradar..."

Rama interveio, imparcial:

"Combaterei Ravana, mas não combaterei os inocentes. O rosto, os gestos e as palavras de Vibhishana são abertos. Ele não praticou nenhum mal. Não é ladino nem intrometido. Devemos censurar os que merecem censura e favorecer os bons, onde quer que se encontrem. As pessoas inferiores que conhecem tudo podem seguir suas suspeitas, mas quando alguém busca a minha proteção não pode ser morto, será salvo ainda que isso me custe a vida".

"Serei um poderoso amigo, Rama", disse Vibhishana. "Eu vos pagarei na mesma moeda algum dia..."

"Nunca mates alguém que não está lutando.
Nem um guerreiro que se esconde ou foge desnorteado,
Nem alguém que esteja ferido.
Embora ele tenha acabado de sustar a guerra,
Embora suas mãos astutas toquem um coração altivo,
A sua traição bloqueia o teu Dharma como uma barreira de fronteira,
Um muro de pedras."

O Rei dos Macacos disse:

"Sem o Dharma não há força nem poder. Isso não é prodígio para ti, Rama. *Jaya*, vitória para ti. Também dou as boas-vindas a Vibhishana como a um bom amigo".

No primeiro dia, Nala construiu a ponte numa extensão de catorze léguas sobre o mar. No segundo, construiu vinte léguas mais, no terceiro, acrescentou vinte e uma léguas, no quarto, vinte e duas e, no quinto, construiu mais vinte e três léguas além de tudo o que já tinha feito, e a ponte tocou a Ilha de Lanka. Rama e Lakshmana desfizeram-se, então, das suas peles de veados e destrançaram os cabelos.

Era uma ponte ligeiramente curva, rematada com pedra cor de cinza e sustentada por arcos apoiados firmemente no mar. Na quinta noite, Vibhishana e seus quatro cavaleiros ficaram de guarda na extremidade meridional, mas nenhum outro rakshasa apareceu. Bem cedo, na manhã seguinte, os animais, vindos do norte, começaram a cruzar o pavimento de madeira, correndo tão velozes que os primeiros chegaram a Lanka na mesma tarde. Sugriva estava de pé na praia setentrional, pronto para fazer a travessia, quando um falcão, que veio voando do oceano, sentou-se no galho de uma árvore próxima.

O falcão era Suka, o ministro da maior confiança do demonarca.

"Senhor dos Macacos", disse Suka, "fui mandado aqui para falar convosco. Atentai para as palavras de Ravana: *'Querido irmão, só tenho amizade por ti. Oh! tu, que és o Melhor dos Macacos, por que construir uma ponte como um carril de raiva sobre o mar? Não me faças mal; volta para Kishkindhya e reina sobre as florestas para todo o sempre'.*"

Sugriva viu Angada tentando aproximar-se furtivamente do falcão, por trás, e respondeu:

"Por que falar com Ravana a respeito da nossa pontezinha e perturbá-lo? Não te preocupes conosco, que acabaremos indo embora... afinal de contas..."

O príncipe Angada tirou Suka da árvore e apertou-o bem apertado entre as pernas... Suka dirigiu-lhe um olhar furioso.

"Toma cuidado, tu te arriscas, estás em perigo! Mata-me por tua conta e risco... pois, se o fizeres, a culpa do sem-número de maldades que pratiquei desde a noite do meu nascimento até agora... recairá sobre ti!"

"O que é que eu faço?", perguntou Angada.

"Joga-o no chão, depressa!", aconselhou Sugriva. Suka voou de volta à árvore. E Sugriva lhe disse:

"Dize a Ravana: *'Mataste um velho abutre. Hoje não me vês; não sabes que sou mais forte do que tu. Rama reina sobre a Terra para sempre'*."

Suka voou de volta para casa. Naquele dia, Hanuman e Angada carregaram Rama e Lakshmana sobre a ponte. Ao anoitecer, Jambavan e Sugriva e a maioria dos exércitos dos animais haviam atravessado o mar e, na cabeça de ponte de Lanka, entoaram cânticos de fama e de vitória em seus acampamentos, ao longo das frias correntes arborizadas, e o agáloco crepitou em suas fogueiras.

Na manhã seguinte os animais escalaram a montanha Trikuta e começaram a reunir-se fora da Formosa Lanka, no lado ocidental dos seus muros. Era mais de meio-dia. Quase todos já haviam chegado, e os muros de ouro reverberavam o Sol. Nisso, das ameias, os rakshasas sopraram conchas clangorosas e trompas fulgurantes, e rufaram seus tambores. Pela primeira vez, então, os animais conheceram que muitos morreriam ali, e ficaram calados por um momento. Logo, porém, berraram duas vezes mais forte, e rugiram um rugido leonino de vitória.

Em seu palácio, Ravana falou a Suka:

"Ninguém poderia acreditar que uma ponte pudesse ser construída sobre o mar! Nem em todos esses incríveis animais!... mas manda alguém lá fora para contá-los".

"Mandarei dois", retrucou Suka. Chamou os fiéis espias Sardula e Sarana. "Ide muros afora contar o inimigo. Descobri-lhes os planos, os sonhos, e regressai."

"Vitória para Ravana!", gritaram eles.

Fora de Lanka, assumiram formas de macacos e misturaram-se ao exército de Sugriva, até que Vibhishana adergou de olhar para eles. Os olhos azuis, de cristal, de Vibhishana tinham visão penetrante, e ele os mantinha alumiados com pó cosmético preto em torno dos cílios. Podia ver com clareza ao lusco-fusco; avistava uma formiga preta imóvel na sombra preta de uma rocha preta numa noite sem luar; encontrava um fio perdido de cabelo no canto mais escuro de uma câmara mortuária, sem luz, num porão.

Vibhishana reconheceu em Sardula e Sarana os demônios que eram. Estalou os dedos direitos três vezes e quebrou-lhes os disfarces; e, segurando-os debaixo dos braços, arrastou-os à presença de Rama.

Sarana estava com tanto medo que se foi encolhendo até sumir de todo; desapareceu completamente, e nunca mais foi visto por ninguém em parte alguma. Sardula ficou sozinho diante de Rama, já sem esperança de continuar vivendo e mal podendo respirar.

Rama, contudo, só lhe disse:

"Se já descobriste tudo o que vieste descobrir, volta em paz para casa. Se deixaste de ver alguma coisa, vê-a agora; Vibhishana te escoltará".

"Não, obrigado", respondeu Sardula.

"Agora", disse Rama, "o teu rei Ravana pode usar contra mim a grande força que usou para roubar-me a esposa!"

"Adeus!", disse Sardula.

Sardula encontrou Ravana num alto balcão sobranceiro aos baluartes dos muros de Lanka, virado para o ocidente. Disse o Rei dos Demônios:

"Estás pálido! Eles, por acaso, te pegaram?"

"Ai de mim, estou coberto de vergonha", replicou Sardula. "Não posso contá-los. Alguns ainda estão na ponte, outros ainda estão escalando a montanha. Vibhishana, Senhor, vê através de nós."

"E tu te consideras um espia!"

"Não mais. Demito-me, com vossa permissão."

"Estás com medo?"

"Não, mas meu estômago está doendo!"

"Bem, podes ir, não és um guerreiro", disse Ravana. Sardula olhou para o rei.

"Eu vos apontarei e nomearei os melhores combatentes deles, antes de ir viver com minha esposa e minha família nas terras nagas debaixo do mundo."

"Esquece", disse Ravana, "fica quieto. Isso vai além da feitura de um relatório e da declaração disto e daquilo. A paz seja contigo, Sardula; isto é real. O que podes ver daqui e o que posso ver são coisas diferentes, e sou o senhor do que precisa ser feito em seguida."

Ravana ficou só. Viu os macacos de ombros largos e os ursos carrancudos que marinhavam pela montanha, carregando rochas enormes e árvores arrancadas com as raízes. Depois olhou para o fosso e os muros espessos. Viu as fundas e bombas de fogo carregadas. E viu os animais todos com os olhos erguidos para ele, os seus olhos antigos, os antigos olhos dos animais, os primeiros amigos do homem em épocas passadas...

Em seu quarto de dormir, ao pé da porta dos fundos que deitava para a floresta de Asoka, Ravana convocou seus dois magos, Língua-de-Raio e Dente-de-Trovão, e disse:

"Por meio de feitiços de engano e ilusão fazei-me, magicamente, a cabeça decepada de Rama, e seu arco com uma flecha colocada na corda".

"Sim", assentiu Dente-de-Trovão.

Do interior de suas túnicas tirou um arco com diamante e ouro na parte traseira e muitas cores na dianteira, já retesado e com uma seta de ouro em que se via gravado um nome – *Rama*.

Língua-de-Raio tirou a varinha mágica do cinto e virou-se de lado. Inclinou-se, endireitou-se e mostrou, nas mãos, uma cabeça verde ensanguentada, ferida, pulverosa e manchada de coágulos de sangue. Ravana recompensou-os com pérolas. Travou do arco e ordenou a Língua-de-Raio:

"Espera o meu chamado".

Ravana foi procurar Sita no bosquete de Asoka e disse:

"Este é o honrado arco, ainda retesado, do teu Senhor".

E partiu-o em dois pedaços.

"Querida Sita", continuou o Rei dos Demônios, "Rama chegou a esta ilha na noite passada com seus exércitos. À meia-noite, o general Prahasta caiu sobre eles enquanto dormiam. Decapitou Rama com um montante curvo; virou-se um pouco para o lado e apunhalou mortalmente o rei Sugriva; esmagou Hanuman, até matá-lo, com um elefante; com um machado banhado em sangue cortou as pernas de Jambavan e quebrou-lhe o pescoço. Os guerreiros de Prahasta usaram uma rede de carros voadores para puxar do céu o traidor Vibhishana; deixaram Angada rolando no chão, nas vascas da morte, crivado de setas. Agora, cadáveres de animais juncam nossas praias, estão espalhados pelas montanhas boscosas ao pé do mar e flutuam na maré vermelha. Jazem mutilados e estraçalhados nas cavernas para onde correram a fim de esconder-se e depois morrer; seus ossos estão quebrados, seus músculos, cortados, seus tendões, arrancados, e seu sangue, derramado. Mudo e sem fala, estropiado e malferido, somente Lakshmana conseguiu fugir e escapar à matança. E se outros ainda vivem, devem estar morrendo a esta hora."

Ravana ordenou a uma das guardiãs rakshasi:

"Chama ao palácio aquele cruel Língua-de-Raio, que me trouxe a cabeça de Rama!"

E disse a Sita:

"Espera, que te mostrarei".

Língua-de-Raio aproximou-se segurando a cabeça de ilusão pelos cabelos. Olhou para Sita e passou a língua, comprida e bifurcada, pelos lábios finos. Atirou a cabeça de Rama aos pés dela, curvou-se diante de Ravana e, rápido, partiu.

"Prahasta matou este simples homem e mandou-me os seus restos. Completa tu mesma a morte definitiva e triste de Rama, e casa comigo!"

A cabeça de Rama, com os olhos verdes e mortos, olhava para Sita. Ela viu a testa familiar, os longos cabelos verde-escuros, amarrados na nuca com um pano de guerra, a boca bondosa, os brincos de guerra de esmeralda quebrados. Chorou lamentosamente e disse:

"Homem tolo, na verdade fui sempre a tua morte e nunca a tua esposa".

Sita sentou-se, segurando a cabeça no colo, e suas lágrimas brilhantes caíram sobre ela.

"Morreste para salvar-me, o que poderia ser pior?"

Sita começou a deixar que a existência se esvaísse. Abriu calmamente a mão, e permitiu que a vida se lhe escoasse pelos dedos.

"Rei Ravana!"

A porta dos fundos do palácio escancarou-se e, envergando armadura completa, o general Prahasta veio caminhando a passos largos e rápidos, por entre as árvores Asoka, na direção do demonarca. A armadura de bronze retinia, a espada batia com estrépito e chocalhava de encontro às pernas vestidas de ferro, ele agitava e fazia colidir os braços de metal com as ilhargas – e fora e dentro dos muros do palácio Sita ouviu rufarem os tambores profundos de Lanka, de cara branca, e soarem os gongos de bronze, juntando-se uns aos outros, vindos de todas as direções.

"Vitória! Vitória! Excelente sucesso!", berrou Prahasta. "Aha, é a *Guerra*!"

Estalou os dedos metidos em luvas de aço e sorriu. Elefantes trombeteavam na cidade. Linhas de pontas de lanças, amarradas com faixas coloridas, passavam apenas visíveis além dos muros do palácio. As portas de Lanka giraram sobre gonzos de diamante e fecharam-se com um ruído estridulante, depois caíram os ferrolhos de bronze e as trancas de aço. Carros estrondaram nas ruas, arsenais e armarias abriram as portas e, por meio de correntes pesadas, as três pontes levadiças de Lanka foram erguidas e recolhidas aos muros externos.

"Perdoai a minha interrupção", berrou Prahasta. "Não os vistes? O mar tem uma extensão de cem léguas e ondas imensas que se quebram e, todavia, Rama conseguiu cruzá-lo como se fosse um caminho de cabras. Rama chegou!"

O solo de Lanka tremeu. Ravana sorriu para Sita da melhor maneira que pôde.

"Preciso desculpar-me, princesa, parece ter havido um mal-entendido..."

Ravana e o general Prahasta, de mãos compridas, voltaram-se e deixaram o bosquete de Asoka, e depois que Ravana se foi, a cabeça de Rama e o arco derreteram-se e desapareceram. Nos grandes muros da cidade as máquinas de fogo foram acesas. Projetados no céu, surgiram os cintilantes reflexos de muitas cores lançados por esquadrões de escudos rakshasas polidos e carros de ouro, um lustro medonho como os frenéticos fogos-fátuos do verão.

Sita continuava curvada, chorando, tão ofuscada pelas lágrimas que não pôde ver que o arco e a cabeça falsa tinham sumido. A velha rakshasi Trijata acercou-se dela e disse:

"Filha da Terra, não és viúva. O que estás ouvindo é o nosso chamado às armas. Agora os guerreiros se reunirão para descobrir por que foram chamados... Neste momento, Rama está num campo fora de Lanka. Está vivo!"

Sita não pôde compreender.

"Mata-me, deixa-me cair junto de meu marido!"

Trijata estendeu a mão e ergueu a cabeça de Sita, tão depressa que os dentes dela estalaram. Trijata estava zangada; os dedos nus de seus pés faziam a relva encrespar-se e fumegar.

"*Descrê isso! Descrê isso! Descrê isso!*"

Quando Trijata disse por três vezes essas palavras, sua fala abriu caminho até o coração de Sita e alcançou-o, como a chuva bem-vinda que cai sobre os campos duros e secos da Terra.

"Presta atenção...", voltou Trijata. "Estás ouvindo?"

"Estou..."

"Todas as minhas palavras são verdadeiras... Rama se conhece e não pode ser surpreendido dormindo, nem Prahasta pode matar com tanta facilidade todos aqueles animais, como Ravana pretende. Olha, a cabeça e o arco se foram. Eram falsos e inverídicos, eram uma ilusão espalhada à tua volta, um feitiço momentâneo e um conjuro passageiro."

"O quê?"

Sita estava aturdida.

"Rama avança sobre a nossa cidade com um grande exército de animais das florestas. Eles podem até desmenti-lo! Mas Ravana foi participar de um conselho de guerra. Eu me refugio no Sol, que faz nossos dias e nos dá nossas alegrias e pesares; juro pelo Sol, que gira em torno do mundo como um cavalo dançarino em torno de um círculo, que *isto é Verdade*!"

Trijata continuou:

"Lá fora, nas ruas, todos estão armados. As armas são um sinal de medo tornado visível, e nós estamos com medo. Ouve os cavalos que relincham enquanto seus pelos ficam de pé, ouve os arqueiros chamando. Os nossos soldados sedentos de sangue brandem suas armas e as sacodem para o firmamento, a fim de intimidar os céus, aterrorizar os serenos planetas e estrelas e assustar as nuvens. Desta vez, contudo, não estarão renhindo com deuses! As altas selas rangentes estão amarradas no dorso dos elefantes, os cavaleiros montam, arreiam-se os carros zanguizarreantes. Como as águas que se despejam no mar, os guerreiros rakshasas correm para cá de todos os lados, demônios de formas assombrosas, protegidos com cotas de malha, mas todos fadados a morrer..."

Uma patrulha rakshasa passou, majestosa, armada de espadas e lanças triplas, com os capuzes e as capas estrepitando e estalando como chicotes no ar atrás deles, ao passo que suas sombras varavam as folhas das árvores. Trijata sorriu e disse outra vez:

"Lakshmi te abraça. Teu pesar será demolido. Sita dos olhos escuros, posso levar qualquer mensagem a Rama".

"Rama e Lakshmana são a tua ajuda,
Não por muito tempo habitarás
Esta medonha cidade de demônios."

"Esperarei pelo meu bem-amado,
Ele não está muito longe.
Meu Rama não está longe de mim,
Esperarei até que o tempo se acabe."

"Em vez disso, procura descobrir o que Ravana pretende fazer comigo", disse Sita.

Trijata tornou-se uma vespa e voou para as janelas da sala de reuniões de Ravana. Depois voltou, reassumiu sua verdadeira forma e disse:

"Ele não te libertará. Rama precisará matá-lo primeiro".

No conselho de guerra de Ravana estava o velho rakshasa Malyavan, o qual, com seus dois irmãos, pedira ao arquiteto celeste, Viswakarman, que construísse a Formosa Lanka muitos séculos atrás. Ali sentado, acreditou que tinha um aviso para dar a Ravana.

À proporção que fora envelhecendo, Malyavan se tornara cada vez mais parecido com um homem. Perdera os colmilhos e os dentes e aparava as garras dos dedos menores até deixá-las parecidas com unhas. Os cabelos curtos eram brancos; muito magro e muito escuro, trajava simplesmente um pano branco, sem ornamento e sem bordas coloridas. Fazia muitos anos que Malyavan comia apenas uma tigela de arroz por dia; vira os irmãos serem mortos; dormia muito pouco. Sentava-se encostado a muros e árvores ao ar livre e sorria com os olhos abertos e a cabeça inclinada para trás, ao Sol. Contava histórias antigas às crianças e, acordado de noite, vigiava as ruas de Lanka.

E quando o mundo escurecia ao anoitecer, Malyavan, nos últimos tempos, vira muitas vezes um homem murcho, de cabeça raspada, caminhando pelas ruas, envergando um manto castanho surrado, coberto de pó e cinzas, tossindo uma tosse seca, espiando pelas portas das mansões dos demônios com os olhos vazios e sorvendo com os dentes à mostra, como uma caveira. A Formosa Lanka, construída de encomenda, em outra época fora jovem, mas agora o Tempo lhe perlustrava as ruas. Por que tinham vindo de tão longe aqueles macacos e ursos sujos para feri-la?

Malyavan ergueu-se lentamente em pé na sala de reuniões de Ravana. Viu todos os oficiais e guerreiros reunidos, sentados em silêncio, olhando para a frente e esperando ordens. Depois, por um momento, uma lembrança da raiva cega da guerra modificou o semblante de Malyavan e, como se ainda fosse jovem, fitou todos os rostos com um olhar orgulhoso e mau, que se extinguiu logo depois. Ravana observou-o enquanto ele passeava os olhos pela sala.

Malyavan tentou lembrar-se do que devia dizer. Numa das janelas abertas, atrás do trono de Ravana, estava uma vespa que era, na verdade, Trijata. Ao lado da vespa, um pássaro azul e verde bisbilhotava. Era, na verdade, um rakshasa, um dos quatro guerreiros de Vibhishana, que não desfitava o olhar de Malyavan, com a cabeça inclinada para um lado. Havia algo importante para dizer, mas Malyavan se esquecera do que era. Tinha a impressão de que tudo aquilo já acontecera uma vez. Dirigiu um sorriso enrugado para o rei e ergueu as mãos abertas diante dele:

"*Que as bênçãos caiam sobre ti. Vou-me embora*".

Malyavan saiu arrastando os pés e deixou a sala sem falar.

Quando o conselho de guerra terminou naquela tarde, o cortesão de Vibhishana voltou para junto dele e disse:

"Ravana já se crê vitorioso. Quando atacamos o céu tínhamos, ao todo, menos guerreiros do que os que guardam cada uma das portas de Lanka. O menor dos soldados de Ravana tem a força de dez elefantes, e cada guerreiro que hoje percorre a passo a parte interna dos muros da Formosa Lanka diz:

"*Irei primeiro!*"

Vibhishana foi a Rama e disse:

"Ainda que conheça a diferença, Ravana preferirá fazer o mal a fazer o bem. Lutará. Lá estão os rakshasas, dourados em suas armaduras sobre os muros, como um segundo muro em cima do primeiro".

"Quando lutarmos", disse Rama, "que nenhum animal mude de forma, e tu, com os teus quatro cavaleiros, esteja conosco em forma de rakshasa".

A seguir, Rama disse ao príncipe Angada:

"Vai como meu mensageiro, e pede a Ravana mais uma vez".

Angada voou para Lanka. Viu Ravana caminhando sobre os muros e, como ardente bola de ouro, com a luz do Sol no pelame dourado, caiu do céu ao lado de Ravana e foi cercado de demônios escuros que o empurravam para a frente como nuvens pesadas.

"Quem és?", perguntou Ravana.

"Sou filho de Vali", disse Angada, "e estas são as palavras de Rama: *'Estás demorando muito, Ravana! Devolve Sita, ou dize adeus aos teus amigos e sai contra mim. Estou à tua espera para matar-te'.*"

"Ah", disse Ravana, "não me apagarei, como uma luz, ao sopro de palavras bombásticas. Quando eu vencer esta batalha, impressionarei afinal Sita, e ela retribuirá o meu amor." Ravana sorriu dez largos sorrisos, e seus vinte olhos riram-se. "Angada, és um bom mensageiro, não acrescentaste nada e nada omitiste. Não queres ficar para o almoço?"

"Ravana, toda a vossa riqueza é inútil. Que vos aproveita serdes rico se não podeis gastar vosso ouro para fazer o bem a outras pessoas?"

"Alguém já disse isso", replicou o Rei dos Demônios. "Vem, fica à vontade, faze de conta que a casa é tua, eu te protegerei aqui."

"Majestade", disse Angada, "espero que não penseis que cheguei a acreditar nisso por um momento sequer. Julgais que é tão superior ser mau! Cuidais que isso vos faz *melhor*!"

"Ainda não passas de uma criança irrefletida, um visitante de horas de refeição, uma presença agradável; mas continua assim que num desses dias..."

Angada sacudiu a cabeça.

"Deveremos todos, acaso, arrancar os olhos? Será o Sol escuro porque alguns homens são cegos?"

Ravana severizou o rosto.

"Estás falando como um louco! Todos poderíamos morrer a qualquer momento."

Inclinou-se para baixo e, de repente, aproximou de Angada dez rostos rosnantes, com os lábios repuxados para trás e os bigodes trementes; os olhos vermelhos, de órbitas largas, estavam incendidos e as veias lhe pulsavam na fronte coroada de diademas. Um grunhido lento e profundo subiu-lhe das dez gargantas.

Angada estava quase desmaiando de medo. Congelou-se-lhe o coração. O sangue fugiu-lhe do rosto, e ele não pôde respirar. Ravana disse:

"Agora estás preso nas malhas da guerra; não há saída, nisso, para ti! Os loucos têm visão penetrante e permanecem para sempre na boa Roda do Dharma, mas os sábios já não veem tão bem." Estendeu a mão para pegar Angada. "*Aquele que o escuro Rei dos Demônios agarra com a mão, que segura com raiva, morre esmagado e maldito, nunca mais vive!*"

Ravana mal tocou em Angada. Deu-lhe um piparote, como se fosse um pedacinho de nuvem, e lá se foi Angada... Ravana ainda o chamou, de longe:

"Dize a Rama: 'Pesar para ti! Os homens são vis, que esta guerra aumente o teu sofrimento e traga alegria aos demônios!'"

Angada recobrou as forças e ergueu-se de novo no ar. Voltou para Rama. E, em Lanka, Ravana tocou todos os sinos de bronze e de ferro, os grandes sinos de Lanka tocados com troncos balouçantes de árvores. Das bocas vibrantes dos sinos vieram... a ousadia... o desafio...

O Sol carmesim pôs-se atrás da montanha do Ocaso, na borda ocidental da Terra, além do horizonte do mar. O céu empalideceu, fez-se branco de alfazema enquanto ainda retinha luz, como a cor da prata velha. Depois ficou tudo escuro, e as estrelas saíram.

"Ravana não quer ouvir", disse Angada, "ele não consegue clarear a mente."

"Então, para onde escapará enquanto eu viver?", respondeu Rama.

O cerco de Lanka

Esta vida perigosa é uma gota-d'água,
Uma gota de chuva a pender de uma folha de lótus;
Não tarda a cair na lagoa, embaixo,
E perde-se.

Indrajit,
Na guerra ou na paz
Estás enfraquecendo.

Na manhã seguinte, bem cedo, Ravana estava encostado no muro sobre a porta do norte, olhando para fora, apoiado nos vinte braços estendidos lado a lado a lado, ao longo dos baluartes, à sombra de um régio guarda-sol branco. Observava, paciente, Rama e seu exército, enquanto dois demônios o abanavam com espanadores brancos feitos de caudas de iaques e enfeitados de rubis, rubros como o sangue. Trajava túnicas brancas como a fama e a glória, adornadas de rubis vermelhos como o sangue; e, por muito tempo, deixou-se ficar observando os animais.

Ravana viu o loiro Sugriva, engendrado pelo Sol; o urso Jambavan, preto e castanho; Angada com seus longos e finos pelos amarelos, andando de um lado para outro com os braços cruzados, bocejando de raiva e batendo com a cauda no chão; o macaco branco Hanuman, de volta novamente a Lanka, forte e gracioso; e, ao lado dele, Rama, de cabelos emaranhados e pele verde-escura, segurando um arco cujas setas podem fatiar a Terra ou furar o céu – Rama, Rei do Mundo, cuja raiva é Morte, cercado de animais, todos dispostos a morrer por ele.

Sugriva disse a Rama que ficasse atrás do exército com Hanuman. Lakshmana andava para trás e para a frente diante dos animais, com a pele semelhante a ouro puro, os lábios inchados de cólera, difícil de pacificar.

"Aaah..."

Nos muros de Lanka, os rakshasas suspiraram como o vento que, depois de longa viagem, chega tempestuando do mar. Ostentavam suas gloriosas bandeiras de guerra em brilhantes mastros de ouro. E do seio dos macacos e dos ursos subiu outro suspiro mais profundo, profundo e alto como pesos de água estourando através de um quebra-mar rompido.

"Aaaaa..."

A seguir, no mesmo instante, Lakshmana apontou o arco para Lanka, e Ravana ergueu a maça acima da cabeça. Em Lanka, o comandante da Artilharia Real brandiu a espada. Baterias da artilharia rakshasa troaram, franjadas de fogo; os macacos e os ursos cerraram fileiras; a grande porta setentrional de Lanka se abriu; e o terço mais jovem do Exército dos Demônios saiu para o ataque, capitaneado por Prahasta num carro de guerra.

Mas os demônios não poderiam vencer à luz do Sol. Os ursos lhes quebraram os carros e deram cabo deles com seus próprios eixos e mastros de bandeira; monos de braços compridos agarraram-nos e apertaram-nos até matá-los; macacos achataram-nos com árvores e penedos arrancados, e cortaram-nos com machados capturados, como se fossem paus de lenha. Ao meio-dia, Prahasta ordenou a retirada, e os rakshasas derramaram-se de volta pelas ruas de Lanka, e a imensa porta do norte fechou-se como uma armadilha. Esperaram a escuridão.

A noite caiu, aumentando a força dos demônios. Ao crepúsculo, o general Prahasta e o rei Ravana achavam-se de novo nos muros, e a escuridão aumentou. Pálidas bandeiras e estandartes de seda coroavam a Formosa Lanka com todas as suas cores logo desbotadas, movendo-se ao vento crepuscular. O ar da cidade, lá embaixo, carregava sobre os muros os odores do incenso e o murmúrio das preces rakshasas para dar as boas-vindas à Noite. Soldados-demônios, em toda parte, ajoelhavam-se diante de fogueiras erguidas nas ruas, retesando os arcos, atando as armaduras e ornando-se com grinaldas de flores abençoadas com mantras de segurança. E, no campo de batalha, do outro lado dos muros, os animais construíram muitas fogueiras para alumiar o terreno.

"Que os guerreiros jovens descansem", disse Ravana. "Armem-se os veteranos."

"É o que estamos fazendo."

De um frasco de pedra, Ravana despejou um copo de suco de soma, furtado de algum modo ao céu, e deu-o a Prahasta. O general bebeu-o até o fim e comeu o copo juntamente com uma réstia seca de pimentas sanguíneas. Esmigalhou ruidosamente o copo, mastigou as sementes de pimenta e estalou os beiços. Ravana afastou-se dele um pouco.

"Sairei com eles", disse Prahasta. "Enxotarei os animais e isolarei Rama. Servir-lhe-ei a carne aos meus amigos."

Chamazinhas começaram a sair da boca de Prahasta, lambendo-lhe os lábios. Ele juntou as mãos, inclinou a cabeça e saudou Ravana.

"Toma tento", disse Ravana.

Prahasta desceu do muro, amarrou ao nível da nuca os cabelos esvoaçantes e subiu no carro.

O carro do general Prahasta tinha duas rodas cobertas de folhas de ouro, que giravam como sóis rolantes e estrondejavam como nuvens. Havia foices de aço montadas nos cubos do eixo, e uma longa pua de ferro apontava para a frente desde a lança do carro, pintada de luas crescentes. Sessenta e quatro serpentes verdes rajadas puxavam o carro, arreadas com nós inextricáveis; eriçado de feixes de espadas e arpões, o carro era encouraçado de escudos de peles de touro e chapas de metal.

O carro de Prahasta ia todo carregado de coisas. Trazia malhos de matadouros, facas de carniceiro e ganchos de carne, correntes, garras e grampos; carregava bombas e foguetes e venenos e invejas apavorantes; ilusões e sonhos maus, moléstias e ambições, muitas crises e confusões. Sinais falsos de estradas e falsos mapas de miragens tinham sido amarrados com promessas quebradas. Rodinhas de ferro giravam no ar, e seus aros, que produziam faíscas ao contato de pederneiras, rodopiavam em chamas no meio da Noite. Havia luzes, sombras e sorrisos mentirosos, prismas, lentes coloridas e espelhos de bronze deformantes e olhos-de-gato verdes e maléficos. Havia charadas das quais faltavam partes essenciais, dados viciados, sofrimentos profundos e muitos primeiros amores perdidos.

Era um senhor espetáculo! No alto de um mastro de bandeira, no centro do carro, tremulava o guião de Prahasta ostentando uma serpente de esmeralda e um leão agatanhante de topázios, cosidos na seda vermelho-sangue. A partir do mastro central, uma rede defensiva cobria o carro qual uma tenda, feita de brilhantes coruscantes, amarrados com cordões de aço azulado, tecidos apertadamente com fios de diamante, para guardar Prahasta enquanto combatia, e deixando pequenos buracos ocultos por onde ele atirava suas flechas.

Era fantástico. Ainda assim, Prahasta, grande arqueiro, nunca fugira de uma luta na Terra. O general dobrou o arco trançado e rolou os olhos. Inclinou-se e ordenou ao cocheiro:

"*Leva-me para a Guerra!*"

O carro saltou para a frente protegido por homens de machadinhas, que traziam na cabeça elmos alados de demônios. Mais uma vez se abriu a porta do norte, e o general Prahasta partiu de Lanka com a elite dos veteranos e o Grande Exército dos rakshasas. Imensa multidão de soldados os acompanhava, a cavalo, berrando, com sinetas amarradas aos braços e às pernas, em carros tirados por escorpiões e sapos corredores, montados em botos, camelos e gigantescos golfinhos, em lagartos, porcos e enormes ratos azuis.

Os rakshasas riram-se de raiva e sopraram dez mil conchas desafinadas. Chegando ao campo de batalha, acometeram os macacos e os ursos. Os animais fugiram por entre os fogos, e os demônios gritaram:

"*Fácil! Facílimo de fazer!*"

Mas era um truque. Num movimento só, todos juntos, os animais arremessaram grandes pedras de trás das próprias linhas, por cima dos seus guerreiros, por cima de Prahasta, calculadas para caírem na frente dos rakshasas que vinham atrás, impedindo-lhes a marcha, erguendo um vigoroso muro de pedra, que isolou Prahasta. E quando os demônios tentaram voar sobre elas, os animais obrigaram-nos a recuar brandindo árvores, e cercaram por trás o carro do general.

Setas compridas como eixos de carros voavam do arco de Prahasta. Ele atingiu cinco ou sete animais com uma única seta, ou atingiu um macaco com dezessete, ou furou um urso com vinte e sete ou com noventa. Todos os macacos, monos e ursos retrocederam e se afastaram de Prahasta, com exceção de Nala, o construtor da ponte.

Nala enfrentou sozinho o carro de Prahasta. Esquivou-se de mil flechas e projetis lançados contra ele. Depois permaneceu imóvel e deixou Prahasta atirar. Uma grande maça de bronze lhe passou pela cabeça, mas apenas matou um mosquito que estava prestes a picá-lo. Nala quedou-se entre os mísseis e setas que caíam, com os olhos fechados, como o touro orgulhoso arrostando a tempestade.

Em seguida, Nala abriu os olhos, apertados de raiva. Entrou a observar cada movimento de Prahasta. O pesado carro rakshasa virou-se e desceu contra ele. O barulho lembrava estrondos de trovões; o solo tremeu; Nala pôde ver cada chapa de armadura, cada diamante, cada pedra na bandeira de guerra, cada espelho refletindo as luzes. Chegou quase a sentir o respirar das serpentes.

Depois, mais rápido que um piscar de olhos, atirou o seu peso sobre um dos pés. A montanha Trikuta deu uma súbita guinada e o carro de Prahasta virou de borco. As serpentes que o haviam puxado livraram-se dos arreios e mergulharam na Terra. O carro estilhaçou-se, o arco de Prahasta quebrou-se, a sua rede protetora caiu, e de repente o general dos demônios estava de pé, livre dos destroços, segurando uma maça debaixo do braço, cuspindo fogo pela boca e esfregando as mãos uma na outra num banho de chamas.

Prahasta fez girar a maça com ambas as mãos e atingiu Nala duas vezes: girando para fora atingiu-lhe o ombro e, no contragolpe, atingiu-lhe o quadril. Nala arrancou uma das rodas de ouro do carro quebrado. Quando Prahasta ergueu os braços para golpeá-lo outra vez, num movimento de cima para baixo, Nala atirou a roda debaixo da sua guarda. Atingiu-o ao nível do coração. Arrancou-lhe a maça das mãos e a vida do corpo.

Quando viram Prahasta morto naquela meia-noite, os rakshasas inclinaram-se para trás como árvores no meio de uma procela; arrancaram os cabelos de vergonha e voltaram sem o líder para Lanka, com os olhos baixos e sem falar. No campo de batalha a oeste de Lanka o carro de Prahasta estava despedaçado; jazia torcido e fumegante, como um raio morto caído do céu. O auriga morrera. Os olhos sem remorsos de Prahasta, deitado de costas, terrível de ver-se, estavam abertos, e sua boca ainda dardejava chamazinhas por entre os dentes, que a sua própria fúria calcinara.

Nala caiu ferido sobre Prahasta, um braço a pender-lhe, quebrado, e o sangue a jorrar-lhe de uma das pernas. Rama acercou-se dele carregando uma tocha. Quando Rama se aproximou, Nala ajoelhou-se e curvou-se diante dele. Depois de ter-se ajoelhado, sentindo-se demasiado exausto para levantar-se, ergueu a vista para o rosto de Rama e seus olhos ainda rutilaram e cintilaram como os de uma cobra que acaba de receber uma paulada, e distende o capelo.

Os macacos e os ursos carregaram os seus mortos para o topo da montanha Trikuta e enterraram-nos numa floresta. Todas as setas dos demônios, afiadas com pedras e endurecidas no fogo, foram removidas dos mortos e feridos, quebradas e queimadas.

Os demônios também deixaram muitos mortos para trás, mortos pelas garras e dentes dos animais, mas, para ocultar essas baixas, Ravana, do interior de Lanka, fez sumirem misteriosamente os cadáveres, pinchando-os no mar. O corpo de Prahasta desapareceu sem deixar vestígios.

Na cidade, Ravana mandou chamar o ministro Suka e confidenciou-lhe:

"A gente deve fazer a própria sorte aonde quer que vá. Seis meses se passaram... desperta meu irmão Kumbhakarna!"

O gigante Kumbhakarna dormia seis meses a fio depois de cada dia que passava acordado. Jazia deitado de costas, no interior de imensa mansão de um quarto só, o maior prédio de Lanka. Suka instruiu os demônios na cozinha para que começassem a preparar o desjejum de Kumbhakarna e, com muitos criados carregando tochas e lanternas, dirigiu-se para a casa do gigante. Chegaram cozinheiros guiando carroças cheias de arroz fumegante, tonéis de vinho e búfalo assado pururuca, e Suka escancarou as portas para deixar entrar o cheiro da comida.

Kumbhakarna nem se mexeu. Suka entrou. Lutou com o violento inspirar e expirar de Kumbhakarna e se aproximou das orelhas. Fazia seis meses que Kumbhakarna não cortava os cabelos nem aparava a barba; os primeiros eram como jovens árvores da floresta e, quando despertava e sentia vontade de caçar, o gigante amarrava um matacão em cada fio de cabelo e deixava-se ficar no meio das suas vítimas. Sacudia-se e esmagava-as com as pedras.

Suka enfiou a mão dentro da túnica, dela tirou dois grandes címbalos de bronze e bateu um no outro perto dos ouvidos de Kumbhakarna. Este bocejou, e sua garganta monstruosa parecia o poço de uma mina vermelha que conduzia ao Inferno. Um grupo de dezoito elefantes amestrados entrou correndo pela porta, chegou ao lado de Kumbhakarna, subiu no peito dele e, ali, um por um, começou a borrifar-lhe o rosto com água fria.

Suka continuou a bater e a martelar os címbalos, e Kumbhakarna acordou. Sem perda de tempo, os treinadores chamaram os elefantes de volta. Kumbhakarna sentou-se, descerrou os olhos, estendeu a mão para pegar um tonel de vinho, emborcou-o e disse, suspirando:

"Ainda é noite!"

As carroças de comida entraram, e Suka permaneceu, em silêncio, a uma distância segura, enquanto Kumbhakarna comia. Depois, apropinquou-se e disse:

"Príncipe, o general Prahasta foi morto na guerra. Lanka está cercada pelo rei Rama e seus exércitos".

"Rama? Rama?", perguntou Kumbhakarna. "Que espécie de deus é esse Rama?... Está bem, não importa, vou ajudar-vos."

"Aqui em Lanka só tu dormes feliz", replicou Suka, "sem nada saber do nosso destino. Rama é um homem, e seus guerreiros são macacos e ursos do outro lado do mar. Nossos soldados foram varridos no campo por duas vezes, e Ravana quer ver-te no palácio."

"Não temas", disse Kumbhakarna, "mantém a calma. Contempla os males aumentados por estarmos acordados e sujeitos à razão. Minha única lei são os sonhos..."

Inclinou a cabeça, saiu por uma porta alta e foi lavar o rosto num lago.

À proporção que despertava completamente, Kumbhakarna foi ficando tão escuro e ameaçador que parecia absorver toda a luz das tochas de Suka e das estrelas do céu e, por uma súbita e imaginária diminuição da claridade em sua sala de reuniões, Ravana conheceu que o irmão estava a caminho. Rakshasas ladeavam ruas que se dirigiam ao palácio real e avisaram Kumbhakarna:

"*Não pises nestes templos frágeis. As casas estão ali, aqui estão soldados*".

Depois de dar alguns passos, Kumbhakarna achou-se no palácio. Sentou-se fora, perto do carro de Pushpaka, onde teria espaço para conversar com Ravana. O demonarca saiu do palácio e, vendo o irmãozinho esconder o céu com o corpo, correu para junto dele, abrindo dez sorrisos felizes.

"Dispersa os meus inimigos com um vento forte!", disse Ravana.

"Que fizeste de errado enquanto eu dormia pacificamente?", perguntou Kumbhakarna.

"Estou em guerra com Rama porque lhe tomei a esposa, Sita", replicou Ravana. "Os animais dele mataram nossos guerreiros, que nunca tinham sido derrotados."

"Devolve-a", disse Kumbhakarna.

"Estou apaixonado por ela", retrucou Ravana.

"Um tremendo engano. Detém-te."

"Lança tuas censuras a quem as merece, não é minha culpa se ela é tão bonita e tão fácil de ver! Não há ninguém no mundo como Sita, mas ela não quer deitar-se na minha cama."

"Oh, tu, que és o melhor dos reis", voltou Kumbhakarna, "aqui estás falando do mundo desperto da impermanência, do sofrimento e da irrealidade. Estes são os animais do Senhor Narayana, e esta é a morte dos rakshasas."

"Não acredito nisso", disse Ravana. "Não ouço as coisas de que não gosto!"

"Não te preocupes com os animais. Rama sozinho pode derrotar-te. Faze algum bem antes de morrer. Eles estão ansiosos por matar-te; por que não fazes as pazes com eles?"

"Nem por medo de todos os mundos!"

"Ravana", voltou Kumbhakarna, "depois de praticares tamanha insensatez, cheia de falhas e defeitos, mandas chamar-me. Começaste pelo fim e não fizeste caso do começo."

"Mas, afinal de contas, o que conheces a respeito disso?", inquiriu Ravana.

"Conheço o esquecimento e o sono... como a criança que adormece... o que eu conhecia há dez anos, quando adormeci, ainda conheço. Esquece. Dorme e esquece-a..."

Ravana esfregou os olhos.

"Com efeito, sinto-me cansado e esgotado..."

Mas depois sacudiu as cabeças, aspirou fundo o ar da noite e suspirou: "Mas perdi-me no desejo".

"Toda a tua educação foi um desperdício", disse Kumbhakarna. "Leste por nada o santo Veda e por nada atiraste tuas cabeças ao fogo quando morávamos nas altas montanhas Himalaia."

"Bem, está feito, não está? Por que precisas falar-me sobre as consequências do mal? Se estou errado, preciso ainda mais de ti para salvar-me. Ah, se apenas pudesses vê-la, como um ídolo de ouro, um trabalho feito à mão pelo próprio Maya..."

"Não há maior erro do que roubar a esposa de outrem", tornou Kumbhakarna. "Senhor da Noite, que outra coisa além de uma colheita de infortúnios poderia seguir-se a isso? Tens muitas senhoras em tua própria casa; sê feliz com elas. Conserva por muito tempo as tuas riquezas; preserva a tua vida. Devolve-a a Rama e dorme mais. O rei é a raiz da felicidade dos súditos, e, se ele errar, as vidas deles estarão em perigo e a nação morrerá. Teus ministros não podem levar isto a peito, pois não te servem bem. Planejam matar-te. Não têm medo da tua ira. Ravana, aqueles dois homens, Rama e Lakshmana, são a chama e o vento que se encontram. Ninguém te dirá isso senão eu? Matarei Vibhishana por não se haver preocupado em impedir-te."

"Vibhishana tentou deter-me", disse Ravana, "e, quando percebeu que falhara, passou-se para Rama. Ele está lá, no campo, neste momento."

"Pois ele teve razão em fazer isso, e tu, sem dúvida, não a tiveste forçando-o a ir. Devolve Sita. Não gozas de proteção contra homens e animais..."

"Ela é minha amada..."

"E eu sou teu amigo", disse Kumbhakarna. "Ouve, tive uma ideia. Toma, por artes mágicas, a forma de Rama, procura Sita, e ela, de boa mente, te *amará*."

"Não, não posso", replicou Ravana. "A transformação teria de ser completa; eu teria de assumir todas as virtudes de Rama se quisesse enganá-la e, nesse caso, já não poderia fazê-lo. Não poderia mentir-lhe dizendo ser alguém que não sou. Ajuda-me a curar minha tristeza. Em minha mente tenho certeza da tua vitória!"

Kumbhakarna sorriu.

"Isso quer dizer que eles terão de matar-me antes de chegar a ti! Querido irmão, diverte-te, faze o que quiseres. Sê misericordioso enquanto podes e não penses mais em Rama."

Ravana estava muito feliz; acenou para os guerreiros e recomendou ao irmão:

"Considera bem a tua própria força e a deles, não saias desacompanhado".

"Não quero saber de auxiliares", retrucou Kumbhakarna. "Todas as pessoas que aqui estavam acordadas e se mantiveram em silêncio a respeito do teu amor insensato são bajuladoras e, portanto, tuas inimigas. A verdade é que Rama e os animais passaram a perna em todos vós; construíram uma ponte enquanto ficáveis aqui sentados dizendo que isso era impossível! Deixa os outros te ajudarem a incensar tuas vaidades, que eu sozinho matarei Rama esta noite e beber-lhe-ei o sangue!"

Ravana sentiu-se renascer. Kumbhakarna tornou a sorrir-lhe e voltou para casa a fim de envergar as roupas de guerra. Mas embora parecesse bem-humorado, dizia entre si:

"O Dharma é a raiz de toda boa sorte, e tu desarraigaste o Dharma; a felicidade alheia é leve para o espírito, mas tu obscureceste os mundos".

Em seguida, Kumbhakarna pôs de lado a simpatia; colocou o coração na Idade da Pedra. Vestiu a armadura de bronze e pôs na cabeça o elmo de ouro. As correntes dos cintos eram mais pesadas do que as que erguiam as pontes levadiças de Lanka; seus braceletes lembravam os aros de metal das rodas de um carro; suas guirlandas de flores eram tão compridas quanto um dia de trabalho.

Depois que se vestiu, Kumbhakarna bebeu dois mil tonéis de vinho de guerra, e da sua casa comprida tirou a lança preta de ferro, decorada com animais incrustados em ouro. Quando Kumbhakarna a tocava, fogos azuis mortais ardiam-lhe em torno da ponta, como os fogos no nascimento do Tempo, luzindo por um momento grandes como uma pira funérea. Kumbhakarna endereçou-se aos muros de Lanka, e, sobre a porta ocidental, os rakshasas ergueram-lhe a bandeira, uma bandeira preta com flores carmesim, que exibia a Roda da Morte do olvido, uma roda gigante bordada com fios de ouro.

No campo de batalha daquela noite, Rama pôde ver o barbudo Kumbhakarna, escuro e assustador, visível atrás dos muros altos como a Morte andante. E perguntou a Vibhishana:

"Quem é aquele?"

"Meu irmão Kumbhakarna acordou", respondeu Vibhishana. "Todo o nosso exército, para ele, seria um bocado só. É o próprio remate da nossa crueldade e a bandeira da nossa força. Se ele não dormisse tanto, a esta hora já teria comido toda a Vida sobre a Terra. Se conseguir alcançá-los, pegará os teus animais e os engolirá como grãozinhos de arroz... Dize, porém, aos macacos e aos ursos que se trata de um engenho de guerra levantado, uma máquina imensa; porque, se souberem que é um ser vivo, morrerão de medo só de pensar, quer ele os toque, quer não, e logo perderemos esta guerra."

"Mandá-los-ei para a retaguarda."

Rama convocou Sugriva e disse-lhe:

"Retira-te do campo".

"Não", contraveio o Rei dos Macacos. "Dizem que o arco da porta da casa de Kumbhakarna é tão alto que, todos os dias, ao meio-dia, o Sol passa por baixo dele em seu trajeto ao redor da Terra. Dizem que esse gigante é tão pesado que puxa as marés quando caminha perto do mar. Mas as pessoas falam demais! Por que haveríamos de afastar-nos para o lado? Por que bater em retirada, deixando-te atrás de nós?"

Kumbhakarna passou por cima do muro, balançando os braços monstruosos com raiva. Como um pilar de luz, a haste da sua lança captou os raios das tochas de Lanka nos ornamentos de ouro. Kumbhakarna viu os macacos e os ursos e pensou: "Animais como estes sempre foram os ornamentos inocentes dos nossos jardins. Rama é a causa desta guerra; matarei Rama e acabarei com ela!"

Voltou-se na direção de Rama e entoou o seu horrível e desnatural grito de guerra, um som de arrepiar, tão baixo e profundo que poderia ser ouvido através do solo e, ao mesmo tempo, muito estridente e penetrante, sempre aumentando de volume...

E só aquele grito rompeu as formações dos animais, que caíram inconscientes, quedaram-se tiritando e incapazes de mover-se, ou correram para esconder-se em lugares tranquilos, sem olhar para trás, e uma cortina de poeira ergueu-se-lhes dos pés enquanto corriam, aterrorados.

Kumbhakarna deu um largo passo na direção de Rama, e, debaixo dos seus pés, a Terra deslocou-se e oscilou como um balanço. Os fogos de guerra dos animais transbordaram das fogueiras e rolaram, queimando o solo. O príncipe Angada tentou deter a fuga dos macacos e dos ursos.

"Pensai no rei, pensai no vosso bom nome e na vossa fama! Vossas esposas escarnecerão de vós..."

Mesmo assim eles passavam:

"*A vida nos é cara!*"

"Tocai um alerta! Voltai!"

Mas cada animal dizia consigo: "Ele está atrás de mim!"

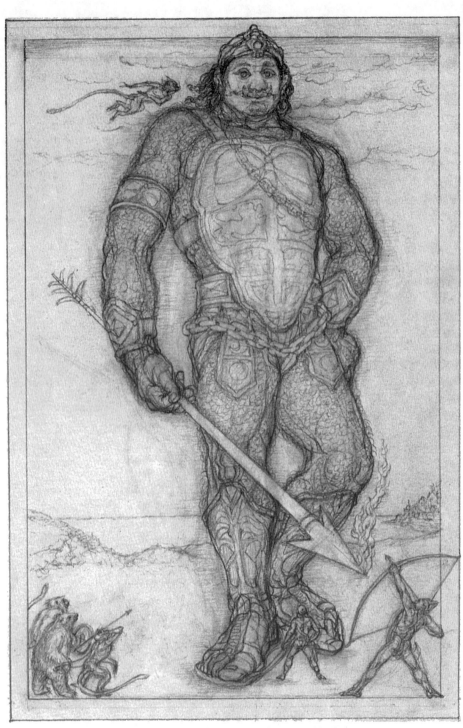

Hanuman saltou alto e rijo sobre Kumbhakarna

Num instante, o exército fugira. Mas Hanuman apareceu, vindo não se sabe de onde e postou-se, em silêncio, ao lado de Angada; os dois viram Sugriva não longe dali, e Jambavan, o taciturno Rei dos Ursos, que não saíra do lugar. Mas entre Rama e Kumbhakarna só havia Lakshmana.

Logo, do lugar onde se achava, Hanuman saltou alto e rijo sobre Kumbhakarna e cortou-lhe, com os dentes, um pedaço da orelha. Kumbhakarna girou sobre si mesmo, muito depressa, e derrubou Hanuman com a sua grande lança. Mas o golpe quebrou a haste de ferro e, enquanto Hanuman caía, estonteado, Kumbhakarna lançou de si o pedaço que ainda segurava na mão e avançou, desarmado, contra Rama.

Ninguém ficara, exceto Lakshmana, mas suas setas não conseguiam penetrar os duros pelos enrolados que cobriam o corpo de Kumbhakarna onde quer que a armadura não o fizesse. Kumbhakarna abateu os olhos até Lakshmana e disse:

"Também estarás morto quando Rama morrer!"

Dito isso, passou por cima dele e dirigiu-se a Rama. Rama deu três passos para trás e apontou uma seta com nós torcidos como relâmpagos. Soltou-a; a seta voou e atingiu Kumbhakarna no peito, atravessando a armadura. Kumbhakarna estacou, ficou imóvel, e o sangue lhe jorrou da ferida.

Só aquele ferimento bastaria para matá-lo, mas o ódio a Rama manteve Kumbhakarna vivo, e o coração homicida não lhe faltou. Gritou:

"*Não sou Vali, o macaco morto pelas costas; sou Kumbhakarna, que paira sobre ti!*"

Rama disparou uma flecha reta, com uma larga lâmina de navalha na ponta, e cortou o braço direito de Kumbhakarna, que caiu, esmagando árvores e rochas. Ainda assim, Kumbhakarna, que continuava avançando, gritou:

"*Rasgo a Terra em dois pedaços e puxo as estrelas para baixo; caio sobre ti como a Ruína!*"

Rama cortou-lhe o braço esquerdo, que caiu no mar machucando as baleias, e Kumbhakarna gritou:

"Ninguém pode matar-me; ninguém pode deter-me!"

Mais uma vez Rama retesou o arco, e com duas setas sedentas cortou as pernas de Kumbhakarna. O gigante caiu a apenas alguns arcos de distância de Rama. Assim mesmo conseguiu mover-se, pois qualquer coisa o impelia para a frente, e sua boca se abriu e fechou:

"Que toda a Criação veja a força de Kumbhakarna desperto, e trema!"

Depois, com uma derradeira seta, Rama decapitou-o. A cabeça do gigante rolou morro abaixo, caiu no mar e desceu até o fundo. Estava quase na hora do despontar do Sol, e Rama ficou só contra o céu. Por alguns momentos continuou disparando as setas recobertas de ouro, pelo ar, para dentro de Lanka, e o estalo da corda do seu arco infundiu pavor no coração dos demônios. Com as flechas de ouro, Rama estava dispersando a Noite. O céu iluminou-se atrás de Lanka. As estrelas se apagaram, presas no firmamento, e derrotadas pelo Sol oriental, que se erguia coberto de chamas. Dali a pouco Rama, em plena luz do Sol, afrouxou o arco.

Quando Ravana ficou sabendo que a vida de Kumbhakarna estava perdida, os fumos quentes da cólera encheram-lhe o coração. Em pé sobre o muro, viu o corpo e os membros do irmão bloqueando os campos nos arredores de Lanka. Suas dez bocas expeliam fumaça, que ficou pendente no ar em torno das suas dez cabeças, como um sinistro sudário.

O velho rakshasa Malyavan chegou e postou-se ao lado dele ao nascer do Sol, e Ravana disse:

"Verdadeiramente, como foi que Rama fez isso?"

"Ele o fez com gloriosas flechas que alumiaram todas as direções da Terra", respondeu Malyavan, "flechas lavadas primeiro com ouro e depois com sangue."

"Avô, enquanto olhas para mim estou derrotado, embora pareça altivo. Na verdade, tudo é sempre acaso e mudança."

"Como o espelho", disse Malyavan, "que brilha de dentro de uma bolsa de veludo preto, podemos, às vezes, ter um vislumbre da Realidade brilhando aqui e ali, quando nos pega desprevenidos."

"Certa vez", disse Ravana, "quando eu estava aqui em casa, o Vento cauteloso soprava frio, depois de haver aflorado as águas; as ondas da arrebentação corriam ligeiras; a cuidadosa e quente luz do Sol não era tão ardente que queimasse; a Lua empalidecia de medo quando eu saía para os meus jardins. A uma ordem minha as árvores floresciam, as nuvens despejavam chuva e a maré se detinha."

Ravana suspirou e prosseguiu:

"Mas agora, quando falo, o nome de Rama surge na minha fala. Vejo-lhe o rosto quando cerro os olhos. Os macacos construíram uma ponte por cima do mar, e as pedras flutuam para eles injustamente, contra todas as leis naturais, e o que nunca havia acontecido antes no mundo aconteceu aqui... A culpa desse triste perigo é toda minha. Desterrei Vibhishana, que era a minha consciência, e meu irmão mais moço, que me amava, está morto. Para onde vai agora Kumbhakarna, tão só?"

"Ele está no céu cintilante dos guerreiros que morreram em combate", retrucou Malyavan.

Mas não pôde consolar o rei, e dali se foi, caminhando lentamente, e deixando Ravana sozinho.

Ravana deixou pender para a frente as cabeças e chorou por muito tempo. Depois disse, consigo mesmo:

"Que me importa, a mim, o Império? Por que haverei de interessar-me agora por Sita? Preciso vingar-te, Kumbhakarna. *'Se eu não puder matar Rama, a Morte será a minha boa sorte, e esta vida deixará de ter utilidade para mim.'*"

Nisso, uma voz por trás de Ravana disse:

"Oh! Majestade, despedi a tristeza!"

Ravana virou-se e fitou os olhos tranquilos de Indrajit.

"Meu filho!"

"Farei meus sacrifícios ao Fogo", disse Indrajit. "Senhor, sede feliz; bebei vossos vinhos e dormi. Desfrutai de todos os prazeres, pois vossos inimigos já morreram, e Sita está prestes a tornar-se vossa!"

O GUERREIRO INVISÍVEL

Não lamentes o modo com que o céu gira lá em cima,
Pois o céu durará o tempo suficiente sem ti.

Eu sou tudo isso,
Toda esta Vida;
Eu sou tudo isso.

O mesmo impiedoso Indrajit, capaz de assumir formas à sua vontade, estava nos muros de Lanka na forma de um moço dourado. Tinha cabelos de ouro, olhos salpicados de todos os matizes do ouro, pele dourada e ostentava uma túnica de guerra de ouro, um cinto de ouro e finos sapatos de couro dourado. Escondia atrás de si todos os encantamentos, e era belo de ver-se.

"Estou num fosso profundo e estreito", disse Ravana, "de paredes íngremes, sem nada a que possa agarrar-me em parte alguma... e sem maneira de sair."

"Pai, serei quem eu quiser ser."

Indrajit pôs um joelho em terra diante de Ravana, juntou as mãos e disse:

"*Sou o Fogo na relva seca*".

"Pois aí está uma ideia!"

Ravana sentia-se feliz como um homem no alto de uma clara montanha, numa manhã de primavera, que tivesse o seu amor junto a si.

"Majestade!", Indrajit ergueu-se e apontou para Rama, ao longe. "Ele não me conhece, por isso avança contra nós. Por que atiça ele o fogo que dorme mansamente? Que farei por vós em meu carro invisível, inabalável como a Verdade?"

"Mata Rama e Lakshmana, mais nada."

"Sim!", conveio Indrajit. "Conquanto seja uma ilusão, o meu fogo queimará; e a água afogará, pois não é mais falsa do que a própria Morte."

Indrajit saiu de Lanka rumo ao seu bosquete oculto e fez um fogo sem fumaça sobre o altar. Ergueu um vaso de manteiga clara ao nível da cabeça. O fogo ardeu em sete línguas de chamas, todas brincando no ar ondeado pelo calor – uma língua preta, e outra, vermelho-profunda, uma língua que começava a fumegar, e outra, rápida, uma língua reluzente, outra, ameaçadora, e outra que tinha dentro de si todas as formas brilhantes.

Indrajit tirou um pouquinho de manteiga da tigela. Derramou-a no fogo e recuou à pressa. A chama brotou num esplendor dourado quando ele a alimentou.

Senhor Brama, ganhei de vós cento e oitenta espécies de ilusão; ganhei um carcás de setas que nunca se esgota, um arco invencível, encantamentos que trazem a treva e a ignorância, o poder de voar invisível e um carro aéreo, sempre vitorioso. Dai-me os meus muitos prêmios.

Das chamas vermelhas elevou-se o deslumbrante carro de Indrajit, nascido do fogo, tirado por quatro tigres, um carro de guerra cor de fogo, decorado com os rostos dourados de demônios ou de veados, no qual tremulava uma bandeira vermelha, a ostentar um leão verde com olhos de safira. Braceletes de campânulas de ouro pendiam dela. Trazia um arco e uma aljava de setas curvas, enfeitadas de penas de abutre.

Eram todos presentes de Brama dados a Indrajit porque este libertara Indra. O cruel Indrajit sorriu.

Vós me envergonhais, Senhor. Oh! Brama, vossa vida perdura enquanto exalo um sopro!

Em seguida, Indrajit entrou no carro, muniu-se de todos os arcos, setas, espadas, chicotes e martelos, prendeu os cabelos nas costas, e tudo o que ele tocava se transformava em ouro. Envolveu-se em ilusão, espalhou encantamentos em torno de si com um aceno da mão e desapareceu.

No campo de batalha Vibhishana franziu o cenho. Protegeu com as mãos os olhos azuis e ergueu a vista para o céu azul da manhã, onde umas poucas nuvenzinhas se haviam reunido.

"Indrajit aproxima-se de nós invisivelmente", disse a Rama. "Não poderei vê-lo se não souber exatamente para onde olhar; nem mesmo Brama pode vê-lo. Para combater, ele fez nascer do fogo o seu carro e, enquanto estiver nesse carro, não será vencido por ninguém. Para Indrajit agora, o trovão do céu é um simples murmúrio, e o laço do medo da Morte, um pedaço de corda. Teu exército é um veado mandado ao encontro de um leão; não há nada que ele não possa fazer."

Espalharam-se nuvens pelo céu. De dentro delas Rama e os animais puderam ouvir o ranger das rodas do carro de Indrajit e ver o revérbero das suas armas de ouro. Ouviram tinir as campainhas da bandeira e os quatro tigres rosnando – depois veio do céu um ruído penetrante, como o de ferro estalando, e um eixo flamejante caiu das nuvens. Caía depressa, apontando para Rama. O rei Sugriva, corajosamente, deu um salto para servir-lhe de escudo, e o eixo varou-lhe o valente coração e matou-o.

Indrajit pôs-se a atirar desde as profundezas do além. Uma chuva de morte desceu do céu. Trinta e três setas em forma de crescentes mataram o príncipe Angada, e o sangue lhe tingiu de vermelho o pelame de ouro. Um gancho de ferro, atirado contra o peito de Nala, o construtor da ponte, fê-lo cair, tossindo, sufocado, e morrer estrangulado e com medo. Dez setas com ponta de diamante perfuraram o corpo do Rei dos Ursos, Jambavan, e ele tombou; uma lança farpada, de bronze, atravessou, rasgando-o, o ombro de Vibhishana, postado ao lado de Rama, e pregou-o no solo. Os gritos pavorosos dos moribundos enchiam o ar.

Hanuman voou para as nuvens. Não pôde ver Indrajit, mas viu uma espada mágica correndo para ele como um raio, sem auxílio de ninguém. Hanuman agarrou-a, mas a arma transformou-se numa bela moça.

"Larga-me! É errado segurar uma mulher que não quer ser segurada!"

Ao ouvir a palavra "errado", Hanuman soltou-a. Ela tornou a transformar-se em espada e acutilou-o, fazendo-o despencar do céu.

O ataque de Indrajit cobriu o campo de mortos, e Rama se viu entre cabeças que rolavam e corpos destroçados de seus amigos animais. Tentava fazer pontaria, observando de onde pareciam vir as setas de Indrajit, mas estas não voavam em linha reta, e os pontos de partida estavam sempre mudando de lugar. Rama disparou suas setas de ouro por todo o céu, e algumas caíram das nuvens com as pontas cobertas de sangue.

A essa altura, somente Rama e Lakshmana se mantinham de pé, os dois melhores homens de todo o mundo. Indrajit crivou-os de setas até não ficar nenhum espaço, por menor que fosse, de seus corpos, sem ter sido trespassado. As armaduras de ouro dos dois não tiveram para eles a menor utilidade. Os inúmeros ferimentos mataram Rama primeiro. Caiu morto. Lakshmana não podia acreditar no que via e chorou. Tentou piscar para afastar as lágrimas dos olhos, porém novas setas lhe atravessaram o coração, e mataram-no antes que ele pudesse tornar a ver.

E no meio da manhã, Indrajit, insuportável na guerra, voltou ao seu bosquete de árvores fora de Lanka. Tornou-se visível e apeou do carro. O carro e os tigres desapareceram numa bola de fogo. Indrajit disse graciosamente aos criados:

"Ide pela passagem subterrânea à Formosa Lanka. Dizei a meu pai: *'Não tenhais dúvida, não tenhais cuidado. Rama está morto, eu o matei'.*"

Quando eles saíram, Indrajit sentou-se, debaixo do baniano, cujas folhas eram verdes e cujas flores eram vermelhas como todo o sangue que ele derramara. Indrajit riu-se. Depois disse:

"*Om!*"

Inclinou-se para trás e fechou os olhos e, não tornando a falar, principiou a respirar lentamente, aspirando e expirando, lenta e profundamente, concentrando a mente apenas na respiração. Fez-se uno com a respiração da Vida. As nuvens deixaram o céu, e Indrajit alienou-se do mundo.

"*Eu respiro. Eu respiro.*"

Durante o dia inteiro o campo de batalha foi como um matadouro ao Sol. Mas quando a antiga deusa Noite chegou e aumentou o poder de todos os Nômades da Noite, Vibhishana, o rakshasa, mexeu-se no lugar em que caíra. Olhou para as estrelas, olhos abertos da Noite. Agarrou a haste metálica da lança com as duas mãos, torceu o bronze rijo onde lhe entrara no ombro, e ergueu-se, deixando a ponta da lança no chão. Sentou-se sangrando e trêmulo de dor, mas juntou as mãos para honrar as armas usadas por Indrajit e pronunciou um mantra secreto que lhe curou a ferida.

Utilizando a sua penetrante visão noturna, Vibhishana olhou à sua volta à procura de algum amigo vivo. Da retaguarda do exército de Rama até os muros de Lanka, o chão estava coalhado de macacos, monos e ursos mortos, muitos com os corpos retalhados. Nisso, lembrou-se de que Hanuman nunca pode ser morto, e viu alguma coisa branca bulir um pouco no meio da escuridão. Com extremo cuidado, ergueu-se e foi ver o que era. Encontrou Hanuman sentado, vivo e todo acutilado.

Juntos, Vibhishana e Hanuman puseram-se a procurar entre os mortos. Encontraram Jambavan, quase morto mas ainda respirando fracamente, malferido e ardendo em febre. Vibhishana inclinou-se sobre ele e deu-lhe água.

"Riksharaja, Rei dos Ursos, ainda estás vivo? Estas setas aguçadas pouparam-te a vida?"

Com muito esforço Jambavan replicou:

"Príncipe Demônio, não posso enxergar. Dize-me, Hanuman, o Filho do Vento, ainda está vivo?"

Vibhishana fez estalarem as próprias presas.

"Não perguntas por Rama. Não demonstras por mais ninguém o amor que mostras por aquele macaco branco Hanuman."

"Ouve por que pergunto", disse Jambavan. "Enquanto Hanuman for vivo, este exército também viverá; mas se ele estiver morto, estaremos realmente destruídos."

Hanuman segurou os pés de Jambavan.

"Aqui estou outra vez!"

"Vida! Então escapamos com vida, por um fio!" A voz de Jambavan estava fraca, mas ele sorriu. E perguntou: "Indrajit?"

"Agora é Noite", respondeu Vibhishana, "hoje cedo, Indrajit matou Rama, Lakshmana e todos os outros, tirante nós três. Foi-se embora e ainda não voltou; há de estar escondido no bosquete de árvores, em meditação. Acabo de reviver, e encontrei Hanuman vivo."

"Nesse caso, esta não é a hora nem o lugar de tristezas", disse Jambavan.

"Que queres dizer, velho urso?", perguntou Hanuman.

"Só em ti repousa alguma esperança para nossas vidas", disse Jambavan. "Meu filho, não há mais ninguém. Volta instantaneamente a voar sobre o mar e para o norte, até o altíssimo Himalaia. À noite, do ar, verás facilmente a brilhante montanha da Vida, coroada de plantas anuais e ervas, vivazes e luminosas, há muito tempo transplantadas da Lua. Essas plantas fragrantes têm a faculdade de curar qualquer ferimento e devolver a vida aos mortos... traze-as para cá... avia-te."

Hanuman inclinou o dorso, abriu a boca e saltou diretamente para o regaço nevoso das montanhas do Himalaia. Voou como um cometa em chamas, ligeiro e generoso, veloz e brilhante! Passou sobre o mar escuro e sobre a terra. Logo viu o rio Ganga caindo do céu nos cabelos do Senhor Shiva; viu Shiva, sempre visível a olhos animais, alto, belo e sorridente, com uma nova lua nos cabelos, a nova lua como Rama...

Mais além, no horizonte, Hanuman viu, no alto de um monte, as luzes trêmulas de muitas plantas luminosas lucejando com luz própria, como frias e alvas chamas de fogo, resplandecendo na noite clara como o relâmpago silencioso. Na montanha da Vida não há diferença entre o dia e a noite. Quando o Sol se vai, jorram luzes das ervas medicinais para os altos cimos e cristas; suas folhas novas faúlam e cintilam, seus caules brilham qual prata líquida, como o luar sobre as ondas, quando se inclinam ao vento, e a montanha inteira esfuzila a modo de gema.

Do alto, Hanuman olhou para os rios, desfiladeiros, cavernas, penhascos gelados, florestas escuras e ocultos retiros dos santos himalaios. Mas as plantas brilhantes sentiram-lhe a aproximação. Enfiaram-se debaixo do solo, suas luzes se apagaram, e elas se perderam na noite escura.

Não havia tempo para desenterrá-las. Hanuman disse:

"Oh! ervas insensatas, sem compaixão!"

Com três sacudidelas dos ombros, desenraizou a montanha inteira em que elas cresciam e segurou-a, com as mãos, acima da cabeça.

Hanuman voou de volta a Lanka, tão depressa que a montanha da Vida ficou muito quente, e todas as ervas começaram a vaporar e cozinhar. Chegando às portas de Lanka, Hanuman não viu lugar nenhum em que pudesse depor a montanha. Enquanto permaneceu no ar, imaginando o que faria em seguida, o cheiro das ervas se espalhou sobre o campo de batalha, e a simples fragrância foi suficiente para restaurar a vida dos animais mortos e curar-lhes todas as feridas. Os rakshasas mortos, no entanto, estavam debaixo do mar, em outros mundos, além do alcance de qualquer remédio da Terra.

Jambavan correu para lá e ergueu os olhos. Viu Hanuman segurando uma enorme montanha com todas as suas árvores, pedras, elefantes, veios coloridos de minérios, bolsas de neve e rios que fluíam. Hanuman gritou:

"Onde queres que eu a coloque?"

"Oh! Senhor!"

Jambavan chorava de tanto rir.

"O quê? Onde?"

"Bendito sejas, oh! tu, que és o melhor dos macacos!", volveu Jambavan. "Estamos salvos! Dá meia-volta e torna a colocá-la no lugar!"

Os macacos e ursos formaram guarda em torno do campo de batalha. Sobraçavam árvores e pedras; olhavam, calmos, em todas as direções. Durante a noite inteira, até quando uma palha passava por eles, derrubavam-na, receosos de que fosse Indrajit ou alguma mágica rakshasa.

Sugriva, o Rei dos Macacos, lavou os olhos de Rama com água fria encerrada em folhas de palmeiras e disse:

"Estávamos todos mortos".

E contou-lhe o que Hanuman fizera. Hanuman voltou de novo e aterrou com um ruído surdo ao lado de Rama:

"Meu Senhor! Estais vivo!"

Rama abraçou Hanuman e disse:

"Prestai atenção. Até agora, graças à boa sorte, vejo-vos todos vivos outra vez, mas, se eu tivesse de perder um de vós, minha vida seria inútil e vazia. Ainda que eu voltasse a procurar no mundo todo, nunca mais poderia encontrar amigos tão verdadeiros. Por que vos trouxe para cá? Volta para casa, rei Sugriva. Leva o teu povo e chega de morrer. Volta sobre teus passos para Kishkindhya".

"Depois de tudo por que passamos?", disse o rei Sugriva.

E olhou para Hanuman.

... *o cheiro das ervas se espalhou sobre o campo de batalha...*

"Querido Rama", respondeu Hanuman, "somos, com efeito, vossos bons amigos desde há muito, e vossos companheiros de outros tempos vêm hoje aqui ajudar-vos. Somos os vossos avoengos. Somos vossos antepassados, os animais, e vós sois nosso filho, o Homem. Quanto à nossa amizade, a verdade é que vos conhecemos há muito, muito tempo, Rama, e o número desses dias perdeu-se no Silêncio..."

Nessa mesma noite, logo após o anoitecer, a velha rakshasi Trijata correu para Sita no bosquete de Asoka e disse:

"Ai de mim! Tudo é destino; na guerra, tanto a vitória quanto a derrota são incertas".

"Que aconteceu?", perguntou Sita.

"Não sei", retrucou Trijata, "não tenho certeza. Estão dizendo que Indrajit matou Rama e todo o seu exército. Dizem que ele, agora, destruiu a raiz desta guerra. Mas Ravana dormiu a tarde inteira, e ninguém viu Indrajit depois desta manhã."

"Como se atreveram eles..."

"Espera", atalhou Trijata. "Indrajit ocupa-se com ilusões; não te deixes dominar pelos seus encantamentos. Filha da Terra, fui até os muros e de lá vi Rama, Lakshmana e todos os seus animais estendidos no chão, crivados de setas; estranho espetáculo, não posso acreditar que seja verdadeiro."

Sita não chorou. Seus meigos olhos negros endureceram, e uma cólera terrível contraiu-lhe o rosto. Trijata disse:

"Lakshmi do Lótus! Espera, minha senhora... embora coberta de setas, a pele deles ainda guarda a luz da Vida; seus músculos não estão frouxos, nem suas armas embotadas. Os mortos não parecem mortos. Falo-te por afeição, nunca te menti. Põe de lado a tua cólera até teres a certeza. Dispensa-a... Sita, por enquanto, pacienta... não nos destruas..."

Sita suspirou e permaneceu imóvel. Depois chegaram as outras rakshasis e disseram-lhe:

"Vem conosco; entra no carro Pushpaka. Temos uma coisa para mostrar-te no campo de batalha, verás!"

"Seria um ato de misericórdia obedecer", murmurou Trijata.

Uma vez a bordo do carro gigante, disseram as rakshasis:

"O belo Rama jaz assassinado, e Lakshmana está morto ao lado dele!"

Em seguida, pela força do pensamento, elas fizeram Pushpaka começar a alçar-se no ar. Mas quando o carro se achava a pequena distância do chão, Trijata gritou:

"Eu sabia! Isto é ótimo!"

Sorriu para Sita e deteve o carro voador de modo que não subisse mais alto.

As outras rakshasis voltaram-se e gritaram:

"Boas notícias! É claro como o dia, eles estão mortos!"

"Não, não estão", tornou Trijata. "Isso prova que se trata de uma mentira. O carro das flores Pushpaka não carrega viúvas!"

"O quê? O quê?", berraram elas.

"Chega!", atalhou Trijata. "Ficai em silêncio, antes que eu perca a paciência. Por que *eu*, por que preciso *eu* suportar essas loucas o tempo todo?"

Sita olhou para o céu setentrional e perguntou:

"Trijata, o que é aquele imenso objeto que brilha de tão quente e vem correndo para nós?"

"Hanuman e a montanha da Vida", respondeu Trijata. "Querida Sita, como pode Hanuman realizar tantas proezas impossíveis com tamanha facilidade?"

Sita sorriu. Elas sentiram o cheiro das ervas fragrantes.

"Deve ser pelo poder do seu amor sincero a Rama."

Trijata fez descer o carro até o chão e disse:

"Sita, teus pesares são longos, e eu queria confortar-te. Em vez disso, porém, tu me trouxeste felicidade e, embora eu tenha nascido da raça dos demônios, conquistaste o teu caminho para o meu coração".

Ravana dormiu a noite toda, e, quando acordou na terceira manhã da guerra, as sentinelas postadas nos muros lhe contaram que Rama estava vivo outra vez. O Rei dos Demônios foi ao bosquete invisível de Indrajit ao pôr do Sol e sentou-se ao pé do filho. Depois pediu com voz macia:

"Ajuda-me outra vez".

Indrajit curvou a cabeça por um momento e disse:

"Majestade, cada um de nós pode escolher entre dois caminhos, o certo ou o errado. Olhai para Rama. Observai-lhe o exército. Vede a sua ponte! Por todo este tempo milhões de macacos e ursos estiveram acampados à beira dos muros da vossa Lanka... e ainda assim não acreditastes que estáveis correndo um perigo real... mas mesmo que o Tempo e a Morte vos passem por alto, quando a vossa vida é plena, não encontrareis segurança contra Rama enquanto lhe detiverdes a esposa. Há sempre uma opção, Pai... o Caminho da Vida ou o Caminho da Morte".

"Mata-o para mim!"

"Mas eu já fiz isso uma vez", disse Indrajit. "Pensai por um momento, lembrai-vos do passado. Quando éreis jovem, vós vos fortalecestes seguindo o Dharma e fazendo sacrifícios, e por isso governastes os mundos. Entretanto, depois que vos sentastes no trono do poder, negligenciastes o Dharma, não tivestes cortesia para com a vida. Expulsastes a bondade, negastes liberdade ao Universo e fizestes sofrer a Criação. Os mundos são vastos, mas vosso egoísmo os superou em vastidão. Agora vossos erros nos devoram. Nas florestas remotas as vítimas que projetais drenam nossa força, as fumaças das suas oferendas se espalham pelas dez direções da Terra, e homens santos inocentes prometeram que haveríamos de morrer."

"E que tem isso?", tornou Ravana. "És o melhor dos guerreiros. Derrotaste os deuses."

"Trazei, então, os deuses!", respondeu Indrajit. "Por maior que possais ser, não hostilizais todas as outras almas. O medo e a cólera dos indefesos assumiram a forma de um exército de animais. A Morte vos conduziu. Pusestes a Morte no colo, no dia em que roubastes Sita, e a Morte vos cortejou o tempo todo."

"Mas capturaste Indra!"

"O Dharma agora está do lado de Rama", disse Indrajit. "O seu exército e as suas armas são tão somente os instrumentos materiais do Tempo. Agora Rama governa a Terra com todas as suas criaturas. Tudo é Dharma, Majestade; nada existe além disso; só há Dharma no mundo."

"Meu filho", disse Ravana, "age agora!"

"Então sacrificarei ao Fogo..."

"Não, se me amas. Por que oferecer mais fumaça aos meus escravos, os deuses?"

Indrajit riu-se.

"Os deuses não são propriedade de ninguém!" Ergueu-se e afivelou a espada à cinta. "Só farei a oferenda ao Fogo se tornar a falhar."

Ravana levantou-se.

"Luta por mim na Terra, como lutaste no céu!"

"De fato, parecíamos ter conquistado o céu", disse Indrajit. "Mas tudo o que vemos é ilusão. Tudo é ilusão, Rei dos Demônios; presilhas e laços de engano nos seguram. Os deuses do céu... tudo o que fazem é obedecer à Lei do Dharma, e tudo o que faço é dizer-lhes a Verdade... e às vezes a emprego para um conjuro de comando, porque ela é ouvida muito raramente."

Ravana abraçou o filho e cheirou-lhe a coroa dos cabelos. Foram juntos, pelo túnel, ao palácio de Ravana na cidade. Indrajit deixou ali o pai.

"Eles nos deixarão em paz, não vos preocupeis."

Indrajit saiu do palácio e conseguiu um carro voador do exército rakshasa. Fez uma figura mágica de Sita, semelhante à realidade, que se diria viva, triste, magra e muito linda. Depois o carro alçou voo, passou voando baixo sobre os muros de Lanka e, diante do exército de macacos de Rama, Indrajit pegou a falsa Sita rudemente pelos cabelos e desembainhou a espada afiada.

Hanuman e muitos macacos estavam perto de Lanka.

Hanuman reconheceu Sita. A Sita que estava no carro gritou:

"*Ó Rama! Ó Lakshmana!*"

E rompeu em pranto desfeito.

"Que estás fazendo?", gritou Hanuman.

"Eu faria qualquer coisa para fazer-te sofrer", respondeu Indrajit.

Sorriu e ergueu a espada. Um grito cortou o ar, e Indrajit golpeou Sita. Atingiu-lhe o ombro esquerdo, enquanto a segurava pelos cabelos, e cortou-lhe o corpo ao meio, ao longo da linha do fio sagrado que fica em contato com os seios, e a metade do corpo caiu no chão do carro.

Os ingênuos macacos arquejaram, horrorizados, e de suas gargantas saiu um grito desesperado. Indrajit enxugou o sangue da espada nos cabelos de Sita, que estava segurando; a seguir, deixou cair o resto dela no interior do carro, deu meia-volta no ar, desceu, mais uma vez, em Lanka e desapareceu.

Todos os macacos correram. Hanuman procurou encontrar Rama. Topou com Jambavan, o Urso, e Lakshmana, que estavam juntos, e, limpando as lágrimas dos olhos, contou:

"Indrajit matou Sita!"

Lakshmana ficou sem fala. Jambavan disse:

"Isso acaba com a guerra; Rama morrerá".

Vindo não se sabe de onde, Vibhishana, o rakshasa, surgiu, de inopino, ao lado deles.

"*Hanuman, que é isso?*"

Hanuman contou-lhe o que vira, e Vibhishana disse:

"Foi tudo uma ilusão".

"Oh! não, eu vi, foi real!", afirmou Hanuman.

"Foi falso!"

Vibhishana fez uma careta, e seu rosto esmigalhou-se e caiu em pedaços aos seus pés. Seus olhos se quebraram como vidro e foram-se. Ele olhou para Hanuman com órbitas vazias num horrível crânio coberto de cicatrizes.

"Macaco, assim é a tua cegueira!"

Hanuman engoliu em seco e olhou fixamente para ele. O rosto e os olhos de Vibhishana voltaram ao natural, e ele disse:

"Tens a minha palavra, isso nunca aconteceu. Não te aflijas, pois assim deleitarias os teus inimigos".

"Que podemos fazer?", perguntou Lakshmana.

"Precisamos apressar-nos", replicou Vibhishana. "Ata a tua armadura e os cabelos; pega o arco e as flechas. Que Jambavan reúna todos os seus ursos. Foi loucura de Indrajit tocar em Sita, mesmo em pensamento. Ele não lutou nem continuou diante de vós porque, desta feita, não tinha o carro dos tigres. Sem esse carro, não pode contar com a proteção divina na guerra, e não poderá permanecer invisível, se eu o revelar. Mas agora ele está nos ouvindo falar, sabe até o que estamos pensando, e fará uma oferenda em seu bosquete oculto, a menos que..."

"Que bosquete?", perguntou Lakshmana.

"Não fica longe daqui, é fora dos muros", disse Vibhishana. "Eu o farei visível."

Ajoelhou-se e inclinou a cabeça:

"Rainha dos Sonhadores, Rei dos Sonhos...

Amigos são impermanentes,
Esposa e filhos são irreais;
O mundo é falso,
E a tristeza é uma mentira.
Mãe Noite, somos sombras!
Mãe, mostra-me meu irmão Indrajit!"

Aquela encosta de montanha escureceu como se estivesse debaixo de imenso guarda-sol. Eles viram Indrajit perto do muro do sul, num bosquete de antigas árvores que cresciam para baixo, envolto em escuridão e numa sombra negra. Ardia uma chama num altar da Terra, e Indrajit, de joelhos, alimentou-a com manteiga tirada de uma dupla concha de ferro preta. Tinha as costas voltadas para Lakshmana e Vibhishana. Amarrado a uma estaca, um bode preto, que acabara de ser sacrificado, jazia numa poça de sangue. Os cabelos de Indrajit estavam soltos, e ele envergava uma túnica carmesim. Ao pé do altar, viam-se, empilhadas, muitas braçadas de dardos, em cada um dos quais tinham sido amarradas cem sinetas.

Lakshmana e Vibhishana observavam com os seus olhos azuis. Ursos rodeavam o bosquete à distância. Mesmo assim, Indrajit não ergueu a vista. Fez uma marca com cinzas na testa e disse qualquer coisa. Rachas se abriram no chão e, delas, oriundas do mundo subterrâneo, surgiram serpentes nagas, que banharam os dardos em seu veneno.

O fogo de Indrajit dançou. Ele encheu a concha e recuou. Estava prestes a fazer a oferenda final; Lakshmana já podia ver os tigres começando a aparecer no escuro, escarvando o ar desde o interior do fogo; avistou vagamente o carro, com todas as superfícies de ouro formando...

"Pronto?", perguntou Vibhishana.

"Sempre estive."

Rápido como o relâmpago, Lakshmana despediu uma seta, que arrancou a concha de ferro da mão de Indrajit e quebrou-a. Seu arco gritou como uma águia, e as nagas mergulharam na Terra, temerosas dos inimigos, com os olhos erguidos para o céu enquanto fugiam. Nisso, Indrajit virou-se num torvelinho carmesim. E conheceu que podia ser visto.

Quando Indrajit tirou os olhos do lume, Agni, o Senhor do Fogo, ergueu-se da chama sagrada e abriu a boca, e dos seus lábios saíram as sete línguas de chamas. Olhou à sua volta à cata de Indrajit. Viu Lakshmana, viu a concha de manteiga quebrada e Indrajit furioso. Em seguida, surpreso, Agni virou-se com um sorriso, sua forma desapareceu do altar e o fogo de Indrajit transformou-se numa loucura chamejante. Os tigres, queimados, tinham desaparecido com o carro de guerra.

Cabelos pretos e cólera vermelha! Indrajit enfrentou Vibhishana e Lakshmana. Olhou para o irmão de Ravana.

"Traidor, tu me revelaste!"

Luzes resplandeceram nos olhos de cristal azul-escuros de Vibhishana.

"Por que destroçaste o meu ombro com um dardo?" Atirou para trás as orelhas e rematou com rispidez: "A guerra foi sempre tudo o que conheceste e toda a tua habilidade".

Indrajit riu-se, feliz.

"Que os teus novos amos te abandonem quando todos os teus velhos amigos tiverem morrido!"

"Dize o que quiseres", volveu Vibhishana. "Como te atreves a defender o roubo da Filha da Terra?"

Indrajit apertou o cinto e prendeu os cabelos. Aspirou o seu poder; ali estava agora na armadura de prata, usando uma espada, a luz do fogo brilhando no elmo de prata; segurava um arco de prata e uma adaga de prata lhe pendia do cinto. E disse:

"Lakshmana, se não pudeste ver antes o meu poder, vê-o agora. *Peço-te o obséquio de um combate singular.*"

"*De acordo*", disse Lakshmana.

Indrajit estreitou os olhos e deixou-se cair. Caído sobre o joelho esquerdo, segurou o grande arco horizontal diante de si e atirou mil setas contra Lakshmana. Este as cortou enquanto voavam e caçoou de Indrajit:

"*Elas são agudas e fortes como caules de lótus!*"

Lakshmana despediu sete setas e cortou os sete cordões da armadura de Indrajit, e a malha de prata caiu ao chão como um grupo de estrelas fugidas do céu à noite.

Tão céleres e rápidas eram as mãos dos dois guerreiros que ninguém podia vê-los fazer entalhes numa flecha nem retesar os arcos, exatamente como ninguém pode ver a própria alma atrás dos seus sentidos; a única coisa que se podia ver eram as flechas voando. As flechas velaram o céu e fizeram outro, mais escuro ainda, embaixo; faúlhas e ruídos enchiam o ar quando a ponta de uma batia na ponta de outra. Indrajit pegou um dardo envenenado e atirou-o; com suas setas, Lakshmana cortou-o e fê-lo em pedaços não maiores do que pontas de dedos.

Indrajit tornou a erguer o arco, mas, desta vez, Lakshmana quebrou-o com uma flecha. Indrajit lançou uma seta de mão asura, que se dividia num borrifo de dardos de pederneira e que, como enxame de agulhas, feriram Lakshmana cem vezes. Os muitos dardos que erraram o alvo tamborilaram nas árvores e abriram buracos fumegantes nas folhas, tão dolorosos de receber quanto as palavras altas e iradas de um amigo. Lakshmana atirou em resposta. Atingiu Indrajit por três vezes no rosto e transfixou-lhe o corpo com cinco setas, que atravessaram a medula dos ossos, saíram vermelhas e voaram para as entranhas da Terra cobertas de sangue.

Indrajit sacou da espada e fê-la rodopiar acima da cabeça. A lâmina gemia e ardia em chamas ao nível do fio, mas Lakshmana despedaçou-a com suas setas. Depois Lakshmana, diminuindo a velocidade da mão, cuidadoso, retirou a flecha de Agastya do bolso da aljava, uma longa seta de relva com lâmina de prata. Colocou-a na corda do arco, puxou-a para trás até a orelha e disse:

"*Mata-o!*"

Soltou a corda e decapitou Indrajit.

Por um instante, Indrajit pareceu estar sozinho à luz. Depois, caiu-lhe para a frente a cabeça sem vida, enquanto o corpo lhe caía para trás. O altar, o lume, as armas e as oferendas haviam desaparecido, e o bosque já não era escuro. Na morte, o cadáver e a cabeça de Indrajit assumiram suas verdadeiras formas. Nada de belo restou. Fazia muito tempo que a visão do próprio olhar levara Indrajit a abandonar o desejo de ilusões irreais e temporárias, que se vão e perecem, e obter para si a realidade e a liberdade verdadeiras.

Macacos e ursos caíram nos braços uns dos outros, e Hanuman carregou Lakshmana nos ombros até Rama, que disse:

"Este foi um feito difícil de executar. Nunca poderíamos vencer a guerra enquanto Indrajit vivesse; toda a Terra te é grata".

Fez Lakshmana deitar-se e, usando ervas e musgo, sustou-lhe a sangria e não deixou que a vida do irmão se esvaísse.

Era um pouco depois do meio-dia. Os demônios, nos muros, arrastaram os despojos de Indrajit para dentro da cidade recitando mantras e empregando redes mágicas de palavras. Cobriram-no, levaram-no pelas ruas e carregaram-no ao palácio do rei, mas ninguém se atrevia a contar a Ravana o que acontecera. Afinal, inteirado do sucedido, o ministro Suka dirigiu-se, à pressa, à presença de Ravana. Encontrou-o a sós em seu quarto e disse-lhe:

"Depois de deliciar Lakshmana com o envio de muitas setas, Indrajit está morto".

Ravana inclinou as cabeças e chorou lágrimas ardentes, que atravessaram o chão, queimando-o.

"Meu filho, meu filho..."

Ravana permaneceu sentado longo tempo em silêncio, e depois disse:

"Meu leal irmão está morto, e agora tu, meu filho! Agora começo a pensar muito mais em Yama, que te colocou, Indrajit, debaixo da lei do Tempo!"

"As pessoas vivem enquanto os outros se lembram delas", disse Suka. "Podeis pensar, Ravana, que as pessoas esquecem, mas não é assim. Elas parecem preocupar-se com seus cuidados mesquinhos, mas lembram-se, todas se lembram do passado e dos mortos, todas as noites..."

Ravana não ouviu, mas falou como se ainda pudesse conversar com Indrajit:

"Este reino é vazio sem ti. De uma feita, esmagaste para mim os deuses orgulhosos e vazios. Agora para onde foste, deixando tua herança, deixando teu pai e teu povo? Os velhos deviam morrer antes dos moços... por que me largaram aqui sozinho para fazer tuas exéquias?"

"Majestade", disse Suka, "a morte não é o fim da vida, e quando o curso do Tempo precisa fazer que alguma coisa aconteça, nem a riqueza, nem o desejo, nem a força podem operar a menor mudança. Ravana, meu rei, este ainda é o caminho dos guerreiros: *Quem morre pelo seu rei conquista o céu.*"

Ravana disse em voz alta para si mesmo:

"Yama, Senhor da Morte, vem, dizei-me, como pode ser isto?"

Yama, todavia, só ouviu a palavra "Vem", e ali se quedou, sem ser visto e sem responder.

De surpresa, Ravana travou de uma espada e correu, pela porta aberta, para o bosquete de Asoka. Mas Suka chegou primeiro à porta, pôs as mãos nas paredes e preparou-se. Ravana correu diretamente sobre ele e derrubou-o.

O Rei dos Demônios estacou. Com sumo cuidado, ajudou Suka a levantar-se e, olhando-o fito, disse-lhe:

"Suka, meu amigo, perdoa-me, mas pelo menos preciso matá-la".

Suka segurou os braços de Ravana.

"Majestade, não puxeis da espada de um Império para matar uma mulher, pois, se o fizerdes, deixareis que a cólera vos conduza à vergonha!"

"Ah, Suka", disse Ravana, suspirando. "Terá a Morte destruído minha razão?"

"Esta noite cai justamente na véspera da lua nova", disse Suka, "e a Noite não poderá estar mais escura. Combatei Rama, então."

Ravana tornou a embainhar a espada.

"Sim. Aceito tua fala, estas são boas palavras. Queimemos rapidamente o corpo de meu filho. Depois, sairei para a guerra."

Ravana e o Tempo

Valmiki, o Poeta, segurou todo o mundo móvel dentro
de uma gota-d'água em sua mão.
Os deuses e santos do céu abaixaram os olhos para Lanka,
E Valmiki abaixou os olhos para os deuses na manhã do Tempo.

Oh! Sita,
Canto esta canção.
Rama unirá tuas tranças;
Ele te libertará.

Lembra-te do seu amor a ti.
Meu poema sobreviverá ao Tempo;
Canto esta canção,
Oh! Sita.

Depois de haver terminado o funeral de Indrajit, no fim da tarde, Ravana ordenou a Suka, o ministro:

"Que os meus exércitos ataquem agora e matem os animais. Ao escurecer, tornarei a encontrar-me com os nobres de Lanka e, então, matarei Rama..."

Demônios guerreiros se apinhavam nas ruas; seus carros, elefantes e cavalos enchiam as vias que demandavam a porta ocidental de Lanka. Capitães reuniam seus bandos de soldados e chamavam-nos a todos pelos nomes, e os estandartes de batalha na ponta dos seus altos mastros projetavam longas sombras negras e baniam toda a encantadora luz do dia ao seu redor.

O velho rakshasa Malyavan estava cochilando numa alameda quando o barulho e as sombras escuras o despertaram. Os exércitos dos demônios marchavam de novo e sacudiam a Terra em batidas rítmicas, como se em algum lugar por perto um gigante ou um grande deus estivesse começando a dançar, fazendo vibrar o solo com os pés ao dar os primeiros passos, iniciando a Dança da Destruição, marcando o compasso, o compasso forte e seguro...

Oh! Shiva, ali, antes que as águas fossem, nunca nascido, nunca destruído...

E Malyavan lembrou-se.

As sombras das asas de Garuda, o grito da imensa trombeta de concha de Narayana, os dias da mocidade de Malyavan caíam de novo sobre a Formosa Lanka das Ondas. Lá no céu, o deslumbrante Garuda vermelho e ouro e, no seu dorso, o Senhor Narayana, alto e azul-escuro, usando roupas de açafrão, uma joia bonita e redonda no peito, com os olhos escuros sorrindo, assassinando os bravos rakshasas.

Malyavan não deu atenção aos ruídos da guerra, que já ouvira antes. Encaminhou-se lentamente, pelas ruas laterais, para um canto dos muros de Lanka. Dirigiu um olhar dissolvente sobre eles, passou através das

pedras, caminhou sem ser visto pelos exércitos de Rama e subiu, por um atalho estreito, ao ponto mais alto da montanha Trikuta.

Pairando no ar, logo acima daquele mesmo topo de montanha, havia muito tempo, em sua mocidade, Malyavan, com toda a força, arremessara uma lança preta na ilharga de Narayana e gritara:

"Juro que te mato!"

E a lança penetrara com a maior facilidade, pois não era difícil ferir Narayana, como não é difícil ferir a água. Mas o pássaro Garuda rodopiava nos ventos. Não acertara Malyavan, mas suas garras arrancaram violentamente a corrente de aço que o rakshasa usava sobre os ombros. As setas voavam como cometas em disparada, e Malyavan caiu entre gritos e guinchos. Mali estava morto, e Malyavan correu para o mundo submarino.

O velho Malyavan olhou ao seu redor. A montanha Trikuta parecia a paisagem sobrenatural do Infinito... um lugar fora do passado...

"Através do chão do Mar,
Através das portas silenciosas da Eternidade;
Bendito sejas,
Bendito sejas."

Shiva e o silêncio! Ditoso de ver, gracioso e auspicioso, o grande Senhor Shiva estava ao pé de Malyavan, e não se ouvia um único som no cimo da montanha. Shiva, o grande asceta, parecia um homem alto, de pele clara, com quatro braços, envergando couro de veado e uma cobra, empunhando um tridente, a garganta de um venusto azul. Por um momento, Shiva olhou cuidadosamente para Malyavan, viu-lhe o coração, e seus olhos nunca piscaram.

Os dois olhos de Shiva eram semelhantes ao mel, e seu rosto estava enrugado de sorrisos. Na testa, o terrível terceiro olho permanecia fechado, e a lua nova lhe pendia dos cabelos, baixa no céu noturno.

Eles deixaram-se ficar ali inteiramente sós. Malyavan olhou para baixo e, a seus pés, viu os elos enferrujados da antiga corrente dos ombros, havia muito perdida e comida pelo Tempo.

Salvei teu pai. Encontrei-o, recém-nascido, abandonado e chorando baixinho numa solitária e árida montanha.

Shiva estava quieto e estendeu a mão.

Malyavan lembrou-se de sua mãe, muito bonita, a risonha filha de um gandharva celeste. Uma leve brisa soprou-lhe junto às orelhas. Cem mil minúsculos sininhos de prata tilintavam e tilintavam, e todo o seu belo mundo se dissolveu...

"Vem, levar-te-ei para casa outra vez."

No fim da tarde do terceiro dia de guerra, o grande exército dos rakshasas reuniu-se de novo junto à porta ocidental de Lanka, um exército de muita honra e lealdade. Os seus fogos tremulavam e despediam fumaça preta e faíscas, e seus cabelos ficaram de pé. Urubus choravam nos telhados das casas, olhando para o sul e mordendo as penas laterais; e perto da porta do palácio de Ravana, chacais ladravam e uivavam, soltando chamas vivas. Nuvens de cinzas rangiam asperamente no céu e passavam, baixas, pelas ruas da cidade, derramando sangue. No céu havia uma mancha azul no Sol, e as estrelas o atacavam, conquanto ainda fosse dia.

Fora dos muros de ouro ouviu-se uma grande explosão, e o bosquete encantado de Indrajit, destruído, desapareceu, deixando apenas uma cratera de fumaça. Muitos presságios surgiram; a luz era esbatida e errada, e o vento era escuro; coisas altas estavam baixas e coisas baixas estavam altas.

A porta ocidental abriu-se, e a ponte móvel caiu como o trovão. Nisso, um cadáver pálido e sem cabeça assomou à porta e, com os braços feridos, tentou, tristemente, empurrar para trás os Cavaleiros Noturnos das Florestas. Nas encostas das montanhas, perto da cidade, muitas árvores caíram, e os pássaros puseram-se a voar sobre Lanka em círculos que iam da esquerda para a direita. Os guerreiros rakshasas tropicaram, como se tivessem caído em armadilhas; os chicotes saltaram das mãos dos cocheiros, e seus olhos se encheram de lágrimas.

As sentinelas-demônios, do topo dos altos muros de ouro da Formosa Lanka, dirigiram a vista para o campo de batalha e viram os ursos a observá-las, a olhá-las, lustrosos e escuros, reunidos em torno do seu rei Jambavan, como o envio do destino. Os olhos dos ursos estavam arregalados de raiva, e o seu estado de espírito era a matança. Atrás deles viam-se monos e macacos selvagens, vindos das terras altas, que já haviam deixado crescer os grossos capotes de inverno, difíceis de serem atravessados pelas armas, com muitos pelos cinzentos, que os tornavam parecidos com fantasmas havia muito assassinados, ou com animais de prata ao sol.

Mas os ousados rakshasas não estavam com medo. Sacaram das espadas brilhantes com um barulho que se diria de um rebolo afiando ferro, e foram para fora dos muros – guerreiros semelhantes a montanhas, a chamas vivas, muito fortes e cruéis. Então, como a crista de uma onda, as linhas avançadas do exército rakshasa ergueram-se no ar e arrojaram lanças, maças e fogos sobre os animais. Os demônios avançaram pelo céu com suas maravilhosas túnicas flutuantes, e os animais morreram aos milhares e recuaram diante deles como nuvens de verão fugindo diante dos ventos. E inteiramente despercebidos na devastação e na ruína da guerra, os muitos deuses domésticos de Lanka, agora sem lares, parecendo temerosos e tristes por sair, e sem saber onde iriam viver dali por diante, seguiram os exércitos de Ravana para fora da cidade.

Só Jambavan, o Rei dos Ursos, não recuou. Sozinho, mostrava os dentes para os demônios, mordia-os e puxava-os para baixo; possuído de uma raiva terrível, esventrava-os e deixava-os ali feitos em pedaços tão pequenos que um corvo poderia engoli-los inteiros. Rasgava-lhes as gargantas; mordia, sacudia a cabeça e quebrava-os; arrancava-lhes o coração com as garras. Tinha a boca molhada e vermelha, as garras vermelhas e os olhos alucinados, e deliciava-se com sangue e carne sangrenta de demônios.

Alto e belo, ostentando a coroa de guerra dos reis ursos, o velho Jambavan enfrentou o exército inteiro dos demônios. Abraçava-os até matá-los; golpeava-os com grandes murros pendulares, que lhes arrancavam a cabeça do corpo. Jambavan era incrivelmente forte. As armas que os rakshasas tentavam usar contra ele, fossem elas quais fossem, Jambavan as destruía; ninguém alcançava feri-lo; e ele esmagava-lhes os carros com árvores; com apenas um pouco de coragem animal, estragava-os tanto que os deixava sem possibilidade de conserto. Ele era a Morte no campo.

Os demônios pensaram: "Estamos em menor número!", e não havia oportunidade na luta para as suas ilusões irreais. Quando juntavam as mãos para lançar um sortilégio, os macacos lhes quebravam os braços a pedradas e gritavam advertências nas antigas línguas animais.

Mas ali, nos muros da cidade, estavam os dois magos, Língua-de-Raio e Dente-de-Trovão. Tendo juntado as respectivas cabeças, conversavam e olhavam para Jambavan, girando os olhos e lambendo os feios colmilhos. Seus braços começaram a crescer, ficando cada vez mais compridos, apareceram lâminas de navalhas nas pontas dos dedos e eles estenderam as mãos para o Rei dos Ursos.

Hanuman e Sugriva deslocaram-se com grande rapidez pelo ar. Os dois magos rakshasas recolheram os braços, e sussurraram, um para o outro:

"*Deseja apenas... Eu desejo...*"

Os macacos foram rápidos demais. Hanuman gritou:

"*Não tenhas medo e segue-me!*"

Em seguida, atacou Língua-de-Raio pelo lado, agarrou-lhe o pescoço com ambas as mãos, deslocou-lhe o peso, atirou-o ao chão, tocou-lhe a cabeça, arrancou-a e jogou-a dentro de Lanka, como se fosse uma bola. Ela estourou, partindo-se em cento e oito pedaços, e o cérebro seguiu voando em ígneas centelhas.

Sugriva transformou os dedos em punho e golpeou Dente-de-Trovão de cima para baixo, com tanta força que a cabeça do mago foi parar na barriga, e enfiou-lhe as coxas dentro do corpo. Mas isso não fez mossa a Dente-de-Trovão. Ele deixou-se ficar ali, dando risada, com a boca na cintura e os olhos no peito, sem cabeça e com as pernas transformadas em tocos. Depois, piscou um olho para o rei Sugriva e tocou no seu dente. Uma escada que parecia conduzir ao Inferno ergueu-se do chão. Dente-de-Trovão desceu correndo por ela, perdeu-se de vista e aquilo tudo desapareceu antes que Sugriva pudesse segui-lo.

"Não importa", disse Hanuman, "vamos ajudar Jambavan."

Voaram à toda para onde estava Jambavan, mas já não havia necessidade de auxílio algum. O Rei dos Ursos trauteava canções de guerra, o ataque dos rakshasas malograra e já era quase noite. Rama chamou os animais e ficou no meio deles, como se estivesse dentro de uma floresta impenetrável. A luz ia desaparecendo do céu, e os animais carregaram seus inúmeros mortos para as florestas das vertentes da montanha. O rei Jambavan bebeu um pouco de vinho de mel e disse:

"Qual, não foi nada..."

Os poucos demônios remanescentes retiraram-se. A ponte ocidental, recolhida, fechou-se devagar. A seguir, como já tinham feito antes, de dentro de Lanka, os rakshasas tiraram os seus mortos do campo de batalha e arremessaram-lhes os cadáveres debaixo d'água, no mar, e as marés purpurearam.

Assim, no campo de batalha, fora da cidade, ficaram apenas uns poucos escudos de ferro pintados e maças de bronze, algumas flexíveis espadas curvas como água clara, arcos curiosos e setas com pontas de vidro, muitas árvores e pedras, bandeiras rasgadas e rodas quebradas, e brilhantes braceletes de ouro, pisca-piscantes como pirilampos no lusco-fusco, que se aproximava rapidamente.

O dia passou e se foi, o ocaso se desfez, célere, no oeste. A lua nova apareceu e, nas ruas de Lanka, os demônios acenderam suas tochas ardentes, feitas de ossos em combustão.

Ravana estava sentado no trono, na sala real, no centro do longo altar interno de terra, onde a relva, havia muito, verdecera por efeito das luzes das lâmpadas gloriosas e do brilho das armas pendentes das paredes ao seu redor, e onde dois fogos sagrados ainda ardiam em cada extremidade para a bênção e a boa sorte dos Demônios da Noite. Ravana recostou-se confortavelmente; fechou os vinte olhos e esboçou dez sorrisos.

Nisso, tendo deixado os carros e animais nos pátios do palácio, os nobres e anciãos de Lanka entraram na sala. Cada qual se inclinou cortesmente, tocando os pés de Ravana com a testa, e foi ocupar o respectivo lugar, de acordo com a sua posição. Os mais grados instalaram-se sobre almofadas erguidas perto do trono, os que se lhes seguiam sentaram-se atrás deles em esteiras de capim, e os demais se acomodaram no chão de esmeralda. O aroma de fino sândalo e incenso misturava-se ao perfume de patchuli e ao odor das flores das coloridas grinaldas de guerra.

Tinham os olhos erguidos para os rostos do Rei dos Demônios. Ravana dobrou as mãos, de dez em dez, e disse:

"Sou Ravana. Que dizem de mim, lá fora, no mundo?"

Erguendo-se no meio dos circunstantes, trajando prata e negro, um arauto respondeu:

"*Sois Ravana, Rei dos Nômades da Noite. Sois Senhor de Lanka das Ondas, Protetor do Céu e Guardião da Verdade, Defensor do Amor e Inimigo do Mal. Encolerizado, sois uma negra nuvem borrascosa, que ameaça tudo o que é errado, e se move, querendo, contra o vento. Encarcerastes mentiras e aprisionastes fraudes. Majestade, governai bem para sempre!*"

Ravana suspirou.

"No entanto, a Terra tem medo de mim, sou a sua desgraça. Nunca vi meus exércitos perderem uma guerra, mas agora que Rama chegou, nossas legiões minguam rapidamente, como a água de uma lagoa no verão. Se Rama me derrota por sua simples presença, que dizer das flechas que dispara? Esta noite sairei a preliar com ele, e peço-vos que deixeis Lanka desde já e escondei-vos em algum lugar para salvar vossas vidas se recearedes a minha derrota."

Ninguém se mexeu, ninguém disse nada por muito tempo.

"Alguém deseja falar aqui, no meu conselho, antes que eu me vá?", perguntou Ravana.

Suka, o ministro de Estado, levantou-se do seu canto segurando na mão uma taça de vinho. E disse:

"Bebo ao conhecimento".

Em seguida bebeu, e olhou para o rei.

"Vem cá", ordenou-lhe Ravana.

Suka postou-se diante do trono e juntou as mãos. Ajoelhou-se e inclinou a cabeça.

"Majestade!"

Ravana sorriu.

"Fala depressa, Suka."

Suka pôs-se em pé e disse:

"Mais cedo ou mais tarde, o rei precisa ouvir o seu povo, ou não terá tempo para ser rei".

"O que diz ele?"

"Ele diz: *'Por que Ravana é cego? Por que não quer ouvir?'* Ele chora: *'Onde está meu pai? Aonde foi meu marido? Onde está meu filho agora?'*"

"Que mais?"

"Ele pergunta onde está a tua inteligência. Pergunta por que a tua gorda e enrugada irmã teve de ver Rama na floresta verde, e por que tem ele de morrer pela luxúria da barriga dela. Pergunta como poderemos combater Rama. Seria bom invocar-lhe a proteção."

"E tu, o que pensas?"

"Oh! Majestade", volveu Suka, "poupai-me à fama e aos males que vêm com ela! Como podeis tornar em vós se vossos sentidos foram roubados pelo Amor? Que outra pessoa já conseguiu igualar vossos sacrifícios ou já recebeu tantas mercês como as que lograstes do Senhor Brama há tanto tempo, naqueles dias que há muito passaram? Agora perdestes vosso caminho, e o que há de surpreendente nisso?" Suka relanceou a vista à sua volta e meneou a cabeça. "É pasmoso e muito maravilhoso que agora o povo de um rei como vós tenha de amargar a derrota. Não podemos ver ninguém, em nenhum dos mundos, capaz de enxugar nossas lágrimas."

"Que farias tu?"

"Não sei", respondeu Suka. "Vosso irmão Vibhishana fez bem invocando a proteção de Rama; foi uma boa ação da parte dele, bem executada no momento exato."

"Então por que não foste com ele?", perguntou suavemente o demonarca. "Por que ficaste ao meu lado?"

"Tendo-vos tomado por meu rei uma vez", disse Suka, "entendo que seria errado deixar-vos, Majestade."

"Mas poderias viver em qualquer lugar desconhecido; poderias escapar facilmente."

"Oh! Ravana, esta vida se vai num instante, por que despendê-la em vergonha?"

Ravana estendeu-lhe uma comprida faixa escarlate.

"Sempre decidiste, por livre e espontânea vontade, servir-me. Nomeio-te, portanto, meu mensageiro. Usa isto e leva uma carta minha a Rama."

Suka colocou a faixa sobre o ombro. Ravana deu-lhe uma pesada carta rakshasa, escrita numa pedra lisa e selada num envelope de pedra.

"Entrega isto de manhã. Vai aonde a ponte de Rama toca a nossa praia e espera lá durante a noite; depois, ao despontar do Sol, leva-a a ele em meu nome. Não temas ninguém."

Suka pegou a carta de pedra.

"Ravana, outra como esta cidadela e cidade da Formosa Lanka, como ela foi durante vosso longo reinado, nunca se viu antes e nunca se verá em parte alguma."

Ravana dispensou o conselho e saiu andando pelas salas do palácio, balançando os braços, com guirlandas de flores sobre os ombros largos, enquanto as joias do bracelete e das faixas dos braços projetavam suas luzes coloridas nas paredes umbrosas.

Perto da porta do quarto de dormir deu com a rainha Mandodari. Ravana sorriu-lhe, e reteve-a gentilmente nos vinte braços escuros. Havia um sonho nos olhos dele. Ravana disse-lhe:

"Está quase pronto, tudo dará certo".

Mandodari, a bela, a filha da ilusão toda vestida de sedas, replicou:

"Quando te vi pela primeira vez, capturaste meu coração. Trouxeste-me o prazer, amo a nossa vida, sempre me aproximo de ti com alegria".

"Precisas acreditar em mim", disse Ravana. "Coloca mais uma vez em mim tua esperança e tua fé, só mais uma vez."

"Sim", assentiu a rainha. "És meu Senhor, e sempre guardarei este pensamento perto do coração, como um tesouro..."

Ravana abraçou-a.

"Adeus, meu grande amor..."

Estava escuro lá fora, e Ravana subiu sozinho até o topo de uma torre de vigia, perto do palácio, e de lá, sobre o teto plano, divisou o campo de batalha e a cidade, embaixo, e, em cima, todas as estrelas no céu negro. Ravana riu-se. Como se atrevera o Senhor Brama, o Criador, a fazer tantas estrelas!

Ravana viu os deuses reunidos no céu para assistir à sua guerra com Rama. O Rei dos Demônios olhou para eles com os ardentes olhos vermelhos e agitou amplamente os vinte braços.

Naquele momento, todos os sinos de Lanka repicaram, os grandes gongos e os tambores de bronze ressoaram no meio da noite, e continuaram a ressoar, e os tamborzinhos, disparados, pareciam trovões. Ravana ergueu o pé dançarino e pô-lo no chão, sacudindo e fazendo tremer todos os mundos.

Ravana começou a dançar. O coração batia-lhe, acelerado, ele aspirou fundo o ar fresco e limpo, e, nos céus, os aurigas dos deuses tentaram acalmar seus animais. Ravana sentiu que acabara de quebrar uma faixa de ferro amarrada em torno do peito havia anos. O ar da noite era fresco, e o mundo todo rejuvenescera para sempre.

Trovões e ruídos atordoantes jorravam de Lanka. Ravana atirou para trás suas cabeças, bracejou e rodopiou sobre si mesmo. Chamou o Vento, o Vento nas árvores, o longo e seco Vento do Norte, que se levantava. De longe, no mar, mais para o norte, ouviu-se um sussurro e os deuses viram o ar mexer-se e viram a brilhante roda luminosa dos raios do Vento rolando na sua direção, levantando-se, violenta, precipitando-se com estrépito e passando por eles rumo aos confins do mundo e além, muito além.

Rajadas entraram, vindas do oceano de ondas tormentosas, e devastaram a encosta da montanha Trikuta. Ravana ouviu os Ventos selvagens chegando do alto Himalaia, retumbando através dos negros pinheiros e dos cedros escuros, muito distantes, soprando para sempre por cima do gelo e da neve. Depois, as minúsculas campanas de vento de Lanka cantaram, e os grandes muros de ouro, abalados, tremeram.

O Vento do Norte passou, majestoso, sobre a terra e apagou todos os fogos e todas as luzes do Universo. Hanuman curvou-se sobre Rama a fim de protegê-lo e pensou em falar com o pai, mas isso era impossível; eles mal podiam respirar; o ar era mais rápido que os pensamentos; dir-se-ia que estivessem caindo a uma velocidade além do conhecimento, e toda a Terra estivesse caindo com eles.

Rama e os animais viram Ravana dançar. Chamas azuis tremeluziam ao redor da sua forma, no alto, acima de Lanka, raios elétricos estalavam, brilhantes, em seus cabelos compridos e soltos, e centelhas ardentes fluíam de seus braços na direção do vento quando ele se virava e se movia em círculos ondeantes. No vento e na Noite seus vinte braços escuros se abriam e fechavam como as pétalas de graciosa flor que se erguesse e caísse. E Ravana olhou para Rama e para os animais, como se quisesse consumi-los, como se já estivessem mortos, como se ele dançasse entre cadáveres carbonizados, em alguma horrível festa de demônios celebrada num pátio de cremação.

De súbito, Ravana bateu palmas com todas as mãos, bateu com os pés no chão por três vezes e concluiu a dança. A Noite ia alta. Ele enxotou as tempestades. O Vento caiu, como os sons das ondas, que ficavam mais e mais fracos; a princípio ainda gritando, logo gemendo e chorando, depois apenas sussurrando através das folhas e, por fim, sumindo.

Fez-se súbito silêncio na cidade e os mundos ficaram vazios de sons. Ravana desapareceu da vista dos que lhe seguiam os movimentos e, enquanto descia a escada em caracol no interior da torre, o demonarca encontrou o Tempo, que estava ali à sua espera, o Tempo que usava um corpo tão engelhado e tão velho que parecia morto até quando se mexia. A estreiteza do caminho não permitia a passagem dos dois ao mesmo tempo e, por isso, Ravana precisou deter-se.

"Bem-vindo sejas, Ravana." O Tempo ergueu os olhos e sorriu, satisfeito. "Agora, afinal, a tua vida acabou, e precisas pagar-me pelos pe-

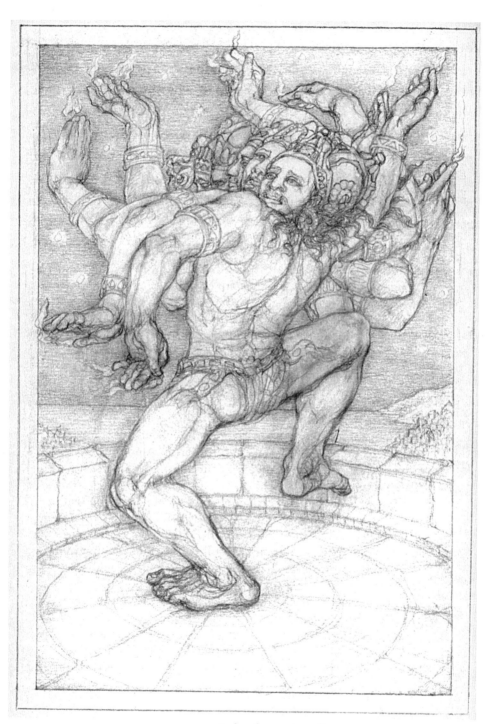

... como as pétalas de graciosa flor...

cados de toda a tua existência. Estás prestes a morrer e para toda a Eternidade, o Inferno te espera, e até a tua lembrança se perderá em anos intérminos de silêncio. Nunca mais encontrarás um amigo nem verás lugar algum que amas. Tua glória e tuas doces lembranças se perderão como a preciosa poeira de ouro soprada da tua mão diante dos teus olhos, e a maravilhosa Terra desaparecerá da tua vista para todo o sempre. Vai enfeitar-te com as tuas melhores joias, pois quem as usará mais tarde? Olha à tua volta para o formoso mundo da vida; vê bem Lanka, pois agora ela está sob a minha guarda. Mercê da tua grande iniquidade, tenho estado a teu lado, invisível, indo para onde vais, esperando na tua sombra o momento... como conseguiste evitar-me por tanto tempo?"

"Com efeito", disse Ravana, "a tua loucura me faz sorrir."

"É isso o que pensas, Ravana?", respondeu o Tempo. "Acreditas, Rei dos Demônios, que só controlo os outros, que o Tempo nunca te regerá, só aos outros..." O rosto de Kala, o rosto do Tempo, assumiu a expressão cruel de alguém que mentiu, que fingiu e esperou a sua oportunidade e tem, afinal, poder sobre o inimigo. "Terei a última palavra; humilhar-te-ei e matarei tua força e teu ânimo. As brilhantes auroras de ouro das luzes futuras não serão para ti. Enfiarei a solidão em teu coração e gelarei teus ossos, e não existe volta..."

Ravana riu-se.

"Pequeno mentiroso!"

"O quê? Roubaste Sita e pagarás..."

Ravana atirou os braços como vinte barras de um lado a outro da escada estreita e abateu o olhar para o Tempo.

"Tenho todo o tempo que existe!"

"O quê?!"

"O ladrão és tu, e não eu", tornou Ravana. "Em pagamento de uns poucos momentos de prazer cobras vidas inteiras. E o que quer que dês roubas de volta, pela fraude, escondido, quando ninguém te observa. A morte e a miséria são teus bons amigos... mas tu mesmo és irreal; não existes; não podes roubar nada de mim."

"Sabes quem sou?", gritou Kala.

"Um mercado de tristezas", respondeu Ravana, "um poço de mentiras."

"Nunca!"

"És uma fraude e sabes disso. Aliás... não estás com muito boa cara." Ravana sorriu. "Tomara que te sintas pior amanhã!"

"Toma cuidado!", acudiu o Tempo, desabrido. "Toma cuidado, a injustiça me enfurece..."

"Isso é uma piada! Desmaiarei de medo assim que encontrar algum lugar onde possa cair, está bem assim?" Ravana torceu os bigodes. "Presta atenção...

"Quando cessaram meus passos de dança,
Quebrei o espinhaço do Tempo
Com o meu último passo."

"Ravana", disse Kala, "estás louco. Nada te valerá, estás condenado... faze o que quiseres enquanto podes... teu velho lar está vazio, teus amigos morreram, e os bons tempos já se foram, há muito... as coisas não podem imobilizar-se, nada permanece o mesmo, tudo precisa mudar, morrer e desintegrar-se... será como se nunca tivesses existido... O tempo passará, Ravana, o tempo passará... Acautela-te agora..."

"Sabemos que não é assim", voltou o Rei dos Demônios. "O Amor é eterno, e nós estamos fora do teu alcance."

"Espera um momento! Não sejas absurdo, não acreditas em todas essas velhas histórias, acreditas?"

"Acredito nelas *apenas o suficiente*..."

"Há de haver algum engano! Ninguém está fora do meu poder."

"Desta feita *foste tu* quem cometeu o engano... enfrentaste erradamente Ravana, que jogou a vida por amor... e sempre jogará, creio eu."

"Nunca tentes enganar o teu destino", disse o Tempo.

"Quando dormimos, onde estás?", perguntou Ravana.

"O quê?"

"E quando acordamos de um sonho, és lamentavelmente lento em restaurar o cenário do mundo em derredor de nós."

"Tolice!"

"Toda perda de amor ou de vida é uma mentira, a velhice é uma ilusão, e apenas as coisas más perecem."

"Na verdade, não consigo ver o que..."

"Eu me havia esquecido de que tens esse problema", voltou, sorrindo, o demonarca. "Mas agora preciso seguir meu caminho, não posso atrasar-me, meu tempo é valioso demais para desperdiçá-lo assim com coisas que não sejam devaneios. Sê cuidadoso, vira-te e vai, recua diante de Ravana, que lutará e morrerá por amor... pois o Bom Amor nunca morre..."

"Como o terias descoberto?"

"Oh! Kala, afasta-te para um lado. Finge governar estilos e modas, se quiseres, mas não fales em ficar sobre mim. Não passas de um pobre escravo. Nada significas para mim. Ordeno-te que vás."

"Não! Não irei!"

"*Ah!*", Ravana inclinou-se celeremente e olhou de perto para os olhos exauridos do Tempo, com aquele terrível olhar de demônio que possuía. Os músculos dos braços sobressaíam em nós e as mãos se moviam em torno de Kala como uma jaula.

"Atreves-te a ameaçar-me?"

O Rei dos Demônios retraiu os lábios e seus olhos acobreados brilharam. Já se preparava para agarrar o Tempo e esmagá-lo com toda a sua força de aço – e Valmiki, o Poeta, assistindo, de lugar seguro, a tudo aquilo, susteve a respiração, chocado, diante da ameaça!

Ravana, então, tocou em Kala com uma mão e endireitou-se outra vez. O Tempo começou a suar. Espirrou e olhou à sua volta; tinha o rosto desgastado e fatigado, e a voz estalava ao falar.

"Ora, está tudo cheio de poeira... tudo aqui, está tudo coberto de um pó fino."

Ravana permaneceu com as mãos na cintura enquanto via o Tempo extinguir-se e desaparecer com um olhar espantado, mas ainda tentando, em vão, dizer mais alguma coisa. Ravana ficou só na escada vazia.

Valmiki, o Poeta, riu-se com gosto. *Oh, Ravana, delicioso, belo... Bravo, Rei dos Demônios!*

Ravana correu para a guerra. Vestiu a armadura noturna, finamente tecida com fios de aço preto-fosco, e pôs nas cabeças dez pavorosos elmos que lhe escondiam os rostos. Sobre o carro de combate de duas rodas ergueu a balsa de guerra de Lanka, um tecido de ouro cintilante, e disse:

"Mando muitos guerreiros e poucos regressam. Agora preciso ir pessoalmente; a Terra que fique de sobreaviso..."

E pensou: "Morte, faze rodopiar agora tuas maças, tuas varas e teus bastões, e golpeia com tuas clavas... Hoje, estou me arriscando".

Ravana colocou no carro cem rijos arcos com pontas de chifre, tão duros de retesar quanto a mente; um milhar de aljavas de suas próprias setas, compridas e grossas, com bárbulas e hastes feitas de um pedaço de ferro azul; uma comprida espada reta e uma maça irresistível de oito lados. O carro, encouraçado de escudos e chapas cortadas de bronze, era tirado por quatro cavalos brancos. Frouxamente amarradas no mastro de bandeira central estavam as dez setas de ouro correspondentes às dez direções do seu Império.

Com suas muitas mãos, Ravana não precisava de auriga. Saltou como um leão para dentro do carro, saiu do palácio e foi para as ruas da cidade. Os cavalos entraram a galopar, e os rakshasas, amontoados ao longo do trajeto, gritavam e aplaudiam, ladeando as ruas largas, mudando de formas e cores de acordo com as emoções, e as rodas do carro estrondavam ao saltar sobre os tijolos amarelos.

O demonarca saiu de Lanka pela quinta porta, a Porta da Ilusão. Os macacos e os ursos estavam vigiando os quatro muros da cidade para ver qual deles se abriria, quando Ravana, seus cavalos e seu carro, num abrir e fechar de olhos, apareceu à vista de todos descendo pelo ar e atingindo o solo, a oeste de Lanka, com um choque como o de uma montanha que tivesse despencado sobre o mundo.

Ravana sobresteve a pequena distância do muro e estendeu a vista pela planície, onde, ao longe, viu as pontas de ouro móveis do arco de Rama, como ondeantes tochas na escuridão, e viu Rama voltado para ele, a pé, e destemido.

"Vede, lá está ele." Rama apontou com o arco, e um relâmpago cruzou o céu, embora não houvesse nuvens.

"Ele surgiu diante dos meus olhos como se surgisse diante de uma serpente que mata com o olhar."

Todos os macacos e ursos correram para Rama e, mercê do medo, muitos ficaram indistintos, ou totalmente invisíveis. Com a mão, Rama retesou rapidamente o arco. Voltou-se para Lakshmana e disse-lhe:

"Que os meus amigos, os animais das florestas, se protejam, e tu também".

Hanuman, que estava ali, interveio:

"Não vos preocupeis conosco; preocupai-vos com lutar, a pé, contra um carro mortal".

Rama sorriu.

"Volta para a cabeça de ponte. É meia-noite e, daqui para a frente, o mundo está destinado a aligeirar-se."

"Ele é um rei glorioso e magnífico", admitiu Lakshmana.

"A vinda dele para cá é a minha boa sorte", respondeu Rama, "pois agora, diante de mim, está a raiz de todo o mal e o único que ficou para morrer acutilado à margem da batalha."

Todos, então, deixaram Rama ali de pé, sozinho, com os compridos cabelos verdes já não entrançados como os dos eremitas, mas atados ao nível da nuca com uma faixa de guerra de seda verde; ainda usava um manto de cascas de árvores sobre a armadura de ouro e ainda caminhava descalço sem as sandálias que dera a Bharata – parecendo, em parte, um andarilho, em parte, um guerreiro e, em parte, um rei.

Ravana continuava esperando e não se moveu. A súbitas, a luz de uma estrela desceu do céu na direção de Rama. À medida que ela se aproximava da Terra, Rama viu que era um brilhante carro aéreo, um carro de prata com armas penduradas em xalmas, que brilhavam como lanternas, puxado por dez cavalos cinzento-prateados que voavam ao lado um do outro, chegando cada vez mais perto com muitas pás de ventilador girando e todas as rodas de prata afuzilando; em seguida, dentro de uma nuvem de poeira, com um estrondear de cascos e rodas, o carro pousou não muito longe e veio, a toda a velocidade, sobre o campo de batalha, até Rama, e parou diante dele. Havia um cocheiro na guarita do condutor, mas o carro não trazia nenhum guerreiro atrás.

"Um amigo vos deseja o bem. Sou Matali, o Cocheiro Celeste." Matali colocou-se ao lado de Rama. "Senhor dos homens, este é o carro celeste de Indra. Ó vós, que sois o Melhor dos Reis, estes são os seus cavalos-nuvens, ferrados com ferraduras de prata; são os meus corcéis de chuva, escaladores do céu, saltadores das estrelas, enevoados corredores do firmamento, e os nossos caminhos estão em toda parte."

"Bem-vindo sejas", disse Rama.

"Rei Solar, levar-vos-emos à Vitória!" Matali esguardou Ravana. "Para onde quer que eu olhe, pareço ver a Morte, a Morte usando muitas flores à sua espera."

"Não me esqueci", tornou Rama. "Ainda me lembro, nós te vimos quando Savari nos contou a história de Hanuman... e eu havia perdido a minha Sita..."

"Esta é uma ampla estrada para o ataque e não é lugar de tristezas", volveu Matali. "Aqui estou, no escuro, em minha fria armadura de bronze, tendo perdido toda a minha paciência. Não há escapatória para ele. Ziguezaguearei pelos caminhos e seguirei as estradas para vencer. É difícil matar o Rei dos Demônios! Vamos!"

"O mundo ficará sem mim ou sem Ravana." Rama pôs suas armas a bordo do carro. "Agora guia diretamente contra ele."

"*Om!*"

Os cavalos de chuva recolheram as orelhas. Matali e Rama entraram no carro, e Matali segurou as vinte longas rédeas. Olhou para os ginetes e relanceou a vista pelo solo à sua frente. Depois suas mãos estremeceram ligeiramente e se imobilizaram, e os dez cavalos começaram a andar.

"*Vamos!*"

Eles puseram-se a trotar um pouco mais depressa, num trote folgado. Depois apertaram o passo e já estavam quase correndo.

"*E tenho sido leal*", sussurrou Matali. "*Tenho sido leal todo este tempo, correi!*"

Os corcéis, afinal, abriram a galopar, com as ferraduras de prata falseando, ombro a ombro, riscando o chão com as patas...

O carro de Ravana saltou-lhes à frente, a fim de interceptá-los. De repente, os dois carros estavam lado a lado, e as chapas de prata no dorso do arco de Rama, no meio dos diamantes, brilharam como fogos entre as estrelas, todos próximos uns dos outros.

Ravana riu-se, encolerizado, e chicoteou Matali. Matali quis revidar o golpe, mas, muito rápido, Ravana recuou, virou-se à pressa e não pôde ser alcançado.

Ravana atirou oito arcos ao mesmo tempo. Trinta mil setas escuras atingiram Rama. Arrebentaram as cascas de árvores que ele usava, e a sua armadura, toda de ouro, coruscou dentro da noite, brilhante como o Sol.

As rútilas agulhas e torres de Lanka pareciam flamejantes e em chamas na luz que ofuscava. O clarão e o ouro voltaram, refletidos, dos muros de Lanka e atrapalharam a pontaria de Ravana. Matali afastou-se um pouco e estacou.

Feroz e furiosa travou-se a luta. Oh! Rama! Havia ondas na água que Valmiki trazia nas mãos; tempestades turbilhonaram.

Ele viu Sita, que, no entrechoque e no ferrão da guerra, vos amava.

Ouvi agora a melodia da nossa doce canção, rapidamente mergulhada no conflito.

É Noite, Majestade, e, à Noite, as pessoas mudam!

Enxameando sobre Rama, chegou um milhão de setas com pontas de ferro e penetrantes rostos animais – as caras cortantes de lobos, águias e tubarões, dentes de ferro que se fechavam e mordiam quando encontravam carne. Arrebentavam tudo; Rama, porém, respondeu a elas com voos de setas de Ayodhya, cobertas de ouro, com o seu nome gravado nelas, enfeitadas de penas brancas e azuis de garças-reais; e ele as fazia cair, cortadas, do céu.

Em seguida, com mãos ligeiras, Rama decepou as cabeças de Ravana usando as lâminas das setas, e as cabeças sem vida rolaram longe, com os longos brincos e os elmos sombrosos, poentas e vertendo um sangue escuro. Todas temperadas no Fogo, as setas de Rama, de pontas afiadas e cheias de nós, voavam uivando como furacões.

Mas as cabeças tornavam a crescer. Centenas de cabeças rolaram, mortas, mas lá estava Ravana de novo, nunca enjeitando uma guerra, enviando contra Rama má vontade e armas. Ali, em seu carro, estava, mais uma vez, o Rei dos Demônios de muitos talentos, muitas felonias e muitas evasões.

Rama espremeu os longos braços verdes. Dizendo primeiro o Mantra, chamou a arma do Fogo e disparou uma flecha diretamente para cima. Depois, passaram a cair sobre Ravana flechas que queimavam. Os pontos em que ardiam, brilhantes, eram janelas de luz; através do escuro, o céu estava cheio de janelas abertas para todos os mundos superiores.

Ravana recitou o mantra da chuva sobre um arco e soltou-o. Surgiram nuvens oriundas de lugar nenhum. A água inundou o mundo, as setas de fogo apagaram-se e veio a treva.

Rama usou a arma do vento. Atirou uma flecha nas nuvens e a corda inquebrável do seu arco ressoou sobre toda a ilha de Lanka. O ar suspirou, e os sete ventos do céu seguiram seus caminhos, gemendo e rolando. Ao pé da cabeça de ponte as ondas que rebentavam nos rochedos deixavam um rastro branco sobre o mar cinzento, e as altas palmeiras inclinavam a cabeça e abandonavam suas velhas folhas do passado.

"*Liberta*", cantaram os sete ventos, "*liberta o mundo, liberta!*"

Gritavam por entre os altos rochedos, nos píncaros acima do campo de batalha de Rama; as nuvens de chuva fugiam à frente deles; o céu estava claro, as estrelas cintilavam.

Ravana disparou uma flecha na direção do solo, e da Terra se ergueram muros alcantilados de elevadas montanhas. Grandes e sólidas fieiras de pedra preta, estéreis e sem vida, bloquearam o céu com cristas e picos chanfrados e detiveram o Vento. Eram as montanhas nuas e negras do Inferno, quentíssimas, e estalaram com o choque do ar fresco noturno até que, com um troar que lembrava uma salva de canhões, profundas rachaduras se fizeram nelas e desfiladeiros rubros de calor resplandeceram em seu interior.

Rama lançou Bramastra, a arma de Brama, atirando-a em arco para cair na linha das montanhas. A seta ficou comprida e robusta como uma lança. O Vento recolheu as asas emplumadas; havia o Sol na lâmina de metal, céus e arco-íris na haste e todos os mundos no peso. Alcançou a sua altura máxima e começou a descer em curva. Numa explosão de brilho, dividiu-se em cento e oitenta mil raios bombardeantes. Dardos de luz apunhalaram as montanhas de cima para baixo, e onde quer que ferissem a pedra quebradiça transformavam-na em diamante. As montanhas do Inferno tremeram e, mergulhando de volta no chão, desapareceram, retornando aos seus lugares debaixo do solo.

"Agora chega", disse Rama, "há muita coisa para fazer! Vou tirar meus anéis de fantasia!"

Matali olhou por cima do ombro.

"Mas não os estais usando..."

"Ataca!"

"Como quiserdes. E lá vem ele..."

Embora estivessem parados, os cavalos de Matali, num ai, desfecharam a correr. Rama estava livre, sem se segurar em coisa alguma, sem oscilar, sem mesmo desequilibrar-se um pouco. Os dois carros de guerra investiram diretamente um contra o outro. No último instante, Matali virou. Os carros passaram pela esquerda um do outro, pinchando nuvens de poeira e pedras de suas rodas. Os cavalos pareceram tocar-se, os cubos do eixo, por um fio, não se chocaram. Ravana não foi suficientemente ligeiro. Não teve tempo de atirar. Os carros se encontraram e, logo, se afastaram. Mas no momento exato em que passou pelo inimigo, Rama disparou uma seta que se entranhou profundamente nos ombros esquerdos de Ravana, e o demonarca precisou agarrar-se ao mastro da bandeira com os braços direitos para não cair.

Os carros diminuíram a marcha e entraram a traçar círculos em torno um do outro, enfrentando-se de novo. Matali manobrou para ocupar a posição que pretendia e disse:

"Agora estou começando a ver o fim da vida de Ravana".

E bem para o norte, do outro lado do mar, os inofensivos lenhadores da floresta Dandaka, caminhando no silêncio da Noite, debaixo das árvores imensas, puderam ver no céu cor de violeta fitas de luz provenientes da guerra de Lanka no sul, e se puseram a perguntar a si próprios:

"Rama... Por onde andará Rama-Chandra, a formosa Lua da Noite?"

"Somente o céu cobrirá o mar;
Somente Rama pode combater o Rei dos Demônios."

Rama e Ravana duelaram com setas. Um depois do outro, Rama quebrou os arcos nas mãos de Ravana até que noventa e nove se foram e só um restou. O Rei dos Demônios disparava setas longas e curtas, grossas e finas, rápidas e lentas, de perto ou de longe; mas a armadura de Rama, dura e impenetrável, não permitiu que ele se ferisse, e muitas flechas se derreteram quando ele as viu chegando.

Ravana empunhou a maça de ferro incrustada de pedras de lápis-lazúli, enfeitada de ouro, sonorizada por sinetas com bocas de ferro, entrançada de flores vermelhas, durante anos lavada diariamente com sangue e agora fumegando e ansiando por bater; uma maça de oito lados, que voltava do voo para as mãos de quem a atirava.

Ravana tomou a iniciativa do ataque. Agarrou o cabo de ferro com quatro mãos e fez girar a maça quando os carros se encontraram. Era cedo demais e o golpe caiu sobre o cocheiro e não sobre Rama, mas Matali desviou-a para um lado com o seu punho de bronze.

Depois Ravana se afastou um pouco e se deteve. Fez girar a maça num círculo, inclinando as cabeças; e a maça levantava-se:

"Desgraça... Desgraça... Desgraça..."

A maça girava cada vez mais depressa. Matali movimentou o carro para atrapalhar a pontaria de Ravana, e Rama estendeu a mão para as xalmas de armas de Indra. Pegou uma lança, segurou-a com uma das mãos, deu-lhe uma palmada com a outra e lançou-a. O grande dardo endereçou-se a Ravana, ressoante e vibrante, com um barulho como o trovejar de uma avalancha, um barulho alto de queda como o de um rochedo caindo, o mundo escuro caindo, Ravana caindo...

E o Rei dos Demônios soltou a maça; ela partiu e Rama ficou no caminho. O carro de Ravana virou-se para correr.

A lança de Rama quebrou o mastro da bandeira de Ravana; o pendão de guerra tecido em ouro caiu. Rama quebrou os dez arcos do Império rakshasa e, ao fazê-lo, o carro dos demônios, que corria, perdeu seu chocalhar e seu matracolejar e as rodas passaram a girar num lúgubre silêncio. A bandeira de Lanka jazia no chão.

Matali não poderia, com o carro, fugir à maça de Ravana, mas, deixando cair as rédeas, colocou-se no caminho dela; e ela, ricocheteando em seu peito largo, derrubou-o violentamente do carro e passou por Rama, defletida apenas o suficiente para não o pegar.

Rama chorou e mordeu os lábios. A maça virou-se para voltar a Ravana, mas Rama jogou-se do carro e agarrou-a. Ajoelhou-se e quebrou-a como uma bengala, na coxa "*Boa sorte para ti!*", a primeira vez, em dois pedaços, "*A paz seja contigo!*", e a segunda, em quatro. Um sangue vermelho-vivo lhe escorreu pela pele verde.

Os quatro pedaços da maça continuavam querendo voltar para Ravana, e Rama gritou:

"*Seríeis capazes?*"

E arremessou-os contra o Rei dos Demônios. Ravana virou-se, rápido, para o lado; e como ele os havia desprezado, os quatro pedaços de ferro, furiosos, atiraram-se com violência ao solo e desapareceram ruidosamente debaixo da Terra.

Matali jazia de costas, inconsciente. Sua armadura celeste estava despedaçada, e seus dez cavalos, imóveis, com os focinhos perto do seu rosto, não tiravam os olhos dele. Um rio de tristeza encheu o coração de Rama ao vê-lo ferido. Rama tocou-o e desatou-lhe o peito de armas, dizendo:

"Aqui, na verdade, a tua lealdade foi muito mal recompensada!"

Matali reviveu ao toque de Rama. Ergueu a vista e viu-o inclinado sobre si, viu os cavalos erguerem as cabeças e, seguindo-lhes o olhar, viu o carro de Ravana voltar outra vez, porém movendo-se com estranha lentidão. Por algum acaso ele ainda estava vivo, e sentiu a vida afluir-lhe de novo ao corpo.

Rama trouxe água do carro de Indra e algum pano, que fez em tiras, para atar as largas feridas de Matali. O carro de prata estava ferido e morsegado. Os cavalos escarvavam o chão com as patas dianteiras.

"Majestade", disse Matali. "Estarei bem, há tempo suficiente para isso mais tarde."

"Bem", disse Rama. "Mas o dia está chegando depressa, bebe pelo menos um pouco."

Depois que Matali bebeu, Rama sorveu um gole d'água por três vezes.

"Não te mexas, não preciso do carro agora."

Travando do arco de todas as cores, assim se apresentou ele, Rama, o grande arqueiro, Rama, o bom flecheiro, o amigo de todo homem.

Era belo de ver-se. Chamazinhas selvagens vinham-lhe da pele, seus olhos verdes brilhavam, e, logo, rápido como o pensamento, Rama disparou suas setas. Quebrou uma roda do carro de Ravana, que virou e deixou o Rei dos Demônios também a pé, no chão, empunhando o último arco e uma espada, defronte dele; e os cavalos brancos saíram correndo com o carro quebrado.

Rama abriu uma comprida caixa de bambu do cinto, dali tirou a seta de capim com lâmina de bronze, que lhe fora dada por Agastya, e firmou-a na corda. Aquela seta era capaz de atravessar muros e portas de pedra; respirava e suspirava. Rama retesou o arco. Deu três passos para trás, a fim de mirar melhor, e reteve a respiração.

Ravana assumiu a forma brilhante de Indra, o Rei do Céu. Era uma imagem gloriosa e graciosa, toda iluminada; mal se podia olhar para ele, e um halo de radiância e energia dançava à sua volta. Ofuscado pela figura falsa de Ravana, Rama não conseguia persuadir-se a atirar a uma forma tão divina, a uma beleza tão grande.

Matali, o Auriga, observava. A única coisa que poderia enfeitiçá-lo era a beleza de uma mulher bonita. Soergueu-se penosamente, apoiado num braço, e gritou para Rama:

"*Atirai, atirai! Esse não é o meu Senhor*".

Aquele era o momento programado e o verdadeiro cenário da morte de Ravana. Rama pensou: "*Preciso acreditar nisso! Mata-o!*"

E atirou. A corda do arco cantou por todo o Universo. A seta quebrou primeiro a espada e o arco que Ravana erguera a fim de apará-la, depois atingiu o peito de Ravana e transfixou-lhe o coração, roubando-lhe a vida, e, sem parar, saiu-lhe pelas costas e penetrou na Terra.

Das mãos de Ravana caíram o arco e a espada quebrada, e o Rei dos Demônios de Lanka tombou, morrendo em sua própria forma escura.

A princípio, Rama não se moveu. Em seguida, afrouxou o arco e pô-lo de lado. Depois ergueu Matali e colocou-o no carro de chuva de Indra. Os cavalos enublados ergueram-se, arrancaram para o céu e desapareceram.

Ao romper do dia, ao despontar da aurora, Ravana morreu. Era um fogo que não ardia, um oceano parado sem marés. Já não falava. Não poderia saber o que quer que pudesse acontecer à sua volta. Não podia mover-se; o frio invadiu-lhe o corpo; não tinha pensamento algum; não respirava.

Os rakshasas que tinham presenciado a guerra afastaram-se dos muros, amedrontados, e foram esconder-se em Lanka. Os reis dos quatro quadrantes do mundo olharam, sombriamente, mas nenhum viu o caminho tomado por Ravana.

Aquela última noite, Suka, o ministro rakshasa, passou-a junto à ponte do Senhor Rama, envolto numa capa noturna e sobraçando a carta de pedra de Ravana. Toda a noite observou as luzes berrantes e os sinais da guerra em cima da montanha Trikuta, ao passo que Lakshmana e os animais não o perdiam de vista.

Depois, ao nascer do Sol, os primeiros raios compridos de luz alcançaram os três picos acima de Lanka. Suka deixou cair a capa das costas e, ostentando a faixa escarlate de mensageiro, caminhou, pachorrento e desenvolto, para a cidade, e os animais lhe deram passagem. Só o príncipe Angada abriu a boca para falar, mas Sugriva, o Rei Macaco, pôs a mão no braço do jovem príncipe e puxou-o para trás, enquanto Hanuman se colocava na frente dele.

Suka deu alguns passos no ar e voou, na direção de Lanka, a qual o Sol da manhã dourava quando ele pousou no chão. A luz do Sol, acobreada, amarela, vermelha e branca, tocou-a como metais fundidos de uma montanha. Estava tudo parado e silencioso, e Suka pensou: "Lembro-me deste silêncio, o silêncio sobre tudo..." Sentiu-se livre. Era quase como se Ravana houvesse cantado de novo, ali, no campo de batalha, as canções cadenciadas que lhe haviam valido o livramento da prisão de Shiva, e Suka também fora libertado de algum lugar.

Suka encaminhou-se diretamente a Rama, que estava, sozinho, à beira do cadáver do Rei dos Demônios. Não havia mais ninguém ali por perto, nada bulia. E onde os destroços da guerra se antepunham ao seu caminhar, bastava um olhar dos seus olhos para fazê-los saltarem silenciosamente de lado, e ele abria assim o seu caminho.

Chegando à presença de Rama, estendeu-lhe a carta selada.

"Para ti, da parte do rei morto."

E, ao falar nele, Suka abaixou os olhos para Ravana. Os olhos encapuzados de Suka estavam semicerrados, nenhuma expressão lhe cruzou o rosto e, sem embargo disso, por um momento, Suka pareceu tornar-se pressago e trágico; dir-se-ia que estivesse escurecendo ali mesmo, à luz do Sol.

Rama abriu o envelope de pedra com as mãos fortes. Contemplou a carta por algum tempo, depois voltou-se para Suka:

"Ah, meu amigo", disse, afetuosamente, "presta atenção..."

Senhor Narayana, és a testemunha, fazes a Lua caminhar em resplendor e as estrelas se desvanecerem à luz do dia.

Querido Rama, Senhor dos Mundos... Pensa e recorda que prometeste a Indra matar-me para sempre. Nada é para sempre, senão tu mesmo. Se não morresse por tua mão, de que outra maneira poderia eu fazer para me aceitares em teu próprio Eu?

Eu era apenas um rakshasa, e tu eras muito difícil de abordar. Entretanto, buscando a sabedoria, aprendi muita coisa. Não sabes de novo quem és. Eu o soube durante todo o tempo, mas ainda assim não o sabes. Nada que fazes se malogra, basta um olhar dos teus olhos para que o povo torne a cantar as boas e velhas canções.

Não pedi proteção contra os homens. Vais a toda parte e conheces todas as coisas que já foram feitas ou que o serão um dia. Por que fui tão descuidado? Eu não era descuidado em parte alguma! Ó Narayana, olha,

"Para ti, da parte do rei morto."

eu olhei, maravilhei-me... Os Homens são minas, os Homens são minas preciosas. Ó Rama, julgaste que o escuro era mau?

Vês tudo o que acontece e amparas todas as criaturas. Vi que o céu era impermanente e que o próprio Inferno não perdurava. Descobri que o tempo de cada existência é apenas um dia cheio; e vi que todas as criaturas, separadas de ti, de quando em quando renascem, sempre mudando. Não gosto das coisas que vêm e vão, e passam com o Tempo, e odeio o próprio Tempo. Adverti-o, quando nos encontramos pela primeira vez, que eu o tomava por inimigo, eu mesmo lhe disse isso.

Oh, tu, que és o Melhor dos Homens, existem muitas espécies de Amor, e nunca a feri. Vali-me de Lakshmi a fim de atrair-te para cá. Ofereci-te minha vida e tu a aceitaste.

És Narayana que se move sobre as águas. Fluis através de todos nós. És Rama e Sita nascida da Terra, e Ravana, o Rei dos Demônios; és Hanuman como o vento, és Lakshmana como o espelho, és Indrajit e Indra, és o Poeta e os Atores e a Peça. E, nascido como homem, tu te esqueces disso, perdes a memória, e enfrentas de novo a ignorância do homem, como a enfrentarás sempre.

Portanto, acolhe de volta, com amor, a tua Sita. A guerra acabou, assim, fechamos a nossa carta.

Os dois se quedaram ali ao pé de Ravana, imóveis como estátuas ao Sol recém-nado. Depois, Suka tirou a faixa escarlate, cor de sangue, dobrou-a e colocou-a sobre o peito de Ravana.

Rama suspirou e sorriu. Quebrou a carta e jogou-a fora. E disse tranquilamente:

"Vai, vai, não me interessa o que tudo isso significa".

"Nunca me passou pela cabeça uma coisa dessas." Suka sorria e sorria. "Depois de todo esse longo caminho em círculo..."

Ouviu-se um suave murmúrio, e Suka transformou-se num pouco de fumaça que se erguia; espalhou-se e dissolveu-se no ar, desistindo.

Por muitos anos viveu pacificamente a sós, nas florestas do outro lado do mar, e ninguém jamais o viu triste.

Essa é uma velha história.

"Escolhemos o esplendor divino
Do bem-amado Sol
Para inspirar-nos;
Possa o Sol brilhante
Abrilhantar tua Vida!"

Cantamos a canção de Valmiki.

Oh! Rei Rama, grande e glorioso, o Sol de mil raios, que tudo vê, vive no céu. É o Senhor do Dia e o olho do mundo. Dá vida. Todas as manhãs acorda as pessoas do sono e segue o seu caminho, a sós, através dos céus e em cima, e através dos céus no coração. Saudações e cumprimentos ao Senhor do Céu e Fautor dos Dias.

Louvor e vitória ao bom e amigo Rei da Luz, que move os nossos pensamentos e o nosso sangue dentro de nós, e abre os nossos sentidos com os seus raios. Ele é fortíssimo. Tem a essência e o brilho do ouro, e sua semente é de ouro. Não vemos mal nenhum; não vemos homens que não recebem a luz do Sol. Por isso, verte ouro, gasta e sê generoso para com os que amas. Por amor a ti mesmo, gasta o teu brilhante ouro amarelo, dá presentes enquanto podes, faze o bem e escolhe direito as tuas ações. És rico, tens uma quantidade ilimitada de ouro, que podes trazer contigo.

"Não respeito os limites flutuantes da Terra,
Viajo por onde quero,

Amo todo o mundo.
Minha amiga Lua sabe disso há muitíssimo tempo,
Sou o Sol,
Sempre o mesmo.
Histórias antigas.
Antigos poemas ao Sol."

Todas as manhãs vos renovai. Meu Senhor Sol, estou dormindo, meu corpo é como um cadáver, até virdes erguer-me para a Vida. Revelais-me todas as coisas; mostrais-me o que realmente são. Olho para um mundo feliz! Vejo-vos em vosso carro, guiando vossos sete cavalos, e trazeis toda a sorte de venturas. Querido Sol, contemplai-me aqui, debaixo de vós: um Homem, para mim mesmo o centro de todos esses mundos.

A todos nos alimentais; todos os jardins crescem graças à vossa luz. Toda a nossa energia é vossa. Inclino-me diante da montanha Oriental, onde nasceis. Inclino-me diante da montanha do Ocaso, no oeste, onde tramontais, pondo-vos quase rente às águas, em chamas, todo de ouro.

Desabrochais as flores do dia. Sois rútilo e belo. Se houver nuvens, estareis sempre por trás delas. Sois o venusto ornamento de todos os céus. Vosso coração é amplo, incomensuravelmente amplo. Como posso não falar nisso? Por que silenciar a vosso respeito? Tomai a minha canção e dai-me a luz.

Como posso estar triste? Serei cego? O Sol brilha sobre mim. Neste mesmíssimo instante conquistei brilho para a minha riqueza.

Oh! Rama, acreditamos seja a Verdade que move o Sol de um lado a outro do céu. Oh! Senhor, ergue os olhos para ele, tão alegre e pulcro!

Quem quer que cante esta canção ou a ouça cantar, jamais sofrerá um infortúnio. Quando estiver em perigo de vida, ou doente, ou num lugar solitário, ou com medo de alguma coisa, esta canção fulgurante lhe trará a vitória. Nenhum ladrão pode tocá-la, nunca ousará fazê-lo. Esta canção chama-se O *coração do Sol*. É quente, segura e forte. Afugenta os pesares. É supremamente boa. Se estiveres com medo na longa noite escura, lembra-te dela.

Rei de Ayodhya, nosso mestre, o poeta Valmiki, viu toda essa guerra já deslizando para o passado, transformando-se num conto maravilhoso, numa bela história.

Possam todas as criaturas ser felizes. Cantemos a canção de Valmiki:

"'Confia e sê Verdadeiro:
Serve Direito como
Eu Te sirvo',
diz o Sol."

TERCEIRA PARTE

•

A RODA
DO
DHARMA

Om!

Curvo-me diante do grande Senhor Narayana,

E da bendita Senhora Sita;

Eu te saúdo, fiel Hanuman

E Saraswati Deusa, aceita meu presente:

Jaya!

Vitória para ti!

Aqui está o amor!

E assim terminou a Guerra de Lanka na manhã do quarto dia, logo após a primeira noite de lua nova, cerca do solstício do Inverno, quando a Primavera se atreve a recomeçar, e o Sol gira no céu a fim de voltar para nós. Rama despiu a armadura, e o dia se aqueceu. Surya, o Sol, despejava prata brilhante e ouro puro. Atirou seus raios, cordial, sobre o mundo matutino – bela e sólida figura de luz, formosa pessoa, quadro feliz –, na verdade uma parte do mundo bem-feito, todo ele muito bem-feito.

Hanuman, o rakshasa Vibhishana e seus quatro cavaleiros demônios vieram rapidamente para o lado de Rama. Vibhishana segurava um embrulho e disse:

"Querido Senhor, usai estas roupas que Lakshmana vos manda agora".

"Não são túnicas rakshasas?"

"Ele as carregou e conservou, ninguém sabe como, durante todas as vossas peregrinações", Vibhishana sorriu. "São de Ayodhya. Não sei como ele conseguiu fazê-lo."

"Bela Ayodhya!"

Rama vestiu-se, e viu que Hanuman também estava segurando qualquer coisa.

"Macaco, que tens aí?

"Todos os ornamentos que ela deixou cair sobre a nossa montanha." Hanuman olhou para Ravana morto. "Senhor, estará ele realmente morto? Que disse Suka? Que mais aconteceu? Quando poderemos..."

"Chega, Hanuman!", atalhou Rama, que olhou para o mundo à sua volta. "O longo amor é agora relembrado. Calai-vos. Eu a recuperei, estamos reunidos, e todas as velhas e lindas cores retornam e voltam a aparecer diante dos meus olhos. Vai ter com ela, dize a Sita que vencemos!"

"Já fui!"

"Pedimos permissão", disse Vibhishana, "para realizar as exéquias de Ravana dentro da cidade."

"Por que está ela tão quieta?", perguntou Rama.

"Todas as almas já deixaram Lanka, excetuando-se umas poucas, que logo a deixarão."

"Eu não tencionava causar dano à tua formosa cidade; agora ela está desolada."

Vibhishana riu-se.

"Quantas vezes, Senhor? Sabeis quanto gostamos de desaparecer, mas ficarei aqui enquanto puder."

"Há aqui um pouco de água?" Um dos quatro cavaleiros deu a Rama um jarro de água. "Ajoelha-te, Vibhishana." Rama despejou água sobre a cabeça do Príncipe dos Demônios. "Levanta-te, rei de Lanka."

Vibhishana pôs-se de pé.

"O nosso povo voltará, mas não tenhas medo de nós. Nós, rakshasas, somos os guardiões, os protetores; assim somos criados por Brama. Guardaremos os templos e não faremos mal aos homens bons, e eu esconderei a áurea beleza de Lanka e ocultarei nosso lar de olhos alheios. Conosco, tudo andará sempre bem."

"O que estará retardando o louco do Hanuman?"

"Faz apenas um momento que ele saiu!", respondeu Vibhishana. Os seus quatro cavaleiros rakshasas carregaram o cadáver de Ravana. A porta ocidental de Lanka abriu-se e eles entraram. "Queimá-lo-ão depressa. Logo encontrareis Sita. Estou aqui. Farei as vezes de protetor dos vossos desejos."

"Que acontecerá à rainha Mandodari?", perguntou Rama. "Que fará ela?"

"Ah", retrucou Vibhishana. "A Filha da Ilusão! Toda a nossa gente tem outras vidas debaixo do Mar... mas o pai de Mandodari é o asura Maya, o grande artista. E se ainda estiver vivo, virá buscá-la, a fim de levá-la para casa. *Maya! Maya! Tudo é ilusão... Tudo é ilusão...* Maya, o antigo arquiteto, Maya, o construtor de jovens sonhos, poderá levá-la de volta à sua caverna das Árvores, e ninguém sabe quem será o próximo a encontrar-se com ela."

Vibhishana e Rama permaneceram em silêncio por algum tempo. A seguir, o Bom Senhor Demônio de Lanka esclareceu:

"A rainha Mandodari deve ter devolvido a Sita a sua túnica amarelo-clara para o dia de hoje. Ela levará tempo vestindo-se para vós".

"Pouco me importa o que ela esteja usando!"

"Eis a fumaça, é a pira de Ravana que arde por trás dos muros. Eu me pergunto... eu mesmo desposaria Mandodari, se conseguisse encontrá-la em algum lugar, algum dia... mas nem o Tempo consegue descobrir logo o que Maya, o Asura, pretende ocultar. Quem sabe?"

Quando viu Ravana morto, a rainha Mandodari, de pele clara, toda vestida de branco, correu para ele e, na cidade tumular, segurou-lhe as mãos entre as suas e inclinou-se sobre ele, chorando em silêncio, vertendo lágrimas de dor, desconsolada.

Um monge rakshasa aproximou-se dela.

"Impoluta rainha, ninguém deve chorar um guerreiro morto em combate, dizem os antigos mestres militares..." Pôs o braço em torno do ombro dela. "Mas eu também estou muito triste por ter sido esse o seu fim."

Rapidissimamente, alguns rakshasas construíram uma pira de troncos vermelhos e brancos de sândalo, estenderam uma pele macia de veado e sobre ela colocaram o cadáver de Ravana. Lavaram-lhe o sangue do corpo e puseram um novo fio de ouro em seus ombros esquerdos e de um lado a outro do peito. Colocaram um novo arco e uma nova espada ao seu lado, e grinaldas de malmequeres pelo corpo, e cobriram-no com um pano de ouro com debruns de veado azul. De conchas de bronze, o monge derramou manteiga e soro de leite coalhado sobre Ravana, e depois acendeu a pira, utilizando-se, para isso, do fogo do nascimento de Ravana, levado para lá num jarro ardente.

Em poucos momentos, os rakshasas queimaram o corpo. Os poucos que tinham ficado em Lanka desfilaram diante da pira, jogando no fogo galhos secos de aloés preto, incenso, punhados de pérolas e corais do mar quebrados, e o fogo ardeu depressa. O corpo terrestre de Ravana voltou aos cinco elementos de que fora feito.

Em seguida, Mandodari foi sozinha até um riacho na montanha, num parque, onde se banhou com suas túnicas brancas, e colocou à beira do curso d'água algumas sementes e relva sagrada, como oferendas aos antepassados. Ainda havia lágrimas em seus grandes olhos. Mas numa época tão tardia do ano os caules dos lótus aquáticos não deviam ter flores. Ela fechou os olhos, enxugou as lágrimas e olhou de novo para ver mais claramente.

"Pai!"

Lá estava o asura Maya, o arquiteto e astrônomo dos deuses de antanho, que a tocou delicadamente.

"Não chores. Não chores."

Mandodari, porém, tornou a chorar.

"Vamos", disse Maya. "Conjuro-te, fala comigo."

"Oh", disse ela, "podem queimar-lhe o corpo, mas nunca lhe queimarão o coração, que ele me deu anos atrás. Que resta agora a Ravana de todo o seu Império? O seu corpo era feliz e gracioso no amor; ele era difícil de se olhar quando se encolerizava. Eu amava todas as suas testas e sua pele macia com lindas cicatrizes... e agora não está mais na Terra, nem em qualquer outro mundo!"

"Tens certeza?" Maya sentou-se ao lado da filha e observou a água que passava diante deles. E disse: "Eu gostava mais quando ele girava os vinte olhos, quando vinha esmagando as avenidas do jardim com os pés, quando bebia, cantava e ostentava todas as suas flores..."

"Eles pagarão por isso!", gritou Mandodari.

"Mas... por quê? O que foi que aconteceu?"

"Que farei?", perguntou a rainha. "Que caminho existe para seguir? Onde está todo o meu povo?"

"Ora essa!", replicou Maya. "Que povo possuías?"

"O povo desta cidade! Eu sou a sua rainha!"

"E quem acreditaria nisso?", disse Maya sorrindo. "Que cidade?"

"Está-se extinguindo! Pai, para com isso, podes parar com isso..."

"Vem para o nosso pacífico lar; nunca estarás só nem sem amigos."

Mandodari suspirou.

"Deixa que Lanka se vá, de que me serve ela sem o meu marido..." Os olhos marejaram-se-lhe de lágrimas. "Um marido é muito importante para uma mulher. Embora tenha muitos filhos e milhões em ouro, ela não será feliz sem o marido. Não passará de uma pobre viúva..."

"Vou enfeitiçar-te para não chorares", disse Maya. "Lembras-te de como passeavas comigo, quando eras menininha, naqueles dias donzelescos?"

Sou o asura *Maya, grande artista, Mestre da Ilusão. Vou mostrar-lhe: meu maravilhoso palácio ainda está onde sempre esteve. Tenho comida para toda a minha família, e vinho para ti também.*

"Pai, dize-me, por que haveria o meu Senhor de esquecer nossos votos de sempre vivermos juntos, e distanciar-se, tomando o caminho desconhecido e deixando-me para trás, como uma pobre mendiga de beira de estrada, sem me confortar?"

"Ele fez isso?", perguntou Maya.

"O Tempo destrói as coisas tão facilmente!"

"Ele fez isso?", Maya riu-se e ergueu-se. "Vamos!" Ela ficou de pé ao lado dele. "Deixa aqui tudo o que é de Lanka, e leva contigo apenas as tuas ações."

"E, fora isso, só o Amor pode ir além, junto conosco.
Vê o mundo através da minha visão.
Vê...
Toda aquela magia!
É toda tua!"

Depois, de mãos dadas, atravessaram um longo salão de árvores sombrosas, não familiar à rainha, e Mandodari parecia uma menininha ao lado do pai, Maya. Com o vestido azul, cor-de-rosa e prata e os sapatos de ouro, ela sorriu para o pai. À frente deles havia uma porta aberta, por onde entrava a luz do Sol.

Maya, o Asura, disse:

"Tua mãe voltou para nós; nosso lar é feliz. Logo seremos como alguma história que ouvimos quando criança, há muito tempo, difícil de lembrar, a sombra brilhante do que talvez nunca tenha sido..."

Ele conduziu a bela Filha da Ilusão, pela porta do jardim, para muito longe.

Acredita-o e faze-o verdadeiro. Estamos em segurança. O teu amor está aqui para ti.

Dessa maneira, as longas sombras vespertinas da Morte cresceram e chegaram a tocar Ravana, que jazia caído na poeira. A vida é muito incerta, e até a fortuna real acaba falhando e se afasta do maior dos reinos. Ravana era magnífico, e seus braços escuros eram fortes; ele atou os mundos com cordas de ilusão, e assim morreu.

Não podemos estar certos de nada, senão de que, seja o que for que tenhamos, logo se irá. É melhor proceder direito.

Ravana se vangloriava e punha em prática suas vanglórias. Violava os sacrifícios nas florestas. Tinha uma bela esposa, mas a luxúria lhe velou os olhos, cegando-o, e ele usou de perfídia para roubar Sita. Cortejou a Morte, pois não era outra coisa o que estava fazendo.

Ravana se foi, portanto perdoa-o. O Fogo lhe consumiu a carne e os ossos, e suas cinzas foram dispersadas pelos ventos. E, não obstante, os homens dizem que a pira ainda arde e que a chama nunca se extinguiu, pois muito tempo depois podia ser vista, às vezes, à noite, no alto de uma montanha da ilha de Lanka, tremeluzindo através dos encantamentos que escondem a cidade de ouro em algum lugar por ali.

Hanuman voou como um raio para o bosquete de Asoka, atrás do palácio de Ravana, com as túnicas alvas tremulando, o pelame branco eriçado de alegria. Encontrou Sita sozinha, debaixo da dourada árvore Sinsapa, porém, agora, trajada como uma princesa. Seu vestido era novo; usava uma coroa tecida de flores silvestres frescas e fragrantes e de folhas novas, e sua trança tinha uma fita. Ali, ao pé da árvore, via-se um pente de bronze, um espelho, pasta de sândalo e pó escuro para a testa e para os olhos.

Oh! inocente Sita, és a mais bela mulher de toda a Criação, e nenhuma deusa se compara a ti. Teu rosto brilha como a Lua, és mais doadora e perdoadora do que tua mãe, a Terra, mais formosa do que Lakshmi, se isso for possível. E, Rama, que adianta cantarmos os encantos dela quando vós e ela cantastes juntos vossas duas canções?

"Bem, isso tem sentido, para variar!" Hanuman cortejou Sita de olhos de corça, tão corajosa e tão bela. "Há muito tempo não faz um dia tão bonito como este na Velha Terra!"

"É perfeito!"

Sita sorriu, e seus sorrisos, sempre quentes e afetuosos, extasiavam as pessoas, embriagavam-nas mais do que qualquer vinho e deixavam-nas flutuando sobre as ondas, no ar, bem acima de si mesmas.

"Agora deixarei a tristeza para trás."

Hanuman bateu com a cauda no chão, inclinou a cabeça para um lado e riu-se.

"Mãe, estamos todos bem. Graças a vós, vencemos. Ravana morreu e já não deveis ter medo, pois estareis em vossa própria casa, em companhia de Rama."

"Que tudo de bom te aconteça, Hanuman! Meu macaquinho branco, que me é mais caro do que a vida, estou tão orgulhosa de ti! O que trazes aí?"

A ponta da cauda de Hanuman curvou-se para cima.

"Olhai!"

"É o meu lenço amarelo!"

"Adivinhai o que mais", disse Hanuman.

E abriu o embrulho.

"Como isso aquece o coração!", disse Sita. "Meus ornamentos de Anasuya, e meu colar de conchas cor-de-rosa, presente de Guha, o Rei Caçador." Ela adereçou-se com todos eles: brincos, tornozeleiras, braceletes e o colar. "Que tal estou?"

Hanuman apenas sorriu. Depois disse:

"Pergunta a Rama".

Sita ficou mais calma.

"Como vai ele?"

"Vinde e descobri por vós mesma!", Hanuman relanceou os claros olhos vermelhos em torno de si. "Onde está todo mundo?"

Sita sorriu, e expulsou até o nome "Preocupação" da mente macacal de Hanuman.

"Que te importam eles agora?"

"Tendes razão, está tudo acabado e liquidado."

"Obrigada pela tua bondade e genuína generosidade", disse Sita. "Não tenho recompensa digna de ti... mas, Hanuman, Filho do Vento, sempre conhecerás e recordarás o Verdadeiro. E serás forte e fiel, nobre, sábio e ousado! Poderes excelentes te adornarão e coroarão, e eu te dou o meu amor real para todo o sempre!"

"Oh!", disse Hanuman. "Que outros tesouros haverá além das vossas boas palavras e do vosso amor? São joias raras e preciosas. São o mesmo que encontrar um caminho perdido, acender uma lâmpada no escuro, apanhar o que caiu ou mostrar o que estava escondido."

"Promete-me, então, perdoar agora a raça dos demônios. E vai dizer a Rama que estou pronta, à sua espera. Mas, afinal, onde é que ele está?"

"Sim. A guerra acabou. Prometo", assentiu Hanuman. "E creio que ele está esperando por *mim*!"

Saltou para o ar e voou de novo para junto de Rama.

Agora voltamos a Rama, Senhor do Mundo. A pouco e pouco, os macacos e ursos retornaram ao campo fora de Lanka, amigos uns dos outros mas intrépidos na guerra, e Hanuman ali achou Rama, entre muitos amigos, abraçando os reis dos animais, Sugriva e o velho Jambavan.

"Vai ter com ela", disse Hanuman.

Rama, porém, dirigiu-se a Vibhishana:

"Rei de Lanka, traze aqui Sita. Quero que ela seja vista".

Vibhishana obedeceu. Foi aonde estava Sita e explicou-lhe:

"Venho do teu Senhor Rama, com o coração alegre".

Adiantou-se um dos cortesãos de Vibhishana:

"Meu rei e eu mesmo... trazemos nossos melhores e mais sinceros votos para vós e para todos os vossos amigos, isto é... para vós e para toda a população da Terra..."

E Sita, cuja cintura poderia ser envolvida pelos dedos de Rama, saiu de Lanka. Os macacos e os ursos recuaram para deixá-la passar, pensando: *Oh! sim, isto é a volta dos velhos tempos.*

Depois, quando Sita se encaminhou para Rama, com o lindo rosto afogueado de amor, o rei Vibhishana, ao seu lado, todos os animais e até Lakshmana se inclinaram diante dela. Ajoelharam-se, formando um círculo à sua volta, e não mais se mexeram.

Vibhishana, o rakshasa, protegendo os olhos com a mão escura, enfitou no céu os claros olhos azuis de cristal. Dois carros, no ar, auriluziam, brilhantes, decididos. Vozes celestiais entoavam os louvores de Rama, firme na luta, e pétalas fragrantes de flores caíram do céu. Os estragos da guerra dissiparam-se e os derradeiros presságios se esclareceram.

Agni, o Deus do Fogo, apareceu ao lado de Sita e juntou as mãos enormes, com os dedos ligados por uma membrana, cintilantes de ornamentos e anéis. E disse:

"O pai de Rama, Dasaratha, está no outro carro; ele se sente muito feliz por ti, minha Senhora".

Depois, com as túnicas vermelhas, cabelos e barba pretos e crespos, Agni pegou na mão de Sita e conduziu-a até Rama.

"Rama", disse o Senhor do Fogo, "em virtude da porção de delicadeza que existe em ti, as pessoas te chamam parte da Lua. Um rei são os olhos do seu povo; portanto, Senhor Narayana, toma de volta a tua Sita. Leva-a contigo; tu a conquistaste outra vez."

Rama sorriu e disse:

"Por que me chamas pelo nome de um grande deus?"

"Mas... Mas, meu Senhor..." Agni esguardou-o, espantado. "Queres dizer que não te lembras?"

"Sou Rama, um homem mortal."

Agni sorriu arreganhando os dentes, e sacudiu fagulhas dos braços nus. Seus anéis de ouro e ornamentos das mãos derreteram.

"Não tens nenhuma ideia...?" Agni estava ali imerso em Fogo; era uma alegre fornalha. "Oh! Rama, vivo no interior de toda a vida. Sou a verdadeira testemunha, jamais enganada. Repetidas vezes esqueceste o teu segredo. Sita não tem a menor culpa, é inocente. Lakshmi de boa sorte é tua esposa e te ama."

O ouro, fundido, caiu do Deus do Fogo em pesadas gotas fumarentas de metal, suas joias se partiram e racharam, seus olhos flamejaram.

Indra, o Senhor da Chuva, surgiu do outro lado de Sita. Vestia uma capa delgada de névoa, finamente fiada, enfeitada de estrelas dançarinas e, debaixo dela, a velha armadura de combate, feita de couro usado, duro como pedra, inquebrável. Estava de pé, descalço, um dedo acima do solo. Esguio, não projetava sombra alguma, e nunca piscava os profundos olhos pretos. Os cabelos lisos eram compridos e negros; a pele, clara, branca e lisa como a de uma moça, exceto onde as mãos magras se cobriam de velhas e cruzadas cicatrizes de relâmpagos, mais brancas ainda.

"Narayana, Buscador de Corações", disse Indra, o Rei do Céu, "que divertimento é este, que brincadeira é a tua? Mataste Ravana e livraste as pessoas do medo."

Agni falou como se falasse de dentro de uma fornalha, como a fala de uma lareira aberta e ardente:

"*Lembra-te dela!*"

"O cerrar dos teus olhos é a Noite do Fim do Mundo", disse Indra, "e o teu despertar do sono é o começo do Tempo. Para favorecer os homens nasceste como Rama, para que ninguém pensasse que os homens são fracos e solitários. É a própria verdade do céu! Deste-me, sozinho, o reino e o governo do céu."

"Isso não pode ser", disse Rama, "como faria eu uma coisa dessas?"

"Oh! esquece!", voltou Indra. "Quero dizer..."

"Eu mesmo sou a tua cólera", acudiu Agni, "o universo é o teu corpo todo; a Lua, o teu deleite." Juntou as mãos diante do peito amplo, para que os músculos fogosos se destacassem nos braços. "Posso pôr à prova a Verdade. Só perto da Verdade as chamas envolventes são mortiças e frias. Aqui está Sita. Aqui está o Amor."

Rama disse com voz feliz, rindo-se enquanto falava:

"Venci a guerra, que mais preciso saber? Dá-me a sua mão!"

Agni colocou a mão de Sita na de Rama, e retirou o braço, rápido como a língua de uma serpe. Rama o queimara!

"Com excelente alegria", disse Sita, "com deleite, dirige teus olhares para mim. Sou uma mulher limpa e livre, entrego-me a ti por minha própria vontade, ordena-me qualquer coisa."

Rama tornou a atar a folha com a pérola nupcial de Sita em seus cabelos e desfez-lhes a trança.

"Agora és minha outra vez, com o Fogo por testemunha."

O Deus do Fogo estava feliz. Indra sacudiu a cabeça. Vivera por muito, muito tempo, mas agora se via frente a frente com alguma coisa mais antiga, algum poder incomensuravelmente velho, de antanho... Indra parecia não saber o que fazer. E disse a Sita:

"Todos te serviremos".

E os dois deuses desapareceram.

Vibhishana, o demônio, também disse a Sita:

"Também te protegerei sempre, onde quer que estejas!"

Sita segurou Rama. *Estou perto de ti.* Correu os dedos pelo rosto dele, fechou os olhos e separou ligeiramente os lábios. *Oh! meu amor, meu amante... Oh!*

Todas as figuras genuflexas na planura ainda não tinham erguido os olhos, nem feito algum movimento, nem se levantado. Vibhishana desviou a vista, e o amor de Sita inundou Rama. *Eu te amo. Tudo é verão, e tudo são rosas... tudo é ouro, e tudo és tu...* Depois, chorou.

"Rama", disse Vibhishana, "Lakshmana fez para vós uma casa na encosta da montanha."

"Vamos", disse Sita.

Rama sorriu, atordoado.

"O quê? Oh!"

Sita colocou no dedo o largo anel de ouro que Hanuman lhe trouxera de volta. Murmurou mais palavras feitas de mel ao ouvido dele, no meio da manhã, e os dois se afastaram, morro abaixo, de mãos dadas. Rama, porém, largou a mão de Sita e enlaçou-lhe a cintura, puxando-a de encontro a si enquanto caminhavam.

Chegaram a uma cabana coberta de folhas, construída por Lakshmana. Sita sentou-se, colocou a cabeça de Rama no colo, e viu que ele machucara a perna lutando por ela.

No que havia sido o campo de batalha os animais e Lakshmana, afinal, mexeram-se e ergueram-se, sorrindo. Hanuman perguntou a Vibhishana, o Rei dos Demônios:

"Por que os rakshasas são tão rápidos no queimar seus mortos ou no atirá-los ao mar? Por que vossas armas se enferrujam tão depressa?"

"Vem, Hanuman", respondeu Vibhishana. "Vem comigo."

Vibhishana levou Hanuman a Lanka, pelas ruas desertas de tijolos amarelos, até o palácio real, onde entraram. Passaram por uma portazinha lateral, chegaram a uma sala simples, desceram muitas escadas estreitas. Por algum tempo, o caminho era alumiado apenas por joias lapidadas incrustadas nas paredes, que brilhavam; depois, no fim das escadas, acharam velas que ardiam em árvores de prata cheias de galhos, e tornaram a caminhar ao longo de uma sala no mesmo nível, que aumentava de largura e de altura e se aclarava.

Detiveram-se onde a sala terminava, à porta de um depósito. Havia ali fechaduras que a mantinham fechada, estranhas fechaduras, ornamentadas e curiosas, e essas fechaduras eram dez mil e uma. E conquanto fossem todas de formas diferentes, Vibhishana abriu-as todas com a mesma chave. Limpava as mãos para tocá-las, e elas se abriam para ele. O demônio empurrou a porta, e ambos entraram numa sala imensa, bem iluminada, sem outra entrada que se pudesse ver.

De correntes de ouro presas no teto pendiam globos de vidro que encerravam luzes no interior. O ar, fresco e suave, impregnava-se de perfumes almiscarados. A sala toda fora cortada regularmente na pedra central da montanha Trikuta. Na parede mais distante, Hanuman pôde ler, escrita com letras de ouro embutidas em pedra de lápis-lazúli, esta frase: *Faze o que quiseres. Dize a verdade e está tranquilo.*

"Milagroso!"

Hanuman viu prateleiras e cavaletes por toda parte, que encerravam frios e belos linhos de todas as cores; bonitas sedas exemplares e peles dobradas de tigres, leopardos, leões e lobos prateados; fieiras de livros mágicos e poções de amor, mapas de tesouros secretos, fórmulas, amostras de minérios e receitas deliciosas; livros de números e dicionários de línguas e estrelas.

Havia perfumes, joias, manuscritos musicais e remédios para curar doenças, tristeza e todas as feridas. Nas paredes, viam-se pinturas feitas em gesso e em peles de animais; havia arcas de vinhos insubstituíveis e rolos de pergaminhos desconhecidos, pilhas de ouro e prata e, no chão, inestimáveis instrumentos musicais, perfeitamente afinados, em longas filas; e, em cima das abóbadas do teto e nas paredes superiores, bolas polidas de cobre e estrelas de prata, sóis e rostos de bronze, folhas de ouro e luas de marfim, e flores de ferro escuro e frio e de aço azul.

Vibhishana apontou para a parede mais distante.

"Esta é a divisa de Viswakarman, o Arquiteto do Céu, que primeiro deu nome aos seres e os criou, que construiu a Formosa Lanka para a raça de demônios, há muito tempo. És o único estranho que terá visto algum dia esta sala. Estes são os antigos tesouros eternos da nossa raça."

"Narayana expulsou-nos de Lanka, e Vaishravana, o Senhor da Riqueza, viveu aqui, mas nunca soube da existência desta sala. O pássaro Garuda vigiava com olhos penetrantes para que não voltássemos naqueles velhos dias, mas portas invisíveis levam daqui mais e mais para baixo, para baixo da Terra, e somos sempre muito cautelosos em tudo o que se refira às nossas propriedades. Não jogamos coisas fora, nem as perdemos, nem as esquecemos. Nós, rakshasas, protegemos muitas coisas boas. Sabemos muito. Somos fortes." Vibhishana sorriu com suas longas presas. "Hanuman, pela boa lei do Dharma, a ciência rakshasa pode não perecer. Meu amigo, há tais forças de proteção sobre esta sala que nenhum ladrão sobreviveria à simples menção de todos os seus nomes! Estes são os poderes de que nos aproximamos como guardiões! Mas para ti... se precisares de alguma coisa daqui, a qualquer momento, para quem quer que seja, poderás pegá-la à vontade."

"Por que fazes isso por mim?", perguntou Hanuman.

"Porque és o meu primeiro e melhor amigo de outra raça", explicou Vibhishana. "És fiel e muito sábio, quando paras para pensar. Pões todo o teu coração no que fazes; e não pensas duas vezes depois de te haveres decidido, nem procuras lucro, por isso te chamo meu amigo."

"Eu o sou."

"Sei que o és! Nestas abóbadas se encontra toda a ciência de antanho, aqui reunida desde que o Tempo começou de novo. As pessoas se encontram nesta vida e passam umas pelas outras como pedaços de madeira à deriva, boiando no mar selvagem e tempestuoso, tocando-se raras vezes e encontrando-se uma só, chegando e tornando a partir. Por conseguinte, um amigo é também um tesouro. Agora, tu, Rama e todos os teus exércitos saireis daqui. Sou imortal; governarei Lanka para sempre, e os rakshasas que se esconderam da tua vista voltarão um dia. Cobrirei Lanka e a tornarei invisível a partir deste momento, mas serás sempre bem-vindo. A ti revelarei o que desejares ver, aqui, nesta ilha, no meio do grande Oceano.

"E assim", concluiu Vibhishana, "se encontrares um amigo, segura-o, se puderes. Dar presentes, dar aos pobres e aos outros é sempre correto; de outro modo, o que poupares será gasto na compra de uma casa para ti no Inferno. Por isso, aqui está um presente."

Vibhishana dirigiu-se a uma prateleira e dela tirou um livro empoeirado, coberto com as marcas *shastra* da Lei, longas e brilhantes folhas de palmeiras, amarradas dos lados com cordões esmaecidos, entre capas de madeira. Abriu-o com sumo cuidado.

"Atirando-os ao mar e queimando-os depressa, colocamos os nossos mortos de guerra muito além do alcance da vida e da morte, das quais eles se haviam cansado. Resistimos longamente enquanto desejamos fazê-lo, mas podemos, às vezes, escapar da roda da vida... e, então, nossas armas se enferrujam! Aqui, aprende este verso. Pronuncia-o corretamente, em voz alta, nas encostas das montanhas onde jazem os animais mortos, e eles voltarão a viver, como quando trouxeste a montanha dos Remédios."

Hanuman aprendeu os Mantras da Compaixão, e Vibhishana recolocou o livro no lugar de onde o tirara. Fecharam a sala dos tesouros e voltaram sobre os seus passos. Hanuman ficou de pé sobre a Terra fora de Lanka, pronunciou as palavras e trouxe de volta à vida todos os macacos, monos e ursos. E, a partir de então, toda vez que algum desses animais revivia, fosse qual fosse a estação, as árvores floresciam e se desvelavam diante deles, a terra dava frutos maduros e todas as fontes davam água, límpida e clara.

Quem quer que estivesse no exército de Rama tinha todos os benefícios e mercês. Isso é verdade porque com Rama não há medo, não há derrotado, senão grande bondade e vitória.

E, fosse qual fosse o modo por que haviam morrido, queimados, estropiados, retalhados ou esmagados, todos os animais despertavam da morte indenes e perguntavam, tomados de grande assombro:

"Que bênção é essa? Como fomos restaurados?"

"Mais uma vez!
Vivei e crescei, vivei e crescei:
Deixai-me ver meus amigos, meus muitos amigos,
Deixai-me olhar para vós outra vez.
Por mim, deixastes vossos lares para trás,
Não vos importastes com a Morte,
Jazeis pálidos e mortos.
Lembro-me de vós,
Lembro-me de todos vós;
Eu vos quero,
Eu vos quero inteiros e fortes!
Mais uma vez!"

Nos verões chuvosos, os homens e as mulheres da Bela Ayodhya acendem muitas velas fora das portas do templo, em grandes tigelas de bronze, cheias de areia, onde se podem queimar cem velas. E, então, a chuva pode cair e encharcar a Terra, e o vento pode soprar com força. Mas as chamas das velas não se apagarão; crepitarão e arderão durante toda a tempestade e toda a noite. *Enche-me e preenche-me, corpo e alma!*

Na manhã seguinte estava Rama no acampamento do seu imenso e famoso exército, e Sita estava com ele. Rama soltara-lhe a trança, seus cabelos escuros e lisos estavam penteados, livres e cheirosos, e sua pele voltara a ser como o ouro quente.

Rama olhou para o rosto de todos os animais, muitas e muitas vezes. E disse a Vibhishana:

"Logo será primavera e os catorze anos do meu exílio estarão findos. Se eu me atrasar, meu irmão Bharata entrará numa fogueira e morrerá. Rei de Lanka, tens algum modo de nos fazer voltar para nossas casas, que parecem tão distantes e tão difíceis de alcançar?"

"Boa sorte para vós", retrucou Vibhishana, "levai o carro roubado Pushpaka. Mas ficai aqui, como convidados, por alguns dias."

"Considera o teu pedido já aceito. Descansaremos a bordo daquele carro, e voltaremos facilmente, voando, para casa."

"Então espera aqui", pediu Vibhishana com um sorriso.

Entrou em Lanka e voltou, a pé, acompanhado pelo vasto e florido carro, que lhe seguia no encalço; Pushpaka de mil rodas, semelhante a uma cidadezinha, viajando, ligeiro, a uma distância mínima do chão, a não ser quando se ergueu, sozinho, para transpor o muro de ouro.

Pushpaka chegou às vertentes da montanha. Lá estava ele, o grande e glorioso carro, coruscante de ouro e prata, construído por Viswakarman, o Arquiteto do Céu, adornado de claras safiras, salas de ouro de botões azuis e flores vermelhas, pavilhões de prata, redes de pérolas cor-de-rosa, com todas as bandeiras tremulando e campânulas tilintando suavemente. Era o imenso carro movido pela mente, roubado de Vaishravana, o Rei do Tesouro, que transportava com facilidade qualquer número de passageiros aonde quisessem ir. Lá estavam os grandes arco-íris atados em belos nós coloridos e amaciados para constituir o arcabouço de Pushpaka, e banhando com cores e luzes Vibhishana, que caminhava na sombra, debaixo dele.

Em Pushpaka tinham sido pintados árvores, bandos de pássaros, estrelas e rios; havia nele baldaquinos açafroados, flores de lótus amarradas sobre casas de verão de madeira entalhada, montanhas de madeira plantadas com grama e janelas gradeadas; altares, salas superiores, salas de jantar e mastros brancos de bandeira, sobre bases de cristal; bancos, camas, colchas e boas coisas para comer e beber.

Vibhishana chegou com o carro aéreo, que parecia uma montanha, e disse:

"Entrai a bordo, ele está aqui; que mais posso fazer?"

Hanuman voou para dentro do carro e desamarrou-lhe as muitas escadas de mão e outras, deixando-as cair. Dali a pouco, os animais passeavam entre as flores e ao longo dos parapeitos, flanqueavam as galerias

... *e puxou para cima Rama e Sita enlaçados...*

e os caminhos, corriam pelos parques e fontes frescas. Com a luz do sol fluindo através do pelame de ouro dourado, o príncipe Angada inclinou-se para a frente, desceu um grande cesto preso por uma corda e puxou para cima Rama e Sita enlaçados. Depois veio Lakshmana carregando todas as armas de Rama e as suas".

Rama olhou por cima da amurada.

"Vibhishana, dá-me tua permissão para partirmos, Majestade."

"Há uma porção de aposentos nessa coisa", replicou Vibhishana. "É um belo e grande carro. Quero ver-te sagrado Rei da Terra; leva-me junto com os meus quatro ministros."

Rama ouviu alguma coisa martelando perto dele. Virou-se e viu Hanuman batendo com a cauda no chão de madeira do tombadilho, com o braço em torno de Jambavan, o Urso. Hanuman sorriu.

"Rei Rama", disse ele, "desejamos parar em Kishkindhya para ver nossas famílias, e depois todos queremos ver os povos das terras estranhas das divisas do mundo, que se reunirão para ver-vos proclamado rei de Ayodhya. Saudaremos vossa mãe, curvar-nos-emos diante de vossos amigos e passearemos por vossas florestas e jardins reais."

"Sim", assentiu Rama, que olhou para baixo. "Vinde a bordo, rumo à Bela Ayodhya, rakshasas."

Quando todos se achavam a bordo, o imenso carro alçou-se com um estralejar de fogos de artifício e cataratas; em seguida, silenciosamente, quando já subira a uma boa altura, virou-se para o norte, descrevendo ampla curva ascendente, carregando Sita, que havia estado perdida e fora encontrada de novo, dois homens mortais, cinco demônios e vinte e três milhões de macacos e ursos, ali sentados, inteiramente à vontade, nos jardins volantes, com o rosto voltado para o vento fresco da manhã, como se fossem os donos do mundo.

O MARAVILHOSO REGRESSO

Na encosta da montanha ao Sol,
O rei está em casa, sua guerra acabou.
As fontes brincam e posso ouvir
O Mestre dos Festejos aplaudir,
E cantar a música suave e clara.

As flores em suas cores ali
Estão caindo ao lado da escada,
E a Bela Ayodhya a meus pés,
E em toda a extensão da sua rua de prata
Meus amigos encontro, encontro meus amores.

E assim será o meu mundo:
Meus dias são brilhantes, meus caminhos são livres.

Rama viajava com Sita.

"Olha para baixo", disse ele, "lá estão as flores celestes marcando o lugar onde combatemos e onde te conquistamos; lá estão a praia e a nossa ponte lançada sobre o mar; lá está o Oceano, que se diria interminável, sem nenhuma outra praia, e a ponte parece subir ao céu por cima da borda da Terra."

Vibhishana aproximou-se.

"Senhor, se queres dar-me um presente, liberta o mar."

Rama sorriu e, enquanto eles observavam, as águas cessaram de sustentar as pedras da ponte. A comprida ponte quebrou-se e afundou; desapareceu. As ondas puseram-se a dançar, saltando, sem peias.

Pushpaka continuou voando, e Rama prosseguiu:

"Ali podes ver cintilações de ouro bem no fundo da água, vindas da montanha Mainaka, que ainda conserva as asas, a Amiga do Vento de asas de ouro; agora lá está a praia setentrional... vê a distância que Hanuman é capaz de transpor! Sente o perfume de sândalo das montanhas Malaya; daqui parecem azuis, e os lagos, verdes. Lá, através daquela região, marchamos ao deixar Kishkindhya; a primavera virá cedo este ano. Creio que tua mãe, a Terra, está tão contente que se esqueceu de contar o tempo".

Pushpaka principiou a descer.

"Lá está a boca da cidade-caverna de Kishkindhya, e lá está Prasravana, a montanha das Fontes, onde passei a temporada de chuvas e nem sequer saía do caminho quando as cobras se arrastavam sobre mim, tão perdido estava eu sem ti, e naquele jardim matei Vali."

"És o meu Rama", disse Sita. "O que quer que faças está certo."

Hanuman, Sugriva e o rei Jambavan, juntos, o ouviam. Hanuman suspirou e disse:

"Eu quisera não o ter feito!"

"Não ter feito o quê?", indagou o Rei dos Ursos.

"Eu quisera que *nós* não tivéssemos bebido todo o vinho de mel silvestre de Sugriva."

Os dois senhores dos animais sorriram um para o outro. Pushpaka pousou. Sugriva disse:

"Avia-te, macaco!"

"Que queres dizer? Onde estamos?"

Jambavan deu-lhe um safanão.

"Que macaco!! Juro que não percebo como conseguimos fazer o que fizemos!"

"E não é fácil ser rei", voltou Sugriva. "Lembra-te de que, depois, tu me xingaste."

Pushpaka acarinhou a Terra e continuou quieto e sólido. Todos os filhos dos macacos e ursos saíram da caverna de Kishkindhya o mais depressa que puderam.

"Que carro! Podemos andar nele?"

Celeremente, as esposas, mães e irmãs animais, envergando as melhores roupas, vieram encontrar-se com os seus homens. O povo animal voava, corria e saltava. Rama decidiu:

"Passaremos a noite aqui".

"Podereis andar amanhã", berrava Hanuman, "durante todo o trajeto até Ayodhya!"

"Lá está a rainha Ruma", acudiu Jambavan. "Sugriva, vai ter com ela."

"Bela", disse Sugriva. Voltou-se para Rama. "Entra conosco e fica até amanhã."

Rama olhou para Sita. Sugriva revirava as orelhas para ouvir de onde vinha cada som. Embaixo, no chão, os ursos brincavam com os filhos e carregavam bebês macacos no colo. A gente macacal de Kishkindhya saltava e levantava poeira das árvores verdes da floresta. O mundo inteiro perdera a cabeça.

Jambavan arrancou um rugido do mais fundo do seu peito e arremessou-se ao ar. Hanuman mergulhou por sobre o balaústre.

Sugriva começou a dar puxões na cauda, mas a nossa Senhora Sita enterrou os dedos no espesso rufo dourado de inverno que ele trazia em torno do pescoço.

Sita riu-se como um anjo.

"Gostaríamos muito!"

Depois, no dia seguinte, voaram todos para Ayodhya. Rama disse a Sita:

"Eu te mostrarei; vê, lá está a montanha Rishyamukha, onde encontramos Hanuman; lá está a desolada floresta Dandaka, agora livre do mal, e onde queimamos o Rei dos Abutres, Jatayu. Aí vêm as montanhas Vindhya e o eremitério de Agastya. Lá está Chitrakuta..."

"A montanha Chitrakuta na primavera!", Sita encostou a cabeça no ombro de Rama. "Não te lembras? E todos os pássaros cantando!"

"Lá vem correndo o rio Yamuna."

"Daqui de cima as árvores se parecem com uma alcatifa e os rios são estreitos como fios! Que maravilha!"

"Ao pé das triturantes corredeiras do Yamuna e do Ganga", disse Rama, "fica o retiro de Bharadwaja. Deixa-me convidá-lo a ir a Ayodhya em paga do banquete que ele ofereceu a Bharata."

Pushpaka aterrou onde o Yamuna encontra o Ganges. Rama encontrou Bharadwaja e perguntou:

"Como vai Bharata?"

Bharadwaja abraçou Rama e cheirou-lhe a coroa da cabeça.

"Está bem. Mas mandai dizer-lhe que estais são e salvo."

"Mandarei. Voa conosco e sê nosso hóspede; deixa-nos retribuir as boas-vindas, o banquete que ofereceste."

"Oh! Rama, um bom jantar é um dever tanto quanto o poderia ser o jejum e o não comer. Bênçãos, Majestade! Preciso estar aqui onde os dois rios mudam de cor e se juntam... o branco Ganga e o escuro e profundo Yamuna! Sede abençoado, Rama; sede abençoado." Bharadwaja ajoelhou-se diante de Rama. "Sei tudo o que vos aconteceu e tudo o que fizestes. Agora precisais ficar em casa e viver entre vossos amigos em companhia de Sita. Fazei o que estou dizendo."

"Sim, compreendo."

Rama chamou Hanuman.

"Vai à presença de Bharata e dize-lhe que estamos voltando para casa. Levarei o carro à floresta secreta de Guha, o Rei dos Caçadores, para ali passar a noite. Lê a expressão e o jeito de Bharata; se ele quiser conservar Kosala para si, que fique com ela."

"Ele não terá mudado", disse Hanuman, e alçou voo.

O carro Pushpaka deixou o eremitério de Bharadwaja e, pouco depois, pousou numa clareira no Reino da Floresta Distante, perto do Ganges. Para onde quer que voasse, havia sempre espaço para o pouso de Pushpaka ao chegar.

Rama, Sita e Lakshmana apearam e caminharam por entre as árvores da floresta. Ouviram um assobio como o de um pássaro e, logo, Guha veio correndo ao seu encontro. Caiu sobre Rama e lançou os braços em torno dele. Tinha o aspecto estranho e extravagante de sempre. Espremeu Lakshmana. Sorriu o seu sorriso branco para Sita.

"Liberdade! Liberdade para vós, meus amigos!"

Lá estava ele outra vez, o Rei do Ermo, com toda a pele castanha pintada de verde, amarelo, vermelho e azul, usando penas compridas e ondulantes nos cabelos crespos.

"Ficareis para o jantar", disse Guha. "Onde arrumastes aquela cidade voadora?"

"É um carro mágico", disse Sita. "Pode o rei de Lanka comer conosco também? Nossos amigos animais têm a sua própria comida no carro, e..."

"Sim, somos caçadores, é verdade. Vibhishana é bem-vindo."

Guha assobiou e um homem da floresta apareceu, trazendo uma nova capa de penas para Sita, verde e ouro, exatamente igual à que ele lhe dera catorze anos antes.

"Bem-vinda sejas à tua tribo, princesa. Ainda és minha filha. Alegra-me que estejas usando o meu colar."

"Ele ajudou a salvar-me", disse Sita, sorrindo.

"Às vezes levo frutas silvestres para Bharadwaja, o homem santo", disse Guha. "Ele manda, não raro, seus discípulos invisivelmente pelo ar para o sul, e por ele fiquei sabendo de quase tudo o que fizestes. Antes, eu não gostava de ver-vos, os três, entrar sozinhos na floresta. Mas agora os demônios que devoravam homens desarmados sumiram dos matos, como se nunca tivessem estado neles. Isso foi muito bem-feito! Foi Hanuman que vimos passar voando por aqui?"

"Foi, sim", respondeu Sita. "Temos um exército de macacos e ursos."

"Um exército animal. Sim, são bons combatentes", conveio Guha. "Com que, então, este é o carro roubado do Rei da Riqueza. É tudo verdade!"

"Vem amanhã conosco para Ayodhya", disse Rama.

"Não, tenho a floresta selvagem dentro de mim, não posso ir para uma cidade murada. Estive lá uma vez e voltei correndo", recusou Guha. "Sumantra, o Auriga, e as três rainhas estão bem. Ide buscar Vibhishana e vamos comer debaixo da mesma nogueira grande."

Vibhishana juntou-se a eles, e os cinco – o demônio, Rama e Lakshmana, e Sita segurando a mão de Guha – caminharam ao longo do rio até a velha árvore, e os silenciosos e escuros caçadores apareceram para servi-los.

Anoitecia. As lâmpadas de Pushpaka estavam acesas, e o carro era como uma cidade que, de repente, houvesse aparecido, completa, no meio do mato. As sombras caíram debaixo das árvores, e os homens de Guha apareceram com tochas. Rama, Lakshmana e Sita banharam-se no rio. Depois, sobre cobertores em torno de uma fogueira, debaixo da antiga árvore onde haviam estado catorze anos antes, comeram com Guha, e com eles Vibhishana provou, pela primeira vez, a deliciosa cozinha do ermo e participou de um banquete selvagem da floresta.

Hanuman voou sobre Kosala. Viu as estradas que demandavam Ayodhya, procedentes de muitos países, os campos e as fazendas, os templos e os lugares sagrados destinados aos banhos, ao longo dos rios, a grande cidade de muros brancos de Ayodhya, que dava a impressão de estar vazia – e, à distância de um tiro, a aldeiazinha de Nandigrama, atufada de gente.

Bharata, ali sentado, vestia mantos de casca de árvore, aos pés do trono aurirrubro de Ayodhya, no qual se viam as duas sandálias de madeira de Rama pintadas de flores. Todos os funcionários reais tinham a aparência de eremitas, cobertos de cascas ou peles, com os cabelos trançados em nós, a armadura escondida, como estivera a de Rama. Satrughna sentara-se ali perto, na grama. Em toda Kosala nenhum homem envergava boas roupas nem pompeava alguma cor, embora as mulheres se vestissem como bem entendiam, porque Sita não deixara suas túnicas e ornamentos para trás ao entrar na floresta.

Hanuman caiu do céu como bola que repincha. Curvou-se primeiro diante das sandálias de Rama e, em seguida, diante de Bharata.

"Rama mandou-me saudar-vos. Sou Hanuman, o Filho do Vento. Vosso reino está bem? Há Dharma e Justiça em Kosala? Espero que não se separem os namorados, que os jovens respeitem os velhos, e que os ricos não desprezem os pobres."

Lágrimas de felicidade deslizaram pelo rosto de Bharata.

"Kosala, o país de Rama, está bem. A Bela Ayodhya está esperando. Dar-te-ei mil vacas, uma centena de aldeias e dezesseis esposas de condição nobre, jovens e belas, com peles semelhantes ao ouro."

Hanuman desatou a rir.

"Eu as tocarei e devolverei." Fitou os olhos em Bharata com toda a galhofeira insanidade de um gato. "Que estais fazendo aqui desse jeito? Rama e Lakshmana lavaram os cabelos há vários dias. Ele se encontrará convosco amanhã, perto da cidade."

Bharata, que gostava de façanhas, ordenou:

"Mandai os fogos de sinalização para as aldeias e para todo o interior".

Satrughna colocou vinho e frutas ao lado de Hanuman. Todos sorriam.

O sacerdote Vasishtha aproximou-se e disse:

"Os catorze anos já se passaram. As árvores estão florescendo".

Os homens de Kosala começaram a trocar de roupa, tomar banho, acender fogueiras, espontar os cabelos e a barba. Hanuman bebeu e comeu três pêssegos. Bharata mandou mensageiros a Ayodhya para dizerem: *Amanhã*, e a noite caiu na aldeiazinha. Refletidos na luz da fogueira, a prata e o ouro, as armaduras e as ricas sedas cintilavam.

"Ficarás?", perguntou Bharata.

"Sem dúvida", disse Hanuman.

Sumantra, o velho auriga, chegou, e muitas pessoas sentaram-se em círculos ao redor de Hanuman, Bharata e Satrughna. Os cozinheiros trouxeram excelente comida, um jantar de verdade depois de catorze anos de comida de eremitas, e que lhes pareciam catorze séculos de erva e água.

Hanuman banqueteou-se com frutas e nozes, e Bharata disse:

"Se pudermos ouvi-lo, conta-nos tudo o que aconteceu a Rama nesses muitos anos".

"Bem", disse Hanuman, "Ravana roubou Sita e..."

"O quê?!", atalhou Sumantra. "Como sucedeu isso?"

"Nós a salvamos. Travamos uma guerra e vencemos."

"Ah", disse Bharata. "Os animais... abençoados sejam todos eles..."

"Agora Ravana está morto", prosseguiu Hanuman, "e Rama se encontra, esta noite, no reino de Guha."

"Hanuman", disse Satrughna, "nós te vimos voar por cima da aldeia, segurando uma montanha aquecida ao rubro, algumas noites atrás."

"Ouvimos isto e aquilo", tornou Bharata, "e ficamos à espera de que Rama nos chamasse para ajudá-lo. Precisas dizer-nos tudo. Depois de muito tempo, nossos desejos estão sendo satisfeitos."

Hanuman instalou-se, todo contente, e o povo se calou e imobilizou. "Contar-vos-ei a história de Rama, cheia de solidão e amor, aventuras e fascinação... Ouvi, príncipe. Sou Hanuman, Filho do Vento que voa longe, e, um dia, no topo de uma montanha...

'Que todos os cuidados sejam esquecidos,
Que as tuas aflições alcem voo:
Pois o Mestre dos Festejos
Governará a terra neste dia!'"

Era de manhã cedinho. O Mestre dos Festejos levantou-se e, lentamente, escovou catorze anos de poeira, cinzas e areia das velhas roupas. Encontrou a chave dos vinhos, que atirara fora, ainda na corrente; encontrou seus coletes, suas fitas e seu chapéu de peles. O palácio real estivera agitado a noite inteira. Abriu as adegas de vinho do rei, quebrou o selo de um pote alto e poento de barro e serviu-se de um trago alegre e cordial. O Mestre dos Festejos voltou a sorrir.

Em Ayodhya se desdobraram as alegres flâmulas e bandeirolas de seda. Músicos encordoaram seus alaúdes mudos; cocheiros recolocaram as rodas nos carros de Kosala. Vestiram e pintaram o elefante branco real, a Bela Ayodhya abriu de par em par as suas portas e ficou esperando o seu Senhor Rama.

Vede! A Bela Ayodhya! a cidade dos meus sonhos; Ayodhya de muitos sonhos e jardins. Ali não houve guerra; ali os cantos de guerra foram mudados em danças, e usaram-se as marchas nas paradas infantis. Em Ayodhya, podia-se andar por toda parte, a qualquer hora, em liberdade e sem medo. Podia-se amar abertamente, e os casais se abraçavam à luz do dia nos jardins.

Ela se aninhava entre montanhas baixas, as montanhas repousantes da terra natal, e era a mais bela cidade já erguida pelo homem, com os seus jardins suspensos em escadas e seus ramalhetes de flores. Suas casas eram as casas dos meus sonhos; eu o percebi assim que as vi pela primeira vez, à brilhante e clara luz do Sol. Pétalas purpúreas caíram sobre as relvas verdes de pés nus à beira das escadas, lá fora, e trepadeiras floridas, vistosas e doces, pareciam partir dos telhados, enquanto as árvores em flor perfumavam o ar. Os jardins florescentes desciam pelas encostas, retendo samambaias, coisas verdes e pequenos animais selvagens domesticados. As ruas laterais lembravam compridos túneis verdes sobre os quais, abraçando-se no alto, as velhas árvores formavam arcos, que se estendiam, de um lado a outro da rua. As árvores folhosas oscilavam à brisa gentil das montanhas de Kosala, e caminhei por baixo delas, pisando a luz sarapintada do Sol e as sombras móveis.

Os corações são jovens na Bela Ayodhya e agora tudo está perdoado. As ruas são borrifadas com água de sândalo. Ela possui viveiros de peixes e fontes espadanantes, deliciosas de se ouvirem, onde bandos de pássaros brancos brincam, gráceis e felizes. Amoreiras silvestres parecem enxames de abelhas. Os jardins foram os abrigos floridos da minha infância. Bela Ayodhya – não queres ser minha até o fim do Tempo?

Não há mais nada que eu tenha de fazer, já fiz tudo. É tempo de descansar, tempo de apreciar um bom jantar e ser calmo. Da paz do meu próprio coração sairá a paz do meu pátio, da minha cidade, do meu reino, de todo o mundo...

"O vinho flui livremente, a música chama;
Sorrio no interior dos salões de dança..."

Passo os dias com os amigos sem fazer nada. Às vezes, chega a névoa cinzenta do rio, mandada pelo pachorrento Sarayu, onde costumo nadar, e as corutas das árvores altas se perdem na neblina fria, o que as torna parecidas com as próprias nuvens baixas; há umidade debaixo delas, mas só lá; e ouço os barqueiros gritarem à superfície do rio.

Bela Ayodhya, meu velho lar; cidade que amo, minha própria cidade, tu me és muito cara. Lar da amizade, estás viva e brilhas com lâmpadas à noite. Situas-te onde se cruzam as grandes estradas, e os viajantes, não raro, ficam aqui e não vão mais longe. Aceita o meu amor, Bela Ayodhya, onde a comida é boa e nenhum homem é pobre.

Era a minha cidade; eu amava tudo o que era dela, de dia ou de noite, e todo o seu povo. Era a minha família e os meus amigos, a que eu pertencia – boas palavras e lares afetuosos –, aconchegante e quente, ou fácil e fresca, como eu quisesse. Era a minha Cidade Inocente. Tudo ali estava certo.

"Além do fim de cada Tempo
Encontrarás Valmiki fazendo uma rima;
O azul Sarayu flui por perto,
E borboletas, como flores voantes,
Passam por mim.
Estou deitado em caramanchões.
Oh! Rama!"

Ayodhya dançava, brilhando com decorações; e, no palácio, homens juntavam os suprimentos da coroação e mulheres passavam, com vestidos sussurrantes, usando ouro. Flautas e trompas estridentes eram tocadas na rua, e trombetas de conchas soavam no interior dos templos. Músicos reais e cortesãos sorriam, e as dançarinas tomavam fôlego.

O povo ladeava as ruas amplas e as montanhas onduladas. Crianças comiam doces embrulhados em papéis de ouro. As casas e as portas eram todas brancas, e havia flores nas ruas. Rama já passara uma noite acordado, em silêncio, pensando em todos aqueles últimos anos e refletindo que, quando chegasse a casa, seria rei sem precisar esperar.

Bharata, Satrughna e Hanuman, seguidos por toda a aldeia de Nandigrama, dirigiram-se a um campo fora da cidade com as sandálias de Rama no dorso do elefante branco, debaixo de um alvo guarda-chuva. De Ayodhya saíram os guerreiros de Kosala, que montavam um milhar de cavalos com anéis e correntes tilintantes e carregavam lanças luzentes e compridas.

Chegou, então, Pushpaka, voando com bandeiras coloridas ao sol. Aterrou no campo, e seus passageiros se apinharam nos parapeitos, lá em cima. Baixaram-se as escadas. Bharata conduziu o elefante até o carro e tirou as sandálias de cima dele. Puxado para dentro do carro, Bha-

rata foi cair nos braços de Rama. E, ao passo que toda Ayodhya observava, ajoelhou-se e, lestamente, pôs os sapatos de volta nos pés de Rama.

Bharata ergueu-se para Rama e sorriu, olhando à altura dos olhos. Passou a mão pelos cabelos vermelhos do irmão e disse:

"Majestade, devolvo-te todo o teu reino, que deixaste aos meus cuidados. Como é bom ver-te!" Voltou-se para Lakshmana e continuou: "Bendigo o meu nascimento porque, hoje, posso ver-vos a todos, sãos e salvos, em casa".

Bharata disse ao rei Sugriva:

"Sois nossos irmãos. A amizade nasce da bondade e da prestação de auxílio, não de estreitos laços de sangue".

E disse a Jambavan:

"Senhor dos Ursos, sou teu servo".

E disse a Vibhishana:

"Senhor, aceita a liberdade da Bela Ayodhya como nosso permanente convidado; tu mesmo o tornaste possível".

Ao descerem de Pushpaka, os animais e os cinco demônios foram recebidos pelos homens e mulheres de Kosala, que lhes deram as boas-vindas e os conduziram a casas e alojamentos por toda Ayodhya. As histórias a respeito de uma cidade animal muito distante eram verdadeiras, a história de Hanuman era verdadeira – tudo era verdadeiro!

Depois Rama ficou de pé no chão, e os quatro irmãos se abraçaram. Vasishtha conduziu Sita ao carro de Sumantra, que a levaria aonde estavam suas três mães.

Colocando-se à distância de um braço, Bharata pôs as mãos nos ombros de Rama e disse:

"Uma criança não pode erguer e carregar, com facilidade, um fardo colocado no chão por um homem. Sobrevivemos apenas pelo poder das tuas sandálias. Toma esta terra de volta, meu rei; tira-a de mim!"

"Em breve", disse Rama, sorrindo. "Caminhemos até a cidade. Não estou acostumado a tudo isso."

Finalmente, os quatro filhos de Dasaratha estavam andando juntos, através da Bela Ayodhya, até o palácio real no alto de um morro, e os kosalas permaneceram em silêncio ao longo das estradas, esperando a notícia do que Rama faria. Rama e Lakshmana entraram sozinhos à presença das rainhas. Elas estavam penteando os cabelos de Sita com pentes de prata, e a mãe de Rama, Kausalya, disse:

"Estamos bem; a boa sorte nos permitiu ver-te novamente, estando mortos todos os teus inimigos".

Depois apertou-o entre os braços. Vasishtha entrou. E disse a Kaikeyi, a mais moça das rainhas:

"Graças ao que fizeste, os mundos foram salvos da tirania".

E disse à rainha Sumitra:

"Teu filho Lakshmana é o apoio silencioso de Rama; Satrughna é o tranquilo companheiro de Bharata; tu mesma és a boa amiga das duas rainhas".

E disse a Kausalya:

"Vivemos o bastante para ver este dia!"

E disse a Rama:

"Reina até quando durar e até onde se estender o mundo".

"Sim", disse Rama.

"Estas horas e dias", volveu Vasishtha, "são bem-afortunados!" Em seguida, dirigindo-se a uma janela, gritou: "Ele reinará!"

O rugido de um leão de Kosala subiu da rua. O palácio estremeceu com o barulho, incrivelmente alto. Começou o primeiro festival de Ayodhya dos últimos catorze anos, e a melhor comemoração que ela já conhecera em todos os tempos. O povo dançava outra vez, e os homens, os macacos e os ursos, todos se comprimiam nas cantinas de vinho, ombro a ombro, trocando bebidas e histórias e uma grande quantidade de prosa fiada.

"Estarei pronto", disse Vasishtha, e amanhã te farei rei."

Sugriva encontrou Hanuman ostentando grinaldas de flores empilhadas sobre os ombros até as orelhas. O Rei dos Macacos deu a Hanuman um jarro de ouro e disse:

"Para dar um presente a Rama, enche este jarro com água de cada um dos quinhentos rios da Terra".

"Não digais mais nada!", prontificou-se Hanuman.

"E não tentes enganar-me com água de poço, porque conheço o gosto de cada mar e de cada curso d'água."

"Bem, não deixarão um macaco provar os jarros de água do Rei de Ayodhya!", disse Hanuman, rindo-se.

"E se vires alguma coisa de valor ou bonita, que possa ser trazida, traze-a."

Os kosalas deram aos animais e aos demônios roupas novas e belos ornamentos, e quando Bharata serviu comida de graça das cozinhas reais, donzelas de Ayodhya levaram pratos saborosos aos macacos e ursos, deitados em camas fofas ou na relva dos parques. Para a Bela Ayodhya, toda a tristeza do mundo se esgotara. O campo despejava grande número de pessoas na cidade; e elas dançavam, ouviam música, brincavam e assistiam a espetáculos de acrobatas e comédias nas esquinas.

As árvores sagradas tinham sido enfeitadas de fitas, e os brâmanes abençoavam todo o mundo. No princípio da noite, um sem-número de velas queimava ao ar livre, como flores de luz, e o incenso se erguia no ar. Lanternas faiscavam e tochas ardiam. A noite estava quente e as estrelas estavam claras.

Depois, a desoras, Sita foi sentar-se ao pé de uma fonte no palácio, enquanto Rama dormia numa cama, num quarto aberto próximo dali, e Manthara, a corcunda, acercou-se dela. Manthara ajoelhou-se:

"Perdoai-me por haver lembrado os dois desejos".

Sita era bela.

"Não somente os homens", respondeu ela, "mas até os deuses, foram libertados do medo de Ravana. A Morte se rendera ao Rei dos Demônios; a Lua e o Sol eram seus súditos; e Indra, Rei do Céu, estava cativo."

"Senhor!", disse Manthara.

"Rama só matou Ravana por causa do que fizeste", disse Sita.

Manthara sorriu e sentou-se ao lado de Sita.

"Rainha Sita, serei sempre vossa fiel serva."

"Sim", disse Sita.

Após ter passado catorze anos desperto, vigiando Rama todas as noites, Lakshmana, afinal, ferrou no sono, ao lado da sua amorosa esposa.

A noite passou depressa. O céu logo clareou, e o Sol matutino nasceu, vermelho, para que Rama o visse. Bharata trouxera o trono de Ayodhya, da aldeia de Nandigrama, para o parque real, ao lado do palácio, a fim de que todos pudessem assistir à sagração de Rama.

Rama saiu, como um leão sai da caverna, e jovens jogaram flores fragrantes das janelas e telhados. Caminhou para o parque com Lakshmana segurando um guarda-sol branco, de sete camadas, acima de sua cabeça. Haviam-se amarrado vacas brancas ao longo de todo o percurso. Bharata e Sugriva, o Rei dos Macacos, de pé atrás do trono, seguravam leques brancos feitos de caudas de iaques. Rama sentou-se no trono, olhando para leste, e Sita sentou-se, ao lado dele, numa cadeira mais baixa, coberta por uma pele de veado adornada de ouro. Os animais, os demônios e os homens, ali reunidos, sentaram-se na grama.

Virgens trouxeram um gado branco imaculado, com chifres revestidos de chapas de ouro, e espigas não debulhadas de grãos para Rama tocar. Logo após, Vasishtha entrou no parque trazendo um chifre oco, enrolado em fios de prata, e uma concha. Primeiro o sacerdote se deteve ao lado de Hanuman, tirou um pouco da água de todos os rios do mundo e despejou-a no chifre. Quatro brâmanes retiraram o selo de quatro jarros de pedra transbordantes de água do mar. Quatro jovens de Ayodhya depuseram diante de Rama um punhado de joias, outro de sementes, um punhado de ervas, outro de pérolas do mar.

Vasishtha despejou pequena quantidade de água do mar Oriental, do primeiro jarro de pedra, no chifre. Quatro outras jovens se adiantaram e puseram diante de Rama um jarro de mel, grãos tostados tingidos de açafrão, uma tigela de leite e algum incenso não aceso.

Vasishtha tirou do mar Ocidental águas que cheiravam a cânfora. Mais quatro jovens trouxeram a Rama flores aquáticas cor de turquesa e azuis, alguma prata e um prato de coalhada.

Vasishtha acrescentou a água salgada negra do frio mar do Norte; e as quatro últimas jovens arrumaram ao pé do trono de Rama um pano recém-tecido, ainda não bordado, corais, belas conchas marinhas e guirlandas brancas. Depois Vasishtha tirou água do jarro do mar do Sul.

Finalmente, ao meio-dia, Vasishtha, de pé ao lado de Rama, esvaziou a água sobre a sua cabeça, e fê-lo Rei e Senhor da Terra; Rei Solar da Bela Ayodhya, Senhor de Kosala. Sita, sua única rainha, estava com ele.

Rama deu muitos presentes – cavalos e vacas, brincos e braceletes, anéis e sinos e uma coroa de prata para Sugriva. Em torno do pescoço de Sita prendeu um macio colar de pérolas. Ela segurou as fileiras nas mãos, observou-as, olhou para Rama e para os animais.

"Dá essas pérolas a quem quiseres", disse Rama.

Sita de olhos de lótus deu-as a Hanuman. Ele ajoelhou-se diante dela, e ela colocou-lhe as pérolas em torno do pescoço e sorriu-lhe. O colar de pérolas parecia brilhar como luazinhas aninhadas no pelame branco.

"Este presente é por tua coragem e força, por teu valor, bravura e habilidade, e por teus fiéis serviços."

Disse Rama a todo o seu povo:

"Gostei de ver-vos todos aqui reunidos a fim de dar-me as boas-vindas".

E o povo gritou em resposta:

"Rei Rama! Reinai para sempre!"

O trono de Ayodhya, todo vermelho e ouro, foi carregado para o palácio do rei, e a coroação terminou. Durante toda a tarde, animais e homens abriram caminho através de montanhas de comida e beberam lagos de vinhos de Rama, e não ficou pessoa alguma sem receber um presente. Veio o anoitecer, e o Sol se pôs, enquanto Ayodhya entoava suas preces ao crepúsculo. Depois, quando Rama foi para os aposentos interiores em companhia de Sita, a Noite velou os mundos.

Assim se passou o primeiro dia do longo reinado de Rama, que se estendeu por onze mil anos. Rama pôde descobrir a verdade das coisas, e assim como todos os rios do mundo correm para o mar, assim vinham homens de todos os cantos da Terra, a fim de consultá-lo. Rama era muito respeitado e amado. Sua presença enchia o coração.

Rama era tão forte que sustentava todos os homens, e tão gentil quanto os novos raios da Lua. A Fama e a Riqueza nunca o deixaram. No tempo em que foi rei, os homens viviam mais, cercados dos filhos, netos e toda a família. Os velhos nunca precisavam enterrar os moços. Havia chuva e terra fértil; para falar a verdade, a Terra se tornou farta.

A Paz e Rama reinavam juntos, como amigos, e coisas más não aconteciam. Os homens se tornaram bondosos e sem medo. Toda a gente tinha certo ar e certa aparência de boa fortuna.

Nunca se vira antes um rei como Rama, e em parte alguma do mundo houve quem se lembrasse de um soberano como ele, nem ninguém como ele chegou a existir nos séculos seguintes deste mundo.

FIM DO LIVRO DAS BATALHAS.
AQUI COMEÇA O SÉTIMO E DERRADEIRO LIVRO,
O UTTARA KANDA, O ÚLTIMO LIVRO.

Em que sonho?

No fim ouve as primeiras palavras...

Após um mês em Ayodhya, ainda antemanhã, antes da primeira luz, enquanto os kosalas dormiam de olhos fechados, Vibhishana e Sugriva encontraram Rama nos jardins do palácio, e o Rei dos Macacos disse:

"Rama, todos te vimos; agora voltaremos para casa, para as nossas florestas profundas e países remotos".

"Bem hajam os amigos como vós", respondeu Rama.

"Adeus", disse Vibhishana. Curvou a cabeça e, logo, o rei e seus quatro cavaleiros voaram para Lanka, seguindo céleres para o sul, através do céu, com um soar de trovões e um fuzilar de relâmpagos.

Rama saiu do pátio do palácio e olhou para os macacos e ursos reunidos nas ruas. Abraçou Hanuman.

"Parece que estiveste aqui apenas por um momento."

"Adeus, Senhor da Terra."

E então, levando todas as coisas desejadas que Rama lhes dera, os animais do mato verde retornaram as suas casas, piscando os olhos e semirrelutantes em deixar a Bela Ayodhya.

Era ainda muito cedo e, enquanto caminhava, sozinho, de volta ao palácio, por um bosquete de árvores de lindas folhas novas, Rama ouviu uma voz chamá-lo, acima dele:

"*Rama, Rama, Rama*".

E descobriu que se achava no meio de uma comprida sombra branca.

Ergueu a vista. Lá estavam os gigantescos arco-íris sobre a sua cabeça.

"Sou o carro Pushpaka, o carro das flores da primavera. Com vossa licença, voltarei para Vaishravana, o Senhor do Tesouro. Dai-me permissão para viver na montanha Kailasa e voltarei para vós sempre que precisardes de mim, sempre que me quiserdes."

"Bem-vindo sejas", disse Rama, "oh! tu, que és o melhor dos carros. Vai para onde quiseres. Não te entristeças com a nossa separação. Que os teus caminhos sejam lisos e bons para sempre."

Pushpaka, então, ergueu-se e voou para o norte, para a montanha de prata Kailasa, de onde Ravana o roubara.

Com efeito, quando Rama era rei, muitas criaturas e coisas criadas falavam aos homens de vez em quando. Quando os veados comiam as colheitas, os kosalas procuravam os reis dos veados com bons modos, e os reis desviavam o seu povo para as invernadas agrestes. Se uma pessoa desejasse ouvir histórias de tempos passados, podia falar com uma velha espada a respeito de antigas batalhas ou ouvir os velhos contos recontados pelas árvores e pedras.

Rama reinava da Bela Ayodhya, e todo o mundo o saudava, e o tempo foi passando até faltarem apenas doze anos e uns poucos meses ao seu reinado para completar dez mil anos, quando, numa noite de inverno, Rama encontrou Sita usando uma linda túnica, e viu que ela estava esperando criança. Sabedor dos estranhos desejos das mulheres grávidas, perguntou-lhe:

"Há algum desejo teu que eu possa satisfazer?"

Sita sorriu.

"Quero ir de novo aos retiros ao longo do Ganges, apenas por um ou dois dias, para comer a fresca comida selvagem e dormir, mais uma vez, sobre a relva. Quando nos distanciamos pela primeira vez de Ayodhya, milhares de anos atrás, prometi a Ganga visitá-lo... deixa-me ir agora, meu Senhor..."

Rama consentiu.

"Vai amanhã, se quiseres."

E abraçou a sua rainha com grande amor e felicidade. E com essas palavras bondosas e inocentes, a tristeza voltou a entrar na vida de Rama.

"Olhamos para a vida do homem e não conseguimos
    desemaranhar esta canção.
Anéis e nós de alegria e de dor, todos entrelaçados
    e abraçados."

Mais tarde, naquela mesma noite, Rama acertou de topar com alguns dos seus ministros e, de passagem, perguntou alegremente:

"Que é que o meu povo diz de mim?"

"Majestade", respondeu o ministro Bhadra, "o povo fala bem de vós como rei e, no recesso de seus lares, conta histórias da vossa guerra contra Ravana, há muito e muito tempo."

"O rei é o refúgio dos que não têm onde abrigar-se, por isso é mister que eu seja virtuoso. As pessoas pisam nas pegadas do seu rei e, por isso, sou forçado a evitar até o relato de algum agravo. Nada escondas de mim", disse Rama.

Bhadra juntou as mãos.

"Eles dizem: *'Hoje os homens deixam-se ficar num cais arruinado, decorado com trapos coloridos nas distantes praias meridionais, e sonham com uma ponte de cem léguas de comprimento, de um lado a outro do mar bailarino, onde o oceano se quebra em ondas luminosas. Rama praticou um feito inédito. Ravana era invencível. Nenhum homem incorporou jamais os animais selvagens das florestas aos seus exércitos'.* E assim falam de muitas outras coisas."

"Que mais?"

"Majestade, os reis precisam ouvir boas notícias e não pensar em equívocos. Não busqueis sabedoria nas pessoas comuns e grosseiras. Esquecei o que elas dizem; compadecei da ignorância delas e confiai em que as coisas darão certo."

"Só aqueles que vivem rotineiramente em casa com as esposas e famílias podem, de fato, conhecer a vida", disse Rama. "A nenhum rei é dado não fazer caso do que a sua gente diz dele... não te recuses a contar-me."

"Rama, precisamos obedecer-vos", disse Bhadra. "Eles também dizem: *'O rei deseja Sita embora Ravana a tenha tocado. Como pode ele esquecer que ela viveu com outro? E a rainha, com certeza, há de lembrar-se do Rei dos Demônios'.* Assim falam os homens mais inferiores."

Os outros ministros de Kosala puseram os olhos no chão e disseram, com tristeza:

"Ultimamente, isso é verdade".

Rama deixou-os ali sem dizer uma palavra e mandou uma mensagem a Lakshmana:

"Vem a mim imediatamente".

Lakshmana e Rama encontraram-se numa sala particular do palácio. Rama se mantinha em pé, ao lado de uma janela. O rosto estava pálido, as mãos lhe tremiam como folhas ao vento, a luz dos seus olhos tinha desaparecido, como coberta por uma nuvem.

Lakshmana franziu o cenho. Olhou à sua volta e não viu inimigo algum; não sentia qualquer ameaça. Arremessou, ríspido, a ponta da túnica por cima do ombro, ajoelhou-se e perguntou:

"Quem ousa?"

"Levanta-te", disse Rama. "Promete obedecer-me."

Lakshmana andava de um lado para outro.

"Os fios daquele desenho! Quem te contou?"

"Um rei tem de ser irrepreensível."

"Tais palavras me cortam o coração", disse Lakshmana. "O próprio Fogo provou que ela é inocente. Ela é ouro que passou pelo fogo, despejado no fogo de ouro!"

"Lakshmana, considera o que é um rei", disse Rama. "Os reis não podem permitir-se uma censura sequer. A má fama é ruim para eles; mais do que todos os homens, devem estar acima de qualquer censura... vê em que abismos de sofrimento pode cair um rei..."

"Aos poucos", disse Lakshmana, "tudo parece mudar outra vez, e até um imperador precisa pagar o seu caminho na vida."

Rama olhou de frente para o irmão.

"Tem de ser! É tudo o mesmo, não vês? Onde há crescimento há decadência; onde há prosperidade há ruína; e onde há nascimento há morte."

Lakshmana suspirou, desalentado.

"Bem, que farás?"

"Sita espera ir para as florestas amanhã. Deixa que Sumantra, o Auriga, vos conduza, a ambos, até lá e, quando chegardes às margens do rio Ganga, abandonai-a."

"Ela morrerá. Teu filho morrerá!"

"Não", retrucou Rama. "Eu te ordeno! Nem uma palavra a quem quer que seja."

"Sem dúvida", disse Lakshmana, "o rei é distante e solitário, e muito longe da razão. Não podemos falar-te..."

"A cada pessoa se deve dizer o que ela é capaz de compreender sobre a natureza do mundo", retorquiu Rama, "e nada mais do que isso... quanto ao resto, aceita a minha palavra."

"Aceito-a", respondeu Lakshmana. "Só que... deixá-la ali, sozinha?"

"Sim."

Lakshmana relanceou os olhos pela sala.

"Rama, desde que éramos pequenos eu te tenho seguido; agora ainda continuarei a servir-te. Pois o certo e o errado são muito sutis e difíceis de discernir, e a Lei do Dharma é difícil de conhecer... *além disso, é inconcebível para mim que eu venha, algum dia, de caso pensado, a desobedecer-te*."

Na manhã seguinte, Sita juntou alguns presentinhos para as esposas dos eremitas da floresta, amarrou-os num pano de seda e tomou o carro de Sumantra em companhia de Lakshmana. Os quatro cavalos vermelhos de Sumantra saíram de Ayodhya e seguiram ao longo da beira do rio Tamasa, através das plumas da neblina da manhã.

Passaram aquela noite nas matas, sem encontrar ninguém e, no dia seguinte, continuaram o seu caminho. O céu estava coberto de nuvens; o Sol fugira para não ser obrigado a ver Sita atraiçoada. Chegando à embocadura do escuro Tamasa, onde este se encontra com o Ganga, Sumantra achou um velho bote abandonado de pescador, arrastado para a praia, e disse:

"Atravessemos o Ganga, que talvez encontremos alguém".

Nesse instante, na cidade de Lanka, Vibhishana, o Rei, sentiu que o perigo rondava Sita. Saiu do palácio e olhou para longe, em todas as direções, a fim de ver o que estava errado. Seus olhos azuis, que enxergavam à distância, brilharam, e seu rosto preto escureceu. Envolveu-se numa capa azul e voou para o céu.

Ao pé da pacífica corrente do ramo celeste do sagrado rio Ganga, avistou o sábio Narada com as costas apoiadas numa árvore, de olhos fechados. Vibhishana ajoelhou-se mansamente no chão do céu e tocou no ombro de Narada.

"Acorda. Vamos!"

Narada abriu os olhos, viu o rosto de Vibhishana com as presas compridas e chegou à conclusão de que tivera um pesadelo. Fechou os olhos de novo. Mas o rei Vibhishana agarrou-o com a dureza do aço e disse:

"*Para a proteção de Sita, o Rei dos Demônios convoca qualquer poder! Desperta já, ela está em perigo! Levanta-te! Faze o que é certo!*"

"Sita!" Narada já estava de pé. "Onde?"

"Lá embaixo", disse Vibhishana, "na Terra, oh! menestrel, defronte do sítio, onde o Tamasa desemboca no Ganga, e onde, no interior de um cupim, está sentado o solitário eremita Valmiki."

Sumantra e Lakshmana levaram Sita para a margem oposta do Ganga no velho bote, e ajudaram-na a desembarcar do outro lado. Lakshmana olhou para ela e chorou.

"Que aconteceu?", indagou Sita.

Lakshmana não conseguiu responder-lhe, e Sumantra, o Auriga, replicou:

"Vemos maus sinais, a Terra para nós é triste, estamos inquietos e vazios de felicidade".

"Sentis falta de Rama", disse Sita, "mas, quando virmos os eremitas que encontrarmos e lhes dermos os meus presentes, poderemos todos voltar para casa."

Sumantra suspirou, inclinou profundamente a cabeça e, olhando para baixo, disse:

"Esta é a obra do destino que não pode ser superada. Fiquei zangado quando Dasaratha baniu Rama, mas, desta vez, não protestei, pois é o destino. Estava tudo previsto, e eu já o sabia há muito tempo".

"O quê?", perguntou Sita. "De que estais falando?"

"Com medo do escândalo, como um covarde", replicou Lakshmana, "Rama usa agora esta jornada como pretexto para abandonar-te aqui na mata." Voltou-se para Sumantra. "Isto é claramente injusto. Não posso compreender o que se pode ganhar fazendo o mal para agradar a um louco."

"Suspende, então, a tua razão e capta um vislumbre da Eternidade." Sumantra olhou para as águas do Ganga, que fluíam diante deles. "Isto é, em parte, história antiga, acima do conhecimento dos homens e, em parte, o que ouvi dizer que iria acontecer. Rama viverá sozinho daqui por diante, separado de vós."

Sita chorou.

"Por quê?"

"Senhora", voltou Sumantra, "todo o universo é apenas um sinal para ser lido corretamente; as cores e as formas são postas aqui só para falar-nos; e tudo é espírito, nada mais existe. Guerra e paz, amor e separação são portas escondidas para outros mundos e outros tempos. Não envelheçamos acreditando ainda que a verdade é o que a maioria das pessoas vê à sua volta... Oh, Lakshmi do Lótus, Filha de Videha, seremos objetos adequados de censura da parte de todos os homens por deixar-vos. Expulsai, porém, vossa tristeza pelo que tem de ser."

Sumantra pronunciou, silenciosamente, um conjuro para que todas as criaturas da floresta protegessem Sita e, quando começou a falar em voz alta outra vez, as nuvens azul-escuras instalaram-se mais baixo ainda sobre as montanhas que os rodeavam.

"Dasaratha e eu conhecíamos parte do nosso futuro" disse Sumantra, "e nunca contei esta história. Agora estou velho, lembro-me de tempos muito distantes, e vou romper o segredo para dizer-vos como Kaikeyi obteve seus dois desejos."

Ouvi, meus filhos...

Foi no tempo de outrora, muito antes dos vossos nascimentos, quando vosso pai Dasaratha e eu éramos moços... parece agora que tudo aconteceu em outra idade do mundo. Lembrando-vos de vosso pai como um velho, e olhando agora para mim, pouco podereis ver do bravo e jovem príncipe e do feliz auriga daqueles dias, que combateram ao lado dos próprios deuses contra os asuras da seca. Com Indra e outros, e ajudados por Jatayu, o jovem príncipe abutre, que então se tornou nosso amigo, tentamos abrir as nuvens onde toda a chuva estava aprisionada.

Naquele tempo eu lutava sozinho, como guerreiro, e não dirigia o carro de Dasaratha, que voava pelo ar, graças ao feitiço do Senhor Indra, puxado pelos mesmos quatro cavalos vermelhos que tenho usado todos esses anos depois disso. Havia um cocheiro melhor do que eu para levar vosso pai contra os baluartes dos demônios nas nuvens negras – havia a princesa Kaikeyi, então com nove anos de idade, e que não tinha medo de nada.

Os demônios armaram as nuvens com artilharia e transformaram-nas em cidades-fortalezas. Alvejaram do céu muitos dos nossos guerreiros. Nunca víamos o Sol. A atmosfera era quente e asfixiante. À noite, relampeavam luzes sobre nossas cabeças quando deuses e demônios renhiam; durante o dia víamos os indistintos guerreiros gigantes e ouvíamos a carga de cavalos e carros e o embate das armas. O elefante branco de Indra clamava e trombeteava; derrubou os muros dos demônios, e muitas pedras pretas caíram sobre a Terra, arruinando o solo e crestando os campos. Aquela foi a pavorosa guerra fatal; enfrentamos a fome.

Os dias que se foram pareciam mais brilhantes e gloriosos que os de hoje, ou mais escuros e sofridos. No campo, o gado mudava de lugar e mugia; os veados saíam em disparada pela floresta, como cavalos tirados de um campo de batalha. As nuvens eram pretas, secas e orladas de vermelho; o mundo era escuro; fora-se toda a luz do dia. Havia uma permanente confusão no céu, e nossos guerreiros que voltavam de voos acima das nuvens, à noite, contavam que as estrelas e os planetas, com medo, davam guinadas e não vingavam manter o seu curso, mas, tomados de pavorosa incerteza, bloqueavam os caminhos do céu, golpeando-se uns aos outros. Um verdadeiro terror para a mente e para a vista. Chamas irrompiam como sangue das estrelas feridas.

O vosso avô Aja era rei. Ele ajudou Indra, e nós lutávamos contra os demônios, guiados pelas nossas labaredas e nossas fogueiras no céu varrido pelos ventos. Pelejamos contra os demônios da seca com os raios de Indra. Eu mesmo atirei muitos relâmpagos brilhantes, feitos para Indra por Viswakarman, e para isso usávamos um par de luvas grossas de folhas verdes molhadas, e partículas de fogo nos deixaram cicatrizes nos braços.

Kaikeyi nunca decepcionou Dasaratha. Ela percebia as deficiências do inimigo; sentia quando devia aproximar-se, quando devia ficar onde estava, quando devia fugir. Dirigiu os quatro cavalos vermelhos através dos céus celestiais e governou-os por meio de algum milagroso poder de amizade. Atrás dela havia um guarda-chuva branco de sete camadas, com finas varetas de prata, armado sobre o lugar ocupado pelo guerreiro que ia em seu carro e, de cada lado dele, um espanador, de ouro à direita e de prata à esquerda. E, no meio, ia o vosso pai pugnando pela chuva.

Certa noite, no ar, os demônios atacaram o carro com conjuros de cem lados. Vosso pai caiu malferido. Parte de um cometa rasgou-lhe a ilharga, e um fragmento volante de sua armadura espatifada cortou profundamente a mão de Kaikeyi. Ao mesmo tempo, a seta de um demônio arrancou a ponta do eixo direito em que se introduzia o pino, e a roda começou a desprender-se.

Dasaratha estava inconsciente, e Kaikeyi salvou-o da morte, impedindo-o de cair. Dirigiu o carro de modo que este não virasse de borco no ar e a roda não se soltasse, e fez os cavalos e o carro pousarem mansamente na Terra.

Kaikeyi usava uma armadura tremeluzente, feita de fios de seda verde e aço fino entrelaçado, uma capa verde como a relva do inverno. A capa era resistente, mas ela amava vosso pai e arrancou-lhe uma tira para enfaixar as feridas de Dasaratha, e como sua mão sangrava, o sangue de um misturou-se ao do outro. Ela o tratou por muitos dias, enquanto ele se recobrava lentamente, e o príncipe lhe disse:

"*Restauraste-me a vida, que os inimigos me haviam tirado... pede-me duas vezes o que quiseres em troca*".

Depois, uma noite, Indra veio a Ayodhya. Encontramo-nos com ele como camaradas, bebemos do mesmo copo. Ele curou completamente Dasaratha e prontificou-se a tirar a cicatriz da mão de Kaikeyi, mas esta não quis. Fomos para um campo fora da cidade, onde estavam todos os deuses do céu, e eles nos agradeceram a ajuda. Estavam contentes, pois tinham acabado de receber a promessa de auxílio do Senhor Narayana.

Nós o ouvimos. No meio da noite, de muito longe, chegou-nos aos ouvidos o chamado da concha de batalha de Narayana. Sentimos os primeiros ventos do voo de Garuda, que se avizinhava. As tochas se apagaram; os ventos estrídulos gritavam à nossa volta. Ouviu-se um som grande e alto, como o de muitas árvores antigas contorcendo-se e estalando ao Vento, e era o retesar-se do arco de Narayana. Seguiu-se um zunir, um matracolejar e um gemer de metal, e era o disco com fio de navalha e cubo de diamante girando loucamente sobre a sua vara. Ouviu-se um alto e terrível estalo, e a corda do arco de Narayana soltou-se e falou a língua da morte aos demônios da seca. Nós, homens adultos, protegemos os olhos e cobrimos os ouvidos, abrigando-nos do vento e do ruído, mas a jovem Kaikeyi continuou olhando para o céu, de pé, ao lado do Senhor Indra, segurando-lhe o braço e sorrindo, como uma criança sem medo ao lado do Senhor do Céu.

A chuva derramou-se sobre a terra e caiu nos nossos rios. Desceu das montanhas e despejou-se no mar. E, com a chuva, caíram demônios cobertos de flechas vermelhas e desfigurados.

Então, durante a noite, formas escuras passaram correndo por nós e entraram em Ayodhya. Eram demônios, e nós os seguimos armados, mas eles não estavam invadindo; apenas buscavam refúgio contra Narayana. Chegaram à casa de um velho brâmane, e sua esposa lhes deu guarida. O velho casal nunca tirara a vida de ninguém, e sempre salvara os outros, quando podia; naquele momento, aceitou a rendição dos demônios em nome do rei Aja e mandou aviso ao palácio real.

Correndo para Ayodhya, fomos atirados ao chão quando Garuda passou por nós, levando tudo de roldão, gritando como mil águias, voando baixo por entre as altas torres de Ayodhya, cortando as portas da cidade e arrancando, com as garras, os cimos das árvores. Montado no seu dorso vimos Narayana, colérico. Sua pele azul-escura luzia, e as túnicas amarelas esvoaçavam. Ele matou a esposa do brâmane quando ela o enfrentou, sem deixá-la falar, e, possuído de uma cólera terrível, quebrou o santuário e decapitou os demônios indefesos.

Houve grande alvoroço. Pela rua veio o rei Aja, furioso com a traição do Senhor e com o fato de sua proteção e seu nome não terem sido levados em conta. O velho brâmane chorou sobre o corpo da esposa. Foi quando, estando eu um pouco afastado, ouvi Vasishtha, o sacerdote, lançar terrível maldição sobre Narayana, o Senhor. Irado, Vasishtha jogou por terra o seu bordão e maldisse Narayana, condenando-o a nascer na Terra, de uma família real, rica e sábia, uma família muito honrada e bondosa, e, uma vez nascido, a ser separado da esposa, assim como ele partira o casamento do brâmane. Disse Vasishtha:

"*Assim será! É um dos nossos o homem que magoaste*".

O rei Aja sacou da espada real de Ayodhya e dirigiu desafios e ameaças a Narayana, ordenando-lhe que saísse do reino, mas Narayana já estava partindo quando ele falou. Aja abeirou-se de nós, homens e deuses, e perguntou-nos:

"Não podeis matar lealmente ou precisais angariar a ajuda de covardes gigantes? Pelos céus, lutai com honestidade da próxima vez!"

Pusemos de lado nossas lanças e dardos, nossos relâmpagos e espadas. Os asuras que haviam bloqueado a chuva foram derrotados; choveu por vários dias, e, então, vimos de novo o Sol.

Vasishtha ficou estarrecido por haver amaldiçoado Narayana. Mas as palavras de um santo são inexoráveis – e sabíamos o que devia acontecer. Tudo é destino, tudo é mudança. O que perdura?

"Silencia a respeito disso", disse-me Vasishtha. "Mas lembra-te: o Senhor Narayana nunca tirará a vida de um homem sem a aceitar inteira. Ele terá a aventura; assumirá todo o ganho e toda a perda."

Vasishtha permaneceu vários dias sentado, sozinho, isolado de todos. Quando saiu da sua meditação, disse:

"*Os grandes olhos dela estão marejados de lágrimas e os seus anéis estão escuros... Não posso revelar mais nada; precisamos esperar.*"

"Ninguém sabia, até agora, o que isso significava", prosseguiu Sumantra. "Sita, sou um cocheiro, um bom guia, e só voltarei para Rama entrando agora nesta floresta. Procurai lembrar-vos de nós. A vida deste mundo é como o vapor da respiração soprado num espelho; não dura, portanto pacientai. Não diremos a ninguém onde estais."

"Adeus, Sumantra", disse Sita. "Tocaste meu coração."

"Adeus, Sita", disse Sumantra. "A luz de nossas vidas se foi, e com isto finda tudo o que conhecemos. Possa eu ver-vos outra vez."

"Adeus, Lakshmana."

"Não posso ir", disse Lakshmana, "esta é uma mata solitária e Rama não está aqui."

Mas antes de dizer isso, Lakshmana já se havia afastado. Sumantra conduziu-o de volta ao bote, eles tornaram a cruzar o Ganga e, logo, partiram no carro, olhando muitas vezes para trás.

Era meio-dia. O Sol saiu, enquanto o Ganga fluía, centelhando. Sita quedou-se à beira do rio, inteiramente só com os seus presentinhos de agulhas, fios, espelhos, pentes e perfumes no chão, num embrulho ao lado, e todo o mato estava em silêncio, com exceção dos gritos dos pavões, muito distantes.

Ganga, a bela deusa do rio, falou com suavidade, de dentro das águas móveis:

"*Que preço, que preço? Deixa que a vida se vá com o amor e não sobreviva a ele, corta os laços quando a felicidade se afasta...*"

Ganga sussurrou:

"Há um lar para ti agora, sou a cortina que precisas atravessar. Além de mim, salas de ouro serão tuas para sempre. *Vem para casa, vem para casa, mergulha em mim...*"

Sita estava em êxtase. Olhou para a água que tremeluzia. Vindos da floresta, quatro meninos de eremitério apareceram, viram-na e saíram correndo. Depois um homem descabelado e hirsuto, coberto de terra de

Sita estava em êxtase.

cupim, com os cabelos e a barba compridos como a eternidade, correu para ela.

"Sou Valmiki. Faze do meu eremitério o teu lar."

Sita fitou-o, aturdida, e Valmiki repetiu o convite:

"Faze disto o teu lar, fica aqui".

Ele sorriu, e muitas esposas de eremitas levaram-na embora. E assim, um eremita, que veio a ser o primeiro poeta, conduziu a Rainha de Ayodhya a um lugar seguro.

As mulheres levaram Sita a um vale estreito e tranquilo, para uma nova casa de folhas no retiro de Valmiki, que acabara de ser criada por uma canção de Narada. Ela ficou ali e, quando chegou a sua hora, nasceram-lhe dois filhos gêmeos. Foi à noite, no verão; as parteiras despertaram Valmiki e disseram:

"Poeta, protege o recém-nascido".

Valmiki deitou a mão a uma braçada de brilhante e recém-cortado capim *kusa*, as pálidas e longas hastes de relva usadas para o sacrifício e as cerimônias. Foi até onde Sita se achava deitada e esfregou com ele os dois recém-nascidos. Esfregou o primogênito com as pontas do capim e chamou-lhe Kusa. Esfregou o irmão com as extremidades cortadas do capim e chamou-lhe Lava.

Por doze anos Sita e os filhos viveram com Valmiki, enquanto ele compunha este *Ramayana*. Ele ensinou a Kusa e Lava cada um dos versos, à medida que passavam os anos, e eles aprenderam a cantar esta história ao som de um alaúde e de um tambor.

Quando Kusa e Lava completaram doze anos de idade, fazia dez mil anos que Rama reinava na Bela Ayodhya e, certa vez, numa noite de verão, nem quente nem fria, falando com Lakshmana, ele disse:

"Decretarei um grande festival público, uma feliz reunião em algum lugar do campo, uma comemoração pacífica, que será lembrada por muito tempo, e um ano durante o qual todo o mundo será presenteado".

"A esposa de um rei precisa estar presente", disse Lakshmana.

"Agora quero a felicidade", volveu Rama. "Meu coração não deve doer mais. Mandei fazer uma estátua de ouro de Sita, que ficará ao meu lado. Teremos comida e música. Faremos disso uma ação de graças pela boa sorte que tivermos tido, uma longa e excelente cerimônia onde todos serão bem recebidos, a começar no mês que vem. Todos serão convidados. Será na floresta Naimisha, ao longo do rio."

Rama enviou os cavaleiros de Kosala a Kekaya, a fim de convidarem o tio de Bharata, e a Videha, a fim de convidarem o rei Janaka, e a todos os reis do mundo. Alguns foram a Kishkindhya invitar os macacos e os ursos, e dali Hanuman os levou à invisível Lanka, e Vibhishana foi convidado também. E a todas as pessoas que encontraram, os cavaleiros anunciaram o festival de Rama.

Rama mandou seu irmão Satrughna às florestas para convocar os santos e eremitas que viviam apartados dos homens. Satrughna montava um cavalo preto e a primeira pessoa com quem topou foi Guha, o caçador. Ele e o seu povo selvagem aceitaram o convite, pois aquele festival, que duraria um ano, não seria celebrado dentro de nenhuma cidade.

A última parada de Satrughna foi no eremitério de Valmiki. Ele não sabia que Sita estava vivendo lá, nem que tinha dois filhos.

Valmiki era todo sorrisos.

"Príncipe, sê bem-vindo! Pelos deuses, foi um feito bem-feito de Rama, o de matar Ravana! Ele assim libertou todos os mundos..." Valmiki abraçou Satrughna e cheirou-lhe a coroa da cabeça. "Descansa aqui com os teus homens, tira o que desejares, como um pequeno presente do meu amor a todos vós..."

E Valmiki, em seu velho e santo eremitério, referiu-se com muita gratidão à batalha de Lanka, como se ela se houvesse travado diante dos seus olhos, e não dez mil anos atrás.

"Eu te convido, e a todo o teu povo, para comparecerdes ao festival de Rama", disse Satrughna.

"Aceito, lá estaremos."

Mais tarde, naquela mesma noite, Satrughna jazia semiadormecido com os companheiros numa das choupanas do retiro de Valmiki. E ali, no meio da noite, vindo de algum lugar entre as escuras árvores da floresta que o circundava, ouviu versos e parte de uma canção...

"... Somente os raios das estrelas o mostraram então;
Rama, o refúgio do mundo,
E todas as minhas esperanças..."

Satrughna ouviu a primeira poesia feita na Terra, duas vozes agudas cantando uma verdadeira canção, que contava tudo exatamente como havia acontecido. Kusa e Lava estavam repassando trechos da história de Rama na floresta escura, e Satrughna permaneceu calado, ouvindo, até que eles pararam.

"Na terra do rei Janaka
Está o arco de Shiva que homem nenhum pode dobrar,
Nem mesmo em sonho..."

Em seguida, mudaram.

"Para fora da terra, para fora da terra,
Lá vai Hanuman, célere como o Vento
Correndo para Lanka sobre o Mar,
E o anel de Rama brilha, todo de ouro, em sua mão."

Satrughna cerrou os olhos. As vozes cantavam, e ele viu serpentes nagas com joias que brilhavam na cabeça, à noite, viu o Rei dos Demônios e um veado de ouro, ouviu os gritos de Jatayu, o Abutre... estaria o passado acontecendo outra vez diante dos seus olhos? Era aquela, realmente, a floresta Dandaka?

Quando o silêncio voltou, os kosalas, assombrados, emudeceram por muito tempo. Tinham os olhos cheios de lágrimas, respiravam depressa. Então, disseram:

"Ouvimos, numa canção, o passado remoto outra vez revivido, como se estivesse acontecendo neste instante. Uma excelente canção, vemo-la em toda parte à nossa volta. É uma maravilha, um tesouro precioso! Palavras como estas nunca se ouviram antes. Onde estamos, em que sonho?"

"Encontra Valmiki", pediram a Satrughna, "descobre de quem é a canção."

Satrughna, porém, disse:

"Depois de longo tempo, as velhas lembranças retornam à minha mente. Não se deve meter o bedelho na vida de um santo. Há muitos mistérios aqui, e não nos cabe, a nós, falar sobre eles".

Na manhã clara e brilhante, Satrughna partiu. Quando, mais uma vez, voltou à Bela Ayodhya, e pôs-se a caminhar com Rama ao lado do palácio, debaixo de pétalas de flores que caíam como neve branca, disse:

"Viajei para muito longe e voltei. Rama, nunca mais viajarei para longe de ti".

Adeus novamente, minha senhora e meu rei

*Rama, somente tu mereces a dádiva
deste primeiro poema.*

Valmiki, a Estrela Matutina da Canção!

E foi assim, Saunaka, que nesta mesma floresta Naimisha, onde estamos agora, Rama promoveu uma celebração e um festival, uma idade do mundo atrás. Os kosalas limparam uma grande extensão de chão à beira do rio, comprido e largo, e construíram casas de tijolos para os convidados. Todo o trabalho começou à hora certa dos dias certos e, num mês, o recinto da festa ficou pronto.

Ficava a menos de um dia de distância da cidade, mas era no campo, entre rosas silvestres, entre árvores em plena floração aurirrubra com fogos sem fumaça, e madressilvas, e lagoas de lótus, vermelhos, brancos e azuis, onde salgueiros se inclinavam, arrastando as folhas.

Os convidados de Rama chegaram através de arcos de boas-vindas e receberam presentes. Os brâmanes se lembraram das regras para fazer as coisas direito em outros mundos e, para este, havia em toda parte banquetes cordiais e uma hospitalidade maravilhosa. Havia salões para as belas cortesãs e lares para ascetas, tavernas e banhos, cocheiras e teatros. E, ao romper da manhã, ao termo de uma noite quente sob as estrelas, o rei Rama e o príncipe Lakshmana foram a cavalo de Ayodhya à floresta Naimisha e inauguraram o parque do festival.

Encontraram Vasishtha, o Brâmane, e Rama disse:

"Que tudo comece; que nenhuma barreira perturbe minha ação de graças; que nenhuma falha ocorra".

"Majestade, segui-me."

Vasishtha conduziu Rama para um lugar onde o rei banhou-se ao nascer do Sol e passou a manhã sozinho. Banhou-se de novo ao meio-dia, e por toda a floresta se acenderam fogueiras, alimentadas com manteiga, e os brâmanes chamaram os deuses para virem buscar suas partes e oferendas. Depois, Rama entrou e ficou no pavilhão e nas salas reais da floresta recebendo gente e conservando ao seu lado, como sócia no mérito da festa e do sacrifício, uma imagem de ouro de Sita, vestida de panos de ouro e exornada de flores de ouro.

O pai de Sita, o rei Janaka, veio de Mithila; Viswamitra, o Brâmane, desceu das montanhas; Guha, o Rei dos Caçadores, e sua gente concorreram da floresta Sagrada; Vibhishana, a velha rakshasi Trijata e muitos demônios afluíram de Lanka. O rei Aswapati, com os trovejantes cavalos corredores, veio da alta Kekaya; Sugriva, Hanuman e Jambavan, o Urso, e todos os animais estavam lá; o Rei dos Abutres, Sampati, veio da dominante floresta Dandaka; Sumantra, Bharata e Satrughna e as três rainhas-mães chegaram; oitenta mil soberanos acorreram de todas as terras com maravilhosa pompa e esplendor, cavalgando lentamente pelo meio do povo risonho; Valmiki, o Poeta, com sua família, também veio e, num canto solitário da clareira de Rama, ergueu pequeninas choupanas de trepadeiras e galhos de árvores, e morou nelas, longe das multidões e perto da água.

Que a paz e a boa sorte acompanhem os brâmanes e as vacas! Primeiro o rei Rama deu o mundo inteiro aos brâmanes, e Vasishtha falou por eles.

"Não podemos governar os quatro quadrantes da Terra, Senhor. Não nos sobra tempo do nosso pensar e estudar solitários."

E Rama comprou de volta o mundo deles e pagou-lhes em ouro e em gado. O rei Janaka, marido da Terra, olhava para tudo e sorria ao ver a terra comprada e vendida por homens mortais.

Ali em Naimisha estava reunido quanto havia de bom. Macacos e demônios deram presentes. Toda a gente se divertiu – os velhos e certos caminhos dos bons tempos! Para variar, o mundo estava lindo. Rama e os kosalas, na verdade, eram grandes homens.

Naquela festa ninguém foi julgado, as necessidades foram satisfeitas e palavras ásperas, respondidas com suavidade. Os homens eram transportados pelo vinho e recolhidos pelas mulheres; as mulheres estavam vestidas de emoção e brilhantes túnicas novas. As pessoas sentavam-se ao pé de belas e cômodas escadas, à margem do rio, recreando-se debaixo de guarda-sóis e leques. As raparigas das aldeias dançavam com os façanhudos guerreiros reais, já não tão graves e sérios, e Hanuman e Jambavan corriam atrás de filhotes de animais por entre as árvores e pelo meio das ruas; oitocentas e trinta e sete vezes quase os pegaram, e a comemoração realmente começou.

O rei Sugriva estava nas cozinhas entre carnes, especiarias e apetitosos molhos fumegantes, juntamente com Vibhishana e muitos macacos, ursos e demônios. Recomendaram os dois reis:

"Recebei e servi nossos amigos e agradai-lhes. Sede pacíficos e generosos. Tratai com carinho nossos convidados. Não sejais desatentos, não atireis presentes nem empurreis comida para as pessoas. Estareis jogando pelas janelas os tesouros de Ayodhya, e acautelai-vos para que o simples contato com eles não vos faça gananciosos".

Depois que todos chegaram, Rama agradeceu-lhes a vinda e aboletou-os, e os brâmanes o abençoaram ao lado de um altar trilátero de fogo, feito de tijolos. A seguir, por toda a clareira, os sacerdotes fincaram vinte e um postes ornamentais, todos de madeiras de lei entalhadas, todos mais altos do que um homem, com oito lados, e revestidos de tiras brilhantes de pano colorido, flores e joias semelhantes a estrelas.

Entre os postes, pavoneavam-se os soberbos e poderosos reis e imperadores do mundo, bebendo em jarros de vinho e dizendo:

"Rama nunca nos procurou para combatermos Ravana, pois, se o tivesse feito, a guerra teria acabado num abrir e fechar de olhos! Num abrir e fechar de olhos! Essa é que é a verdade... sorte dos demônios!"

Empanturrado de abricós e maçãs, Hanuman os ouviu do lugar em que estava sentado, em companhia de Jambavan, o Urso, arrimado a uma árvore. Após tomar o vinho, ele se encaminhou, com um sorriso que lhe mostrava todos os dentes, para o meio deles, inclinando-se profundamente diante do Grande Rei do Leste e do Senhor e do Senhor das Tribos Ocidentais. Em seguida, ergueu o olhar para eles, com um sorriso realmente tolo, e replicou:

"Oh! Senhores, não vos julgueis inúteis... fomos apenas os instrumentos cegos da morte de Ravana... na realidade, ele foi realmente morto pela força letal das vossas línguas!"

E Hanuman rolou na poeira, sufocado em risos, até que o alto Rei dos Ursos se adiantou e, delicadamente, o ergueu do chão e levou-o embora nos braços peludos, ainda rinchavelhando e espernegando no ar. E o velho Jambavan, sorrindo, grunhiu:

"Ora, nos velhos tempos..."

E também mais tarde, no primeiro dia do festival de Rama, nós dois começamos a cantar a canção *Ramayana*, e todo mundo silenciou e se aquietou à nossa volta, e o próprio rei veio ouvir-nos.

Ora, fizemos isso todos os dias, durante todo o ano do festival, aqui na floresta Naimisha. E hoje é o último dia de vossa celebração, Majestade.

Estes serão os derradeiros versos da canção do nosso mestre Valmiki. Oh! Rama, que grandes feitos! Deleita-nos ver-vos e receber vossa cortesia. Depois de caminhar sobre a Terra de muitos campos e caminhos, chegamos aqui com algumas pessoas do nosso eremitério e passamos entre alas de comida e vinhos. Vossos demônios nos assustaram um pouco, pois embora os tenhamos cantado muitas vezes, ainda não tínhamos visto nenhum de perto.

Leão Entre os Reis, falamos com os homens sábios da floresta, que veem todas as coisas, como Brama. Eles viram os deuses chegarem aqui, a cada dia, na fumaça das oferendas, e voltarem muito iluminados para os seus céus. Destes um ano inteiro de presentes e o vosso tesouro continua cheio. Assim são realmente as coisas, Rama. Há em vós certa graça que aquece o coração de quantos vos conhecem e, sem saber por que, os homens descobrem que suas vidas e fortunas são boas quando estão convosco.

Há um ano, quando viemos para cá, Valmiki, o primeiro poeta do mundo, trouxe conosco um cesto de mangas maduras, colhidas no topo da montanha, à beira do eremitério. Despejou-as no chão da nossa choupanazinha e disse:

"Comei-as imediatamente, e vossas vozes não poderão falhar, vossa memória não poderá extraviar-se pelo resto de vossas vidas. Cantai ambos o meu *Ramayana* para o rei. Hoje, depois de banhar-vos, ide a um lugar aberto, perto de Rama, e começai a cantar. Ele ouvirá o seu nome e virá; cantai bem para ele como o fizestes para mim. Cantai em partes, um pouco a cada dia. Não aceiteis recompensa por isso; que utilidade têm as riquezas para eremitas que vivem no ermo, comendo raízes e vestindo peles de animais? Se Rama perguntar os vossos nomes, respondei que sois meus discípulos. Mas a cada dia, antes de começar, inclinai-vos diante do rei como diante de um pai, pois ele é o pai de todas as pessoas que vivem em sua terra".

"Com efeito", disseram Kusa e Lava, "o tempo agora é o presente e nós terminamos todas as seções do *Ramayana*."

Então, Saunaka, os dois meninos pararam de cantar, e Kusa estendeu francamente a mão aberta e virou-a, dizendo:

"Essa é toda a minha história".

Sauti, o contador de histórias, disse:

"Mas, mil anos depois, Valmiki compôs a última parte do *Ramayana*".

Saunaka, que vivia na floresta, acudiu:

"Quer dizer que há mais?"

Sauti sorriu e disse:

"No festival de Rama isso teria sido uma canção do futuro. Rama nunca ouviu os últimos versos, e eles contam o resto de sua vida".

Ouve, meu amigo...

Após a grande partida de Rama, mil anos depois do seu festival aqui na floresta Naimisha, os anos subsequentes da sua vida foram revelados a Valmiki, como antes. Este ensinou seus últimos versos a Kusa e Lava, e eles os cantaram pela primeira vez como homens feitos, ali no eremitério de Valmiki, para um público da floresta.

Kusa e Lava receberam o poema com grande alegria e, depois de tê-lo aprendido, afinaram o alaúde e apertaram o tambor. Sob os céus azuis de muitas manhãs, cantaram um pouco a cada dia. Suas vozes haviam se tornado graves, mas eles não tinham perdido a habilidade nem a arte. Kusa e Lava principiavam a cantar, muitos ouvintes se juntavam à volta deles, e Valmiki sorria. Todos os animais da floresta se calavam e imobilizavam, e os pássaros voavam para ouvir.

Eles cantavam:

"Estai à vontade, livrai a mente da malevolência e de toda a maldade. Deixai que se esvaia a cólera e ouvi-nos sempre sem rancor. Agora atentai para o fim... Nós entoamos uma canção de augusta fama. Escutai..."

Agora, oh! Pai, começais a saber quem eram os que ali cantavam para vós e por que olhastes para nós pensando conhecer-nos e imaginando quem seríamos...

Quando Kusa e Lava cantavam a canção de Valmiki para o rei Rama, todos os dias, em seu festival na floresta, as pessoas se juntavam, formando um círculo de todas as nações do mundo. Os homens do deserto e a gente transmontana, os negociantes de seda e os homens da Terra do Ouro, todos ouviam. Rakshasas, macacos e ursos prestavam atenção, e havia muitas figuras, todas imóveis. Em outras ocasiões, havia júbilo e aplausos alegres, os homens se cansavam de prazeres complicados e cumpriam suas tarefas ou seguiam seus ofícios. Mas quando os dois meninos se punham a cantar, paravam para ouvir.

Estavam ali reunidos o rei, homens velhos de ciência e jovens mães segurando os filhos, atores e ledores de mão, gordos cozinheiros, carrancudos filósofos que sabiam responder a todas as perguntas menos uma, e jovens guerreiros intimoratos, dos exércitos de todos os homens. Seus cabelos se eriçavam, seus corações se extasiavam, cada um deles era arrastado para a música e para a história do Caminho de Rama, como se fosse a história de sua própria vida, que se desdobrava ali, diante deles, com grande beleza e grandes louvores.

O público mostrava-se comovido e deliciado com os encantos dos versos de Valmiki; os circunstantes viam-se extasiados e enfeitiçados, maravilhados e abismados; riam-se e gritavam alto. Todos os dias, quando

Kusa e Lava paravam de cantar, os ascetas estalavam os dedos, agitavam no ar as roupas superiores e sacudiam os vasos de água, e nobres reis atiravam seus braceletes no círculo. Kusa e Lava, porém, deixavam ali mesmo esses tesouros e não tocavam em nenhum deles.

Ramayana é uma história fabulosa e maravilhosa, uma antiga e bemamada história da idade mais moça do mundo, que agora termina com esta mais distanciada e última parte. Será a inspiração e proporcionará temas a poetas do futuro, pois a história de Rama durará para sempre no mundo.

Ramayana dará a quem o ouve longa vida, saúde e força, uma boa e bela esposa, todos os méritos e proveitos, bom êxito e habilidade. Terá filhos, riquezas, bons amigos e todos os seus desejos serão atendidos. Superará todas as dificuldades e terá fartas colheitas. Os deuses se encantarão com ele.

Este livro liberta uma casa dos maus espíritos. Que tenhas tudo de bom. Em nossos corpos existe, dentro do coração, um espírito que vive em silêncio e, se um homem quiser ser vitorioso, deixa-o afinar-se e concordar com essa pessoa tranquila, pois isso traz felicidade aos deuses e bem a si mesmo.

"Sou a canção de Valmiki;
Valmiki me fez:
Sempre verdadeiro;
Só para ti."

A maior excelência, a coisa que tornou o festival de Rama tão maravilhoso, foi o canto de Kusa e Lava, com sua boa música e suas belas palavras. Os dois moços cantaram *Ramayana* acompanhados de um alaúde de cordas de prata e um tambor de duas cabeças. Cantavam em uníssono ou em intervalos. O tambor rufava ligeiro como a chuva ou deixava-se ficar em silêncio. O alaúde cantava; chorava e advertia. Lutou através de perigos, através do acaso e da tristeza; triunfou e regozijou-se.

No derradeiro dia do festival, Kusa e Lava concluíram todos os versos de Valmiki daquele tempo, e Vibhishana, o Rei dos Demônios, disse:

"É maravilhoso! Depois de tanto tempo as velhas recordações me acodem de novo à mente. Tudo o que dissestes é verdade".

Sugriva, o Rei dos Macacos, disse-lhes:

"Luz do sol e glória, canção e vinho! Precisamos sempre alimentar os contadores de histórias e dar-lhes presentes".

Mas Kusa e Lava pegaram o alaúde e o tambor e endereçaram-se à choupana, como o faziam todos os dias depois de cantar. Rama acompanhou-os com os olhos e pensou: "Eles são exatamente como eu, meninos como eu era nessa idade".

"Quanto mais ouço esses dois meninos", disse ele a Lakshmana, "mais gosto de ouvi-los; quanto mais olho para eles, mais desejo vê-los. Segue-os e dá-lhes o que quiserem."

Lakshmana alcançou Kusa e Lava e disse-lhes:

"Nunca nos saciamos de ouvir a vossa canção, sempre queremos mais. Bênçãos e vida longa para vós. Benditos sejais, benditos! Bela é a história de Valmiki, e belamente a cantastes e concluístes. O rei vos oferece..."

"Não, não", responderam Kusa e Lava. "Agradece ao rei, mas precisamos ir para junto do nosso mestre Valmiki."

Lakshmana voltou à presença de Rama.

"Eles recusam toda e qualquer recompensa pela história cujas palavras são envolvidas pela canção."

"Esses irmãos gêmeos são meus dois filhos", disse Rama.

Chamou Hanuman e pediu-lhe:

"Filho do Vento, encontra Sita em casa de Valmiki. Aqui e agora, neste mesmo dia, eu a levarei para casa comigo, diante de todo o meu povo".

Hanuman logo voltou com o poeta Valmiki.

"Majestade", disse o poeta, "boa sorte para vós. O marido é o senhor da esposa, e Sita acudirá ao vosso chamado."

"Ela está aqui!"

"Rama, eu a trarei para vós. Aqueles dois meninos são vossos filhos Kusa e Lava. Nasceram no meu retiro."

"Eu sei." Rama sorriu e pôs a mão no ombro de Valmiki. "Trouxeste o verso para o mundo, e agora qualquer um pode começar um poema, mas tu conduziste o teu a um fim resplandecente e maravilhoso. Ajuntaste tudo num todo; e o fizeste bem!"

"Gostastes dele, Rama?", perguntou Valmiki.

"É excelente, Valmiki, é excelente. Nunca me esquecerei desses versos."

"Oh! Senhor!"

"Poeta, trouxeste felicidade a todos nós... Gostei muito do poema. Sabias, sem dúvida, que gostei dele?"

"Não, não sabia... se não mo disserdes, como o saberei? Precisais dizer."

Valmiki sorriu.

"Vê como floresce o mundo!", disse Rama. "Todas as boas coisas chegaram para os homens."

Valmiki, então, acenou com os braços.

"Senhor Rama como a Lua, és um homem mortal. Ela vos ama. A munificência da Terra não é obra vossa, Majestade." Valmiki ajoelhou-se. "Por dez mil anos vivestes com ela, e por doze anos ela esteve longe de vós. Os dez mil foram os anos ricos. Senhor, com a vossa permissão, Sita se encontrará convosco neste dia."

Lágrimas fluíram pelo rosto de Rama, marejadas dos olhos verdes.

"Levanta-te, poeta."

Naquela tarde, todos os presentes ao festival, reunidos fora, sentados, imóveis, num círculo em torno do trono de Ayodhya, na clareira onde os filhos de Rama haviam cantado a sua história, retinham a respiração, sem falar. Rama sentara-se no trono e o povo deixava amplo espaço ao redor dele. A estátua de ouro de Sita fora levada embora.

Depois, a multidão afastou-se e Sita apareceu, atrás de Valmiki. Era bela; caminhava com os olhos postos no chão, mas, muitas vezes, erguia-os para Rama. Valmiki sobresteve, e Sita ficou sozinha ao lado de Rama, dentro do círculo de pessoas, vestida de ouro e escarlate.

Nisso, ingressou no círculo o rei Janaka, pai de Sita, senhor de Videha. Janaka possuía uma sabedoria vasta e viva, semelhante a uma lâmina afiada e penetrante; abria portas fechadas à chave, encontrava tesouros e a Verdade. Na mocidade, travara uma centena de batalhas. Recebera golpes duros e devolvera-os mais duros ainda. Depois, entretanto, mudara. Era o marido da Terra, e nunca mais prendera o coração atrás de uma armadura.

As florestas e canais da Terra confundiam seus inimigos, e o seu reino estava seguro nos contrafortes das montanhas. Para Janaka, todos os homens eram irmãos; vivia sempre à cata de uma vida extraviada para salvar. Prazeres passageiros o chamavam, com lindas formas, mas Janaka fazia o que sabia ser certo e ignorava as pessoas que o diziam equivocado. E, sendo livre, não tendo nada para esconder, por menor que fosse, encontrava o mais doce prazer em dizer tudo o que pensava a qualquer homem. Desposara a Terra e amava-a.

Janaka refletiu sobre tudo e chegou, sozinho, às suas próprias conclusões, decidindo-se pelo Dharma. Lutou contra a perda do amor em razão da crueldade e das peias do desejo malsão; pugnou pela liberdade fazendo voar pelos ares as correntes do apego; matou enganos com palavras que libertavam o espírito. Foi uma luta renhida, e Janaka disse aos seus guerreiros: *Desisto de possuir a engrenagem do mundo. Desisto da sede das coisas para achar o verdadeiro amor, que nunca desaparece.* E a sua melhor guarda de guerreiros respondeu: *Manteremos vossa palavra, obedeceremos ao nosso rei. Lançaremos fora nossas espadas e passaremos a usar as túnicas dos homens indefesos. O quê?! Tendo enfrentado juntos todas as guerras, poderíamos, acaso, não entrar nesta luta ao vosso lado?*

"Não há censura para isso", disse Janaka a Rama.

"Perdoa-me, e perdoa a todos nós", respondeu ele.

As pessoas que estavam atrás fizeram pressão sobre as que estavam na frente do círculo. Janaka ergueu a voz.

"Cercai este círculo!"

E os guerreiros desarmados deram um passo à frente da multidão, caminhantes da Verdade, juntaram as mãos fortes e os braços que se diriam de ferro, e formaram um muro interno que conteve todo o mundo.

"Rei Rama", disse Janaka, "dar-te-ei dez milhões de peças de ouro se abandonares o teu trono e puseres a tua força a meu serviço."

"Não posso fazer isso, Janaka", disse Rama, atônito.

"Nesse caso, eu te ofereço nove milhões de peças."

"Mas não posso, está errado", volveu Rama.

"Mas eu te darei cinco milhões em ouro."

"Não."

"Um milhão, então", disse Janaka.

"Não."

"Um mil para servir-me!"

"Janaka, que estás fazendo?", perguntou Rama. "No mundo dos homens se oferece cada vez mais dinheiro pelo que não se consegue a princípio, mas tu abaixas rapidamente o preço."

"Com a mesma rapidez tua vida se passa!", respondeu Janaka. "Agora os homens vivem muitos milhares de anos, mas que te parece? Isto é tão longo que se deva protelar o que precisa ser feito?"

"A mim também me parece um prazo curto."

"Quão longo pode ser ele então, na realidade?"

"Na realidade", respondeu Rama, "é apenas o tempo de um dia. Uma vida inteira talvez pareça ter sido muito breve ao encerrar-se, como a manhã e a tarde, à luz do Sol, quando a Noite chega."

"Não", disse Janaka.

"É apenas uma hora", disse Rama.

"Não, nem mesmo uma hora."

"Uma existência inteira é o tempo que se leva para encher um jarro de água à beira do rio."

"Não me compreendeste."

"Toda a nossa vida é apenas o piscar de um olho", disse Rama.

"Sim", disse Janaka, "agora compreendes. Apressa-te a seguir a boa lei do Dharma; apressa-te a agir corretamente enquanto podes, antes que seja demasiado tarde." Janaka abraçou a filha, Sita. "Semeei a semente na Terra e cuidei dela, e ela te deu à luz para mim, de um campo arado. Amei-te toda a tua vida, se bem te tenha deixado casar e partir."

Janaka deixou Sita a sós com Rama, cercados de espectadores. Sita olhou para Rama e sorriu. Estendeu os olhos para o povo, e sorriu para Sumantra, o Auriga, para Trijata, a velha rakshasi, e para Lakshmana. Depois o seu sorriso cresceu e se tornou mais brilhante quando ela deu com Hanuman ali, envergando suas melhores roupas, usando as pérolas que ela lhe dera, com os cabelos brancos muito bem escovados, como um halo ao redor da cabeça.

Hanuman retribuiu-lhe, feliz, o sorriso, e, quando ele o fez, um vento perfumado e fresco soprou, ligeiro, através da floresta Naimisha. Era o vento do céu, que descera à Terra como testemunha. Vayu, o Senhor do Vento, jogava alegria e contentamento em todos os que ali estavam, como um rei opulento que espalhasse joias, com naturalidade, entre todos os amigos. Como no mundo recém-achado, quando a Terra era jovem, um vento de primavera soprou, mais uma vez, através do céu, da Terra e do firmamento, ao mesmo tempo.

Sita era eternamente bela. Ostentando seus ornamentos, virou-se, manso e manso, e olhou para todas as pessoas que ali se achavam.

"Rama, deixa-me provar minha inocência, aqui, diante de toda a gente."

"Tens a minha permissão", consentiu Rama.

Sita, então, afastou-se um pouco dele e disse:

"Mãe Terra, se fui fiel a Rama, leva-me para casa, esconde-me!"

A Terra rolou e moveu-se debaixo dos nossos pés. Com um grande estouro ribombante, o solo rachou e separou-se perto de Sita, abrindo-se uma grande fenda, iluminada de baixo para cima por luzes brilhantes, como clarões de relâmpagos, dos castelos dos reis nagas serpentinos.

Do subsolo se ergueram quatro altas nagas, como grandes cobras, guardiãs das riquezas da Terra; com os capelos achatados, silvavam e serpenteavam, oscilando e cuspindo fogo, virando os olhos vermelhos para o povo; estavam inteiramente vestidas de joias e ondulantes escamas de prata, como o luar sobre as ondas do oceano, à noite. A fenda tornou-se maior, as serpentes ficaram uma em cada canto e, de baixo, veio subindo um trono talhado em pedras, trabalhado em raízes e cravejado de diamantes.

No trono estava sentada a Mãe Terra. Longe de ser velha, a Terra era formosa de olhar-se, e não estava triste, mas sorria. Usava flores e um cinto de mares. A Terra sustenta toda a vida, mas não se sente sobrecarregada por isso. É paciente. Era paciente naquele tempo, debaixo do Sol e da Lua e através das intempéries, durante anos sem conta. Era paciente com as estações, com os reis e com os camponeses; suportava todas as coisas e não mostrava, por isso, nenhuma ruga de preocupação.

Mas aquele era o fim da sua longa paciência com Rama. A Terra olhou para o esposo Janaka e sorriu. Depois estendeu os braços e pegou a filha única, Sita, ao colo. Envolveu-a com os formosos braços e encostou suavemente a cabeça de Sita em seu ombro, como o faria qualquer mãe. A Terra acariciou-lhe os cabelos com suas lindas mãos, e Sita cerrou os olhos, como uma menininha.

O trono desceu de volta ao interior da Terra, e ambas desapareceram; as nagas mergulharam no chão e a brecha se fechou suavemente sobre elas, para sempre.

"Fizeste bem, ó Sita. Louvada sejas", disseram os deuses.

E todas as pessoas que tinham presenciado a descida de Sita ao interior da Terra, e todas as criaturas vivas do mundo se sentiram muito felizes. Por um momento, todo o Universo foi igual em toda parte. A felicidade e um grande deleite se espalharam sobre os três mundos. Os homens gritavam de alegria; ou permaneciam imóveis, silenciados pela felicidade, incapazes de mover-se. Os animais selvagens da floresta Naimisha observavam, sem um movimento, do alto das árvores, como flores que houvessem caído do céu – amarelas e vermelhas, azuis e brancas, ouro, cor de laranja...

Rama sorriu.

"Sou o Rei e Senhor da Terra, mas ela me levou a esposa diante dos meus próprios olhos. Nunca mais encontrarei Sita enquanto viver como homem." Rama suspirou, mas continuou a sorrir. Virou-se para o rei Janaka: "Com efeito, é uma breve vida a do homem... mas o Sonho, o Sonho!"

O festival e o sacrifício haviam terminado. Tinham sido excelentes, destruindo grandes e pequenos pecados e trazendo o céu para todos os que lá se achavam. Os convivas partiram, os reis estrangeiros voltaram para suas casas, e o solo tremeu com as passadas dos elefantes, dos cavalos e das rodas dos carros.

À tarde, após a partida dos outros, Janaka e Rama, Lakshmana e Hanuman sentaram-se no chão e beberam vinho. Depois de um copo, Lakshmana segurou a cabeça com as mãos, cobriu os olhos e caiu, adormecido. Depois da segunda rodada, Hanuman também caiu. Janaka e Rama beberam um terceiro copo e Rama esfregou os olhos.

"Que bebida é esta?"

"Varuni, a Deusa dos Espíritos, fez este vinho de palmeira para trazer o sono. Sobrepuja-a, bebe-a até o fim."

Rama recostou-se numa árvore.

"Janaka, por que estou aqui? O que estou fazendo aqui? Podes dizer-me por quê?"

"Seja o que for que tenhas feito, fizeste-o para servir a boa Lei do Dharma." Janaka tornou a encher os copos de vinho e, mais uma vez, ambos beberam até o fim, sentados à sombra fresca. "Rama, possas tu ter-nos amor, para podermos encontrar um lugar em teu coração."

... e pegou sua filha única...

"Eu tenho."

"As honras que conferiste e as boas palavras te são naturais. És Rama, és o meu refúgio seguro. Não sabemos o que mais te dizer. Senhor, chegamos longe, e te encontramos ali, mais longe ainda, adiante de nós."

Rama dormiu. Janaka ergueu-se e arredou-se.

Viswamitra, que fora o primeiro a tirar Rama de Ayodhya quando menino, e o rei Janaka caminharam juntos de volta à cidade de Mithila, na terra de Videha, sozinhos, seguindo por ínvios caminhos e trilhas nas matas. Volvidos alguns dias, entraram a escalar os contrafortes e avistaram a cidade de Janaka.

Atravessaram os ricos campos de Videha, passaram pelo solo recém-arado, e Viswamitra disse:

"Lembrais-vos deles? Eram dezesseis e, já naquele tempo, todos gostavam de Rama".

"Vês estas árvores?", perguntou Janaka. "Nasceram dos fragmentos do arco de Shiva, atirados para baixo da Terra depois que Rama o quebrou."

"Com um tirão, depois de todo mundo fracassar!" Viswamitra, o amigo de todos, se apoiara ao seu bordão de mendigo. "Rama é um homem que conquista corações. Libertou Ahalya, a Bela, e ela imprimiu nele a beleza, com a mão."

"Não há outra pessoa tão corajosa quanto Rama", disse Janaka.

"Há Sita", respondeu Viswamitra.

"Não há mais ninguém, só Rama! Se disseres mentiras como essa, sai do meu reino ancestral."

Viswamitra sorriu.

"Obedeço. Onde está o teu reino? Onde terminam as tuas terras? Quais são os limites do teu reino, e onde começa o domínio de outro rei?"

Janaka olhou à sua volta, de um lado e de outro.

"Bem, meu reino não são esses campos, mas poderia ser a cidade."

"Onde?"

"Não, não vejo nada meu ali. Nesse caso, seguramente, meu próprio corpo há de ser o meu reino, e olharei..."

"O que encontras?"

"Podes ir ou ficar em qualquer lugar, como bem entenderes", disse Janaka, sorrindo. "Nem mesmo este corpo é meu, não sou isto. Não é parte de mim. Ou então... Governo todo o espaço, pois não me agarro aos sons que entram por estes ouvidos; governo toda a Terra, pois não desejo aromas, mas deixo-os ir e vir; governo as águas, pois não deito a mão a nenhum gosto; meus olhos não se prendem a luzes e cores e, por isso, governo todo o fogo; não ligo para o meu tato e tampouco o evito, por isso governo o ar e os ventos..."

"Janaka", disse Viswamitra, "não tens desejo nem sede. Encontraste a eterna roda do Dharma e verdadeiramente a fizeste girar, e a fizeste rolar para fora das montanhas e além do alcance da Morte e acima do controle do Tempo; acima do renascimento; acima da velhice; acima da doença, acima da Morte outra vez... a roda gloriosa da Boa Lei, a Lei do Dharma que o homem pode conquistar para si ao vencer uma batalha, com um rugido vitorioso de leão e um grito de grande alegria!"

Janaka estendeu o braço para baixo e apanhou a rica e escura Terra nas mãos.

"Dissolução é o fim de todas as coisas compostas dos elementos, e todo homem vive segundo suas ações." Amassou o torrão e deixou-o cair por entre os dedos. "Sita morreu para este mundo. Que todos os seres, em toda parte, sejam ditosos e estejam seguros! Que todas as criaturas nascidas ou que procuram nascer tenham mentes felizes, e que nenhuma queira mal à outra! Que a bondade amante avassale os mundos!"

Deserta a floresta Naimisha, o jângal tornou a crescer, depressa, na clareira de Rama. Kusa e Lava e o poeta Valmiki regressaram à sua casa na floresta. Rama reinou na Bela Ayodhya por mais mil anos, sozinho, sem Sita, conservando junto de si a sua estátua de ouro, nos aposentos do palácio que lhe haviam pertencido.

Depois de longo tempo, a rainha Kausalya morreu, olhando para o rosto de Rama. Depois Sumitra e Kaikeyi a seguiram à pacífica região dos mortos, depois à Lua, e depois, vestindo túnicas de luz, ao céu, onde as três se reuniram ao rei Dasaratha, e onde ninguém é velho.

Depois, numa manhã de primavera, após se haverem completado os mil anos, o Tempo, disfarçado de eremita, chegou tranquilamente à porta do palácio de Ayodhya e disse a Lakshmana:

"Um poderoso rei mandou-me por embaixador a Rama".

Lakshmana fez entrar o eremita e levou-o a uma sala particular, para onde levou Rama também.

"De quem é a mensagem que trazes?", perguntou Rama.

"Maharaja", disse o Tempo, "falemos a sós. Leão Entre os Reis, boa sorte para vós. Oh! Rei do Mundo e Senhor dos Homens, oh! Rama, ordenai que a porta desta sala seja fechada enquanto eu estiver convosco, e prometei-me que quem nos viu juntos ou ouvir nossas palavras morrerá."

"Prometo. Lakshmana, fecha a porta e fica tu mesmo do lado de fora e impede qualquer pessoa de entrar."

Quando ficaram a sós, Rama disse:

"Fala livremente. Quem te mandou aqui? O eremita ficou de frente para ele".

"Pai, sou Kala, o Tempo. Trago as palavras de Brama. Mas, para falar primeiro por mim mesmo, estais sempre além de mim, sois sempre mais velho do que eu, por isso vos chamo Pai. O que quer que vá além de mim, sois vós que o fazeis ir. Mas até para vós a força e a mocidade passam, e eu fluo como um rio sem nenhum obstáculo em seu leito e nada para retê-lo, um rio que, depois de passar, nunca retorna. Usai-me ou esbanjai-me, como quiserdes, nunca mais poderei retornar a vós."

"Teu fim é teu começo", disse Rama, "começas quando acabas. Há muito, meu filho, apareceram o Sol, a Lua e as estrelas, e o Tempo principiou a correr outra vez. És meu próprio e querido filho, meu bom e fiel servidor. Abres as flores da primavera e unes os amantes. Perdoas tudo; feres, depois curas. O Tempo sempre dirá. Mais cedo ou mais tarde, revelas todos os segredos, e és sábio, conheces toda a ciência de todos os mundos."

"Trago o amor", disse o Tempo, "uno em matrimônio homens e mulheres, mantenho as criancinhas vivas. Faço nascer a Lua e dou alimento e riqueza. Falais?... deixo-vos falar. Fazeis o bem?... minha mão guia a vossa. Quando encontrais um novo grande dia... fui eu quem o fez aparecer. É tudo um, Rama, todo o tempo que já foi ou que será é um... o começo e o fim são difíceis de ver e são um, Rama..." O Tempo sorriu. "E também minto muito, Rama... devo reconhecê-lo..."

"Tiraste partes queridas da minha vida e as colocaste fora do meu alcance", respondeu Rama. "Vivi tantos invernos frios e primaveras perfumadas, tantos dias e tantas noites, que não posso acreditar que não os haverá sempre mais e mais."

"Ah", voltou o Tempo, "nisso me levais a palma. Não entendo de poesia."

"Quais são as palavras de Brama?"

"Prestai atenção. O Avô dos Mundos manda dizer-vos: *'Mataste Ravana. O tempo que te foi prometido escoou-se. Oh! Narayana, Lakshmi te espera, segundo ouvi dizer. Mando o Tempo a fim de lembrar-te. Volta para ti mesmo, meu amigo. Já faz um momento que não te vemos no céu'.*"

"Estas são boas palavras", replicou Rama, "agrada-me que tenhas vindo. Não vos esqueci, lembro-me de todos vós..."

E enquanto Rama e o Tempo conversavam um pouco, o irascível brâmane Durvasas, asceta severo e abnegado, eremita vestido de céu, aproximou-se rapidamente de Lakshmana, que continuava à porta da sala, e disse-lhe:

"Meu tempo está passando! Preciso de comida, deixa-me primeiro entrar para ver o rei".

"Grande santo, Rama está ocupado", disse Lakshmana. "Dize-me o que devo fazer que te servirei."

Durvasas tirou algumas cinzas da testa.

"Acabo de encerrar o meu jejum, e, depois de muitos anos, o rei precisa alimentar-me! Deixa-me entrar à presença dele, estou impaciente. Ou amaldiçoarei toda Kosala para que queime, se não me anunciares neste instante."

"Estas são palavras terríveis."

"Todos morrerão. Minha cólera está subindo. Não posso refrear minha ira crescente!"

"Desiste da tua má vontade. Minha própria morte é preferível."

Lakshmana empurrou a porta, abrindo-a. A vara de ferro do Tempo caiu-lhe da mão e clangorou no chão de pedra, e o barulho soou aos ouvidos de Lakshmana como o repicar de sinos.

Lakshmana entrou.

"Durvasas precisa ver-te, Rama."

"Terás de morrer por entrares aqui, Lakshmana", disse Rama.

O Tempo e Lakshmana se entreolharam, e Lakshmana respondeu:

"Eu sei. Grandes salas silenciam depois que o Tempo as visita, e escura e oculta é a sua maldição".

"Não fales assim, Lakshmana", disse o Tempo, "não fales assim. Conheço os antigos feitos vagamente recordados, os feitos juvenis de vidas passadas." O Tempo olhou para os olhos azuis de Lakshmana, azuis como flores silvestres, e recuou na direção da porta. "Oh! todas as pessoas gostam de insultar-me, mas eu, sempre polido, aguardo a minha vez, nunca forço a passagem. O coração de Rama é ilimitado, em cima, embaixo e em toda a sua volta. Levo embora, levo embora todas as coisas que dei, porém não mais do que isso. Teus quatro irmãos têm todos a mesma natureza. Apenas serás o primeiro a voltar para casa. Assim como és, venceste! Bem, preciso ir andando, Lakshmana, não posso parar..."

"Vai, Kala", disse Rama, "estás dispensado. "*Oh! a roda do Dharma, como um Sol de ouro que rola!*"

Rama, então, alimentou o recluso Durvasas, até que este, depois de cem pratos, ficou satisfeito e, sem pronunciar uma única palavra, voltou as costas ao rei, saiu e embrenhou-se em alguma parte das florestas.

Rama olhou para Lakshmana e disse:

"Adeus, meu irmão".

Lakshmana não respondeu. Caminhou três vezes ao redor de Rama e deixou o palácio. Andou meia légua até chegar ao sítio em que o rio Sarayu fluía, veloz.

Lakshmana sentou-se à beira das águas correntes. Com os olhos abertos, olhou à sua volta e viu todas as coisas como Rama, pensou nelas como Rama. Enxaguou a boca com a água clara e suspendeu a respiração. A pessoa luminosa dentro do seu coração, a alma que não era maior que um polegar, preparou-se para deixar este mundo para trás. Os centros da vida cessaram de girar e saíram, e a energia de Lakshmana, a quarta parte do Senhor Narayana, subiu, passo a passo, ao longo da coluna vertebral, procurando fugir pela coroa da cabeça, onde os ossos do crânio juntam as respectivas suturas.

Lakshmana cerrou os olhos e viu as luzes de sua vida morrerem lentamente. As luzes da guerra há muito tempo, as luzes do primeiro amor e casamento... as luzes da infância... E pensou: "... é como... alguma coisa que fiz certa vez... todos nós..."

No céu, o Senhor Indra ouviu portas de câmaras de pedra vazias e ecoantes fecharem-se uma depois da outra. A vista estava-se fechando, a audição estava-se fechando, a mente estava indo embora. O espírito, erguendo-se, deixava as salas vazias. O espaço etéreo dentro do coração se esvaziara, fogos e lâmpadas se apagaram, fechaduras e fios quebraram-se de repente e desataram-se, e todos se soltaram.

Indra passou por Kosala sem ser visto. Acolheu a alma de Lakshmana no próprio coração e voou para o céu carregando-o e levando a luz. Indra, o brilhante Rei do Céu, levou-o embora. O corpo de Lakshmana caiu na água e desapareceu.

Shiva, o grande deus, dividiu este romance em três partes, uma para o céu, uma para a Terra e uma para os mundos subterrâneos. Como sobrasse uma seção, dividiu-a em três. Sobejou-lhe um verso, que ele dividiu também. Ficou-lhe ainda uma palavra, e esta – a palavra "Rama" – ele guardou para si como sendo a essência e o coração de tudo.

Aquele que vê Rama, nem que seja por um momento, ganha o céu. Ele é Narayana, idêntico às almas de todas as criaturas. É o Oceano, as florestas e o ar que respiro. É mais sutil do que um átomo. Vai a toda parte pela ilusão, sem princípio nem fim, imutável, invencível, segurando uma trombeta de concha e uma roda, uma maça e uma flor de lótus. Assim sendo, lembremo-nos dele quando estamos em alguma dificuldade, de dentro ou de fora.

Amanhã nem sempre será como hoje. Agora, enquanto há tempo, toma este *Ramayana* e leva-o para casa, antes que o grande mundo termine para ti. Afina os teus sentidos com o Dharma, dize "Rama" enquanto tens a oportunidade, e faze do teu coração um santo lugar de amor, ilumina-o, desembaraça-o do bem e do mal, ou do alto e do baixo.

"Muito feliz, ou próximo das lágrimas;
Guarda este livro e vive os teus anos.
Oh! Rama!"

Trovões reboaram sobre Ayodhya, embora o céu estivesse claro. As casas brancas foram sacudidas e a Terra tremeu. O brâmane Vasishtha estava em companhia de Rama, que disse:

"Onde está minha vida e onde estou eu? Estou percorrendo todo o caminho para chegar agora ao meu próprio lar, estou dando voltas para trás indo para a frente, e tornarei a ser como era antes de ter nascido neste mundo..."

"Olhai para vossa cidade", disse Vasishtha. "Os habitantes ajoelham-se fora de suas casas; abaixam a cabeça e não se movem; ou fazem como cadáveres."

Adeus, Rama; adeus, Pai, adeus, adeus...

Entraram Bharata e Satrughna, e Bharata disse:

"Acabou-se a Bela Ayodhya que conhecíamos".

"Majestade", disse Vasishtha, "deixar-vos-ei agora. Irei vivo para o céu por algum tempo, descansarei e cuidarei da vaca dos desejos em sua pacífica pastagem."

E ali os deixou.

Creio que a Bela Ayodhya que Rama conheceu precisa ser procurada alhures e não mais nesta Terra. Aqueles eram outros dias. Mas ainda que me seja preciso sonhar ou morrer para fazê-lo – estive na Bela Ayodhya e tornarei a voltar lá.

Rama perguntou aos irmãos:

"Que posso fazer?"

"Não nos abandones, não nos deixes para trás", disse Bharata.

"Isso é tudo o que pedimos", disse Satrughna. "Agora todos seguiremos o Bom Viajor."

"Por que quereis ir comigo?", perguntou Rama.

"Perto de ti está sempre toda a minha felicidade."

"Quem quiser vir, que venha. Depois ide e mandai os kosalas que desejam ficar para trás, na Terra, para lugares distantes daqui. Dai-lhes riquezas, carros e elefantes; deixai que eles se vão e que demandem as florestas, ou os mares, ou as montanhas nevadas."

Sabedores, de um modo ou de outro, da grande partida de Rama, naquele mesmo dia chegaram a Ayodhya os macacos e os ursos escuros da floresta, e o rei de Lanka, Vibhishana, do outro lado do mar. E disseram:

"Agora a espera acabou, agora chegou o dia. Quem não estaria pronto para seguir-te?..."

Os animais deixaram-se ficar ao longo das ruas, ao lado dos homens de Kosala e dos gandharvas do céu, ao lado das nagas do mundo subterrâneo e dos eremitas da floresta vazia, todos imóveis e mudos, esperando ao pé dos muros e das portas do palácio, e ao longo das estradas que conduziam ao rio Sarayu.

Os kosalas contaram-lhes:

"Lakshmana se perdeu por uma promessa sem jaça. Os quatro filhos de Dasaratha estão mortos. Nós seguimos Rama".

Vibhishana, o escuro demônio, disse:

"Colocai os grandes guarda-sóis brilhantes ao longo da estrada setentrional que conduz à margem do rio".

"Isso ficará bem", disse Hanuman, "mas, se quiserdes uma estrada para o céu, dizei apenas *Rama*."

Rama veio caminhando pelas ruas. Vestia uma seda verde fina e trazia, nos dedos direitos, um feixe de capim. Virou-se para o norte, trauteando um trecho da canção que Kusa e Lava haviam cantado mil anos antes. Nossa Senhora Lakshmi do Lótus caminhava à sua direita; a Mãe Terra seguia, paciente, à sua esquerda. E, atrás dele, caminhavam inúmeras armas em formas humanas, lanças e flechas aguçadas, arcos imensos, espadas impiedosas, maças pesadas, as ululantes facas de guerra, e muitas lágrimas de sangue lhes escorriam dos olhos duros.

Primeiro Vibhishana, envergando ouro, aproximou-se de Rama e pediu:

"Deixa-me também passar pelas portas abertas".

"Rei de Lanka", replicou Rama, "és imortal. A Morte nunca te tocará enquanto viver a minha lembrança. Enquanto existirem a Lua, o Sol e a Terra, enquanto as montanhas e os rios continuarem na face da Terra, enquanto o mar bater com suas ondas eternas contra a terra sólida, minha maravilhosa história do *Ramayana* perdurará no mundo."

Depois Sugriva, o Rei dos Macacos, abeirou-se de Rama.

"Darei Kishkindhya a Angada e irei contigo."

"Sim", disse Rama.

Jambavan, o Urso, curvou-se diante de Rama. Não falou, somente um grunhido baixo lhe subiu da garganta. Rama abençoou o Rei dos Ursos e disse-lhe:

"Viverás enquanto o *Ramayana* de Valmiki for ouvido na Terra".

Depois, inclinou-se, chegando bem perto de Jambavan, e deu-lhe um talismã, um presente, algo precioso.

"E Hanuman também viverá tanto quanto tu. Mas onde está ele agora?"

Hanuman chegou, ressaltando, do céu. Pousou no solo com um ruído surdo semelhante ao de um meteorito. Estava bem ao lado de Rama, sorrindo para ele, rindo-se, alegre.

"Oh! Hanuman!"

"Meu rei!", Hanuman ajoelhou-se diante de Rama.

"Enquanto os homens falarem de ti", disse Rama, "viverás na Terra. Ninguém te iguala. Teu coração é verdadeiro; teus braços são fortes; tens energia bastante para fazer qualquer coisa. Serviste-me fielmente e fizeste por mim coisas que não poderiam ser feitas."

"Não foi nada", disse Hanuman. "Sou vosso amigo, e isso é tudo."

Rama estava usando um raro bracelete de ouro, cravejado de gemas, no braço direito, ornamento caro e insubstituível, herdado das riquezas do reis solares de antanho, e disse:

"Oh! tu, que é o melhor dos macacos, aceita isto como meu presente." E deu o bracelete a Hanuman.

Hanuman arrebatou-o de Rama e pôs-se a virá-lo e revirá-lo em suas alvas mãos peludas, olhando atentamente para ele. Depois, vergou-o e quebrou-o; entortou o ouro, arrancou-lhe as joias e pô-las entre os dentes duros. Mordeu as gemas impagáveis, partiu-as como se fossem nozes e examinou, com muito cuidado, cada um dos pedaços, olhando para toda parte à procura de alguma coisa.

"Macaco, num momento como este, por que ainda te fazes difícil?", perguntou-lhe Rama.

"Senhor", respondeu Hanuman, "embora o bracelete parecesse muito caro, na realidade não valia nada, pois em parte alguma trazia o vosso nome. Não preciso dele, Rama. Por que hei de querer algo comum?"

Vibhishana torceu o nariz a isso.

"Então não vejo que valor tem a vida para ti. Por que não destróis teu corpo também?"

Com as unhas afiadas, Hanuman rasgou o próprio peito e repuxou a carne para os lados. E todos viram que estava escrito, repetidamente, em todos os ossos, com lindas letrinhas – *Rama Rama Rama Rama Rama...*

Rama depôs no chão o feixe de capim que segurava e, com as duas mãos, encostou um no outro, pressionando-os, os lábios da ferida feita sobre o coração, que pulsava. A ferida desapareceu, não deixando nenhuma cicatriz, nem mesmo do tamanho de um grão de poeira ou da ponta de um fio de cabelo. Rama tirou de sua mão o largo e cintilante anel de ouro que dizia *Rama*, o anel que Hanuman levara a Sita. Colocou-o na mão molhada e manchada de sangue de Hanuman e, delicadamente, fechou os dedos do macaco sobre ele.

Quem é este macaco Hanuman? Rama deixou-o solto no mundo. Ele conhece Rama, e Rama o conhece. Hanuman pode entrar ou sair de qualquer lugar. Não pode ser detido, qual vento livre no voo.

Hanuman reconhece o tirano, olha para os atos e não para as palavras, e procura-o para puxar-lhe a barba. Disfarces e palavras não confundem um simples animal selvagem. Para serem salvos de qualquer perigo, os bravos poetas não precisam mais do que fazer o pedido a Hanuman, que o macaco romperá as máscaras bonitas das coisas más.

Hanuman tomará a tua triste melodia para transformá-la numa dança feliz. Temos visto esse macaco branco. Sua guarda é forte. Sobretudo, acautelai-vos, nunca façais mal a um poeta livre.

O Filho do Vento. O vento seco e quente da noite, e todas as árvores balançando! Não me interessa o amor, nem a morte, nem a solidão – aí vem o Vento alto, e que sou eu...?

Vibhishana, Hanuman e Jambavan, o Urso, alçaram voo e se foram. Rama quedou-se sem fala, esplêndido e brilhante, como o Sol iluminado.

... *o primeiro a mergulhar na água.*

Caminhou para o rio Sarayu, e todos os que o viram passar acompanharam-no. Muitas pedras choraram porque tinham de ficar para trás, deixando riscas e marcas que ainda se podem ver. As árvores altas oscilavam e curvavam-se, estalando, querendo segui-lo, e a água corria ao lado da estrada de Rama. Alguns pássaros lhe disseram: *"Fica aí, fica aí!"* ao passo que outros diziam: *"Vai longe, vai depressa! Vai depressa! Nós te seguiremos... emos..."*

Surgiram os veados, movendo-se, ruidosos, através da macega, até chegar à estrada. Animais taciturnos andavam ao lado de homens muito inteligentes. Animaizinhos que nunca tinham sido vistos na cidade iam com Rama. Todas as criaturas que respiravam tentavam segui-lo... crianças pulavam e corriam, e mulheres andavam juntas, falando com macacos e ursos.

Era no princípio da tarde, e todos passaram entre as fileiras coloridas de guarda-sóis de Ayodhya. A Morte espreitava. A Morte chorou de alegria ao ver aquelas formosas cores, todas como um glorioso nascer do Sol.

Oh! Rama, ninguém conhece tudo de vós. Mas aqui, ao pé da água do Sarayu, daremos o passo certo, Senhor.

À beira do rio, na sombra açafroada do último guarda-sol, estava Guha, o Rei dos Caçadores, e Sumantra, o velho Auriga, radiante de alegria. Sumantra dera liberdade aos quatro cavalos vermelhos reais, mas eles o haviam seguido e estavam lá. Caçadores selvagens, que entrajavam peles e plumas, ajoelhavam-se, descalços, e esperavam, descansando as longas lanças de bambu apontadas para o céu.

Animais e pessoas tocavam-se e estendiam as mãos uns aos outros subindo e descendo a ribada. Uma mão verde e outra vermelha, uma pata de urso, um casco de veado, asas de passarinhos, peles pretas, cor de ouro e pardas, todos se tocando e a água fluindo, que nem o Tempo. Bharata deu a Rama o fogo do seu nascimento e o de seus irmãos, todos misturados, e Rama atirou-os no Sarayu. Os fogos pararam de arder e pacificaram-se.

Confia na Verdade! O rei deu um largo salto e foi o primeiro a mergulhar na água. Continuou mergulhando até o outro lado, vencendo todo o tempo passado e todo o tempo por vir...

Os quatro cavalos vermelhos saltaram. Pássaros selvagens voaram de suas árvores e mergulharam no rio, homens e animais e mulheres os seguiram, os tímidos veados da floresta arrojaram-se da ribanceira e seguiram em curvas precípites, debaixo da água que corria, veloz, para o mar com ondas encapeladas.

Chitraratha, o rei gandharva de cinco cristas, junto à porta maciça e aberta do céu, cantava as velhas canções verdadeiras. Olhou para o alto firmamento. Era a noite de um dia no céu. No ar, de um escuro aveludado, as estrelas da primavera pendiam, balouçantes, das cordas de vento. Almas cintilantes subiam da Terra, ao longo dos remotos caminhos do céu e, aproximando-se, vinham bandos de divinos pássaros canoros, librando-se acima dos oceanos do espaço, e os inocentes veados celestes cabritavam, brilhantes como deuses.

Kusa e Lava cantaram:
"Isto encerra o Caminho de nosso Pai, a narrativa, afinal, acabou".

Todos os vinte e quatro mil versos estavam concluídos, cantados em sua melodia e medida. Esta história foi contada por um tempo muito longo, e será longamente contada no futuro. Toda a vida se agradou dela, e agradou-se de vós por ouvi-la agora.

Ouvindo ou lendo *Ramayana* obtereis de Rama o que desejardes, mas precatai-vos! Não peçais muito pouco! Boa sorte para todos. Este é o primeiro melhor poema do mundo.

Na primeira idade do mundo os homens cruzavam o oceano da existência só pelo espírito. Na segunda idade, começaram o sacrifício e o ritual, quando Rama viveu e, por lhe darem todos os seus atos, os homens viveram bem seus caminhos. Agora, em nossa idade, que há para fazer se não adorar os pés de Rama? Mas, meu amigo, a última idade deste mundo será a melhor. Pois então nenhum ato terá valor, tudo será inútil... exceto dizer "Rama". O futuro lerá isto. Por conseguinte, eu lhes direi: quando tudo estiver soçobrando em torno de vós, dizei apenas "Rama".

Passamos do espiritual para o apaixonado. Depois virá a ignorância. Guerra universal. Dizei "Rama" e vencei! O vosso tempo não pode tocar-vos!

Lembrai-vos de Indrajit. Guardai-vos contra as coisas reais. Tudo conta, portanto sede bondosos. Não ouseis mentir polidamente com promessas casuais e vãs, pois Indrajit acreditará sempre que falais sério e verdade.

Narayana voltou ao seu céu, Lakshmi um instante depois. As quatro mãos escuras pegaram de novo a concha, o lótus, o disco e a maça.

☙ ☙ ☙

Sauti, o contador de história, disse:

"O nome de Rama, por si só, traz a vitória. Oh! Saunaka, meu amigo, quem quer que conte *Ramayana* aos outros liberta-se e não precisa trabalhar penosamente pelo seu alimento".

Sauti estava sentado diante de Saunaka, na floresta Naimisha, ao pé da casa silvestre de Saunaka. Sauti continuou:

"Carrego o nome *Rama* selado, dentro de um amuleto, quando viajo pelo mundo, e guardo-o em minha casa quando estou lá. Ele me deixa sair em paz e voltar com segurança para junto dos que me amam".

"A Bela Ayodhya ficou vazia de homens por muitos e longos anos, e boa parte da sua riqueza e da sua beleza se perdeu para sempre em benefício das árvores e trepadeiras, que as enterraram. Kusa e Lava tiveram filhos, seus filhos tiveram filhos e, mais tarde, houve reis de Kosala outra vez em Ayodhya. Hoje, porém, é uma cidade muito parecida com qualquer outra."

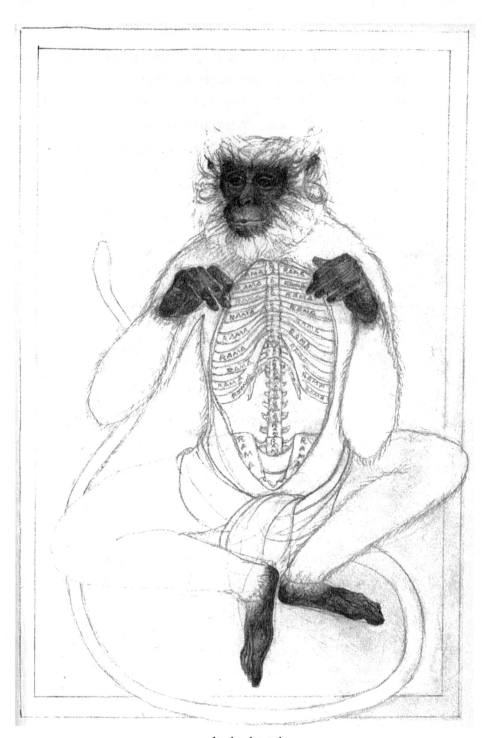

... com lindas letrinhas...

"Ainda hoje, no alto das florestas de pinheiros, vive Hanuman", disse Sauti. "Ele estará sempre ouvindo onde quer que o nome de Rama seja pronunciado; ouvirá interminavelmente suas velhas aventuras e suas próprias histórias verdadeiras. Por isso, toma cuidado, que ele está aqui. Agora sabes quem é Hanuman."

"Pois sim!", disse Saunaka. "Era só o que faltava!" Logo, porém, viu Hanuman prestando atenção, um macaco branco ali sentado, sorrindo, atrás de Sauti. "Sim, tudo o que dizes é verdade!"

E fitou os olhos de Hanuman.

Sauti voltou-se para Hanuman e, logo, para o amigo.

"Eu não te falei? Valmiki estava procurando a Verdade antes mesmo de ser poeta e, quando tudo acabou, cantou:

'Ainda sou eu mesmo, eu sou eu.
Aqui está a Verdade, não temais;
Isto é para ti, pois tu me és
Caro; ainda sou eu mesmo'."

"Aqui encerramos nossa história", disse Sauti. "Boa sorte para vós! Rama! Rama! Rama!"

De novo voltaram os Atores.
Amor a todos os homens.

AQUI TERMINA O RAMAYANA

Lista das personagens

Agastya – O santo da floresta que deu a Rama um arco e uma flecha.
Agni – Deus do Fogo.
Ahalya – A mais bela mulher já criada.
Airavata – O elefante de Indra.
Angada – Príncipe dos Macacos.
Anjana – Mãe de Hanuman.
Anusuya – A esposa de Atri, que deu a Sita os ornamentos na floresta.
Arjuna de mil braços – Rei de Haihaya.
Aruna – Cocheiro do Sol.
Aswapati – Pai de Kaikeyi, rei de Kekaya.
Atri – Santo que mora nas proximidades das montanhas Vindhya.
Bharadwaja – Um eremita das matas que recebeu Rama; mais tarde, veio a ser o pai de Drona.
Bharata – Filho de Dasaratha e irmão de Rama; nenhuma relação com o homônimo dos Kurus.
Brama – Antepassado e Criador dos Mundos.
Chandra – A Lua.
Chitraratha – Rei gandharva, senhor dos músicos do céu.
Dadhica – Antigo guerreiro, revivido por Indra.
Dadhimukha – Um macaco, guardador do Parque do Mel de Sugriva.
Dasaratha – Pai de Rama.
Devi – Consorte de Shiva.
Dundhuvi – Um búfalo gigante.
Durvasas – Um asceta irascível.
Garuda – Rei dos Pássaros, montado por Narayana.
Gautama – Um sábio, marido de Ahalya.
Guha – Rei dos Caçadores.
Hanuman – O macaco, Filho do Vento.
Hema – Uma apsarasa, mãe da rainha Mandodari.
Himavan – Senhor do Himalaia, pai de Devi.
Ilvala – Um canibal.
Indra – Deus da Chuva, Rei do Céu.
Indrajit – Filho de Ravana.
Indrani – Esposa de Indra.
Jambavan – Rei dos Ursos.
Jambumali – Filho de Prahasta.
Janaka – Rei de Videha, pai de Sita.
Jatayu – Rei dos Abutres, de Dandaka.
Kadru – Uma das esposas de Kashyapa, mãe das serpentes.
Kaikasi – Filha de Sumali e esposa de Nishrava.
Kaikeyi – Mãe de Bharata.
Kala – O Tempo.

Kama – Deus do Amor. É incorpóreo.
Kashyapa – Antigo sábio.
Kausalya – Mãe de Rama.
Khara – Demônio comandante da floresta Dandaka.
Kumbhakarna – Irmão gigante de Ravana.
Kusa – Filho mais velho de Rama.
Lakshmana – Irmão de Rama, filho de Sumitra.
Lakshmi – Deusa da Boa Sorte e consorte de Narayana.
Lava – Filho mais moço de Rama.
Mainaka – Montanha submarina viva, de ouro.
Mali – Um dos três demônios para os quais Lanka foi construída.
Malyavan – Irmão de Mali.
Mandakarni – Sábio que mora num lago.
Mandodari – Rainha de Lanka.
Manibhadra – Rei de Yaksha.
Manthara – Velha ama de Kaikeyi.
Maricha – Demônio que se metamorfoseou num veado de ouro.
Matali – Cocheiro de Indra.
Matanga – Santo que vivia na montanha Rishyamukha.
Maya, o asura – Divino Artista da Ilusão, um mago.
Mayavi – Filho de Dundhuvi.
Meghanada – Nome de nascimento de Indrajit.
Nala – Macaco que construiu a ponte de Rama para chegar a Lanka.
Nalakubara – Filho do Deus da Riqueza.
Nandin – Touro branco de Shiva.
Narada – Sábio celestial, nascido da mente de Brama.
Narayana – O grande deus Vishnu, guardião dos três mundos.
Parvati – Um nome de Devi.
Prahasta – General de Ravana.
Pulastya – Um dos filhos de Brama, que fecunda a filha de Trinavindu.
Puloma – Pai de Indrani.
Pushpaka – Imenso carro aéreo.
Rahu – Asura cuja cabeça viva, cortada ao nível do pescoço, provoca o eclipse do Sol e da Lua, engolindo-os no céu.
Rama
Rambha – Linda ninfa.
Ravana – Rei dos Demônios.
Riksharaja – O primeiro macaco. Muda de sexo.
Ruma – Esposa de Sugriva, rainha de Kishkindhya.
Sampati – Irmão de Jatayu.
Samudra – O Oceano.
Sarana – Demônio espião de Ravana.
Saraswati – Deusa da Fala.
Sardula – Demônio espião de Ravana.

Satrughna – Irmão de Rama, filho de Sumitra.
Saunaka – O que ouve a história.
Sauti – O que conta a história.
Savari – Eremita do sexo feminino, amiga de Rama.
Shiva – O grande deus cujo terceiro olho ateará fogo ao universo.
Sinhika – Monstro do sexo feminino.
Sita – Esposa de Rama.
Subahu – Demônio morto por Lakshmana.
Sugriva – Rei dos Macacos.
Suka – Ministro de Ravana.
Sukesa – Pai de Mali, Sumali e Malyavan.
Sukra – Mestre de Indrajit.
Sumali – O terceiro dos três rakshasas que primeiro viveram em Lanka.
Sumantra – O cocheiro real de Ayodhya.
Sumitra – Mãe de Satrughna e Lakshmana.
Surabi – A vaca da abundância.
Surpanakha – Irmã de Ravana.
Surya – O Sol.
Swayamprabha – Uma feiticeira.
Tara – Esposa do Rei dos Macacos, Vali.
Trijata – A rakshasi que ajudou Sita.
Trinavindu – Pai de uma ninfa.
Tumburu – Um gandharva.
Ucchaihsravas – Famoso cavalo.
Vaishravana – O Rei do Tesouro.
Vajra-danshtra – Dente-de-Trovão.
Valakhilyas – Divindadezinhas benignas, que flutuam no ar.
Vali – Irmão de Sugriva.
Valmiki – O que inventou a poesia.
Varuna – Deus das Águas e guardião do Oeste e dos mundos submarinos.
Vasishtha – Sacerdote de Dasaratha.
Vasuki – Rei das Serpentes.
Vatapi – Canibal que habita as montanhas Vindhya.
Vayu – Deus do Vento.
Vibhishana – Irmão de Ravana.
Vidyu-jihva – Língua-de-Relâmpago.
Vinata – Uma das esposas de Kashyapa, mãe de Garuda.
Viradha – Monstro de braço comprido.
Vishnu – O grande deus Narayana, que impregna o universo inteiro, move-se nas águas e preserva e restaura a vida.
Viswakarman – Arquiteto Celeste, Senhor das Artes.
Viswamitra – O que se encarregou da proteção de Rama na floresta.
Yama – Deus da Morte.
Yudhajit – Tio de Bharata, príncipe de Kekaya e irmão de Kaykeyi.